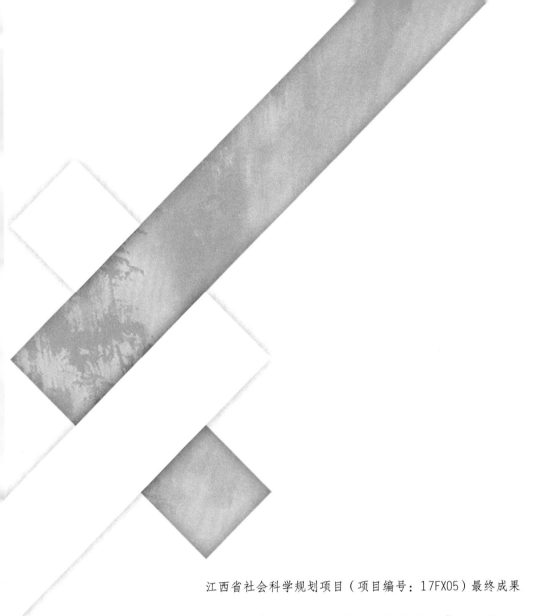

江西省社会科学规划项目（项目编号：17FX05）最终成果

比较视野下的立法：
探寻规则的科学与艺术

张扩振　著

武汉大学出版社

图书在版编目(CIP)数据

比较视野下的立法：探寻规则的科学与艺术 / 张扩振著．
武汉：武汉大学出版社，2024.12. -- ISBN 978-7-307-24825-0

Ⅰ. D901

中国国家版本馆 CIP 数据核字第 2024DD2827 号

责任编辑:胡　荣　　　责任校对:鄢春梅　　　版式设计:韩闻锦

出版发行:**武汉大学出版社**　　（430072　武昌　珞珈山）

（电子邮箱：cbs22@ whu.edu.cn　网址：www.wdp.com.cn）

印刷:武汉邮科印务有限公司

开本:720×1000　1/16　　印张:23　　字数:372 千字　　插页:2

版次:2024 年 12 月第 1 版　　2024 年 12 月第 1 次印刷

ISBN 978-7-307-24825-0　　定价:88.00 元

序　言

　　立法是一个热闹的话题，比如我国《物权法》的制定及《民办教育促进法》《妇女权益保障法》的修改都引起了民众热情的讨论；立法又是一个严肃的议题，无论人大或者政府的立法，总是遵循着严格的程序在庄严的场所进行，确保法律的威严和神圣；立法还是一个复杂的问题，一项规则怎样才算是公正合理、民主科学，无论立法机关还是学术界都试图给出一个科学的技术性标准，于是各种立法评估技术就应运而生，立法过程中的立法听证、立法语言、审议技术等也都是此方面的保障。

　　立法的话题、议题和问题的解决需要我们首先处理一个核心的问题，那就是究竟何为法律？法之为何在实证主义法学派与自然法学派之间有着激烈的争论。概言之，实证主义法学派认为规则只要被国家以其权威制定出来就是法律，自然法学派则认为法的核心问题是内容的正确性或者正当性，有些自然法学派把权威性制定作为法的核心要素之一，例如阿列克西。我国学术界的通说则认为，法是由国家制定或认可的并由国家强制力保障实施的正式的官方确定的行为规范，因此，可以说法是调整社会关系的特殊社会规范、国家创制的社会规范、规定人们权利义务关系的社会规范以及由国家强制力保障实施的社会规范等。① 此观点同实证主义法学派类似，把权威性制定作为法的核心要素。

　　到 2023 年 6 月，我国现行有效的法律总共达到 297 部，全国的地方性法规的数量已经达到了 1.3 万多件，行政法规 599 件，部门规章 2500 余件，两高司法解释 540 余件。这个数据还不包括其他以国家权威制定的人大的决定、政府的行政规范性文件、地方政府的政府规章、监察机关、司法机关的规范

---

　　①　李龙：《法理学》，人民法院出版社、中国社会科学出版社 2003 年版，第 52~55 页。

性文件在内。然而当我们调查又会发现，多数人并没有感受到有这么多法律的存在，并没有刻意地了解这些法律并严格按照法律规定的规则行为，而是有意无意地遵循某种规则行为，甚至可以形成"无需法律的秩序"。美国学者罗伯特·C. 埃里克森认为，"社会生活有很大部分都位于法律影响之外，不受法律影响"，① 人们常常以合作的方式化解他们的纠纷，却根本不关心适用于这些纠纷的法律。

　　既然已经有了如此众多的法律，而且法律有很多都不发挥作用，那么我们为何还要研究立法，不断进行法律的制定和修改工作呢？这就要反思什么是法律的问题。哈耶克把国家制定的法律分为两类，一类是正当行为规则，另一类是组织规则。哈耶克认为，正当行为规则是普遍、平等地适用于每个人的规则，"这些规则经由使每个人或组织的群体能够知道他们在追求他们的目的时可以动用什么手段进而能够防止不同人的行动发生冲突而界分出确获保障的个人领域。这些规则一般被认为是'抽象的'和独立于个人目的的"。② 简单地说，正当行为规则是某一群体在相互的交往过程中，通过行动的反复博弈而达成的彼此共同遵守的规则，这些规则具有抽象性、涉他性以及否定性等特征，是人之行动而非人之设计的产物。这些规则是一个不断传播和发展的体系，"出于偶然的原因而采纳了有助于形成一类较为有效的行动秩序的规则的群体，会比其他并不具有如此有效之秩序的群体更成功"③，这一群体于是能够更好地生存与扩展，其他群体或者被淘汰或者学习相关的规则，于是正当行为规则得以传播。随着时间的推移和情势的变化，旧规则可能已经变得无法被遵循，新的规则可能会产生，新规则必须与原有的规则体系相容，不能与之冲突才能被纳入规则体系，成为一项为人们共同遵守的正当行为规则，或者说"正当行为规则乃是经由持续不断地把同属否定性的相容性标准适用于我们继受的法律系统而得到发展的"④。作为正当行为规则的法律可以认

---

　　① ［美］罗伯特·C. 埃里克森：《无需法律的秩序——邻人如何解决纠纷》，苏力译，中国政法大学出版社 2003 年版，第 5 页。

　　② Hayek, Law, New Studies in Philosophy, Politics, Economics and the History of Ideas, Routledge & Kegen Paul, 1978, p. 77.

　　③ ［英］弗里德里希·冯·哈耶克：《法律立法与自由》（第一卷），邓正来等译，中国大百科全书出版社 2000 年版，第 158 页。

　　④ ［英］弗里德里希·冯·哈耶克：《法律立法与自由》（第一卷），邓正来等译，中国大百科全书出版社 2000 年版，第 172 页。

为是国家对人们普遍遵循的习惯、惯例或者虽然无法表述但仍然遵循的规则予以认可，从而得以获得具有权威性、官方实施的规则。①

组织规则主要由关于政府如何运行的规则组成。与正当行为规则否定性、目的无涉性以及交互自发形成不同，组织规则是政府为了实现特定目的而设立的，是对那些规定了应当完成某事或应当实现特定的结果的肯定性命令进行补充，是为了实现这些目的而建立各种使政府得以有效运转的机构，一般来说，以组织法、程序法为代表的公法多可归到此类别。② 组织规则和正当行为规则在立法过程的主要区别是组织规则可以通过设计的方法而制定，正当行为规则却无法设计，只能被发现、被认可。

哈耶克的区分法律的目的是对立法进行批判，特别是批判大陆法系通过编纂法典的方式立法，认为这些立法无法区分正当行为规则和组织规则，一体性地进行规划设计而立法。他特别推崇英美法系法官立法的做法，认为这样才能更好地识别、补充、修正正当行为规则。

哈耶克的理论博大精深，有着强大的启迪意义。但是在大陆法系国家中，立法主要是由立法机关负责而不是由法院来掌控，立法依然需要进行，只不过具有了更艰巨的任务。这些任务如果能够较好地完成，也会成为推动人类进步的重要自发力量。

立法者面临的艰巨任务包括两个方面：第一，如何能够发现并认可正当行为规则？第二，如何设计组织规则，使组织规则能够符合相应的目的？更为重要的是，使组织规则与正当行为规则相容而不冲突。

发现正当行为规则非常困难，例如，我国在 1954 年就提出要制定民法

---

① 正当行为规则的理念实际早就存在，霍姆斯的"法律的生命不在于逻辑，而在于经验"的提法，萨维尼的法律是"民族的共同意识"的总结，均与正当行为规则相类似。最为接近此观点是梅因，他在《古代法》中指出，"可以断言，在人类初生时代，不可能想象会有任何种类的立法机关，甚至一个明确的立法者。法律还没有达到习惯的程度，它只是一种惯行。用一句法国成语来说，它还只是一种气氛。对于是或非唯一有权威性的说明是根据事实作出的司法判决，并不是由于违犯了预先假定的一条法律，而是在审判时中一个较高的权力第一次灌输入法官脑中的"。"真正的法律使所有公民毫无差别地一致遵守着种类相似的许多条例；这正是法律的最为一般人所深切感觉到的特征，使法律这个名词只能适用于一致、连续和类似。"参见［英］梅因：《古代法》，沈景一译，商务印书馆 1959 年版，第 5~6 页。

② ［英］弗里德里希·冯·哈耶克：《法律立法与自由》（第一卷），邓正来等译，中国大百科全书出版社 2000 年版，第 199 页。

典，到了2020年才被制定出来。那么如何才能让立法主体做得更好呢？这就需要严格的立法程序与科学的立法技术。① 关键性立法程序包括起草程序、听证程序、调研程序、评估程序等，这些程序可以保障各种利益群体、各阶层的人民都可以参与立法，其利益得到表达，规则得以更好地应用。科学的立法技术则使立法更具有适用性，比如语言技术。立法语言如果过于学术化，无法被民众所理解，就会阻碍规则的有效传播和遵守。

设计组织规则也没有那么容易，主要难题是如何使其同正当行为规则相容，也就是说组织规则首先要与正当理念相容。正当行为规则中的"正当"两字，体现了其本身所蕴含的一些理念，然而正当理念包括哪些内容是极具有争议性的问题，很难达成共识。这个时候我们可以寻求宪法与国际公约的帮助，以及一国之内被普遍倡导的理念，比如通过我国的社会主义核心价值观理解正当的理念。

因此，为了发现正当行为规则和设计组织规则，立法者应秉持某些理念，严格遵循一定的程序，以科学的立法技术以及利益平衡艺术进行立法。或者说立法过程就是一场探寻规则的科学与艺术之旅。对立法理念、立法程序、立法技术的研究因而成为立法学的主要内容。规则的发现不会局限于某个特定的国家或者地区，而是全人类的共同事业。一项有效的规则基于其效用会得到越来越多的人和国家认可，通过比较来发现这项规则是规则得以更快扩展的重要方式。比较的视野成为探寻规则的重要方法。

立法的程序与技术比较容易获得一致的看法，但在立法理念方面达成一致就显得略有难度。大体而言，立法理念可以分为外在理念与内在理念。外在理念决定了立法的外在限制，比如立法有限、宪法至上、规范有度等；内在理念则决定了立法的内容取向，比如尊重人权、平等公正、程序正当、利益分享、权力控制等。这些理念发挥了两方面的功能：其一是防止草率立法、过度立法。正当行为规则本身具有抽象性、简单性，无须层层立法变成异常繁杂、只有少数人才关心的纸面的文字；组织规则虽然需要设计并且用以完成某种目的，但目的过多会导致相互冲突，同时还会与正当行为规则无法协调一致，让人无所适从。其二是让立法在法治的范围和轨道上运行，遵从法治精神。虽然诸如人权、公正等理念耳熟能详，但是在立法中真正得以体现

---

① 程序和技术有时是难以区分的，程序本身也可以看作一种技术。

并不是那么容易，把立法作为利益分配的工具就可能无视这些理念，并且摧毁正当行为规则下所形成的有利于每个人有尊严地生活、使人类文明得以存续发展的秩序。

立法仅仅是法律规定的具有立法权的立法者的任务吗？显然不是。立法者可以通过经验的积累使立法工作更为娴熟，却无法解决如何使立法相互协调的问题，他们不但会受到自身偏见的影响，还有可能被相关利益团体所俘获。这就需要包括立法者、法官、学者、律师、检察官等法律人共同体乃至普通公民对有关问题达成某种共识，共同推动立法的发展。学习立法的学生，将来可能成为法律人共同体的成员，可以以某种方式参与立法。

此外，立法离不开理念、程序、技术的支撑，同时更需要法学、政治学、社会学、经济学、心理学等其他学科知识的指导，这些知识也许不能直接为立法所用，却能在潜移默化中使未来立法者更为理性。

基于以上的理念，以及能力培养的导向，本书体现了与类似立法学书籍不同的特征：

第一，综合知识的汇集。立法需要综合知识，但本书不可能将所有立法的知识都汇集到一起。那么如何让读者了解更多的知识呢？这主要通过经典理论、一家之言和百家争鸣三个板块来实现，特别是经典理论方面，本书力求把立法问题纳入全球的视野，考察相关学科理论的经典分析与最新进展。一家之言和百家争鸣则主要涉及学者对相关问题的看法。这里特别强调了相关性，也许理论和讨论并不直接涉及某一问题，但对于此问题的认识有参考意义，就会被选入其中。

第二，体现更多的互动。我们设置了多个板块来实现与读者的互动。首先是逻辑思考板块。这个板块鼓励读者对所阅读的内容进行批判性反思，而不是被动性地接受相关知识，使之理解所学知识的意义。其次是即时练习板块。在每一章节的阅读过程中，将不断提出各种问题让读者回答，或者就给定的主题扮演立法者的角色来设立规则。最后是阅读研究板块，我们把读者带到当代学者的研究中，通常提供一本书或者一篇论文让读者阅读，让读者对此材料的研究方法、研究思路进行分析，并将此种思路和方法与其他思路和方法进行比较，并运用到一些问题之中，让读者体会方法的重要性。

第三，更易于读者接受。除了利用图表来增强可读性之外，我们还设置了事例分析、案例评析和引例三个板块来使本书更具有吸引力。事例分析主要以社会上对立法的关注为出发点，引入媒体、官方、学者等主体的不同观点，让读者把握时代的脉搏。案例评析则主要以司法案例，特别是以宪法与行政法案例作为切入点，分析案例所涉及的立法出现的问题，特别是立法理念、程序和技术方面的偏差。另外我们在每一章的开头还设置了引例板块。引例可能是事例也可能是案例，作用是对整章内容进行导引，以对一个事例或案例的思考开启每一章的学习心路。

第四，拓展发散性思维空间。立法是社会的缩影，对每个人的行为模式会产生深远的影响。如果把立法局限于程序与技术的工匠艺术，则会使读者忽略宏观的广阔社会背景。我们设置了艺术与立法的板块，从小说、影视作品的艺术表现来看立法问题。由于艺术来源于生活，这也表现了普通民众对立法的观感。同时我们根据内容需要设置材料链接，而不是在每章的最后集中放置，这可以让读者随时就相关问题查阅资料，进行发散性思考。材料涉及各种书籍、文章以及网络资源，我们力求广泛并有助于读者思考。

第五，有利于读者掌握立法技术。有了多方面的知识和多角度的思维方式的铺垫，就为本书的最终目的——训练未来立法者掌握立法技术打下了良好的基础。立法技术中有三项核心技术，分别是立法起草技术、立法评估技术和立法审查技术。本书设立了规则起草、立法审查板块，贯穿于全书的各个章节，力求未来立法者能在实践中学习和思考。

张扩振

2023 年 12 月 31 日

于汕头桑浦山

目　　录

第一编　立法基础

第二编　立法过程

第三编　立法技术

导论　认识法律与立法

☞ 引例

李雪莲之问：何为法律？

《我不是潘金莲》是刘震云的一部小说，同时是冯小刚导演的同名电影。影片以李雪莲上访告状为主题，反映了李雪莲对法律的认知与误解。这部小说情节较为简单，主要讲述了一位名叫李雪莲的农妇，因为怀了二胎，丈夫面临下岗，为了逃避超生处罚，她与丈夫假离婚，孩子一人一个，然后再复婚，还能儿女双全。却没想到弄假成真，丈夫另结新欢。李雪莲为此告到法院，其诉求是让法院判决她之前的离婚是假的，法官王公道根据法律的程序与证据，判决离婚成立。李雪莲不服，开始告状。后来她找到丈夫理论，但丈夫不但不承认是假离婚，还说她是潘金莲。于是，李雪莲感到非常委屈，要讨个说法，既要证明之前的离婚是假的，更要证明自己不是潘金莲，从此走上了上访路。

有关离婚，我国有《婚姻法》和相关司法解释的规定，法官王公道的判决从法律角度上讲没有问题。可是李雪莲并不认同这样的法律，不断向更高级别的官员告状，试图以高级官员的权威否认法律的权威。李雪莲的诉求看似没有得到实现，但法院院长的免职实则否认了法律的权威。那么，法律到底是什么？李雪莲的认识是否就是错误的？

第一节　认 识 法 律

我们生活的世界，法律无所不在，依法治国、建设社会主义法治国家是宪法为我们指引的方向。每个人都需要在法律的调整下生活，但也许你并没有意识到法律的存在。人们对什么是法律有着不同的看法或者期望。

☞ 经典理论 0.1

制度经济学对法律的看法：外在法律与内在规则互补才能使制度发挥作用

制度经济学把制度与规则视为同一的概念，认为制度就是由人制定的规则。它们抑制着人际交往中可能出现的任意行为和机会主义行为。制度为一个共同体所共有，并总是依靠某种惩罚而得以贯彻。规则可以分为内在规则和外在规则，规则本身及整个规则体系都是依靠人类的长期经验而形成。内在规则是一种通过渐进式反馈和调整的演化过程而发展起来的，体现着过去曾最有益于人类的各种解决办法。其例子既有习惯、伦理规范、良好礼貌和商业习俗，也有盎格鲁-撒克逊社会中的自然法。外在规则是被自上而下地强加和执行的。它们由一批代理人设计和确立，这些代理人通过一个政治过程获得权威，如司法制度。外在规则和内在规则的区分依规则的起源而定。外在规则的有效性很大程度上取决于它们是否与内在演变出来的规则互补，例如，司法系统是否支持一个社会的道德、文化习俗、惯例和礼貌。

面对社会交往的日趋复杂化，政治活动家们是通过颁布复杂的法规和条例作出反应的，虽然这常常是出于特殊集团的要求。这种做法往往削弱了外在制度的协调功能并再次肯定了一个重要的观点：复杂世界需要简单的规则。

外在制度的建立和执行是一件复杂的事情，单纯依靠编纂出来的法律或习惯法的办法都不能令人满意地服务于建立外在规则的意图。因此，已得到反复验证的灵活结合可能是处理生性棘手问题的最好途径。

（进阶文献：[德]柯武刚、史漫飞：《制度经济学：社会秩序与公共政策》，韩朝华译，商务印书馆 2003 年版。）

☞ 案例评析 0.1

奥博法尔诉霍奇斯案(Obergefell v. Hodges)全美同性婚姻合法化

截至 2015 年 6 月，美国还有 14 个州禁止同性婚姻。2015 年 6 月 26 日，美国联邦最高法院对 Obergefell v. Hodges 一案作出判决。9 位联邦大法官以 5∶4的微弱优势裁定上诉人 Jim Obergefell(是其去世的同性伴侣的合法鳏夫)胜诉，并进一步裁定全美 50 州的州法皆不得禁止同性婚姻，现行的对同性婚姻区别对待的州法违反美国宪法精神，予以废止。美国成为世界上第 21 个认定同性婚姻合法的国家。这是近一个世纪以来，美国同性恋者争取合法权益的重大成果。对同性恋者来说，在这一天，历史性的一刻产生了：同性婚姻在美国全国取得合法地位。

本案争议的焦点是人民代表组成的州议会立法禁止同性婚姻，法官为何就可以推翻这一法律？难道州议会的立法不是法律吗？最高法院的 5 名大法官的意志就能取代州人民的意志吗？法律到底是什么？

☞ **逻辑思考 0.1**

对法律的批判性看法

在以上的材料中，文学家、学者、议会、法院对"法律是什么"这一观点都表达了不同的看法，在序言中我们也分析了一些法学理论的看法，那么对此你是怎么看待呢？

第二节　认 识 立 法

对立法的认识涉及以下几个方面：首先，哪些主体有权进行立法？在立法学上把这些主体称之为立法主体。其次，立法主体通过什么样的方式进行立法？立法有什么程序？有哪些人参与了立法？再次，人们通过立法获得了什么，或者说如果立法有其目的的话，每个人从中要达到什么目的？这些目的的最后是否获得了实现？又有哪些人在立法中失去了他们原有的利益或者无法获得更多利益？这些目的与利益又如何进行衡量？

一、谁能立法

在我国，哪些主体是立法主体呢？从获得宪法、法律的授权的角度讲，全国人大及其常委会，国务院各部委和具有行政管理职能的直属机构，中央军事委员会及其下属机构，省、自治区和直辖市的人大及其常委会，政府，民族自治地方的人大，特别行政区立法会等都是立法主体。不属于这个体系内的主体是否就没有立法权呢？法院、检察院颁布的各种司法解释、县乡人大及政府颁布的规范性文件，以及中国共产党颁布的党内法规是不是立法的体现呢？

☞ **材料链接 0.1**

司　法　解　释

《全国人民代表大会常务委员会关于加强法律解释工作的决议》规定，我国的最高人民法院、最高人民检察院可以对法律进行解释，这就是司法解释，即"凡属于法院审判工作中具体应用法律、法令的问题，由最高人民法院进行解释。凡属于检察院检察工作中具体应用法律、法令的问题，由最高人民检察院进行解释"。除了最高人民法院、最高人民检察院以外，各地高级人民法院也制定各种规范性文件，有些规范性文件起到司法解释的作用，虽然这种司法解释被最高人民法院所禁止。

依据《最高人民法院关于司法解释工作的规定》，司法解释形式分为"解释""规定""批复""决定"四种。根据《立法法》的规定，最高人民法院、最高人民检察院作出的属于审判、检察工作中具体应用法律的解释，应当主要针对具体的法律条文，并符合立法的目的、原则和原意。现实中，最高人民法院、最高人民检察院还会以安排、意见、纪要、通知、指示、函、复函、答复(解答)、联合通知等多种形式发布抽象性规范性文件。①

司法解释是立法吗？从以上的材料无法得出结论。2017 年制定、2021 年修订的《最高人民法院关于民事执行中财产调查若干问题的规定》第十九条规定，"被执行人拒不提供、转移、隐匿、伪造、篡改、毁弃审计资料，阻挠审计人员查看业务现场或者有其他妨碍审计调查行为的，人民法院可以根据情节轻重对被执行人或其主要负责人、直接责任人员予以罚款、拘留；构成犯罪的，依法追究刑事责任"，设定了罚款、拘留的处罚。第二十二条规定，"人民法院决定悬赏查找财产的，应当制作悬赏公告。悬赏公告应当载明悬赏金的数额或计算方法、领取条件等内容。悬赏公告应当在全国法院执行悬赏公告平台、法院微博或微信等媒体平台发布，也可以在执行法院公告栏或被执行人住所地、经常居住地等处张贴。申请执行人申请在其他媒体平台发布，并自愿承担发布费用的，人民法院应当准许"，建立了悬赏查找财产制度。这两个规则在《民事诉讼法》中都没有依据，显然是最高人民法院设立了新规则。《最高人民法院关于司法解释工作的规定》也指出："司法解释施行后，人民法

---

① 胡岩：《司法解释的前生后世》，载《政法论坛》2015 年第 3 期。

院作为裁判依据的，应当在司法文书中援引。人民法院同时引用法律和司法解释作为裁判依据的，应当先援引法律，后援引司法解释。"这就赋予了司法解释法律规则的地位。

截至 2023 年 6 月，我国共有司法解释 540 余件。这个数量是狭义的司法解释数量，不包括会议纪要、答复等广义的司法解释和地方司法机关的类司法解释。

☞ **逻辑思考 0.2**

谁更适合做立法者？

根据法律的表现形式与运作状况不同，世界上多数国家的法律可以归类为两大法系，分别是以判例法为中心的英美法系与以制定法为中心的大陆法系。英美法系的法律发展强调法官的作用，法官通过判例的方式造法是常态，议会和行政机构的制定法是判例法的汪洋大海中的孤岛。大陆法系的法律则主要是由立法主体制定的法典，官员和学者在此过程中发挥了主要作用，法官虽然可以在判案过程中解释法律，甚至某些法院(如法国的行政法院)可以用判例的形式补充塑造法律体系，但法官的作用明显比较小。

需要思考的是，法院、议会或者行政机构究竟哪个更适合做立法者呢？

二、怎样立法

我们经常会看到新闻报道，从某年某月某日起，一些法律法规开始施行了，可能对民众生活产生一定程度的影响。但是这些规则是如何产生的？立法是精英们密室讨论的结果吗？当然不是，但是我们为何有时对立法过程无感呢？

☞ **事例分析 0.1**

国有股减持风波①

2001 年 6 月 12 日国务院发布了《减持国有股筹集社会保障资金管理暂行

---

① 资料来源于《国有股减持 一波三折》，载中国改革信息库：http://www.reformdata. org/2008/1117/5015.shtml，2024 年 11 月 9 日访问。

办法》(以下简称《暂行办法》);同年 10 月 22 日,证监会宣布:在具体操作办法出台前,停止执行《暂行办法》第五条关于"国家拥有股份的股份有限公司向公共投资者首次发行和增发股票时,均应按投资额的 10% 出售国有股"的规定。2002 年 6 月 23 日,财政部和证监会的发言人通过新华社宣布:国务院决定,除企业海外发行上市外,对国内上市公司停止执行《暂行办法》。这就是"国有股减持风波"。导致这场风波的原因很多,《暂行办法》制定程序的瑕疵是其中之一。本来按照程序法原理,征求意见应该在法规出台之前进行,但事实上直到 2001 年 11 月 14 日,也就是法规发布约半年之后,中国证监会规划委才姗姗来迟地向全社会公开征集国有股减持方案,2001 年 12 月 18 日公布了由四家证券研究机构汇集整理的《国有股减持(流通)基本方案的初步汇总》。此后,证监会规划委组织了八家证券研究机构对汇总的七大类方案进行了定性和定量分析研究。2002 年 1 月 11 日,国务院发展研究中心主持召开"公开征集国有股减持方案专家评议会",邀请社会有关方面专家对汇集整理的七大类方案进行了评议。2002 年 1 月 21 日,国务院发展研究中心再次主持召开了各方人士参加的研讨会。

你如何看待这一事件?这一事件暴露出我国在立法程序上存在哪些问题?

☞ **逻辑思考 0.3**

民众参与在立法中的作用

我国在立法过程中特别注重协商和征求意见,国有股减持风波的核心问题是没有征求意见。我们需要思考,这些程序能否保障民众的意见得以表达?人民在立法过程中究竟起到什么作用?

三、为何要立法

什么情况下我们会立法呢?一般情况下,如果出现了新的行业、新的情况、新的政策,立法就会出现。例如,随着互联网的发展,我国对这个行业和相关问题进行了大量的立法工作;随着网约车(网络预约出租汽车)的出现,很多地方进行了地方性立法;2016 年开始发展起来的共享单车现在也成为立法的对象。随着国家对环境问题的重视,有关环境保护的立法就会增多。还有些特别的情况，一些突发的事件也可能导致立法的产生。例如，2003年的孙志刚事件，导致国务院废止了《城市流浪乞讨人员收容遣送办法》，出台了《城市生活无着的流浪乞讨人员救助管理办法》。再有就是随着人们观念的变化，新的立法也会相应产生。例如，美国在1952年认为同性恋是一种精神疾病，但到2015年全美就实现了同性婚姻合法化，主要就是因为人们对同性恋和同性婚姻的看法发生了转变。

☞ 经典理论0.2

立法目的的分歧

于是我们不禁要问，我们为何要立法，立法的目的与功能是什么呢？我们来看看几种不同的看法。

（1）功利主义：最大多数人的最大幸福。功利主义的创始人之一，也是立法学的创始人之一边沁①认为，功利是指任何客体的这么一种性质：由此，它倾向于给利益有关者带来实惠、好处、快乐、利益或幸福（所有这些在此含义相同），或者倾向于防止利益有关者遭受损害、痛苦、祸患或不幸（这些含义也相同）；如果利益有关者是一般的共同体，那就是共同体的幸福，如果是一个具体的个人，那就是这个人的幸福。当政府制定法规的行动增大共同体幸福的倾向大于它减少这一幸福的倾向时，它就可以说是符合功利原理。政府这样立法就是一项正确的行动。② 简单地说，政府的立法应该能促进最大多数人的最大幸福。立法应该为大多数人谋福利本身没有问题，但批评者认为，功利主义的立法可能忽视对少数人利益的维护，还可能把共同体的利益或者公共利益等同于政府利益，从而走向独裁。

（2）改变社会行为，引导社会变革。安·塞德曼等人认为，立法对政府而言表面上看是管理的需要，同时也是维持政府的合法性的需要。但从本质上

---

① 麦考利将边沁同伽利略和洛克相提并论，称他为"使法学从莫名其妙之物变成科学的人"；布鲁厄姆则对下议院说："在他之前，没有任何人可以说把立法当科学对待，而如此对待便使之成了科学。这就是他的卓越之处。"参见［英］边沁：《道德与立法原理导论》，时殷弘译，商务印书馆2000年版，导言第6页。

② ［英］边沁：《道德与立法原理导论》，时殷弘译，商务印书馆2000年版，第58~59页。

讲,国家立法是为了改变社会行为,引导社会变革。这是因为立法是政府改变人们行为的可控的因素。跟许多人一样,立法者很少试图修理东西,除非它看似被损坏。但是立法者几乎必然地要颁布一项法律去执行一项政策,因为他们相信,除非他们这样做,否则现存的不良社会行为便会持续。没有法律,行为或许也会改变以符合新政策,但这只是偶然发生。即使有法律,符合法律的行为也许会、也许不会产生。如果所期望的行为真的发生,只能证明新法律是导致新行为的众多因素中的一个因素。然而在这些众多因素中,法律是政府可以直接控制的因素。① 通过立法引导社会行为的改变,这是立法的重要目的。然而,通过立法来实现政策,其潜台词似乎是立法是政府意志的体现,政府是否可以随心所欲地立法来改变社会行为?

(3)保障人权,定分止争。尊重和保障人权是现代社会的共识。然而人权的含义却是不断发展的。洛克认为,生命、自由和财产权是人的核心权利,人们组成政府,让政府立法的根本目的是保护生命、自由和财产权。洛克说:"虽然人们在参加社会时放弃他们在自然状态中所享有的平等、自由和执行权,而把他们交给社会,由立法机关按社会的利益要求的程度加以处理,但是这只是出于各人为了更好地保护自己、他的自由和财产的动机(因为不能设想,任何理性的动物会抱着每况愈下的目的来改变他的现状),社会或由他们组成的立法机关的权力绝不容许扩张到超出公共福利的需要之外,而是必须保障每一个人的财产。"②保护财产就是要定分止争。定分止争最早出自中国哲学家慎子的作品《慎子》中,这本书举例说"一兔走街,百人追之分未定也;积兔满市,过而不顾,非不欲兔,分定不可争也"。保障人权虽然重要,然而各种权利之间如果相互冲突如何处理?确定名分确实可以减少纠纷,但同一事物的不同名分也会导致纠纷。

(4)分配利益,促进公平正义。在立法前、立法中、立法后进行立法评估是现代立法科学化的一种表现。立法评估就是要计算出立法对各种群体可能产生的影响,或者说对他们损益的分析。这就隐含了立法的功能是分配利益。波斯纳认为,"从经济学或财富的最大限度化角度来看,法律的基本功能就是

---

① [美]安·赛德曼等:《立法学:理论与实践》,刘国福、曹培等译,中国经济出版社 2008 年版,第 18 页。

② [英]洛克:《政府论》,叶启芳、瞿菊农译,商务印书馆 1964 年版,第 79~80 页。

改变刺激"①。通过利益的分配，就可以促使人改变行为。但是利益的分配应该符合正义的原则。罗尔斯对正义的原则的论述最典型。罗尔斯认为，正义是用来分配公民的基本权利和义务，划分由社会合作产生的利益和负担的标准。正义的原则包括：第一个原则——自由原则。每个人对于一种平等的基本自由之完全适当体制都拥有相同的不可剥夺的权利，而这种体制与适于所有人的同样自由体制是相容的；第二个原则——平等原则。社会和经济的不平等应该满足两个条件：第一，它们所从属的公职和职位应该在公平的机会平等条件下对所有人开放(公平机会原则)；第二，它们应该有利于社会之最不利成员的最大利益(差别原则)。这些原则中自由原则优于平等原则，公平机会原则优于差别原则。罗尔斯认为，"第一个正义原则应用于立宪大会阶段，与其相比，第二个正义原则应用于立法阶段，并且它对所有各类社会和经济的立法以及由此产生的各种各样问题都具有重大的影响"②。也就是说，在立法的时候分配利益，首先要遵循公平机会原则，每个人在机会面前一律平等，其次要照顾最不利群体的利益。这两个平等原则虽然很美好，正如罗尔斯所说，"第二个正义原则的目标是否得到实现，这是非常难以确定的"。这是因为在评估复杂的社会和经济信息的时候，人们往往在某种程度上依赖于判断和推理，难以准确地做出评估。

☞ 经典理论0.3

看得见的与看不见的

对于立法设定的目标或者政府的政策立法能否如预期一样实现，法国经济学家巴斯夏提出了他著名的看得见的与看不见的理论。对这一理论，哈耶克评论道："从来没有人用这么一句简单的话就清楚地揭示了理性经济政策的关键难题所在，我还想加上一句，也为经济自由给出了决定性的论证。正是因为他把整套这种观念浓缩为这么几个单词，我才称他为'天才'。"③巴斯夏

---

① 沈宗灵：《现代西方法理学》，北京大学出版社1992年版，第357页。

② ［美］约翰·罗尔斯：《作为公平的正义——正义新论》，姚大志译，中国社会科学出版社2011年版，第62~63页。

③ ［法］弗雷德里克·巴斯夏：《财产·法律与政府——巴斯夏政治经济学文粹》，秋风译，贵州人民出版社2003年版，前言第2页。

说："一项制度或一部法律，可能会产生不止一种效果，而是会带来一系列后果。在这些后果中，有些是当时就能看到的，它在原因发生之后立刻就出现了，人们都能注意到它；而有些后果则得过一段时间才能表现出来，它们总是不被人注意到，如果能够预知它们，我们就很幸运了。"①

巴斯夏举例说，国内的钢铁生产商为了自己的利益可能会游说国会通过立法进行贸易保护，禁止国外的钢铁进口。钢铁生产商声称这样可以保护民族产业，可以保障就业。的确这些效果是看得见的。但是贸易保护限制竞争导致的产品质量下降、价格上涨对民众的损害却是看不见的。假设每吨钢铁价格上涨15法郎，甲先生本来拥有可以用这15法郎进行消费、投资的好处，这些好处是看不见的。"于是，看不见的东西抵消了看得见的东西；而整个过程的后果则是某种不公正，而这种不公正却正是法律所导致的，再也没有比这一点更可悲了。"②也就是说，政府管制贸易的时候，的确给某些行业带来了好处，但却损害了整个社会的效率；当政府扩大开支刺激经济的时候，就减少了民间更有效率的投资。

人类社会是一个高度复杂的系统，由于每项立法所涉及的对象是具有自己的计划和愿望的人，因此，立法的后果是没有人可以准确预测的。这就要求在立法的时候，必须相当慎重，否则可能会以无法预测的方式，发生严重的后果。问题的关键在于，政府自以为在采取某些有益的政策和限制的时候，并不知道自己抑制了哪些可能更好的办法出现。

（进阶文献：[法]弗雷德里克·巴斯夏：《财产、法律与政府——巴斯夏政治经济学文萃》，秋风译，贵州人民出版社2003年版。）

总体而言，立法是通过发现和设立规则，以规范人的行为、分享利益为手段，从而达到每个人有尊严并幸福生活的目的。如果分解开来，则是以否定、禁止、惩罚的方式规范人的行为而达到秩序的目的，以授予利益等利益分享的方式而达到维持人的基本生存，保障人与人之间的协作。

如哈耶克所言，人类社会通过长时间的试错演化形成了自发秩序，这一

---

① [法]弗雷德里克·巴斯夏：《财产·法律与政府——巴斯夏政治经济学文粹》，秋风译，贵州人民出版社2003年版，第1页。

② [法]弗雷德里克·巴斯夏：《财产·法律与政府——巴斯夏政治经济学文粹》，秋风译，贵州人民出版社2003年版，第33页。

秩序需要一些规则的维持，规则的其中一部分就是法律。因此秩序就成为立法的目的之一。人们之所以需要秩序，一方面是人的行为是建立在对未来的可预测性的基础之上，规则所形成的秩序为人的行为建立了基础，同时也克服了对不可预测的无知的恐惧，规则不仅引导我们自己的未来行为，而且还引导我们对互动对方的未来行为做出预期。① 另一方面，秩序也符合人的心理需求。人都是有惰性的，习惯于重复以前的行为。弗洛伊德分析了孩子的重复行为，他指出：“孩子们总是不厌其烦地让一个成年人重复一个他教他们玩的或他同他们一起玩的游戏，直到他筋疲力尽无法再玩为止。”虽然成人没有这么强烈的重复愿望，但是“恢复早期事态”的强烈愿望在人生发展的后期阶段是始终存在的。② 马斯洛也指出，我们“一般更喜欢一个安全、可以预料、有组织、有秩序、有法律的世界。这个世界是他可以依赖的。在这个世界中，出人意料、无法应付、混乱不堪的事情或者其他有危险的事情不会发生”③。

通过规范来达到秩序是我们所需要的，但是如果规范过度变成了控制，秩序变成了桎梏，则违反了立法的目的。这主要表现为两种情况，其一是过分控制。有些统治者为了维护统治的需要，把人民当作实现某种目的的工具，通过立法强化对其控制。例如，民国时期的保甲制度就是控制人民的重要立法。还有统治者为了维护统治的稳定，制定各种压制言论自由的法律，忘却了思想言论自由对人类社会发展的贡献。其二是过度管制。在现代市场经济的条件下，有些政府对市场能否发挥资源配置的决定性作用并不放心，认为政府一定比市场做得更好，只有加强管制才能使市场更有秩序，导致形形色色的规划、审批、许可、市场准入等立法不断出现。虽然对市场的管制，特别是在食品安全、环境保护等方面必不可少，然而过度的管制形成的秩序则压制了市场的活力，走向了立法的对立面。

---

① ［美］杰克·奈特：《制度与社会冲突》，周传林译，上海人民出版社2009年版，第71页。

② ［美］E. 博登海默：《法理学：法律哲学与法律方法》，邓正来译，中国政法大学出版社2004年版，第237页。

③ ［美］亚伯拉罕·马斯洛：《动机与人格》（第三版），许金声等译，中国人民大学出版社2007年版，第24页。

☞ **材料链接 0.2**

民国保甲制度①

1931 年 6 月，蒋介石划定江西修水等 43 县编组保甲，将原有闾邻等自治组织一律撤销。次年，以蒋介石兼总司令的鄂豫皖三省"剿匪"总司令部颁布《剿匪区年各县编查保甲户口条例》，规定 10 户为甲，10 甲为保，联保连坐。保甲制的具体法规曾有过多次修订。立法院曾于 1936 年 9 月制定《保甲条例》42 条，1937 年 7 月 2 日又修正为 40 条，但均未公布。抗战爆发，军事委员会委员长重庆行营厘订整理《川黔两省各县保甲方案》，1939 年颁布《县各级组织纲要》均对战时保甲制度有具体规定。

保甲制的实质是通过联保连坐法将全国变成大囚笼。联保就是各户之间联合作保，共具保结，互相担保不做通共之事；连坐就是 1 家有"罪"，9 家举发，若不举发，10 家连带坐罪。国民政府内政部曾专门发布过一份《连坐暂行办法》，其主要内容是：出具连坐切结时，由户长签名盖章或匿押，一式两份，正结存县，副结存区。各户如发现另户为"匪"、通"匪"、窝"匪"等情，应立即报告，如隐匿不报，便以"庇护罪"或"纵匪罪"论处。内政部一名长期从事编查户口的官员谈到为什么要采用联保连坐法时说，以往，政府用悬赏来奖励检举者，但赏金的代价往往不能抵偿因受"匪方"报复所受的损失。实行联保连坐法以后，便能起到拘束民众的作用，使其"畏法而不畏匪"。

☞ **逻辑思考 0.4**

什么程度的网约车规制才是合理的？②

网约车是网络预约出租汽车的简称。在构建多样化服务体系方面，出

---

① 资料来源于冉绵惠、李慧宇：《民国时期保甲制度研究》，四川大学出版社 2005 年版，第 65~73 页。

② 资料来源于《190 个城市发布网约车细则，规制尺度该如何拿捏？》，载澎湃新闻：https://m.thepaper.cn/kuaibao_detail.jsp？contid＝2069521&from＝kuaibao，2024 年 11 月 9 日访问。

租车将分为巡游出租汽车和网络预约出租汽车。2018 年 6 月 5 日，交通运输部、中央网信办、工业和信息化部、公安部、中国人民银行、税务总局和国家市场监督管理总局等七部门联合印发《关于加强网络预约出租汽车行业事中事后联合监管有关工作的通知》，明确了网约车行业事中事后联合监管工作流程。

在省级层面，29 个省(自治区、直辖市)发布了指导意见；在城市层面，有 214 个城市已经发布实施细则，53 个城市已完成公开征求意见工作。在直辖市、省会城市、计划单列市等 36 个重点城市中，34 个已正式发布实施细则。已有 80 多家网约车平台公司获得经营许可，各地累计发放网约车驾驶员证 34 万多本、车辆运输证 20 多万本。

2016 年 12 月 21 日，北京市《网约预约出租车经营服务管理细则》正式对外发布。北京市依旧延续了此前"京车京人"的规定，此外该细则还规定网约车司机的驾驶证件需为北京市核发，接入网约车平台的个人和车辆必须经过审核，具备相关资质后方可上路参与营运。

网约车的出现方便了市民的出行，解决了常规出租车管制导致的各种问题。新市场出现不久，各种法律规制就应运而生。这些立法从网约车的户籍、牌照、车辆标准及对其各种审批方面对其设置了各种限制。设立这些限制的理由包括网约车的市场混乱、导致城市拥挤、污染环境以及威胁国家安全、数据安全等。你认为这些理由是否能够成立？对网约车的立法是否构成了过度管制？

立法的规范目的也会涉及利益的分配，但这种利益分配本身不是目的，只是规范的后果之一。立法的分享目的就是以利益分配为目的，从而保障社会中最不利成员的最大利益。虽然立法的主要目的是规范，但随着福利国家理念的兴起，以分享、分配利益为目的的立法逐步增加。应当说通过立法来保障处于社会不利地位成员的基本生存和尊严，是人类社会发展进步的表现。

然而，利益分享如果过度，则变成了侵夺。福利立法的过度以及经济领域的各种补贴泛滥就是其表现。巴斯夏早就指出："我们这个时代很流行的一种幻想是，能够通过互相牺牲最后实现所有阶层的共同富裕——在用法律组织掠夺的幌子下，使掠夺行径普遍化。现在，人们可以用数不胜数的借口去法律上掠夺行径；于是，也就存在着数不胜数的组织掠夺行径的方案：关税、贸易保护、补助金、补贴、优惠政策、累计的所得税、无息贷款等等。"①然而人们没有关注到所有的分享立法都面临这样的事实：立法并不能创造财富，它只能先从某些人那里取得财富才能分配给另外一些人。这种分配式立法如果被过度使用，资源就不会配置到最有效率的地方，整个社会的财富增加就会减缓，从而也间接地损害了最不利成员的生存与尊严。

第三节　尝　试　立　法

对法律和立法有了粗浅的认识之后，难道我们就可以立法了吗？从学习规律方面来讲应该不能。但是，我们看到学生们在写各种论文的时候，俨然以立法者的姿态出现，往往会提出法律改革的各种建议，似乎可以进行立法了。从另一方面讲，法律无外乎常理，法律应该是人们所遵守的规则的一种发现。既然每个人都懂得常理，并且还具备一些法律方面的知识，就有了进行立法的基础。

然而，立法也是一种技术，在没有掌握这一技术之前，我们尝试进行立法可能存在如下的问题：第一，表述不清。法律语言不同于日常语言，立法需要独特的语言技术，才能使法律更加严谨。第二，违法违宪。法律规则是一套体系性的存在，其中不能存在矛盾和不协调。虽然明显的违法和违宪可以避免，但是隐含的违法违宪却常常存在。这是因为我们还没有掌握宪法审查与法律审查的技术。第三，触动了无名者的利益。立法往往是进行规范行为、惩罚行为以及奖励行为。当立法规范、惩罚、奖励了某些行为，会导致某些人获利而另外一些人受损。简单地说，所有的立法都会导致利益的再分配。人们在立法的时候，往往可以看到明确的利益获得者和受损者，却无法看到潜在的或者从长久来看的利益得失者。这时立法评估技术就派上了用场，立法评估技术就是要以技术性手段评估立法可能带来的影响。

另外，立法还需要程序的锤炼。立法不是起草之后就可以公布实施了。通过听证会、座谈会、网上征求意见等方式来收集利益相关各方的意见是立法的关键性程序。这样的立法才能被人们所接受和遵守，立法的规制和分享

---

① ［法］弗雷德里克·巴斯夏：《财产·法律与政府——巴斯夏政治经济学文粹》，秋风译，贵州人民出版社 2003 年版，第 82 页。

功能才能实现。

下面我们就练习尝试一下起草规则。当学习完本书后，可以回来重新设定规则，并模拟立法程序来完善规则，然后看看你是否有了进步。

☞ **规则起草 0.1**

制定共享自行车规则

共享自行车是指企业在校园、地铁站点、公交站点、居民区、商业区、公共服务区等提供自行车（包括电动自行车和一般自行车）共享服务，是一种分时租赁模式。共享自行车大幅增长的同时，也出现了一些问题。例如，与"有桩"的公共自行车相比，这种随时取用和停车的"无桩"理念给市民带来了极大便利的同时，也导致"乱占道"现象更加普遍，城市空间的管理因而变得更加困难。

面对共享单车给民众带来的便利与存在的问题，你如何起草规则予以规范？

☞ **规则起草 0.2**

制定班委会选举规则

某大学某班级的班委会任期届满，需要进行换届选举。上一届班委会中的班长是由辅导员老师指定的，同学们对其工作作风十分不满。而班长却获得辅导员的支持想继续留任，但同时班级中很多同学都想担任班委。现在辅导员让你制定一份班委会选举的程序规则，你该如何制定？

第一编　立法基础

第一章 立法的基本理念

☞ 引例

司法判决中的心理学证据

1954 年，美国最高法院宣布了布朗案的判决，判定将白人儿童与黑人儿童分隔在不同的学校是非法的。美国最高法院的这项判决实际是一项立法，它宣布了种族隔离违宪，确立了种族融合的规则。最高法院的判决在很大程度上受到了心理学家和其他社会科学家所提出证据的影响。他们就种族隔离对黑人学龄儿童的心理伤害进行了大量的研究。下面是心理学家肯尼斯·克拉克给出的对布朗案产生极大影响的证词——克拉克报告了他对一群黑人幼儿的研究：

我在你们的要求下于上个星期四和星期五制定了这些测试，并对 Scott's Branch 小学的儿童，特别是那些低年级的群体进行了测试。我使用了我告诉你们的方法——黑人和白人玩具娃娃——它们除了肤色以外在其他方面都是一模一样的。我把画有这些娃娃图像的纸与娃娃一起呈现……

我把娃娃给他们，并按顺序询问他们以下的问题："给我看你最喜欢或者最想玩的那个娃娃""指给我看那个'漂亮的'娃娃""指给我看那个看上去'不好'的"……

我发现，在我测试的 6~9 岁的 16 个儿童中，有 10 个选择了白人娃娃作为他们偏爱的或最喜欢的。他们中的 10 个也认为白人娃娃是"漂亮的"娃娃。而且，我认为你们必须注意，这两个娃娃除了肤色外其他任何方面都是一模一样的。这 16 个儿童中的 11 个选择了棕色的娃娃作为看上去"不好"的娃娃。这与以前我们测试的 300 多个儿童得到的结果是一致的，我们将此解释为，黑人儿童或许早在 6~8 岁时就已经接受了关于自己种族的负面刻板印象……

我不得不做出的结论是，克拉伦敦郡的这些儿童和其他在他们所生活的社会中从属于明显劣等地位的人一样，在其人格发展过程中的确受到了伤害；他们个性中的不稳定性是明显的，我认为每个心理学家都会接受这样的解释，并对这些现象做出同样的解释。①

从这个案例可以看出以下几方面的理念：一是儿童的理念，儿童受到了来自家庭、社会、隔离的学校的影响，认为黑皮肤是不漂亮、不好的；二是最高法院的理念，最高法院接受了心理学家提供的证据，认为隔离会导致不平等；三是心理学家的理念，心理学家认为实验是证明某一观点是否成立的方法，也就是秉持了一种科学理念。这些理念汇聚在一起，共同推动了最高法院的立法判决。接下来，让我们一起来探讨一下立法理念吧。

第一节　理念的重要性

理念是什么？理念听起来同文化、道德、政治等词语一样非常模糊并且难以界定。如果同观念一词进行比较可以有一个较为清晰的认识。两个词都有个"念"字，不同在于"理"和"观"。对事物进行观看然后得出一些表象看法为观念，在观念的基础上从个别事物中抽象而得的普遍概念形成的道理为理念。因此，理念是对规律进行总结所形成的思想，与真理、道理类似。

☞ **材料链接 1.1**

理念的特征②

1. 区域性：任何的理念都有自己的局限，也就是说，每一理念都存在着自己固有的适应范围。如"种瓜得瓜，种豆得豆"，它可以适应多个范围。

2. 概括性：理念的形成，是我们对现象之规律已经有了一定的认知。这种认知具有概括的广度和深度。概括性越高，认知的信息内容就越丰富。

3. 客观性：如果我们要对客观现象的本质或特征有整体性的诠释，就得有其相对应的客观程度。

---

① ［美］理查德·格里格、菲利普·津巴多：《心理学与生活》(第16版)，王垒、王甦等译，人民邮电出版社2003年版，第2页。

② 资料来源于百度百科：理念，https://baike.baidu.com/item/%E7%90%86%E5%BF%B5/1189315? fr=ge_ala，2024年11月9日访问。

4. 间接性：理念是人类凭借自己的语言形式来对客观现象进行的诠释，是在感觉格式化后之基础上建立的。

5. 逻辑性：诠释现象的信息内容，反映理念是一种抽象的理论认识，表明理念中陈述的现象遵循着一定的规律、有一定的形式，并按着一定的方法在进行。

6. 深刻性：理念，是经过人类的思考活动，进行信息内容的加工——去粗取精、去伪存真，由此及彼、由表及里；于是，在人类情感格式化里，生成了一种认知过程的突变，产生了观念、概念或法则——抓住了现象的本质，以及整体与内外的联系。

7. 灵活性：理念的灵活性是指对语法、概念或语言格式之用法的灵活程度。

虽然理念具有如上的特征，但是它与真理或道理一样只是某一时空的人们对某一事物的局限性概括，不可能是永恒不变的。同时理念对人的行为的影响非常大，不同理念的人会有不同的行动结构。

☞ **阅读研究 1.1**

张维迎：《理念的力量》

经济学家张维迎特别强调理念的重要性，他有一本书叫做《理念的力量》。他认为，理念是重要的，人的行为不仅受利益的支配，也受理念的支配；社会的变革和人类的进步基本上都是在新的理念推动下出现的，没有理念的变化就没有制度和政策的改变；中国过去四十年取得的成就是理念变化的结果。

人的行为受理念的支配来自"人是理性存在物"这样一个基本事实。什么叫理性存在物？就是人是会思考的，人做事是有目的、有计划的。作为理性存在物，我们做任何事一定要找一个正当性的理由，这一正当性理由是由理念提供的。

张维迎最后得出结论："任何社会变革，从短期来讲，政治领导人的理念可能更为重要。但从长期来讲，普通人的理念也许更重要，因为任何一个政治领导人，不可能长期违抗大多数人的理念而行事。大的社会变革一定是全民的事情，不可能是少数精英的事情，而无论政治领导人理念的形成，还是普通大众观念的变化，都是思想市场运行的结果。正是在这个意义上，我们说，没有思想市场就没有中国的未来！"①

（进阶文献：张维迎：《理念的力量》，西北大学出版社2014年版。）

请在阅读《理念的力量》后谈谈对此书的印象，你认为理念真的有张维迎所说的力量吗？

一、理念塑造人的行为

人的行为多数是在自己的思想指导下做出的，人的决策、选择可以说是理念的产物。动物不同于植物之处是可以设定自己的目标，预见事态的发展方向，制订行动计划并执行，人更是如此。由于人的目标可以更为复杂且更为长远，需要更为复杂的思想和理念来加以指导。一个大学生可能习惯于从与他人不同的维度思考问题，将来可能在创新创业中取得较多的成绩；一个国家在改革开放理念的指导下，一些突破原有体制的立法产生概率就会增加。

虽然如心理学家弗洛伊德所说，人的很多行为并不是理性选择的结果，而是无意识的产物。但这些无意识的行为，多数只是没有意识到背后的理念而已，并不是不受理念的支配。也许你今天做的很多事情都没有目标，只是机械性无意识地在做，但理念在默默地起作用。用心理学家阿德勒的说法，人类的每一种表现都有理念(心灵)的目的性。②

二、理念推动社会变革

在中国长达数千年的历史上，有三次大变革从根本上改变了中国的政治和社会结构。第一次发生在公元前221年，它结束了领土封建制，创立了实行中央集权的帝国；第二次发生于1911年，它结束了帝国，建立了共和国；第三次发生在1949年，建立了共产党领导的政权。③ 无论哪一次的巨变，都是在理念的推动下完成的，这里只谈第一次巨变。

从春秋战国到秦朝，中国社会发生了剧烈的变革，完成了从分封制到中

---

① 张维迎：《理念的力量》，西北大学出版社2014年版，第283页。

② [奥]阿尔弗雷德·阿德勒：《自卑与超越》，江月译，古吴轩出版社2017年版，第23页。

③ [美]斯塔夫阿诺斯：《全球通史：从史前到21世纪》，吴象婴等译，北京大学出版社2005年版，第160页。

央集权的转变。这种转变由多种原因促成，其中一个重要的原因则是主政者的理念发生了变化，主政者的核心理念就是法家的理念。从那时起，皇权统治者表面上遵从儒家的思想，内核里却用法家的理念治理国家。秦朝的成功可以从商鞅变法谈起。公元前362年，秦孝公即位，为了富国强兵，下令求贤，商鞅携带李悝《法经》入秦，取得秦孝公信任，主持变法。从商鞅推崇《法经》以及其所推行的各项措施来看，商鞅的变法是在法家理念的指导下进行的。法家思想在现代看来或许有些残酷，但是对当时而言，以明确、可信任的规则作为治理的标准，来实现对人民的组织和管理，是最能够达到国家富强、人民富足的目的的。法家所推崇的"以法为本"，树立法令的绝对权威的思想特别重要。正如法家集大成者韩非所说，"明主之国，令者，言最贵者也；法者，事最适者也。言无二贵，法不两适。故言行而不轨于法令者必禁"[1]。法家的理念为商鞅乃至秦始皇所推崇，推动了中国第一次大变革。

对于西方而言，自工业革命以来带来的变革是西方最为重要的变革之一。西方从中世纪的封建社会到近代的资本主义社会，文艺复兴和启蒙运动所传播的理念起到了极大的推动作用。

这些理念的集大成者是英国思想家洛克。洛克把前人的这些思想以一种明确的形式，使其融为一体，从而成为古典自由主义的创始人，并为后来的思想家奠定了根本的基础。他所提出的主题在古典自由主义的思想对话中不断地重复出现。

☞ **材料链接1.2**

洛克的理念

洛克的思想内容极为广泛，他对近代西方做出的贡献主要有：

洛克的第一个伟大而根本性的贡献在于他在权利理论上的突破。对权利的基础和重要性的探寻，引导他对自然法进行了阐述。被赋予了神圣起源的个人权利获得了先验的重要性，在此基础上法律才能得以确立。任何与承认个人权利的自然法相违背的国家法律都不应当遵守。从另一方面说，个人权利的基督教性质也就否定了个人的绝对自治。

---

① 《韩非子·问辩》。

洛克的第二个贡献就是他对人的看法。洛克是从理论上的自然状态开始其政治分析的，据此他提出，人是彼此和平共存的，通过劳动与资源相结合而获取财产权，他们除了觉得为了实现理想中的不偏不倚，自己在案件中充当自己的法官有些不便之外，几乎没有什么其他障碍。这意味着人在一般情况下是善良的，能够在自由状态下共存。

洛克的第三个贡献是提出了政治主权只能源于被统治者的同意的原则。根据这一点，洛克得出结论：如果一个政府背弃了国家与公民之间的契约，人民就有革命的权利。

洛克的第四个贡献也许最为重要，他认识到人身的自由依赖于私人的财产权。这种财产权必须由法治来保障，否则，那些没有财产的人就可能操纵一种制度以攫取有产者的财产。他对财产权的定义强调的是附加的个人劳动，从而使所有权成为某种内在的创造活动。同时，他把每个人的自我抬高到了几乎是绝对的程度。

（进阶文献：洛克：《政府论》，叶启芳、瞿菊农译，商务印书馆 1982 年版。）

☞ **规则起草 1.1**

大学课堂教学的规则

大学教学如何取得好的效果，是长久以来困扰老师和学生的重要难题。在中国，传统上大学老师上课基本采用满堂灌的方式，即老师精心备课，然后到课堂中复述备课内容。学生则被要求认真听讲，认真记笔记，课后进行复习。互联网的发展使得学生获得知识的便捷度提高，因此这种传统模式现在面临着重大的挑战。

随着课堂教学从知识传授到学生主动学习、激发学生创新能力的理念转变，现在兴起了两种新的教学理念，分别是翻转课堂和翻转学习。翻转课堂是指学生在来上课之前，根据个人情况通过视频或者其他学习课件接受直接教学，而在课堂上，老师将时间用于提高整体教学效果，或者提高学生所需的个性化教学。翻转课堂改变了教师传授内容的方式，但它局限于如何高效传授内容，翻转课堂中的学习仍然很大程度上是以老师为中心。翻转学习是翻转课堂的深入和延续。整个教学过程采取以学生为中心、学生主动学习的教学策略，与每个学生单独沟通和教学，将课堂转变为学习和答疑解惑的场所。"翻转学习是一种教学方法，它把直接教学从集体学习空间转移到个人学习空间，从而把集体学习空间变成一种动态的、交互的学习环境，老师在学生创造性地参与科目学习中给予指导。"①

翻转学习是一种能力导向的教育理念（OBE），它以学生为中心，以能力的培养为目标。请你进一步参考相关资料，在翻转学习的理念下，设计一套教学规则，然后比较这种规则与传统的教学有什么不同，理念对规则设计产生了什么影响？

三、理念变化引起立法变革

理念是推动社会变革的重要力量，立法则是社会变革的表现和助力。因此理念的变化也会带来立法的变化，我们以《草原法》的制定和部分修改过程加以说明。

我国对草原的认识或者说草原理念有一个变化过程。在历史上，我国是一个以种植业为主的农耕国家，长期以来，为了应对不断增长的人口，总是在扩大种植的面积，把森林、草原、湿地都改造成农田。直到中华人民共和国成立，这种理念继续存在。同时伴随着对人的力量的理性自信，中华人民共和国成立初期，我国展开了对自然进行改造的宏大计划。1958年到1962年国家强调"以粮为纲"，在牧区和半农业牧区开垦草原，大办农业和副食基地；1966年至1976年提倡"牧民不吃亏心粮""农业要上、牧业要让""农业下滩、牧业上山"，盲目开垦草原。总之，当时在理念上认为草原只是等待开垦的荒地，并没有认识到草原的真正价值。另外，在当时法律被认为是无用的东西，治理主要靠党的政策，立法在此期间也基本停滞。这种理念反映到宪法上，则是把草原当荒地对待，也没有专门的法律保护草原。1954年《宪法》第六条第二款规定，"矿藏、水流，由法律规定为国有的森林、荒地和其他资源，都属于全民所有"。1975年、1978年《宪法》的规定与1954年《宪法》类似，1978年《宪法》第六条第二款规定，"矿藏、水流，国有的森林、荒地和其他海陆资源，都属于全民所有"。

---

① ［美］乔纳森·伯格曼、亚伦·萨姆斯：《翻转学习》，王允丽译，中国青年出版社2015年版，第20页。

1978 年改革开放后，国家对草原的认识或理念开始发生转变。这种转变首先表现为不再把牧业放在要为农业让步的位置，而是放在与农业同等的位置，草原被认为是牧业经济的载体，于是就有了 1978 年的《农村人民公社工作条例》的规定："要把农林牧放在同等地位""积极发展畜牧业，提高畜牧业在经济中的比重""牧区、半牧区以及适宜放牧的山区，要严禁破坏草原，加强草原建设，兴修水利，提高机械化水平"。这个条例依然是党的政策，法律依然缺位。鉴于"文化大革命"的教训，人民普遍产生了对法制的要求，邓小平适应了这种要求，提出了加强法制建设的理念。邓小平指出："为了保障人民民主，必须加强法制。必须使民主制度化、法律化，使这种制度和法律不因领导人的改变而改变，不因领导人的看法和注意力的改变而改变……应该集中力量制定刑法、民法、诉讼法和其他各种必要的法律，例如工厂法、人民公社法、森林法、草原法、环境保护法、劳动法、外国人投资法等等，经过一定的民主程序讨论通过，并且加强检察机关和司法机关，做到有法可依，有法必依，执法必严，违法必究。"[①]在这些理念的引领下，我国 1982 年《宪法》将草原从荒地和其他资源中分离出来，对草原的资源价值在宪法上予以确认。1978 年 7 月，开始组织起草《草原法》；1985 年颁布实施《草原法》。

1985 年《草原法》实施之后，对于保护、建设和合理利用草原起到了重要作用。然而这部法律体现的主要理念还是计划经济时代的理念，对草原的资源功能要求主要侧重于经济功能，即发展畜牧业，而对草原的生态功能并没有太多的注意。随着改革开放的发展，人们对草原功能的理念开始发生变化，特别是环境保护的理念开始逐步深入人心，草原不再被认为只是放牧的场所，更是保护生态环境的重要屏障，这时的草原却发生了巨大的问题。据 2001 年《中国环境状况公报》公布，我国 90%的草原不同程度退化，其中退化、沙化、碱化草原面积达 13500 万公顷，并且每年以 200 万公顷的速度增加。虽然确立了农业和牧业并重的理念，但在短期利益的驱动下，对草原的开垦并没有停止，但开垦之后不久都发生了沙化问题，导致撂荒。草原人说："一年开草场，二年打点粮，三年五年变沙梁。"理念的转变和问题频发，导致了 2002 年《草原法》的修改。特别是第三条规定，"国家对草原实行科学规划、全面保

---

① 《邓小平文选》第二卷，人民出版社 1994 年版，第 146~147 页。

护、重点建设、合理利用的方针，促进草原的可持续利用和生态、经济、社会的协调发展"，特别强调了草原的生态价值。①

☞ **材料链接 1.3**

刑罚理念的变迁

肢刑架可让犯人四肢脱臼，它被认为是中世纪最残忍的刑具。将犯人的手脚分别绑在两根齿条上，施刑者扳动手柄，两根齿条就会向相反的方向拉伸犯人的四肢，直到脱臼。

无论中国的古代还是欧洲的中世纪，刑罚都具有残酷性的特征。

美国学者斯蒂芬·平克指出："与人们现在的印象完全不同，古代酷刑的实施并非仅限于阴暗的地牢，它们也是大众的娱乐。公开行刑吸引着成群结队的群众、在欢呼雀跃中围观受刑人的挣扎和哀号。在轮刑下撕裂破碎的四肢、绞架上坠挂的身体、铁笼中饱受风吹日晒饥饿干渴的罪人，还有他们一点一点死去，再一点一点腐烂的躯体，这些都是当时人们熟识的日常景色，是中世纪地貌风光的组成部分。"②

到了现代，各国的刑罚基本都已经文明化，注重保护犯罪嫌疑人和罪犯的各项权利。

（进阶文献：［美］斯蒂芬·平克：《人性中的善良天使：暴力为什么会减少》，安雯译，中信出版集团 2015 年版。）

☞ **逻辑思考 1.1**

如何看待公开演示酷刑的减少

平克根据大量的数据得出结论，人类曾经殚精竭虑设计各种刑罚方法和刑具，酷刑和死刑不仅频繁，而且往往公开举行，人们扶老携幼以看热闹的心情围观评论，并不以为不忍。十八世纪以后，这种情况在西方大体不再见

---

① 对《草原法》的更深入探讨，参见布小林：《立法的社会过程——对草原法案例的分析与思考》，中国社会科学出版社 2007 年版。

② ［美］斯蒂芬·平克：《人性中的善良天使：暴力为什么会减少》，安雯译，中信出版集团 2015 年版，第 133 页。

到。平克认为，此中变化的原因主要归功于印刷技术发达、书籍报刊的普及流通以及书报读者的大幅度增加。阅读帮助人们设想他人的经验与感受，也理解到"他者"不一定是邪恶的威胁，从而减少了残酷虐杀的意愿。你认同平克的看法吗？刑罚立法从残酷到文明的转变反映了立法理念怎样的变迁趋势，为何会有这种情况的发生？

☞ **逻辑思考 1.2**

通过立法，我们对人的规训是多了，还是少了？人是更自由了，还是更受到约束了？

从系统性制度规训来讲，或者说规训规模来说，从古代到现代对人的规训是增加了，而不是减少了，因为现代社会多数人都进入了生产系统，特别是时钟的广泛使用，进入了每日 8 小时工作制。然而这个趋势是否到了物极必反的程度呢？人们确实对规训习以为常，并且逃避自由，但是对自由的向往，不受组织和他人的控制的想法还是比较强烈的。所以，系统性规训制度已经建立的情况下，这种制度带来的弊端或者说僵化也已经显现。比如，如何容忍创新，如何使人的生活更美好，或者更便利，立法需要克制，需要等待，而不是扼杀。即使立法限制了，社会之上有多少问题是按照立法运行的呢？

第二节　影响立法理念变迁的因素

一、以科学的方法探索立法理念变迁的因素

在中国，立法是科学吗？这是一个很值得思考的问题。2004 年，周旺生教授说，"迄今中国立法实践未能把立法视为科学，而主要是当作完成领导或上级布置的工作来看待"。[①] 推动中国立法成为一种科学是学术界的共识。什么样的立法学问才能被视为科学的呢？

---

① 刘爽：《中国立法，技术"阻劣"——周旺生教授访谈》，载《法律与生活》2004 年 4 月上半期(第 259 期)。

立法作为一种人的行为，是有规律可循的。事实上，我们不可能找到完全没有规律的现象——虽然有些现象，其规律要深入研究才能发现。现象有规律，自古皆然。如何探寻规律呢？那就是要解释现象。解释现象首先提出一个观点，或者说叫理论推测，这种理论推测可能会被事实推翻。所有的实证科学都是要创立一些可能被事实推翻的观点或假设来做推测的。"换言之，科学不是求对，也不是求错，科学求的是可能被事实推翻。可能被事实推翻而没有被事实推翻，就算是证实了。"①也就是说，科学的假设必须能够被重复验证才能成立，不能被验证而被事实推翻的，假设就不能成立。

☞ **经典观点 1.1**

何为科学

经济学家马歇尔警告我们说，"这些争议的经验告诉我们，除非经过理智的考究与阐述，我们不可能从事实中学得什么。这也教训了我们，使我们知道最鲁莽而又虚伪的，是那些公开声言让事实自作解释的理论家；或者无意识地，自己在幕后操纵事实的选择与组合，然后提出如下的推论：在这之后，所以这就是原因"②。

我们看看心理学是如何来进行科学研究的，这对立法具有启示意义。从事心理学研究的目的是描述、解释、预测和控制行为。其研究过程可以分为两个主要的范畴，它们通常是依次发生的：形成想法（发现）然后检验它（验证）。发现的背景是研究的开始阶段，在这个过程中，通过观察、信念、信息和一般的知识，人们形成一个新的观点或者对于某种现象形成一种不同以往的思考方法。研究者由此形成待检验的理论和假设。研究者为了检验他们的观点，使用科学的方法和一套减少误差的收集与解释证据的程序。他们依据标准的程序和使用操作定义，强烈反对观察者的偏见。实验研究方法决定待检验的假设所确定的变量间是否存在因果关系，研究者需要排除其他可能的

---

① 张五常：《经济解释》，中信出版社 2015 年版，第 64 页。
② 张五常：《经济解释》，中信出版社 2015 年版，卷首语。

解释。相关研究方法确定了两个变量是否相关以及有多大程度相关。相关关系并不意味着因果关系。①

☞ **即时练习1.1**

　　请尝试运用科学的方法来分析，从近代到现代立法理念有什么样的变迁规律，又是什么原因导致了这样的变迁。

　　我们这里提供几种可供批判的回答。

　　问题：人类历史上，立法的形式、内容以及数量都发生了巨大的变化，导致这些变化的因子中，理念起到了多大的作用？有什么变化？有人可能说，理念的变化关我何事？实际上理念的变化可以影响到立法的方方面面。以强化管制为核心的立法理念，自然会对我们的经济社会活动带来一些麻烦，比如你想创业开一家公司，但各种门槛、各种审批可能使你的创业计划面临失败的危险；把保障公民权利作为立法目的的理念，会使我们更好地捍卫自己的利益，使我们获得公平的对待，例如你对学校的处分你感到不公平，可以获得及时便捷的救济。我们渴望理想的立法理念，那就要问是什么因素导致了这样的立法理念的产生？

　　假设：立法理念经历了以自然为师的自然法理念到以科学理性为主导的改造法理念，最后到减少规制的综合立法理念的变迁，这是一个比较理想的立法理念。

　　观点1：中外立法的基本理念向着基本一致的方向发展。

　　理由：作为文化一部分的立法理念需要同文化的其他部分相互契合、相互影响。

　　观点2：理想的立法理念体现了以人为本，捍卫人的尊严的人类核心出发点。

　　理由：由实证主义为代表的由经验到实验的科学研究的理念转换促成了科技的迅速发展，从而为尊重每个人、为每个人提供有尊严的生活打下了基

────────

① ［美］理查德·格里格、菲利普·津巴多：《心理学与生活》(第16版)，王垒、王甦等译，人民邮电出版社2003年版，第32页。

础，从而促进了理想立法理念的形成。

观点3：立法理念变迁需要进一步细化，比如以自然为师但并不妨碍刑罚的残酷，科学理性的设计观念也没有妨碍经验的重要性，综合立法理念的管制也未必就比科学理性时代更少。

理由：人口、物质、技术成为一个重要的因素。人口的增加使人与人之间的关系更加复杂，也使人与人之间的合作更为迫切，行为失范的人的总数也会增加，这些都会使法律控制必要性增长。尊重需要成本的支持，当然这只是一个方面原因。另一方面的原因是技术使监控更为可能，而不需要残酷的惩罚。

二、影响立法理念变迁的因素

(一) 遗传

人的有关立法理念受到遗传的影响似乎并没有得到广泛的认同。大多数人会认为思想、理念乃是通过后天环境的影响来塑造的。但是，心理学家的一些实验证明，理念会遗传，并通过基因传给下一代。

你感觉你的生活幸福吗？多数人会认为这受环境的影响。如果告诉你每个人的平均幸福感具有明显的遗传性，你会吃惊吗？心理学家用一套研究方案表明幸福感是会遗传的。为了考察幸福感的遗传因素，研究者采用了遗传学的经典方法：他们考察了同卵双生子(遗传学上属于同一基因的双生子)和异卵双生子(像兄弟姐妹之间的关系那样只共享一般基因)所具有的相似的行为模式，这里主要指主观感觉良好行为模式。双生儿的幸福感水平由问卷加以测验。问卷要求被试者对一些问题作出反应，如"与周围人相比，你总的来说感到幸福或满足吗"？

研究者从20岁或30岁左右的同卵双生子和异卵双生子中得到两套数据，然后进行双生子对间比较和时间跨度比较分析。他们计算一对30多岁的双生子幸福感与其20多岁的兄弟或姊妹间差异的程度。研究发现，异卵双生子间的幸福感实际上没有什么关联。但是，对于同卵双生子，20~30岁80%的相关可用双生子对间的分析加以解释。研究表明，同卵双生子这种幸福感模式，可以较好地解释是否幸福感基线具有较强的遗传因素，每个人体验快乐感与毕生经历中的均数，就是幸福感基线水平。①

即使认为人的理念可以遗传，那么这些基因是否源自非常久远的历史呢？换句话说，是不是中国人有关理念的基因来自孔子的年代甚至更早呢？根据达尔文的自然选择理论，什么基因可以被传递下去，是由适者生存规律决定的。而现代研究表明，自然选择甚至可以在短期内见效。格兰特和韦纳对达尔文鸣禽的系列研究保存着格拉帕高斯群岛中一个小岛上的雨水、食物资源和鸣禽数量的记录。1976年这个岛上的鸣禽超过1000只，次年由于致命的干旱，食物短缺，小而易得的种子首先被鸣禽吃光，仅仅剩些大而硬难以咬开的种子，当年岛上的鸣禽数量减少80%，其中具有纤细小嘴的个体死亡率大大高于具有宽大嘴的个体。正如达尔文曾经预言的那样，下一年，岛上的大鸟数量会增多。②格兰特的研究表明自然选择的效果，甚至在短期内也十分显著。

可以推论，理念的基因既可能来自遥远的古代，有些也可能是近现代的产物。源自古代农业社会的可能是中国文化的深层基因，而源自近现代的则是文化的最新融合而形成的理念。

(二) 环境

环境是理念形成的重要因素，这是大家所公认的。家庭、社会、工作、技术环境等都对一个人的理念有形塑作用。这里重点讨论家庭、社会以及技术环境。

家庭是多数人成长必经的环境，一个人很难摆脱他从小出生的那个小家庭对他的影响。人的性格、理念的形成在一出生就开始被塑造，1~5岁是最为重要的时期，而这个时期的事情很多人都已经不记得了，以至于对这个时期的影响被很多人忽视。

心理学家弗洛伊德特别重视个体在婴儿时期的成长过程。他通过力比多 (libido) 即性冲动能量的满足来说明婴儿的成长过程。他认为，个体通过自己或者父母在正常看护自己的过程中刺激个体的性感带 (erogenous zone) 可以得到满足；在不同的发展阶段，性感带有所不同。按照性感带的阶段性不同，

---

① Lykken, D. & Tellegen, A, Happiness Is a Stochastic Phenomenon, Psychological Science, 1996(7), pp. 186-189.

② [美]理查德·格里格、菲利普·津巴多：《心理学与生活》(第16版)，王垒、王甦等译，人民邮电出版社2003年版，第46页。

个体的成长可以划分为 5 个阶段：口唇期（oral stage）、肛门期（anal stage）、性器期（phallic stage）、潜伏期（latent stage）和生殖期（genital stage）。口唇期是从出生到出生的第二年，这个阶段对婴儿口腔的刺激，如吮吸、咬和吞咽等，是性满足的主要来源。肛门期是 2~3 岁，这一阶段性敏感区转到肛门。性器期是 4~5 岁，这个阶段生殖器成为性敏感区。这一阶段的性满足涉及对异性父母的性幻想以及玩弄和展示生殖器。恋父情结和恋母情结正是在这一阶段产生的。前三个阶段是人格发展的重要阶段，为成人后的人格模式奠定了基础。潜伏期是 6~12 岁，这一阶段儿童力比多受到压抑，没有明显表现。生殖期是 13~18 岁，这一阶段个体的性器官开始发育成熟，力比多压抑逐渐解除，生殖期成为主导的性敏感区，其他性敏感区成为辅助的性敏感区。

　　根据弗洛伊德的理论，如果在性心理发展的某个阶段得到过分的满足或者受到挫折会导致固着，固着将导致无法正常地进入性心理发展的下一阶段。每个阶段的固着都会导致成年后不同的性格特征或者心理问题。弗洛伊德说，"如果在发展过程中，这种过强的成分受潜抑作用历程的钳制（必须坚持的是，它绝不曾被废除），结局将大不相同，在此情景下，兴奋还是像以前一样地出现；但是它们在精神上已受阻抑，达不到目的，只有歪向旁道，以病态的形式表现出来。结果性生活可能相当正常——就有限的意义上说——但是他们同时还患上了心理症"。① 固着的概念能够解释为什么弗洛伊德如此重视早期经验对于人格的连续性作用。他相信在性心理发展的早期经验对于人格形成和成人行为模式有着很深层次的影响。虽然对弗洛伊德理论的批评一直存在，但人在婴幼儿时期的父母或者家庭的影响被深入研究，继续得到承认和证明。

　　如果说家庭是一个固定的场所，而社会则是可以流动的场域。人的理念首先来自家庭，其后期可能被社会所强化，也可能被社会所改变。在古代社会，出行成本极高，每个人基本都生于斯长于斯，没有流动。小规模不流动的社会往往会强化其在家庭中所得到的理念，然后彼此加强，理念就长久不变。中国两千年的封建社会，人的基本理念的变化不大就是基于这个原因。到了现代社会，社会中的交流变得非常便捷，理念的变化也就是随之产生。也许你成长在一个具有中国文化传统的农村家庭，具有相当传统的理念，长

---

　　① ［奥地利］弗洛伊德：《性学三论　爱情心理学》，林克明译，太白文艺出版社2004 年版，第 109 页。

大后可能到遥远的大城市去读大学乃至深造，或者出国留学，最后到某个省城工作。你的理念会在你的读书过程中不断与其他理念碰撞交流，最终你的理念可能会发生巨大变化，变成具有现代理念的人。

这里特别强调了交流学习对理念的重大影响。在社会中交流学习无论在古代还是现代都是存在的，但古代社会交流学习的困难致使理念变迁缓慢，现代社会排除了这些困难，导致人们的理念的转变迅速。

技术的变革导致了交流学习的变化。例如，印刷技术的发展导致书籍的普及，人们可以通过阅读来改变自己的理念。随着互联网的发明，交流变得更加快捷，人们足不出户就可以阅读巨量的资料，即便你身处偏远的小山村，也可以获得最新的理念。交通状况的变化也改变了人们的交流。古代社会如果出远门，不仅所需时日比较久，而且还会存在生命危险。而在现代社会，飞机、高铁、汽车、轮船等交通工具不断革新，交通变得非常迅捷，道路也更安全和顺畅，人们的交流因此变得便捷而迅速，理念改变的概率增大了很多。

☞ **材料链接 1.4**

行政诉讼法目的的修改

1989 年《行政诉讼法》

第一条　为保证人民法院正确、及时审理行政案件，保护公民、法人和其他组织的合法权益，维护和监督行政机关依法行使行政职权，根据宪法制定本法。

第二条　公民、法人或者其他组织认为行政机关和行政机关工作人员的具体行政行为侵犯其合法权益，有权依照本法向人民法院提起诉讼。

2014 年《行政诉讼法》

第一条　为保证人民法院公正、及时审理行政案件，解决行政争议，保护公民、法人和其他组织的合法权益，监督行政机关依法行使职权，根据宪法，制定本法。

第二条　公民、法人或者其他组织认为行政机关和行政机关工作人员的行政行为侵犯其合法权益，有权依照本法向人民法院提起诉讼。

前款所称行政行为，包括法律、法规、规章授权的组织作出的行政行为。

分析 2014 年《行政诉讼法》对第一条和第二条的修改内容，说明这反映了什么样的立法理念变迁？这种理念变迁的原因是什么？

☞ **材料链接 1.5**

《刑法》和《法院组织法》对死刑态度的变化

关于《宪法》的修改：

1997 年 3 月 14 日，第八届全国人民代表大会第五次会议通过《刑法(修订草案)》，这部《刑法》被法律界简称为"1997 年刑法"。

这部旨在预防犯罪的重要法律在其通过后的二十多年，到 2018 年历经十次修正。"1997 年刑法"通过后，有 68 种死刑罪名。2011 年《刑法修正案(八)》首次减少死刑罪名，盗窃罪、走私文物罪、盗掘古文化遗址古墓葬罪等 13 项死刑罪名被取消，使我国死刑罪名减少为 55 种。

2013 年 11 月，党的十八届三中全会审议通过《中共中央关于全面深化改革若干重大问题的决定》，提出将逐步减少适用死刑罪名。一年后，《刑法修正案(九)》在全国人大常委会会议上通过，再取消 9 个死刑罪名，包括走私武器、弹药罪，走私核材料罪，走私假币罪，伪造货币罪，集资诈骗罪，组织卖淫罪，强迫卖淫罪，阻碍执行军事职务罪和战时造谣惑众罪。

《刑法修正案(九)》通过后，我国死刑罪名减少为 46 个，剩余的死刑罪名中大部分为暴力犯罪。

关于《人民法院组织法》的修改：

1. 1979 年《人民法院组织法》

第十三条　死刑案件由最高人民法院判决或者核准。死刑案件的复核程序按照中华人民共和国刑事诉讼法第三编第四章的规定办理。

2. 1983 年《人民法院组织法》

第十三条　死刑案件除由最高人民法院判决的以外，应当报请最高人民法院核准。杀人、强奸、抢劫、爆炸以及其他严重危害公共安全和社会治安判处死刑的案件的核准权，最高人民法院在必要的时候，得授权省、自治区、直辖市的高级人民法院行使。

3. 2006 年《人民法院组织法》

第十二条　死刑除依法由最高人民法院判决的以外，应当报请最高人民法院核准。

☞ **事例分析 1.1**

阅读材料 1.4、材料 1.5，请分析《刑法》和《人民法院组织法》修改对死刑问题的变迁，思考这些变迁反映了什么样的理念变化，探讨其中理念变迁的原因。

第三节 立法的主要理念

一、立法的核心理念：人性尊严

刑罚理念的变化体现了现代立法的一个核心理念：维护人性尊严。谈人性尊严，我们不如从防止虐待动物开始谈起。我国目前并没有保护动物不受虐待的法律，但是各种虐猫虐狗事件受到广泛的谴责，说明了人们并不认可虐待动物。在中世纪的欧洲，折磨动物曾经是人们无伤大雅的娱乐。在 16 世纪的巴黎，一大流行娱乐是烧猫。人们将猫用绳子吊在舞台上，慢慢放低，最后放入火中。据历史学家诺曼·戴维斯说："观众们，包括国王们和王后们，一起尖叫狂笑，看着动物在痛苦中号叫、烧着、烤熟，最后变成焦炭。"[1]其他流行娱乐还有斗狗、奔牛、斗鸡，对"有罪"的动物公开行刑，以及纵狗斗熊游戏。在狗熊游戏中，熊被铁链拴在木桩上，狗或者将熊撕成碎片，或者在搏斗中被熊杀死。[2]

1789 年，边沁在他的文章中提到了动物权利的基本原理："问题不是它们是否能够思维，也不是它们是否能够说话，而是它们是否痛苦。"这句话直到今天仍然是动物保护运动的口号。1800 年，英国议会通过了第一个禁止斗熊的法案。接着，在 1822 年通过了《虐待牲畜法案》，又在 1835 年将此法延伸至保护公牛、熊、狗和猫。反对虐待动物运动在 20 世纪下半叶的权利革命中掀起了第二次浪潮，其高峰是在 2005 年立法禁止了英国最后的流血体育运动：猎狐。到目前为止，世界上已有 100 多个国家制定了"禁止虐待动物法"，这些法律的基本原则就是禁止所有的造成不必要的死亡、虐待、持续的痛苦或剧烈伤害等非法残暴对待动物的行为。

---

① Norman Davies, Death by Violence in Prehistoric Societies, Bowles, 2009.

② ［美］斯蒂芬·平克：《人性中的善良天使：暴力为什么会减少》，安雯译，中信出版集团 2015 年版，第 146 页。

为何要禁止虐待动物？其核心就是如果动物仅仅被当作某种工具或者财产，可以随意地虐待，那么人也可以作为工具，也可以被虐待，甚至当作奴隶。只有当人的存在本身就是目的，而不是成为他人的手段或者工具时，人性尊严才可能成立。如果一个社会中，人们对虐待动物熟视无睹，就会对犯罪嫌疑人实施刑讯逼供。犯罪嫌疑人在警察眼里已经不是一个人，只不过是破案的工具。

人性尊严来源于《联邦德国基本法》的规定，同我国的人格尊严有着基本相同的意涵。德国学者认为，人性尊严属于每个人自己以及自己所欲之价值，构成个人本质上不可放弃之要素，基于该尊严，人类方有自我发展之能力；人性尊严之要件，系每个人得在其行为与决定上有自由，而且任何人都享有同等的自由。人性尊严是否受到侵害，联邦德国宪法法院提出了物体公式，即当一具体的个人，被贬抑为物体，仅是手段或可替代之数值时，人性尊严已受到侵害。因为一个人既被矮化为物体、数值，自然不必在意其精神、意识，更遑论其自治、自决，因而极易成为他治、他决之客体，自易构成对人性尊严之侵害。①

☞ 案例评析 1.1

德国《航空安全法》案②

美国"9·11"事件之后，国际反恐局势骤然紧张，反恐过程中的人权问题也日趋严重，各国都面临着在反恐和人权、国家安全与人性尊严之间进行取舍的难题。在劫机这种极端情况下，国家是否可击落恐怖分子劫持的飞机，成为法律上必须回答的问题。

鉴于航空安全的迫切需要，德国在 2005 年 1 月颁布了《航空安全法》。该法最具争议的是第三章"通过军队所进行的援助及公务扶助"的第十三条至第十五条。这几条规定中有两个问题争议最大。其一是，在非常严重的航空事件中，可以动用军队对各州的警察进行援助。其二是，为了防止特别严重的不幸发生，军队可以在航空空间内压迫该飞机，强迫其降落，并威胁使用武器或进行警告

---

① 李震山：《人性尊严与人权保障》，元照出版有限公司 2001 年版，第 13~14 页。

② 李忠夏：《航空安全法案》，载《德国宪法案例选释》（第 1 辑 基本权利总论），法律出版社 2012 年版，第 237~263 页。

性射击；如果被劫持的飞机被用来威胁人的生命，而使用武器是防范该现实危险的唯一办法时，军队可以直接使用武器将被劫持的飞机击落。

鉴于《航空安全法》允许国家在特定的例外情况下杀害同样是犯罪行为牺牲品的无辜者，因此，相关利害关系人就向联邦宪法法院提起了宪法诉愿，认为《航空安全法》的规定侵犯了《联邦德国基本法》第一条第一款的人性尊严以及第二条第二款第一句的生命权。

联邦德国宪法法院认为，鉴于生命权和人性尊严的关系，国家一方面被消极地禁止通过自身的措施违背人性尊严之尊重而侵犯生命权；另一方面国家也被积极地要求保护每个人的生命。国家保护个体的生命，首先是保护人的生命不受第三人的不法侵害，其次也保护个体不受国家的侮辱、迫害、贬损及类似的行为。从基本法制定者的原意出发，人的本质应为自由的自我决定即自由地发挥，并且个人可以要求在共同体中作为拥有自身价值的同等成员被承认。对人性尊严的尊重和保护义务同时排除了将人纯粹作为国家之客体的行为，因此绝对禁止通过公权力使人的主体特质处于疑问状态的行为，这会使每个人基于其人格而被赋予的自我意志价值得不到尊重。

因此，联邦德国宪法法院认为，《航空安全法》第十四条第三款的规定，军队在特定情况下可以使用武器击落被劫持的飞机，如果被劫持的飞机包括有无辜乘客及乘务人员，不符合基本法所规定的生命权和人性尊严的规定。

你如何看待这一案例？有人认为，为了打击犯罪，做出一点牺牲不是很必要的吗？评论这一观点和联邦德国宪法法院观点的差异和背后理念的不同，以及为何会产生这样的不同。

二、宪法至上

我国《宪法》规定宪法是国家的根本法，具有最高的法律效力。美国最高法院通过马伯里诉麦迪逊案也确立了宪法的最高法地位。宪法在法律体系中居于最高地位，其他法律不能与宪法相违背，是现代国家的一般常识。立法者在立法过程中要注意所订立的规则不能同宪法相抵触。

宪法为何要至上呢？从马伯里案到《航空安全法》案，宪法在保卫什么？宪法其实在保卫人们对国家组织的根本看法以及对人的看法。我国《宪法》是一个集权主义的组织模式，对人的看法着重于作为集体一分子的人，而不是单独的个人。同样，美国宪法是一个分权主义的组织模式，对人的看法更看重人的个体性。强调集体利益至上是一个什么概念呢？也就是一个公共利益的概念，可是难以界定公共利益，这个界定者就由立法来进行了。一个集体主义的国度，公共利益的范围就要大于私人利益，公法自然就会兴盛。要集权必集体，否则难以集权。所以，宪法至上并不是说一定要保护公民个体的权利，宪法至上是在保护这个国家的核心理念。

在立法过程中关注到宪法是必不可少的，宪法关于各个国家机关之间权限的划分、公民基本权利的规定都是限制立法权行使的重要方面。然而，宪法的规定多数比较抽象，如果宪法没有被详细地解释而具体化，立法者可能更关注宪法相关法的规定，比如，我国的《组织法》《立法法》以及其他上位法，宪法至上就会流于空谈。

☞ 材料链接 1.6

法国宪法的地位①

法国是西方较早制定宪法的国家，1791 年法国制定了第一部共和国宪法。从 1791 年到 1958 年，法国制定了 11 部宪法，但宪法并没有得到很好的实施，频繁地变换宪法也使宪法的至上地位无从谈起。1958 年宪法规定设立宪法委员会来监督宪法实施，并且规定总统、总理和参众两院的议长可以对议会通过的但还没有生效的法案提交给宪法委员会审查，由宪法委员会审查法案的合宪性。1958 年的宪法委员会在设立之初的主要功能限于解决总统、行政机关和议会之间的权限争议，但后来在实践中又进一步演化为平衡议会和行政机关权力的机关和保障公民权利与自由的机关。法国宪法的至上地位确立的标志性案件是 1971 年结社自由法案部分条款被宪法委员会宣布违宪。宪法委员会特别强调了 1958 年的宪法序言，通过这个序言使宪法规范的范围从原来的 1958 年宪法正文，扩大到了 1958 年宪法序言所提及的 1789 年《人权宣言》和 1946 年宪法序言(当然还包括后来的 2004 年环境宪章)。经过 1974 年宪法修改把提出法案事先审查的主体扩大到国民议会和参议院两院各 60 名议员，2008 年修改宪法，规定公民可以提出对法律是否违宪的事后审查，法国宪法的活跃程度逐步上升。在立法中遵守宪法至上成为共识。

———————————

① 资料来源于李晓兵：《法国第五共和宪法与宪法委员会》，知识产权出版社 2008 年版，第 1~62 页。

三、利益分享

所有的立法都是在为人们设定权利和义务，规定人们可以为某种行为或者禁止为某种行为。立法的权利和义务分配从根本上讲就是对人们的利益进行重新划分。无论是关于网络安全、电动车的标准的立法或者是夫妻共同债务的划分的立法，全部都在重新分配利益。但问题在于何种分配方式是合理的呢？2017年12月我国发布了《关于立法中涉及的重大利益调整论证咨询的工作规范》，要求对立法涉及重大利益的应该通过程序，召集有关代表进行论证咨询。这是立法利益合理分配的一种途径。利益不论如何分配，都应该坚持利益分享的原则，不能让利益为某一群体独占，而另外的群体的利益则受到过多的损害。

☞ **材料链接 1.7**

利益与需要

利益是一个模糊的词语，对同一个事件，有人认为是侵害了自己的利益，有人则认为是维护了自己的利益。比如，父母管教子女过程中的打骂行为，有些人包括孩子自己觉得侵害了子女的人身利益，而另一些人则认为这对孩子今后的成长有利，反而是维护了子女的长远利益。

《牛津法律大辞典》中将利益解释为：个人或个人的集团寻求得到满足和保护的权利请求要求愿望或需求，利益是由个人、集团或整个社会的、道德的、宗教的、政治的、经济的以及其他方面的观点而创造的。

利益可以分为财产利益和非财产利益。财产利益包括动产、不动产、现金、存款、外币、有价证券、债权或其他财产上权利与其他具有经济价值或者以金钱交易取得之利益。非财产利益也可以称之为非物质利益，非物质利益是指包括公民与生俱来的或依法享有的生命权、健康权、个人尊严权、人身不受侵犯权、人格与名誉权、商业信誉、私人生活不受侵犯权、个人秘密和家庭秘密、自由往来、选择居所和住所的权利、姓名权、著作权，其他不可转让的并且不得以其他方式转移的人身非财产权利和其他非物质利益。这包括如进入政府、公立学校、国有企业工作和晋升的机会、获得的由行政主体颁发的各种许可资格等。

正如《牛津法律大辞典》所指出，利益是一个发展变动的概念，随着社会的发展而改变。这种变化的发生与人的需求的变化相关。根据马斯洛的需要理论，可以把人的基本需要分成生理需要（Physiological Needs）、安全需要（Safety Needs）、爱和归属感（Love and Belonging）、尊重（Esteem）和自我实现（Self-actualization）五类，依次由较低层次到较高层次排列。在自我实现需求之后，还有自我超越需要（Self-transcendence Needs）。五种需要可以分为两级，其中生理上的需要、安全上的需要和感情上的需要都属于低一级的需要，这些需要通过外部条件就可以满足；而尊重的需要和自我实现的需要是高级需要，他们是通过内部因素才能满足的，而且一个人对尊重和自我实现的需要是无止境的。同一时期，一个人可能有几种需要，但每一时期总有一种需要占支配地位，对行为起决定作用。任何一种需要都不会因为更高层次需要的发展而消失。各层次的需要相互依赖和重叠，高层次的需要发展后，低层次的需要仍然存在，只是对行为影响的程度大大减小。

马斯洛和其他的行为心理学家都认为，一个国家多数人的需要层次结构，是同这个国家的经济发展水平、科技发展水平、文化和人民受教育的程度直接相关的。在发展中国家，生理需要和安全需要占主导的人数比例较大，而高级需要占主导的人数比例较小；在发达国家，则刚好相反。

从以上的材料可以看出，由需要导致的利益要求是非常繁杂的，每个人的需要层次不同，利益诉求也会不同，如何在立法中使这些利益得到尊重和保护，实际是一个复杂的工程。虽然通过各种听证会和论证会以及各种程序可以使利益诉求得到表达，但如何实现利益分享还值得深入探讨。

马斯洛还指出，"基本需要满足有一些直接的先决条件，包括在无损于他人的前提下的言论自由、行动自由、表达自由、调查研究的自由、寻求信息的自由、防御自由以及集体中的正义、公平、诚实、秩序等"。"之所以要捍卫这些条件，是因为如果没有它们，基本需要的满足就是很不可能的，至少也会是处于严重的危险之中"。[1]

（进阶文献：[美]亚伯拉罕·马斯洛：《动机与人格》（第三版），许金声译，中国人民大学出版社 2007 年版。）

---

[1] [美]亚伯拉罕·马斯洛：《动机与人格》（第三版），许金声译，中国人民大学出版社 2007 年版，第 29~30 页。

☞ 事例分析 1.2

《甘肃祁连山国家级自然保护区管理条例》违反上位法事件①

经过长期过度开发和破坏后,被誉为"中国西部天然生态屏障"的祁连山已是遍体鳞伤。2017 年 1 月,一篇《两位生态学博导四问祁连山生态保护》的文章被广泛转载。该文作者为中科院西北生态环境资源研究院副院长冯起与甘肃省祁连山水源涵养林研究院院长刘贤德。

两位生态专家在文中称,祁连山的生态破坏开始于 20 世纪 60 年代末 70 年代初,初期以森林砍伐、盗伐为主,当年有"吃得苦中苦,为了两万五(每年要完成 2.5 万立方米的森林采伐任务)"的说法;20 世纪 80 年代以矿山开采为主;90 年代后以小水电开发为主。甘肃省相关政府部门提供的资料显示,在 20 世纪 90 年代到 21 世纪初,祁连山保护区范围内仅肃南县就有 532 家大小矿山企业,在张掖境内的干支流上先后建成了 46 座水电站。

祁连山环境破坏之所以严重,是因为有着地方性法规的支持。2017 年 12 月修订之前,《甘肃祁连山国家级自然保护区管理条例》历经三次修正,部分规定始终与《中华人民共和国自然保护区条例》不一致,将国家规定"禁止在自然保护区内进行砍伐、放牧、狩猎、捕捞、采药、开垦、烧荒、开矿、采石、挖沙"等 10 类活动,缩减为"禁止进行狩猎、垦荒、烧荒"等 3 类活动,而这 3 类都是近年来发生频次少、基本已得到控制的事项,其他 7 类恰恰是近年来频繁发生且对生态环境破坏明显的事项。2013 年 5 月修订的《甘肃省矿产资源勘查开采审批管理办法》允许在国家级自然保护区实验区进行矿产开采,这也违反了上位法的规定。

地方立法为何要违反上位法的规定呢?立法不仅调整某一时期的利益调整,也是长远利益与短期利益,增量利益与存量利益的调整。破坏环境带来了短期利益的增长,同时也使利益整体的数量得到增加,使人们不再过度在意存量利益的分配。从这个角度而言,地方就有动力制定违背上位法但可以推动其地方经济发展的立法。即使地方立法与上位法相一致,地方也可以通过规范性文件来变相改变上位法的规定,从而为经济增长保驾护航。"绿水青

---

① 资料来源于《祁连山因何遍体鳞伤?已有近半个世纪的"破坏史"》,载中国新闻周刊:https://www.chinanews.com.cn/m/sh/2017/08-04/8295876.shtml,2024 年 11 月 9 日访问。

山就是金山银山"的理念非常好，在短期利益和某些需要的压力下，立法对利益调整就出现了偏差。

你如何看待甘肃省政府的行为？这一事件涉及哪些利益关系？

☞ **逻辑思考1.3**

发展的冷思考

发展是现代社会的一个重要主题，通过立法来促进发展可以使可供分配的利益蛋糕变大，但如何才能避免以短期利益损害长期利益，以牺牲外部利益来增进内部利益的立法的出现？什么机制能够保证立法的利益分享理念的实现？

四、协商立法

每个人都想通过立法保持或者扩大自己的利益，而不愿意利益受到损害，如何才能做到立法符合多数人的利益，并且少数人的利益又不被忽略呢？协商立法就是解决这个问题的一个重要理念。

我国立法特别强调民主立法，把民主作为立法的一项重要原则。周旺生认为，我国立法的民主原则应该包括三个要素：（1）立法主体是广泛的，人民是立法的主人，立法权在根本上属于人民，由人民行使。立法主体是多元化的，中央与地方、权力机关与政府机关应当有合理的立法权限划分体制和监督体制。（2）立法内容具有人民性，以维护人民的利益为宗旨，注意确认和保障人民的权利，而不是以政府意志或少数人的意志为依归。（3）立法活动过程和立法程序是民主的，在立法过程中注重贯彻群众路线，使人民能够通过必要的路径，有效参与立法，有效地在立法过程中表达自己的意愿。①

立法权虽然属于人民，人民却无法直接立法，只能通过其代表或者服务者政府来进行立法。要使立法做到利益分享，在立法过程中贯彻协商民主，可以部分解决人民立法的主体地位问题。正如美国政治家汉密尔顿所说，"在立法机构中，仓促决议往往有害而无利。立法机构中意见的不同、朋党的倾

---

① 周旺生：《立法学》（第二版），法律出版社2009年版，第78页。

轧，虽然有时可能妨碍通过有益的计划，却常可以促进审慎周密的研究，而有助于制止多数人过分的行为"①。这个关于立法机构争论与协商的评论，也适用于其他主体之间的协商。无论是人民之间的协商、立法者与人民的协商、立法者内部的协商，以及立法者之间的协商，这些协商均可以不同程度地保证利益分享。

☞ **材料链接 1.8**

协 商 民 主

民主意味着多数人或者全民的统治，其本身蕴含着协商之意，现代意义的协商民主更强调"协商"二字，即对话、沟通、辩论与妥协，可以说，现代协商民主理论进一步突出了民主运行的动态化和民主途径的多样化，同传统民主比较而言，更具有互动性、包容性与合作性等特点。克里斯蒂亚诺在《公共协商的意义》一文中具体讨论了协商民主的独立性价值，包括内在价值、工具价值与结果价值等。他认为：参与公共协商本身就是公民良善生活的重要组成部分，在协商过程中，每一个人平等参与、自由对话、相互尊重，体现了正义的基本要求，这些都是协商民主的内在价值；工具价值包括传递信息、平衡利益、过滤观点、制约权力；结果价值则表现为改善立法质量、增强政治正当性、弘扬公民美德、彰显人性尊严以及提升公民参政能力等。他特别强调，公共协商对提高民主决策质量是协商民主独有的工具性价值。②

（进阶文献：汪进元主编：《中国特色协商民主的宪制研究》，中国政法大学出版社2015年版。）

☞ **逻辑思考 1.4**

协商民主的弊端

通过适当的协商方式进行立法固然可以实现利益分享，但协商民主如果

---

① ［美］汉密尔顿、杰伊、麦迪逊：《联邦党人文集》，程逢如等译，商务印书馆1980年版，第359页。

② ［美］博曼等：《协商民主：论理性与政治》，陈家刚等译，中央编译出版社2006年版，第184~211页。

运用不当，也会带来问题。比如协商民主有可能沦为精英协商，普通民众难以参与立法协商过程中；协商民主不一定带来理性的立法，可能导致"群体极化"，也就是出现一边倒的极端立法，导致某些群体的利益受到过度侵害。你认为什么样的制度或程序可以减轻或者避免精英协商和群体极化的立法？

五、立法有限

作为一个立法者，你是否感觉到自己无所不能呢？就像有人过去描述英国议会，除了不能把男人变成女人、把女人变成男人之外，任何事都可以做。面对纷繁复杂的社会，你是否觉得可以大展宏图？可以通过立法改变社会中的各种问题，规划一个美丽新世界呢？或者说为了回应人民对美好生活的向往而改造社会呢？这里不得不泼一盆冷水，回答是否定的，立法并非什么都可以做，而是有限的。

我们首先从恩格斯的合力理论来加以说明。恩格斯在 1890 年 9 月 21—22 日致约·布洛赫的信中，阐明了合力说。他指出："历史是这样创造的：最终的结果总是从许多单个的意志的相互冲突中产生出来的，而其中每一个意志，又是由于许多特殊的生活条件，才成为它所成为的那样。这样就有无数互相交错的力量，有无数个力的平行四边形，而由此就产生出一个总的结果，即历史事变，这个结果又可以看作一个作为整体的、不自觉地和不自主地起着作用的力量的产物。"[1]

恩格斯的合力理论告诉我们，历史的结果，或者说人民的美好生活，是一个合力的结果，而且是不自觉、不自主的合力的结果。在这个过程中，通过立法设立规则可以起到一定的作用，但这个作用绝不可夸大。

☞ **经典理论 1.1**

无需法律的秩序——邻人如何解决纠纷

美国学者罗伯特·C. 埃里克森在其著作《无需法律的秩序——邻人如何解决纠纷》中特别证明了法律有多么地不重要。在立法者看来，法律至高无

---

[1] 《马克思恩格斯选集》(第 4 卷)，人民出版社 1972 年版，第 478~479 页。

上，具有巨大的权威和效力，但实际生活中的民众并不这样看，人们常常以合作的方式化解他们的纠纷，而根本不关心适用于这些纠纷的法律。

埃里克森认为，法律规则也许没有意义，这一命题对于立法者、律师、政策分析家以及其他有构建社会工程之雄心的人们特别重要。这些积极主动的法律活动家一直夸大国家这个巨兽可能作出的成就。而由于各种广泛的缘由，法律的干预可能都是无用功。要避免那种试图超出其领域施加影响而引发的挫折，法律工具论者的明智做法是加深对社会控制系统中非法律构成部分的理解。人们经常情愿有意不理睬法律的缘由之一是，他们经常有实现秩序的一些更为便捷的手段，而应用法律需要付出较大的支出。

埃里克森在他的书中得出一个结论，法律的制定者如果对那些促进非正式合作的社会条件缺乏眼力，他们就可能造就一个法律更多但秩序更少的世界。

在译者序中，苏力对立法的过度发展表示担忧，认为规则少而不是多未必不是一件好事。[①] 信息经济学已经证明，在特定的条件下，规范少也许不是一件坏事，因为人们处理信息的能力是有限的。一个简单明了的法律并不比一个更为详细看似完全完整的法典运作的结果更糟。印度的宪法是世界最长的，美国的宪法则可能是世界最短宪法之一，但这并没有使印度的宪法运作更有效，而且也很难预料，未来印度宪法的运作会更有效。事实上，美国宪法中真正常常发挥作用的只有几条，例如，宪法的几个最为重要的修正案。而许多经验证据也表明，往往是法治越不完善的社会，法条会定得越细密；即老子所言："法令滋彰，盗贼多有"。[②]

（进阶文献：［美］罗伯特·C. 埃里克森：《无需法律的秩序——邻人如何解决纠纷》，苏力译，中国政法大学出版社 2003 年版。）

虽然立法作用不一定很大，但是毕竟还是在起作用，那么还是需要立法，但是立法受到的限制绝不仅仅是它仅能起到很小的作用，而在于其他。立法无非有两种，一种是将已有的规则记录下来，确认其法律地位。这种情况下，规则是人人之间反复博弈互动而形成的，人们在立法之前就已经按照这种规

---

① 苏力：《研究真实世界的法律》，［美］罗伯特·C. 埃里克森：《无需法律的秩序——邻人如何解决纠纷》，苏力译，中国政法大学出版社 2003 年版，译者序第 13 页。
② 《老子》，57 章。

则行事。另一种是设立新的规则，人们遵守新的规则从而改变行为。在第一种情况下，规则不可能在短时间内形成，立法必须耐心等待规则的形成或者成熟后才加以确认，因此在那之前，必须保持克制不能作为。在第二种情况下，立法似乎可以随心所欲地去确立规则了。但是，事情是这样的吗？立法者可能会说，对这一立法我们广泛征求了意见，通过法定程序召开了听证会、论证会，不同的意见和利益诉求在法案中都有所体现，实现了利益分享，这种规则有何不可呢？但在这里立法者忽略了收集充分信息的困难和信息收集过程中的信息失真等问题。

☞ **经典理论 1.2**

知 识 理 论

哈耶克在《自由秩序原理》中提出了他的知识理论，并认为承认无知是人类理性的表现。哈耶克探讨知识理论的最初原因是为了解决一个具体的经济学难题，亦即为了"解释整个经济活动的秩序是如何实现的，这个过程中运用了大量的知识，但这些知识并不是集中在任何单个人脑中的知识，而仅仅是作为不计其数的不同的个人的分立的知识而存在"。哈耶克认为知识只会作为个人的知识而存在，所谓的整个社会的知识，只是一种比喻。我们必须看到，个人在追求自己的目的时，运用了自己拥有的知识，但这仅仅是一个方面，另一个方面是文明能使我们不断地从自己不拥有的知识中获益。这些自己所不拥有的知识一部分是他人的知识，另外的则是我们没有注意到的默会的知识，也就是不可言传的知识，等等。工具以及制度等也是一种知识。哈耶克指出："历经数代人的实验和尝试而达致的传统或成就，包含着超过任何人所能拥有的丰富经验，因此关于这些规则系统的重要意义，人们或许可以通过分析而发现，但是即使人们没有透彻认识和把握这些规则系统，亦不会妨碍它们有助于人们目的的实现。"

哈耶克的知识理论主要包含四点内容：第一，人是无知的，他是不可能对世界上的所有知识都有所了解。第二，人类知识的传递方式主要有两种，一种是可以通过语言等工具进行传授的，如制作某种物品的方法；另外一种是不可言传只可默会的知识。第三，知识具有分工特性，这种分工会扩大个人必然无知的范围。第四，行为规则系统可以被视为承载有关人与社会知识

47

的工具。

所以，哈耶克说，"人类的知识愈多，那么每一个个人的心智从中所能汲取的知识份额亦就愈小。我们的文明程度愈高，那么每一个个人对文明所依凭的事实亦就一定知之愈少。知识的分工特性（division of knowledge），当会扩大个人的必然无知的范围，亦即使个人对这种知识的大部分知识必然处于无知的状态"。[1]

（进阶文献：[英]弗里德里·希·冯哈耶克：《自由秩序原理》，邓正来译，生活·读书·新知三联书店 1997 年版。）

六、程序正当

程序正当的理念来源于英国的自然公正的理念，"任何人都不能成为自己的法官""正义不仅要实现，而且要用看得见的方式实现"，这些英国的法谚证明了程序正当理念之深入人心，根植于英国的法律传统之中。对于立法而言，立法应该遵循一定的程序已经成为共识，问题是应该遵循何种程序方为正当？

美国宪法第四条和第十四条修正案，分别规定了联邦和州"未经正当的法律程序不得剥夺任何人的生命、自由或财产"。美国宪法正当程序条款在宪法的适用过程中运用颇多，发展出实质性正当程序和程序性正当程序两种意义。首先，正当的法律程序是一个实体法的规则，称之为实质性正当法律程序。这种意义的正当法律程序要求，国会所制定的法律必须符合公平和正义。如果国会所制定的法律剥夺个人的生命、自由和财产，不符合公平和正义的标准时，法院将宣告这个法律无效。这种思想实质上等于承认效力高于现实法的自然法的存在。随着美国法院对宪法解释的发展，实质性正当程序所保护的范围不断扩展，已经超出了生命、自由或财产的范围，主要包含财产权以外的宪法权利。其次，正当法律程序是一个程序法的规则，称之为程序性正当法律程序。这种意义的正当法律程序要求一切权力在剥夺私人的生命、自由或财产时，必须听取当事人的意见，当事人具有要求听证的权利。除了这种意义之外，程序性正当法律程序对程序的公开透明、程序的设置等方面都

---

[1]　[英]弗里德里·希·冯哈耶克：《自由秩序原理》，邓正来译，生活·读书·新知三联书店 1997 年版，第 25 页。

提出了要求。

就立法而言，程序正当首先要求立法者对于立法的内容遵循实体正当原则。每个国家对实体正当的要求不同，立法者所订立的规则应该反映该国人民的主流正当意见。比如，对于废除死刑，西方很多国家已经立法，但是在我国，民众对于杀人偿命的理念还很普遍，立法者就不能贸然立法废除死刑。再比如，同性婚姻在许多国家已经合法化，然而我国人民对此的认同度还不是很高，同性婚姻的正当化、合法化还需要时间来检验。

其次，程序正当还要求立法者注重立法的程序，尽量使立法程序更加透明，让公民能够参与立法。

☞ **材料链接 1.9**

《行政法规制定程序条例》《规章制定程序条例》的修改①

2017 年 12 月 22 日，国务院公布了修改后的《行政法规制定程序条例》和《规章制定程序条例》，与之前的条例相比，两条例在立法程序方面设立了新的制度，使立法程序更为完善。这包括如下几点：

一是完善立法项目征集和论证制度。国务院法制机构应当向社会公开征集行政法规制定项目建议，国务院部门，省、自治区、直辖市和设区的市、自治州的人民政府可以向社会公开征集规章制定项目建议，并应当对立项申请和公开征集的项目建议进行评估论证。

二是确立公开征求意见制度。起草时应当将行政法规或者规章的草案及其说明等向社会公布征求意见；审查时可以将送审稿或者修改稿及其说明等向社会公布征求意见；向社会公布征求意见的期限一般不少于 30 日。

三是规定委托第三方起草制度。起草专业性较强的行政法规、规章，可以吸收相关领域的专家参与起草工作，或者委托有关专家、教学科研单位、社会组织起草。

四是确立重大利益调整论证咨询制度。起草或者审查行政法规、规章，

---

① 资料来源于《国务院法制办负责人就〈国务院关于修改《行政法规制定程序条例》的决定〉和〈国务院关于修改《规章制定程序条例》的决定〉答记者问》，载中国政府法制信息网：https://www.moj.gov.cn/pub/sfbgw/zcjd/201801/t20180116_390194.html，2024 年 11 月 9 日访问。

涉及社会公众普遍关注的热点难点问题和经济社会发展遇到的突出矛盾，减损公民、法人和其他组织权利或者增加其义务，对社会公众有重要影响等重大利益调整事项的，应当进行论证咨询。

五是建立立法后评估制度。起草部门、法制机构可以组织对行政法规、规章或者其中的有关规定进行立法后评估，并把评估结果作为修改、废止有关行政法规或者规章的重要参考。

☞ **逻辑思考 1.5**

何为程序"正当"？

立法自然要遵守正当程序，但是如果程序过度复杂而不合理，则可能给立法带来负面影响。最初美国行政规章的制定程序主要由 1946 年制定的《行政程序法》所规范。随着时间的推移，规章制定程序规范的逐步增多，美国行政规章制定活动也日趋僵化，日渐失去活力。1993 年，美国行政会议规章制定委员会指出："敏锐的观察人士发现，规章制定程序正变得越来越低效，也越发耗时。《行政程序法》没能反映出规章制定的诸多现实问题……《行政程序法》设立的非正式规章制定程序本身过于简单，加之受到越来越多外在因素束缚，包括来自国会、总统和法院的外部制约，以及规章制定过程中部门管理日益复杂化的内部制约等，导致这些程序的改善一直停滞不前。"

你认为法律的制定应该遵循什么样的程序才可称之为"正当"？

第二章 立法与宪法

☞ 引例

物权法是否应该依据宪法？

2006 年物权法草案公布后，民法学者梁慧星在《中国社会科学报》发表论文《不宜规定"根据宪法，制定本法"》。论文从两个方面来论证其观点：第一，物权法草案第一条如果出现"根据宪法"的话，那么与现行《合同法》《担保法》《婚姻法》《收养法》《专利法》《商标法》《信托法》《海商法》《保险法》《证券法》等的第一条都未出现"根据宪法"四字的惯例矛盾，而且混淆了"立法目的"和"立法权源"的条款。第二，人民代表大会制度与"三权分立"体制的关键区别在于："三权分立"的国家在制定宪法时都是先召开"制宪会议"（国民大会）制定宪法，通过宪法将国家权力划分为"立法权""行政权""司法权"，并分设"议会""总统""法院"三个国家机关，再授权议会行使"立法权"，总统行使"行政权"，法院行使"司法权"。我国不搞"三权分立"，"全国人民代表大会所拥有的全部国家权力，包括立法权，直接来自人民，而不是来自宪法。全国人民代表大会制度的实质在于，一切国家权力归全国人民代表大会，国务院的行政权和人民法院的司法权、人民检察院的检察权，均来自全国人民代表大会的授权"。梁慧星认为，如果在物权法中出现"根据宪法"字样，那就是见事不明，混淆政体，因此，应当删除该字样。

论文发表后，宪法学者进行了反驳，展开了宪法与民法关系的讨论和争议。宪法与民事立法、刑事立法、行政立法之间是什么样的关系，宪法是不是母法，是不是万法之源呢？这是本章需要思考的问题。

第一节 宪法与立法关系概说

2007 年制定《物权法》时引发了《物权法》是否违宪的争议，《物权法》中是否应该规定"根据宪法，制定本法"也有着截然不同的看法，① 于是学界开始重视宪法与立法的关系。关于立法与宪法的关系，时任全国人大常委会副委员长李建国在对《立法法》修正案（草案）说明中指出，"需要强调的是，立法法的修改，要遵循宪法……宪法是立法法制定的依据，修改立法法，完善立法法也必须根据宪法"，② 也就是说，立法要以宪法为依据，一般学者也是这样分析宪法与立法的关系。周旺生认为，"立法应当以宪法为依据或不得与宪法相抵触"是一项立法原则；③ 易有禄指出立法权是宪法的主要规范对象，"宪法是立法权的基本法律依据"。④

既然立法以宪法为依据，问题是立法怎样做到以宪法为依据。是否只要在立法中写上"根据宪法，制定本法"就可以了呢？这种形式主义的做法只是满足宪法学的虚荣，⑤ 无法解释立法与宪法的真实关系。也有学者认为，基于不受约束的立法权必然产生人性或者暴虐的法律，宪法应当对立法权进行规制，世界各国立法权的宪法规制主要方式包括权限规制、分权制衡、权利规制。⑥ 显然这是基于宪法是限权法的理论前提做出的推导，这种推导和总结无疑具有现实意义。但这是不全面的。宪法不仅是限权法，还是授权法，不仅向公民授予权利，也向立法机构授予权力。因此可以说，立法是在一国的宪法框架下，通过其纲领性条款、权力条款、权利条款对社会关系予以引导和规制的公共行动。换句话说，宪法对立法权的运行既激励又约束，忽略了任何一个方面都是不完整的。宪法对立法的激励和约束情况，实际上就是对宪法与立法关系的最基本的方面。

要考察宪法对立法是激励过度还是约束不足的总体状况是极为困难的，

---

① 童之伟：《立法"根据宪法"无可非议——评"全国人大立法不宜根据宪法说"》，载《中国法学》2007年第1期。

② 李建国：《关于〈中华人民共和国立法法修正案（草案）〉的说明——2015年3月8日在第十二届全国人民代表大会第三次会议上》，载《〈中华人民共和国立法法〉释义》，中国民主法制出版社2015年版，第294页。

③ 周旺生：《立法学》（第二版），法律出版社2008年版，第75页。

④ 易有禄：《立法权的宪法维度》，知识产权出版社2010年版，第6~13页。

⑤ 童之伟教授认为，凡应由全国人民代表大会制定的"基本的法律"，均应在各该法第1条以适当的文字形式规定"根据宪法"的内容；至于由全国人大常委会制定的"基本的法律"之外的法律，与宪法关系较密切的，其自身也应该在第1条规定"根据宪法"的内容。这样做"可以维护宪法的至上性。问题是通过这种方式来维护宪法的至上性能够成功吗？"

⑥ 江国华：《立法：理想与变革》，山东人民出版社2007年版，第60~76页。

而且对于不同的立法主体、不同的省份①状况千差万别，本书只能作一些较为粗浅的分析。我们从立法数量和立法质量两个方面来分析。

首先分析立法数量。到 2023 年 6 月，我国现行有效的法律总共达到 297 部，全国的地方性法规的数量已经达到了 1.3 万多件，行政法规 599 件，部门规章 2500 余件，两高司法解释 540 余件。这些法律基本都是在改革开放四十多年中制定的，应该说数量比较多。再来看设区的市立法情况。2015 年 3 月 15 日修改《立法法》，赋予 274 个"设区的市"立法权，截至 2020 年 8 月，除西藏那曲市外，其余全部 321 个设区的市已制定地方性法规。自 2015 年 3 月至 2020 年 2 月，省级人大常委会共批准设区的市制定地方性法规 1869 件，修改 913 件，废止 314 件。② 可以说"地方立法热情高涨，设区的市立法数量高速增加，2017 年比 2016 年增加了 317 件，增长幅度为 114%"。③ 这些情况说明我国的宪法对立法有较强的激励，实现了立法数量大幅增长。

其次考察立法质量。立法质量是一个比较难以衡量的情况，由于我国没有太多公开的备案审查情况，有关立法后评估也没有成为体系，所以只能从定性的角度来分析立法质量。我国的立法质量整体上还是不错的，但也存在着一些问题，这里列举一些表象。2014 年《中共中央关于全面推进依法治国若干重大问题的决定》，关于立法质量就指出"有的法律法规未能全面反映客观规律和人民意愿，针对性、可操作性不强，立法工作中部门化倾向、争权诿责现象较为突出"。2015 年《立法法》修改，在第一条有关立法宗旨中增加了"提高立法质量"的规定。这说明立法质量问题是一个比较严重的问题，需要在立法宗旨中加以强调。再来看地方立法情况，有学者对上海的地方性法规进行了分析，得出结论说大约有 1/3 的上海地方性法规整体质量难以适应社

---

① 就中国情况的分析很多的争议都来源于中国情况的复杂，或者说叫做两个面相的中国。一方面，有人强调乡土的中国，或者叫做具有特殊性的中国，如学者苏力；另一方面则有人强调现代性甚至后现代性的中国，如学者张千帆。其实两个面向的中国同时存在，并且相互影响，逐步变化，这种变化突出的显性表现就是中国城市化率的增长。参见苏力：《"法律人思维?"》，载《北大法律评论》2013 年第 2 期。

② 闫然：《立法法修改五周年设区的市地方立法实施情况回顾与展望》，载《中国法律评论》2020 年第 6 期。

③ 闫然、毛雨：《设区的市地方立法三周年大数据分析报告》，载《地方立法研究》2018 年第 3 期。

会条件的变化和发展需要。[1] 作为中国最发达地区的上海都如此,其他地方立法的情况就可想而知。地方立法中一个突出的问题就是立法抄袭。在新取得立法权的设区的市中,"有的地方性法规过多引用甚至照搬照抄上位法,一定程度上存在重复立法问题,造成立法资源浪费,也影响了地方立法的质量"[2],"全国人大及其常委会制定出一部法律后,地方立法机关纷纷跟进,大多数地方性法规往往是国家立法的简单重复"[3]。有学者指出地方立法抄袭中央立法的约占地方立法的 70%~90%[4]。地方同位法抄袭同样严重,我们对有关备案审查的省级立法进行考察,多数省级立法除了抄袭《立法法》《监督法》之外还彼此抄袭。有些省份一字不动地抄袭其他省份的条款,或者移花接木,没有任何的创新。立法质量不高特别是立法抄袭问题,说明了立法积极性从表面上看起来很高,但实际上很多地方仅仅把立法看作是需要完成的一项日常工作,因此宪法在激励创新性立法方面可能还有所不足,约束较为严厉。

从我国立法的质量和数量的分析可知,立法主体既有积极立法的层面,也不乏应付立法的状况。

☞ 经典理论 2.1

激励理论:X-Y 理论

X 理论和 Y 理论(Theory X and Theory Y),是管理学中关于人们工作源动力的理论,由美国心理学家道格拉斯·麦格雷戈(Douglas McGregor)1960 年在其所著《企业中人的方面》一书中提出来的。这是一对完全基于两种完全相反假设的理论,X 理论认为人们有消极的工作源动力,而 Y 理论则认为人们有积极的工作源动力。

麦格雷戈把传统管理学称为"X 理论",称他自己的管理学说为"Y 理论"。

---

① 史建三、吴天昊:《地方立法质量:现状、问题与对策——以上海人大地方立法为例》,载《法学》2009 年第 6 期。

② 闫然、毛雨:《设区的市地方立法三周年大数据分析报告》,载《地方立法研究》2018 年第 3 期。

③ 郑功成:《全面提升立法质量是依法治国的根本途径》,载《国家行政学院学报》2015 年第 1 期。

④ 参见李林:《走向宪政的立法》,法律出版社 2003 年版,第 221 页。

X 理论认为：多数人天生懒惰，尽一切可能逃避工作；多数人没有抱负，宁愿被领导批评、怕负责任，视个人安全高于一切；对多数人必须采取强迫命令，软硬兼施的管理措施：一方面靠金钱的收买与刺激，另一方面严密地控制、监督和惩罚迫使其为组织目标努力。

在人们的生活还不够丰裕的情况下，"胡萝卜加大棒"的管理方法是有效的；但是，当人们达到了丰裕的生活水平时，这种管理方法就无效了。

Y 理论的看法则相反，它认为，一般人并不天生厌恶工作，多数人愿意对工作负责，并有相当程度的想象力和创造才能；控制和惩罚不是使人实现企业目标的唯一办法，还可以通过满足职工爱的需要、尊重的需要和自我实现的需要，使个人和组织目标融合一致，达到提高生产率的目的。

麦格雷戈认为，人的行为表现并非固有的天性决定的，而是企业中的管理实践造成的。剥夺人的生理需要，会使人生病。同样，剥夺人的较高级的需要，如感情上的需要、地位的需要、自我实现的需要，也会使人产生病态的行为。人们之所以会产生那种消极的、敌对的和拒绝承担责任的态度，正是由于他们被剥夺了社会需要和自我实现的需要而产生的疾病的症状。因而迫切需要一种新的、建立在对人的特性和人的行为动机更为恰当的认识基础上的新理论。麦格雷戈强调指出，必须充分肯定作为企业生产主体的人，企业职工的积极性是处于主导地位的，他们乐于工作、勇于承担责任，并且多数人都具有解决问题的想象力、独创性和创造力，关键在于在管理方面如何将职工的这种潜能和积极性充分发挥出来。对人的激励主要是给予来自工作本身的内在激励，让他担当具有挑战性的工作，担负更多的责任，促使其工作做出成绩，满足其自我实现的需要。

X-Y 理论对于宪法与立法的关系具有启示意义。宪法作为控制公权力的根本法，其首要任务是约束立法权，这是一般宪法理论所揭示的原理。立法者也是人，如果只是强调约束和控制，立法者的积极性、创造力将无法得到最好的发挥。宪法应当也注重对立法者的激励，让立法者承担更大的责任，让立法更具有创新精神。

☞ **规则起草 2.1**

宠物狗管理规则的起草

狗是人类的朋友，更是很多人的宠物，但是养狗也带来一些问题，比如

环境问题、伤害问题等。请你运用 X-Y 理论设立几个简单的规则来解决上述
问题。

第二节　宪法条款与立法

现代国家大多是民主共和的国家，民主共和国家的前提是人民主权，或
者叫做一切权力属于人民。人民手中握有的最为重要的一项权力就是立法权，
也就是订立各方面的规则来规范人的活动。人民订立宪法来共同遵守，宪法
中包括大量的与立法相关的条款。这些条款概括起来包括纲领性条款、授权
性条款、限权性条款。纲领性条款包括对立法的概括指引条款、立法目的与
原则条款等。授权条款主要对立法的权限范围作了规定，包括立法体制条款、
议会与政府立法权限条款、中央(联邦)与地方立法权限条款、基本社会权条
款等。限权性条款主要是防止立法权的滥用，包括立法程序条款、基本自由
权条款、宪法审查条款等。从激励与约束的角度而言，限权性条款主要起到
约束的作用，纲领性条款和授权性条款的作用则较为复杂，激励与约束均存
在，以激励为主。

上述的分类较为明确，但宪法本身是一个复杂的结构，不仅包括宪法文
本，更包括对宪法的解释。[①] 稳定的文本与动态的解释使问题变得极为复杂，
一个宪法条款可能在一个时期被解释得具有相当的立法激励性质，另一个时
期则可能具有较强的约束性质。例如，我国《宪法》中两个有关的积极性的条
款，"中央和地方的国家机构职权的划分，遵循在中央的统一领导下，充分发
挥地方的主动性、积极性的原则"，有的时期这一条款被解释为强调中央集中
统一领导，这时对地方立法的激励降低，约束增强，有的时期则相反。除了
宪法解释之外，宪法的修改也必须予以考虑。宪法的修改往往体现了一种趋
势的变迁，从中可以看出宪法对立法是更趋向于约束还是更趋向于激励。

一、1999 年之前的宪法：以激励立法为主

首先来解读纲领性条款。宪法总纲条款对立法的模糊性授权，或者用德

---

① 本章所说的宪法解释是一种广义的解释，包括宪法解释机关的解释以及政府、法
院等其他国家机关和政党的解释。参见沈桥林、张扩振：《现行宪法解释的实证分析》，载
《江汉大学学报(社会科学版)》2012 年第 4 期。

国的理论叫做客观价值秩序以及制度性保障。这些条款很多都要求国家的立法作为义务来保证宪法确定的价值秩序和制度。除了经济制度以外,宪法总纲的多数条款都构成了对立法的授权或对立法提供了原则性指导。

中华人民共和国成立后,虽然有作为临时宪法的《共同纲领》、1954 年宪法以及 1975 年、1978 年对 1954 年宪法的全面修改,但对立法几乎没有多少影响,因为这一时期的立法基本是停滞的。改革开放后特别是 1982 年对 1954 年宪法的全面修改后,才开始了宪法引领、激励立法的潮流。1982 年宪法对立法最为重要的纲领性鼓励来源于宪法序言中的"健全社会主义法制"。这来源于党的十一届三中全会所提出的"制度和法律具有稳定性、连续性和极大的权威,做到有法可依,有法必依,执法必严,违法必究"。① 既然要健全社会主义法制,首先就要制定一些基本的组织法、民事法律、刑事法律、行政法律。到 1992 年,《全国人民代表大会组织法》《国务院组织法》《全国人民代表大会和地方各级人民代表大会选举法》《地方各级人民代表大会和地方各级人民政府组织法》《人民法院组织法》《人民检察院组织法》《婚姻法》《民法通则》《民事诉讼法(试行)》《刑法》《刑事诉讼法》《行政诉讼法》《律师暂行条例》《公证暂行条例》等重要法律相继出台。②

1993 年的修宪则出现了引领激励立法重要的纲领性条款:市场经济条款。1993 年宪法修改,增加了"国家实行社会主义市场经济""国家加强经济立法,完善宏观调控"的条款,在此条款激励下,引发了中央与地方的经济立法大潮。1993 年一年就制定了《公司法》《产品质量法》《反不正当竞争法》《消费者权益保护法》等几部重要的经济法律,然后 1994 年颁布《劳动法》《城市房地产管理法》《预算法》,1995 年颁布《商业银行法》《票据法》《保险法》《担保法》,1996 年颁布《拍卖法》,1997 年颁布《合伙企业法》,1998 年颁布《证券法》,1999 年颁布《合同法》《个人独资企业法》《招标投标法》,2001 年颁布《信托法》,2002 年颁布《农村土地承包法》《中小企业促进法》。③ 中央立法突飞猛

---

① 《中国共产党第十一届中央委员会第三次全体会议公报》(1978 年 12 月 22 日通过)。

② 袁曙宏、杨伟东:《我国法治建设三十年回顾与前瞻——关于中国法治历程、作用和发展趋势的思考》,载《中国法学》2009 年第 1 期。

③ 袁曙宏、杨伟东:《我国法治建设三十年回顾与前瞻——关于中国法治历程、作用和发展趋势的思考》,载《中国法学》2009 年第 1 期。

进，地方立法也不甘落后，地方立法主体的扩容，经济立法数量剧增，立法创新不断。以上海为例，1991 年到 2000 年 10 年间，共制定、修改国内经济立法 30 件次，涉外经济立法 6 件次，仅 1993—1998 年 5 年间，上海共制定地方性法规 59 件，其中经济方面的法规 31 件，占 52%，除了极少数为实施国家法律、行政法规的实施性地方立法外，绝大多数是创制性、创新性经济立法。①

宪法对立法的纲领性激励还有一个方面必须提及，就是中国共产党的领导。1982 年宪法在序言中规定了"中国共产党的领导"。党为了发挥好领导作用，制定了大量的党内法规和规范性文件。中国共产党制定了大量的党内法规和规范性文件来规范党员的行为，为国家和地方发展提供指导方向和措施。特别是党的规范性文件，包括党与政府联合发布的规范性文件，不仅对党员，对公民也会产生影响和规范作用，属于广义的立法，是宪法对立法激励的范围。2018 年修宪把"中国共产党的领导是中国特色社会主义最本质的特征"放入了宪法第一条，这势必对党内法规和规范性文件的制定起到更大的激励作用。

☞ 材料链接 2.1

党内法规和规范性文件

《中国共产党党内法规制定条例》第二条规定："党内法规是党的中央组织以及中央纪律检查委员会、中央各部门和省、自治区、直辖市党委制定的规范党组织的工作、活动和党员行为的党内规章制度的总称。"

《中国共产党党内法规和规范性文件备案规定》第二条规定："本规定所称规范性文件，是指中央纪律检查委员会、中央各部门和省、自治区、直辖市党委在履行职责过程中形成的具有普遍约束力、可以反复适用的决议、决定、意见、通知等文件，包括贯彻执行党中央决策部署、指导推动经济社会发展、涉及人民群众切身利益、加强和改进党的建设等方面的重要文件。"这个定义属于狭义的党内规范性文件，中央和省级党委与政府联合发布的文件，以及

---

① 丁伟：《与改革发展同频共振，上海地方立法走过三十八年》，上海人民出版社2018 年版，第 36~37 页。

市、县、乡的党委单独或联合政府发布文件，也应属于党内规范性文件的范畴。

再来分析一下授权性条款。上述这些法律的制定除了有健全社会主义法制宪法条款的指引外，还得到了授权性条款的支持。这包括全国人民代表大会"制定和修改刑事、民事、国家机构的和其他的基本法律"，全国人大常委会"制定和修改除应当由全国人民代表大会制定的法律以外的其他法律"，国务院"制定行政法规"。

就地方立法而言，授权性条款的激励则更为明显。1954年宪法建立了单一的立法权体制，只有全国人大及其常委会可以立法，① 地方上只有作为自治地方的自治区、自治州、自治县的自治机关可以制定自治条例和单行条例，② 一般地方没有立法权。1982年宪法对立法主体的扩大，实际上也是一种激励，这一激励主要是对地方的激励，当然也包括对国务院及国务院部门的激励。1982年宪法立法主体扩大，包括国务院可以制定行政法规，国务院部门可以制定规章，省级人大及其常委会可以制定地方性法规等。令人感到惊奇的是，1982年12月4日通过了宪法修正案，12月10日通过了《中华人民共和国地方各级人民代表大会和地方各级人民政府组织法》（简称组织法）第一次修正案，就突破宪法规定，增加了省级政府、省会城市和国务院批准的较大的市政府可以制定规章。1986年组织法再次修改，省会城市和国务院批准的较大的市人大及其常委会有权制定地方性法规。在此激励下，地方立法主体积极进行地方立法。例如，到1992年，江西省地方立法数量为182件，③ 上海市1980年到1990年十年间共制定地方性法规和法律问题的决定65件。④

总结来说，1999年宪法修正之前，宪法主要对立法起到了激励作用，这

----

① 1954年宪法规定，全国人大制定法律，全国人大常委会制定法令。法令不是法律，是指国家机关在职权范围内规定的带有规范性、法律性的个别文书。但1955年全国人大常委会得到全国人大的授权，可以制定单行法规，因此全国人大常委会也具有立法权。例如1957年全国人大常委会制定了《治安管理处罚条例》。

② 自治地方的立法权在1975年宪法被取消，1978年宪法又被恢复。

③ 易有禄：《改革开放以来江西地方立法的发展》，载《江西财经大学学报》2009年第1期。

④ 丁伟：《与改革发展同频共振，上海地方立法走过三十八年》，上海人民出版社2018年版，第6页。

些激励包括宪法以及作为宪法解释的组织法对立法主体范围的逐步扩大，宪法及其修正案以健全社会主义法制、实行社会主义市场经济、加强经济立法，以及有关经济制度条款的完善来引领立法范围向经济领域扩展，宪法总纲条款对立法的模糊性授权，宪法及组织法关于人大、政府职权的授权条款、经济权利条款等进一步扩大立法范围。

为何出现这种情况呢？原因之一是宪法没有审查立法的条款，立法的良善无法通过宪法来判断，因此通过竞争来判断也不失为一种好的方法。宪法通过鼓励多类立法主体开展立法活动，形成立法竞争或者说通过立法设立制度的竞争，从而发现同哈耶克所说的正当性规则，以及设计良好的组织规则，①或者为人们接受的同时又能促进多数人的发展的规则，从这种意义而言，我国宪法所强调的立法竞争对我国经济社会发展的成功居功甚伟。

宪法授权性条款对立法激励还有一个方面值得注意，那就是党委和政府制定的规范性文件。1982年宪法规定县级以上人民政府发布决定和命令，以管理本行政区域内的各项事务，在这些事务中经济事务被列为第一项事务。②这是制定行政规范性文件的宪法授权条款。这些文件不是严格意义上的立法，却具有立法的针对不特定多数人反复适用并由权力保障实施的特征。

☞ **材料链接 2.2**

立法主体的扩大

在立法主体扩容方面，组织法始终走在前面。1979年制定的《中华人民共和国地方各级人民代表大会和地方各级人民政府组织法》首先把立法权扩大到省级人大及其常委会，这就开启了通过组织法解释宪法扩大立法主体的先河。1979年的组织法突破了1954年宪法规定的，1975年宪法、1978年宪法沿袭下来的一元立法体制，开启了多元立法体制。1979年的赋权导致省级人大及

---

① ［英］弗里德里希·冯·哈耶克：《法律立法与自由》（第一卷），邓正来等译，中国大百科全书出版社2000年版，第172、199页。具体可参考本书"序言"部分内容。

② 《宪法》第一百零七条规定，"县级以上地方各级人民政府依照法律规定的权限，管理本行政区域内的经济、教育、科学、文化、卫生、体育事业、城乡建设事业和财政、民政、公安、民族事务、司法行政、计划生育等行政工作，发布决定和命令、任免、培训、考核和奖惩行政工作人员"。

其常委会比全国人大常委会更早获得了一般立法权，因为全国人大常委会原来只有全国人大授权的部分立法权。这一点表明当时对激励地方立法采取了非常激进的措施，以便摸着石头过河，以竞争方式探索新的规则。1982 年、1986 年、2015 年组织法对宪法立法主体的解释，全部超越了宪法文本。其中 2015 年的组织法赋予了设区的市人大及其常委会以及政府立法权，2018 宪法修改时才确认了设区的市人大及其常委会的立法权。2018 年修改后的宪法依然没有规定关于省级政府、设区的市政府的立法权。除了 1982 年与宪法几乎同时通过的组织法修改由全国人大进行外，其他组织法的修改都由全国人大常委会进行，由于宪法赋予了全国人大常委会宪法解释权，可以说修改组织法是全国人大常委会行使宪法解释权的表现。全国人大常委会在运用立法解释宪法时，充分考虑了宪法的纲领性条款对地方立法的激励方面。全国人大常委会运用宪法解释激励立法的方式还有特别的立法授权。全国人大常委会的立法授权主要包括：1981 年关于加强法律解释工作的决议授权最高人民法院、最高人民检察院解释法律，1981 年授权广东省、福建省人大及其常委会制定所属经济特区的单行经济法规，1984 年、1985 年对国务院的立法授权，1988 年授权海南省人大及其常委会制定法规在海南经济特区实施。1992 年授权深圳市人大及其常委会以及政府制定法规和规章、1993 年授权厦门，1996 年对汕头和珠海市人大及其常委会以及政府制定法规和规章在各自的经济特区实施。

二、1999 年之后的宪法：强化对立法的约束

随着经济的发展和社会的繁荣，宪法对立法的态度开始转变，这种转变始于 1999 年的修宪。1999 年修宪规定了"中华人民共和国实行依法治国，建设社会主义法治国家"，2004 年修宪规定了"国家尊重和保障人权"，这标志着宪法从单纯激励立法到对立法进行激励与约束并存，并逐步增强约束的方向发展。这是因为法治国家首先要求包括立法机关在内的国家机关受法律的约束，而保障人权也要求立法更为慎重，不能通过立法侵害宪法中规定的基本权利。在宪法指引下，2000 年人大通过了《立法法》，2006 年人大常委会通过了《监督法》。《立法法》和《监督法》对立法的控制主要表现在建立了备案审查制度，加上国务院 2002 年《法规规章备案条例》建立的备案审查制度，形成

了对所有规范性文件的审查体制。随着备案审查机制的完善，对立法的影响特别是约束力量越来越强。对地方立法而言，还有三部重要的法律影响到其立法权。这就是1996年的《行政处罚法》、2003年的《行政许可法》、2011年的《行政强制法》，这三部法律对地方立法设立处罚、许可、强制做了一些限制，而且越是后制定的法律限制越严格，体现了宪法约束立法的精神。

2018年的修宪进一步强化了这一种趋势。包括"健全社会主义法制"改为"健全社会主义法治"，"法律委员会"改为"宪法和法律委员会"，增加"国家倡导社会主义核心价值观"等。"健全社会主义法治"意味着法治的理念进一步强化，立法权力会受到进一步的约束，"宪法和法律委员会"则意味着合宪性审查将逐步走上前台，进入公众的视野，立法受到宪法精神和条款的约束将更严格。"自由"作为社会主义核心价值观的重要组成部分，将进一步约束立法对自由权的过度限制。

中国共产党的领导是宪法的一项原则，党内法规和规范性文件也起到解释宪法的作用，这些解释会间接地影响到立法，对立法产生激励或约束。党的十八大以来，很多的党内法规和规范性文件更加强调党中央的集中统一领导。例如，2017年《中国共产党章程》规定，"必须实行正确的集中，牢固树立政治意识、大局意识、核心意识、看齐意识，坚定维护以习近平同志为核心的党中央权威和集中统一领导"。这些规定实际上会对立法特别是地方立法产生约束作用，立法者如果积极立法，可能产生与党中央精神不一致的规则；如果消极对待，简单地抄袭上位法或者同位法，则可保证同党中央精神保持一致。

☞ 材料链接2.3

知 识 社 会

知识社会有多种称谓，比如知识经济、后工业社会、后现代状况、后资本主义社会、信息社会、知识价值社会、第三次浪潮经济社会、消费社会等。

知识社会崭新的中心特征是对理论知识的汇编以及科学对技术的新关系。每个社会的存在都基于知识以及语言在传播知识过程中发挥的作用，[①] 但从

---

① ［美］丹尼尔·贝尔：《后工业社会的来临》，高铦等译，江西人民出版社2018年版，1999年英文版序第13页。

20世纪开始我们才能看到探索新知识对理论知识的汇编以及自觉性研究的发展。简单地说，知识社会之前的社会也存在大量的技术、制度性规则，但这些技术和制度性规则多数都是经验的总结，科学的作用有限。在知识社会，知识特别是科学知识成为整个社会发展的基础，无论是政治、经济、文化的各个方面均是如此。例如互联网、电脑、生物科学等的发展是建立在20世纪物理学和生物学的革命性发展的基础之上，政府对经济进行干预的制度与经济学发展密切相关。

知识社会的基本特征包括如下几个方面：

第一，知识替代土地、劳动等成为经济发展的关键性资源，知识与资本高度发达并深度结合。知识不同于数据、信息。数据是有关事实的简单概括和排列，信息是对数据进行了简单的加工和抽象，知识则是基于对数据和信息的分析，以探索知其所以然为目的，形成可以验证或证伪的理论。发现新知识需要对已知知识进行重新排列、安排和规划，以科学或审美为目的，创造新的视角或新的知识。知识与资本高度结合使知识得以运用，形成创新性的技术和制度。

第二，创新是知识社会的核心命题，社会的各项制度主要围绕创新而展开。知识社会之所以不只是知识经济，是因为即使人们认识到知识在经济发展中的核心地位，但知识的创新需要各种能够促进创新的制度规则配合才能够实现，否则知识经济难以实现。

第三，知识社会是以人为本，以服务、体验为主题的社会，是全球化、一体化的社会，是快速变动的社会。知识社会是以满足人的高级需求为基础的社会，因此对人的服务成为主导产业。教育、医疗、娱乐、研究等高端服务业成为中心产业。在创新的驱动下，理论知识不断转化为具体的技术应用，对社会影响越来越大，社会变革将快速发生。

（进阶文献：［美］丹尼尔·贝尔：《后工业社会的来临》，高铦等译，江西人民出版社2018年版。）

☞ **经典观点 2.1**

创新成为社会发展的主动力

我国正向知识社会转变，要顺利实现这种转变，必须大力提倡创新，使创新成为社会发展的主动力。对中国社会的观察必须从两个维度进行，一个是传统中国，或者叫做乡土中国；一个是现代中国，或者称之为知识中国。以农村和中小城市为代表的传统中国，蕴含着大量的以求稳定为中心的规则，以大城市为代表的现代中国，则把变动创新作为中心规则。这也表明了中国向知识社会转变的困难，因为农村和中小城市依然是中国人的主要居住地。很多学者观察中国也是以传统中国为视角。例如，有人为科举制度辩护，认为科举制度的确可以起到发现人才的作用。无论科举还是高考当然可以发挥发现人才的作用，甚至科举制度在农耕中国还是非常先进的制度，但这种制度对创新的压制是无论如何也不可否认的。[①] 科举可以发现人才，但这种人才经过了科举的训练已经把创新能力压制到最低程度。我们不仅要认识到传统中国的存在，更要认识到知识中国的扩展，不能认为只要是传统的都是好的，只要是传统就应该维持。

传统社会和知识社会的重要区别是，传统社会讲求维持，只要维持当前的社会形态即可，不必让每个人的生活变得更好。工业社会特别是知识社会则讲求创新，维持已经不能满足人的需求不断提升的状况。

然而传统社会的理念和思维模式影响到当今中国的每个角落，与知识社会的要求并不一致。比如，严格的官僚等级与知识社会的扁平化管理要求相悖，过分的从众心理和打击异类的做法与知识社会尊重和包容"离经叛道"的理念不相容。在建设创新型国家的过程中，这些问题必须得到改变。特别是在教育领域，培养创造力、创新性如果只是简单地改进教学、课程，选拔"拔尖创新人才"，这些形式主义的做法不仅无法达到目的，反而使形式主义更加在社会中蔓延，损害创新型国家建设。无论是教育还是社会领域，必须认同个性自由、独立思考、批判精神等的价值意义，允许尝试和犯错误。"因此，创造力的解放首先是精神的自由和解放。"[②]

党的十九大报告把我国面临的主要矛盾概括为人民日益增长的美好生活需要和不平衡不充分的发展之间的矛盾。美好生活的一个重要基础就是富裕

---

① 苏力：《大国宪制——历史中国的制度构成》，北京大学出版社 2018 年版，第 418~420 页。

② [美] R. Keith Sawyer：《创造性：人类创新的科学》，师保国等译，华东师范大学出版社 2013 年版，戴耕：总序，第 2 页。

的生活，而知识社会中的知识商品是"思想之源与富裕经济学"，① 知识商品的特征就是创新，创新成为推动社会发展，形成富裕美好生活的主动力。

创新内涵丰富，可以分为技术创新、管理创新和制度创新三大类。技术创新是指将一种新产品、新工艺或新服务引入市场，实现其商业价值的过程；管理创新是指将一种新思想、新方法、新手段或新的组织形式引入企业或国家的管理，并取得相应效果的过程；而制度创新则是指将一种新关系、新体制或新机制引入人类的社会及经济活动中，并推动社会及经济发展的过程。② 无论技术创新、管理创新还是制度创新，均需要立法的引导和立法推动变革。

（进阶文献：[美]R. Keith Sawyer：《创造性：人类创新的科学》，师保国等译，华东师范大学出版社 2013 年版。）

☞ **逻辑思考 2.1**

知识社会正步入我们的视野，创新成为社会发展的主动力，在这种趋势之下，立法如何应对才能既符合社会发展的潮流，又符合宪法对立法的期待？

第三节　比较视野下的立法与宪法

一、立法与宪法关系发展趋势比较

宪法与立法之间到底有什么关系呢？对于立法而言是否仅仅是一个控制关系？宪法当然有授权，同时也有限权，或者说是激励与控制并存。以哈耶克的看法，如果不是将反复试错形成的自发性规则固定下来，就不能称之为立法。但是人们哪有那么多的时间等待这种立法，特别是当利益集团在施压、控制理念的盛行的时候，反复大量立法就不可避免，所以各国无一例外都陷入了立法的泥坑。大家都在呼吁对各种事项进行立法，也不管这种立法到底最后会产生什么样的长期后果。在无法避免立法的情况下，核心问题就是如何订立良善的法律而不是恶法。是否良善当然可以用理念来衡量，或者说宪

---

① [澳]Michael A. Peters Simon Marginson Peter Murphy：《创造力与全球知识经济》，杨小洋译，华东师范大学出版社 2013 年版，第 5 页。

② 成思危：《论创新型国家建设》，载《中国软科学》2009 年第 12 期。

法原则、精神、理念的判断，但更有可能通过立法领域的竞争来判断，通过竞争胜出的立法更符合人民的心理和需求。

下面比较中国和西方宪法对立法的激励与约束的不同趋势，如果上文的分析聚焦于文本的发展，下面的比较主要从现实状况出发。

西方立法的激励机制主要是地方自治，而约束机制主要为宪法审查。在西方，无论联邦制的国家或是单一制的国家，均实行地方自治，并赋予了地方很大的立法权。就多数国家而言，无论立法主体还是立法范围都超过了我国。下面以美国、日本、英国为例予以说明。

美国有两个原则来处理联邦与州的立法权限范围，一个是"库利法则"，另一个是"内部政治制衡"。库利法则要求根据事务的性质或者说影响范围来划分立法权力。如果事务要求全国统一调控，那么国会就具有专有立法权；如果事务需要根据地方特色的多样化处理，那么即使它处于国会的权力范围之内，只要国会没有制定立法去优占各种调控，各州就有权行使共同调控权。[1] 内部政治制衡原则是指当一州的民主程序能够自动保护州际贸易时，法院应该信任并避免干涉该州的民主政治；但当州内民主程序不能防止州政府侵犯州际贸易时，法院即可予以制止。[2] 也就是说，如果事务的影响范围在一州之内，而州内的民主程序可以制定良善的法律，而不是损人利己的法律时，应该由一州立法，法院不必审查；但是如果他制定的法律具有外部效应，或者说利益由本州享有，而有害后果却由他州承担，这时民主程序无法制衡，只能由法院来纠正。

库利法则和内部政治制衡原则以事务的影响范围而不是事务的重要程度来划分立法权限，这一划分标准同样适用于州与地方之间的立法权限划分。由于地方实行自治，地方在影响范围仅限于本地区的事务上拥有立法权。立法自治的方式不是划分州的事务和地方事务，而是规定在州的法律没有禁止或者限制的情况下，地方政府可以行使全部州的立法权力。[3] 全国市政联盟示范州宪法第八条规定："在自治宪章没有拒绝，在一般性的法律没有拒绝给予

---

[1]　张千帆：《宪法学导论——原理与应用》(第三版)，法律出版社2014年版，第242页。

[2]　张千帆：《宪法学导论——原理与应用》(第三版)，法律出版社2014年版，第244页。

[3]　王名扬：《美国行政法》，中国法制出版社2005年版，第268页。

郡或市或某一类郡或市的情况下，并且在不违反州立法机关制定的一般适用的法律的范围内，郡或市可以行使任何立法权力或履行任何职能。"①

在日本地方自治单位被称为地方公共团体，根据宪法，地方公共团体可以在法律的范围内制定条例，这赋予了地方公共团体立法权。地方公共团体在不违反法律的情况下，可以制定本地域范围界限内的条例，只要不存在法律上的特别规定，只要是地域中的事务，不问是自治事务还是法定委托事务，一概能够成为条例规范的对象。②

在英国，地方立法的范围涉及相当广泛的地方事务，如课征地方赋税，编制地方预算决算，发行地方公债，治安，消防和民防，机动车管理，度量衡管理，食品药品管理监督，消费者权益保护，有关教育、儿童、老人等社会福利事项，维护和改善环境等公益事业等。③ 从这些事项范围可以看出英国地方立法也是按照影响范围而不是重要程度进行划分。

正是因为宪法通过地方自治的方式，以及以影响范围而不是重要程度划分中央与地方的立法权限，西方宪法对地方立法形成强大激励机制。

西方宪法对立法约束机制也是来源于两个，一个是宪法对地方立法的审查；另一个则是通过法律对地方立法的约束，即地方立法不能违反中央立法。

西方中央立法的约束有很多，有来自三权分立的约束，有来自议会两院的彼此制衡，以及立法的繁琐程序。除此之外，就是宪法审查机构对立法的审查了。这种审查的力度是不同的，美国、德国等国家审查的力度大些，而日本等审查的力度就小些，倾向于维持立法机关的决定。

美国和英国都有着地方自治的传统，这些传统支持了地方自治的权力，也就激励地方立法权的行使。但是，随着时代的发展，地方自治没有改变，甚至还有对地方进行放权的改革来强化地方自治，但地方立法权受到约束大大强于以前的时代，所以有学者不无忧虑地指出，现在的发展可能对地方政府的生存能力造成毁灭性影响，从而导致美国的州和地方政府完全国家化。④美国地方政府的立法权力的约束来源于"狄龙规则"。狄龙规则规定地方政府

---

① National Municipal Legaue：Model State Constitution，1968，p. 16.
② ［日］盐野宏：《行政组织法》，杨建顺译，北京大学出版社 2008 年版，第 127 页。
③ 曹海晶：《中外立法制度比较》，商务印书馆 2016 年版，第 169 页。
④ ［美］文森特·奥斯特罗姆等：《美国地方政府》，北京大学出版社 2004 年版，第 59 页。

只有下述的权力，没有其他权力：第一，法律明文授予的权力；第二，明文授予权力所必然的或充分的或附带地包括的默示的权力；第三，达到地方政府公认的目的所绝对必要的，而不是为了方便而必要的权力。对权力的存在有合理的怀疑时，法院必须拒绝地方政府具有这个权力。[1] 狄龙规则的核心是对地方政府的权力采用严格解释，从而限制了地方立法权力的范围。

从上面可以看出，表面上看西方对立法也是激励与约束并存。然而从中央或联邦层面而言，代议机关是长期开会的组织，这种宪法设计导致代议机关立法能力很强，激励性凸显。从地方层面而言，地方立法权受到了一些约束，但20世纪80年代以来的放松管制、向地方放权和分权的趋势并没有改变，地方立法的积极性依然很高。宪法所设计的地方自治制度以及明确的中央与地方职权划分是激励地方的制度保障。

对比中国，宪法对立法虽然有激励，但约束更强大，并呈现了约束越来越强的趋势。毕竟要保证党的领导、中央的集中统一领导是宪法的精神。宪法对立法的约束不仅表现在前述的文本条款，最为重要的约束来自上下级的领导或者指导关系。即使全国人大立法也要受到执政党的约束。这表现为多个方面。比如请示与报告制度、备案审查制度等。还有就是法院不太愿意适用地方性的法规规章，执行机构更倾向于行政规范性文件的执行，这导致地方立法虽然被制定出来，也落入了被闲置不用的境地。[2] 这种约束明显不同于西方通过宪法来控制立法的模式，但所起到的约束功能从某些方面而言可能更大。

中国中央立法包括全国人大及其常委会的立法。虽然全国人大也立法，但全国人大的性质决定了其立法多数是全国人大常委会已经进行了审议，认为此项立法特别重要，于是拿到全国人大走审议程序。所以全国人大变成了人大常委会的背书者。这个问题如果拿到地方人大则更为明显。有些地方人大连背书者都不能当，所有立法均由人大常委会进行。这是为何呢？原因是人大的会期制度，即每年开会一次，每次开会10天左右，这种制度是无法让人大立法的。同样人大常委会每两个月开会一次，会期亦是10天左右，这导

---

[1]　John F. Cillon, Treaties on the Law of Municipal Corporation, 1st ed. 1872, pp. 101-102.

[2]　俞祺：《地方立法适用中的上位法依赖与实用性考量》，载《法学家》2017年第6期。

致人大常委会用于立法讨论的时间也不是很长，这使人大及其常委会的立法能力受到了约束，成为约束立法的另一道力量。

宪法对立法的激励与约束功能，其在不同的法律领域亦有着不同的表现。法律领域可以分为民事法律、商事法律、刑事法律、行政法、诉讼法等几个方面。对于法律领域的划分有着不同的方法，但总难免交叉，特别是行政法与民商法的交叉。正如有学者指出，我国法律的划分总是带着强烈的公法特征，也就是公法占据了主导的地位。即使民商法律强调意思自治，强调规则的演化或者正当性规则为多。但包括民商法律在内所有的法律部门其实都有着公法的意味，或者父母包办的味道。正因如此，宪法其实贯彻到每一个法律部门，虽然程度有所不同。通过立法权限的划分，其实地方立法很难染指除行政法之外的领域。当然这也不尽然，地方法院对这些领域有着不同的解释，地方政府和人大也是在细化规则方面起了一些作用，并且通过规范性文件的方式来突破这种限制。我国私法领域有着立法权限的控制，公法则主要来源于前面所说的层级关系、法院适用等方面。

中国受约束较少的立法力量是国务院及其部门，虽然受到全国人大常委会的备案审查的约束，受制于立法主要集中于其职权范围内的行政法领域，但其立法范围的广度和数量都是远超过全国人大及其常委会。所以这个方面的问题还是必须注意的，虽然在收紧，但仍是激励有余而约束不足，这是国务院及其部门的主要问题，特别是还有所谓职权立法的理论为其开道。

所以无论中国还是西方，对于立法的激励和约束机制都存在，都适应了每个国家的基本情况。其规律是在繁复立法订立规则以便寻找合适制度规制人民与正当性规则的稀缺性与避免规制过多之间寻找平衡，只要能够做到这种平衡，此种宪法制度就是可欲的。

二、立法与合宪性审查关系比较

在我国宪法激励地方立法的情况下，我国没有较为成熟的合宪性审查机制，为何地方立法能够大体符合法治的要求，滥权、立法过度的情况也比较少见呢？核心原因是宪法的激励与约束机制并存，有时约束机制发挥的作用更大一些。对比西方宪法的激励与约束机制，如果运用得当，在结合我国基本国情的情况下，我国的机制更能够起到发现正当性规则的功能，防止立法滥用。但是如果继续强化宪法的立法约束，可能会使立法的功能受损。这里需要分析一下正在积极推进的合宪性审查。

我们重新审视一下何为宪法实施。是不是只有完善的合宪性审查机制才能算是宪法的实施、适用呢？当然不是。如果对比西方，比如法国的宪法委员会真正发挥功能要到 1971 年结社案以后，法国的宪法从 1789 年第一部宪法已经存在了 200 多年，我国从钦定宪法大纲算起也不过 100 多年。在这个过程中法国探索了很多宪法实施的方式，而行政法院就是其中一个成果。所以，也许合宪性审查是一种完美的宪法实施方式，但是需要配合一定的条件，比如个人的独立和分权的发展。但是从现实的情况看，从大众的心理而言，个人的依赖和集权的扩张在社会上并没有予以根本改变，多数人还是具有反思国民性论著中描述的各种问题，鲁迅多年以前所说的国民性其实并没有太多的改变，这就导致宪法实施也必须与宪法所设立的党的领导体制相一致，也就是通过党的领导体制来贯彻宪法，立法的激励与控制就是宪法实施的一个重要方面。宪法在很大层面上是在集权精神以及党的领导、功利主义的富国强兵等原则精神指导下实施的。在这些原则和精神的指导下，由市场经济体制决定的各种经济权利和自由得到有限的实施，国家机构得到较为全面的实施，其他则被推后。简言之，被学界推崇的西方式实施实际并没有较为完善的支撑条件。

我们不得不说，政治精英多数是非常了解中国的现实情况的，他们总是在现有的约束条件下来实现其目标，这个约束条件就是普通人民的心理，这种心理的转变正在发生，但距离彻底的转变还较为遥远。普通人民渴望依靠政府，渴望管制、渴望集权，统治精英也就是顺势而为了。当然这种顺势而为也会加强人民的依赖心理，但也不能过度地认为这是统治精英的问题，因为其实他们起到的作用也只是一部分而已。

知识界的问题是多数人要么就坚持理想的西方愿景，要么就做政府的复读机，不断阐释政府的每一个文件。真正的学问不是为政府出谋划策，这是政府工作人员或者政府顾问的工作，也不是仅仅追求理想，而是发现事物的规律性。这种规律性不一定为政府所喜欢，也不一定符合理想，所以它一定是一件左右为难的工作。立法在过度与缺位之间如何平衡，是一个规律性的问题。我国为了适应工业社会的进程，实际已经解决了这个问题。正如前文所言，改革开放前 20 年宪法通过强力激励立法来适应工业社会，这是一个规律。改革开放后 20 年宪法强化了对立法的约束，也适应了工业社会对权力约束的要求，则是另一个规律。但是现在对立法的约束出现了更为强化的趋势，这与知识社会的发展有些格格不入。

对于西方而言，地方自治情况下地方对所有的领域基本都可以立法，只要立法没有外部效应或者超出某地区的影响。但是由于西方多数国家特别是英美国家，私法较为发达，意思自治得到较好的贯彻，这导致了合宪性审查很少涉及这个领域，虽然宪法有私法效应的理论和实践，但毕竟很少。公法领域则是宪法的主要审查方面。所以其实两者还是有着同样的功能。这根源于人类社会对立法的要求，立法不可过多从而抑制了创新，但亦不能没有管制。也有人提出了无需法律的社会秩序的情形，① 这种情形其实涵盖了公民生活的一部分情况，但一旦进入参与者众多的商事领域或者行政领域，无需法律的社会秩序恐怕就不太现实。立法的存在往往同人与人之间的协作的复杂性相关，人口愈多并且集中，协作的复杂性就会越大，立法就成为必需品。

西方宪法审查当然也是有限的，比如，多数是对某个或某些条款进行审查，对整部法律的合宪性审查似乎不是多见，某一条款被审查而失效，并不代表整部法律的失效，更有些审查只是要求立法机关对相关条款进行修改。不可否认，审查的存在就是一种威慑力量，让立法者避免制定出明显违宪的法律。但在立法过程中，这种考量只是众多因素中的一种，民意的诉求、利益集团的表达、官员的看法，这些可能更为重要。另外，法院的态度也值得注意，西方法院是否也会避免使用地方法律有待观察，但从审判监督而言，一定会有这种情况。

我国不断推进合宪性审查，特别是通过备案审查的方式推动了一些审查活动，并且在全国人大设立了宪法和法律委员会，赋予其合宪性审查的功能。从学界的角度而言，现在的合宪性审查还是进展太慢了，然而从我国立法特别是地方立法的情况看，在激励机制不足，约束机制又较强的情况下，盲目推动合宪性审查会减少地方立法的积极性。这非常不利于我国的创新型国家的制度建设。

三、立法与宪法关系的中国模式

面对法制建设的需要，21 世纪以前的宪法对立法的态度是激励为主，约

① ［美］罗伯特·C. 埃里克森：《无需法律的秩序——邻人如何解决纠纷》，苏力译，中国政法大学出版社 2003 年版，第 5 页。

束为辅。随着尊重和保障人权入宪，以及建设法治国家的强化，21世纪之后的宪法对立法的态度转变为约束的程度不断增强。在中央集权的文化理念影响下，中国的传统模式是不断向集权发展，不断强化对各种有制度创新可能的权力的约束，以应对变动带来的风险。从经济学角度来说，就是利益的强者通过各种方式来固化其利益，约束立法创新是一种重要的选择。时间越久这些利益就越强大，也就越难以撼动。这种模式已经被许多历史研究学者所揭示。① 然而，进入21世纪后，传统的中国模式受到了新的挑战，这个挑战就是知识社会。② 知识社会崭新的中心特征是对理论知识的汇编以及科学对技术的新关系③，创新是知识社会的核心命题，社会的各项制度主要围绕创新而展开。创新需要如同改革开放初期的更多的制度实验才能实现，立法集权难以适应知识社会的要求。能否适应知识经济，摆脱一千年以来逐步集权的传统，在立法特别是地方立法方面，保持宪法的激励趋势，谨慎对立法进行过多的约束，成为观察中国发展的关键指标。④ 当创新发展成为宪法的纲领性条款后，就需要宪法解释来激励立法创新。

上述模式分析可以概括为：解放思想、破除改革阻碍—向激励立法倾斜—传统心理影响、成本压力、阶层变化—向约束立法倾斜—知识社会发

---

① 例如，钱穆先生总结中国历代政治得失时指出，中央政府有逐步集权的倾向。"到宋、明、清三朝，尤其是逐步集权。结果使地方政治一天天地衰落，直到今天成为中国政治上极大一问题。"参见钱穆：《中国历代政治得失》，九州出版社2011年版，第156页。

② 知识社会的中心内容是知识经济，知识经济是指"以知识和信息的生产、分配、传播和应用为基础的经济"，"知识已经被认为是提高生产率和实现经济增长的驱动器，因此，信息、技术和学习在经济活动中的作用已经成为人们关注的焦点"。参见世界经济合作与发展组织（OECD）编：《以知识为基础的经济》，杨宏进、薛澜译，机械工业出版社1997年版，第17~26页、第8~9页。知识经济需要其他制度性支持，从而构成整体性的知识社会。

③ ［美］丹尼尔·贝尔：《后工业社会的来临》，高铦等译，江西人民出版社2018年版，1999年英文版序第13页。

④ 作为以法典为主的成文法国家应对知识社会有着特殊的困难。例如知识社会新出现的事物，美国采用的习惯法传统，采取比较开放和有弹性的立场。相形之下，德国等国家采取概念法学的立场，希望用现有的法学概念，统驭各种新生事物。结果，捉襟见肘、动辄得咎，反而阻挠了科技的进展。参见熊秉元：《解释的工具：生活中的经济学原理》，东方出版社2014年版，第222页。中国这种例子也屡见不鲜，例如，对"网约车"的各种立法规制。因此，如果要摆脱这种状态，要么不进行立法，要么进行立法鼓励而不是规制。

展—在激励与约束之间平衡。

有人可能会说，激励创新不一定要立法，发现正当行为规则和创制组织规则非常困难，立法应该慎重。然而问题是目前中国在应对知识社会方面有很多的制度性障碍，破除这些制度性障碍以及设立新的鼓励创新制度面临着诸多的困难。所有创新制度性障碍均存在着大量的利益关联，废除和设立新的制度均需要打破固有利益，加上中央集权的话语优势，困难可想而知。"华人的文化传统，向来是高度的中央集权。因此，要维持文化长久、历久弥新，一定要有某种机制，鼓励尝试、鼓励创新"，① 这需要大量的立法竞争方能够技术性实现。在科学立法、民主立法的前提下，通过运用立法规划、立法评估、立法听证等程序性、技术性措施，可以逐步化解这些制度性阻碍。随着立法主体可支配财力的增长，立法主体可承受的立法成本增加，这些程序性、技术性措施可以更为细致，立法创新的可能性也就更大。于是宪法对立法激励的前提就凸显了其重要性。

诺贝尔经济学奖得主诺斯研究各个社会的兴衰之后，得出了一个启示：长期来看，决定一个社会能不能繁荣富庶的，不是有没有英明的领袖或先进科技，历史上的赢家，往往是在那个世界的大多数人具有良好的世界观。② 学者张维迎说，任何社会变革，从短期来讲，政治领导人的理念可能更重要。但长期来讲，普通人的理念也许更重要。大的社会变革一定是全民的事情，不可能是少数精英的事情。③ 知识社会或知识中国的形成需要大多数人有良好的世界观和理念，这种状态的形成有多种促进因素，立法鼓励和促进则是重要的方式。

☞ 经典理论 2.2

多学科视野下的立法

从经济学、心理学、社会学的角度来分析宪法、法律、立法现象是非常值得运用的方法。经济学讲制度供给，立法就是其中之一，当然法律在整个

---

① 熊秉元：《正义的成本：当法律遇上经济学》，东方出版社 2014 年版，第 37 页。

② 熊秉元：《解释的工具：生活中的经济学原理》，东方出版社 2014 年版，第 252~253 页。

③ 张维迎：《理念的力量》，西北大学出版社 2014 年版，第 283 页。

社会生活中的规则地位并没有看起来那么大，也许其他规则更为重要，比如党内法规、规范性文件，组织内部规则，交易习惯等。为何正式的法律有时不如非正式的规则更能为人们所遵循呢？这可能需要心理学的解读，或者说人们对规则的学习、认可的心理态度。经济学和心理学多从个体的角度分析问题，社会学则从群体的行为入手分析，也会带来不同的观点。

法学讲究对规则的解释，这种解释本身可以用经济学、心理学或者社会学进行分析，也就是为何对某一规则进行这样的解释而不是另外一种。立法则是把解释工作提前，为何采用这个规则而不是另外一种，甚至不予立法，也是一种解释，这种解释或者选择从发起、立项、起草、评估到审议、审查、备案、事后评估，整个过程都是一种解释，当然这种解释比起对规则本身的解释可能更为宏观一点，解释的主体也就更为广泛，议会、政府、利益集团、社会团体、学者、第三方机构等都参与这个解释过程。对法律规则的解释主要由法官和学者进行。然而，如何解释并不是靠简单的逻辑推理就能完成，更大程度上需要经济学、心理学、社会学的知识，只是中国法官已经利用了这些知识而没有系统总结而已。这也是所谓法律效果与社会效果相统一，"案结事了"。

如果从经济学上分析，立法过程如此复杂，各种解释都在博弈，立法者能够承担这种成本吗？与西方相比，我国多数立法周期较短，西方许多立法都是有着很多年的争论，当然我国也是有的。立法周期越长，立法成本越高，我国立法周期短也说明了立法者无法承担高昂的成本，特别是对于地方立法，只能低成本重复。现在强调如此多的评估、审查、听证等，之所以流于形式，效果不彰，还是基于成本的限制。这也需要考察，一部立法到底需要多少成本？这也能解释为何行政或者党的规范性文件可以成为一种快速形成的规范力量，因为其制定成本相对较低，没有立法如此繁杂的程序。程序控权除了让权力在阳光下运行，更为重要的一点是增加其运行成本，从而督促立法者慎重立法。

无论中央还是地方立法资源都是有限的，其实这也构成了对立法的一种限制。地方立法机构往往人员甚少，就是几个人在操作。这个约束条件导致了地方立法重复而无效的问题，重复上级立法、抄袭其他地方的规则，是最为简单的方法，但这样制定的规则限制了地方立法的创造性。

心理学能为立法做点什么？除了父子、君臣的忠孝理论，父母对儿女、君主对臣子的控制与无限责任，这里还有什么心理学的问题？从弗洛伊德到弗洛姆，这些心理学家的理论能给我们什么启示？启示是可以用心理学来分析解释为何要立法，需要制定什么样的法律，制定法律后法律如何运作等问题。弗洛伊德讲婴儿时期对成年的影响，[1] 弗洛姆讲人们虽然渴望自由但又逃避自由，[2] 这些都可以解释宪法强化立法约束的问题。正是民众在儿童时期所受到的影响，特别是中华人民共和国成立后的集体主义环境，形成这种趋势，然而这些趋势可能与知识社会的发展相对立，这种冲突和矛盾形成极大的张力。

再用社会学来进行分析。改革开放以来，中国的社会分层结构发生了巨大的变化，其主要趋势是向橄榄型社会迈进，出现了从倒"丁"字形结构向"土"字形结构的转变，[3] 中间阶层不断扩大。在此基础上，形成了一种权力制约的良性循环模型。这种模型可以描述为：社会分层发展带来的中间阶层扩大为动力机制，以党领政的回应型政府带来的主体优势，以中国特色协商民主为制度基础，由此达到权力制约而形成的资源控制平衡，资源控制平衡带来社会分层的进一步优化，中间阶层逐步扩展，更广大的人民生活更加美好的良性循环模式。其模式如图 2.1 所示：

图 2.1　中国社会分层结构图

对权力的控制的增强，也代表了对立法权力的约束压力增加，于是这种压力就表现在宪法解释和修改的条文上，以宪法来约束立法。

---

①　[奥地利]弗洛伊德：《性学三论　爱情心理学》，林克明译，太白文艺出版社 2004 年版，第 109 页。

②　[美]艾里希·弗洛姆：《逃避自由》，刘林海译，上海译文出版社 2015 年版，第 3~14 页。

③　李强：《中国离橄榄型社会还有多远——对于中产阶层发展的社会学分析》，载《争鸣与探索》2016 年第 8 期。

第四节　宪法与立法的双向关系

一、宪法是人民追求美好生活的根本准则

从历史的角度来看我国确实在不断强化对立法的激励，然而还是存在激励不足约束过多的问题，应该更多地进行激励，从而实现创新型国家和社会。如何激励呢？无非需要更多的立法主体，更宽松的立法审查标准，例如，对给付型立法更宽松，对违反上位法作宽松的解释，谨慎推进合宪性审查。

宪法作为人民追求美好生活的根本规则，最重要的是能够恰当地调节立法。宪法作为限权法被过度强调，作为授权法的意义却未得到充分的分析。宪法通过授权激励立法是其重要的功能，虽然这种功能在宪法中并不是太明确，但执政党和立法机关的解释实际上在向这个方向发展。当然这种解释主要通过政策和立法来实现。

在我国，宪法有条文规定宪法乃是最高的法律，一切组织和个人都必须以宪法为根本的活动准则，并且负有维护宪法尊严、保证宪法实施的职责。也有人认为宪法不过是被闲置不用的"闲法"，在现实中并不能起到什么作用。然而，人类社会发明了宪法就有其功能，只是这个功能或是显性的，或是隐性的，都是人们心理机制的表现形式之一。人民的根本心理塑造了人民的根本法，只是需要我们去分析这些心理机制以及所形成的根本法的运作。

虽然不同的心理机制会造成不同的根本法的运作机制，在世界一体化的今天，每个国家的人民都具有追求生存和发展，追求个人尊严和美好生活的愿望，这些根本性的愿望使根本法的运作殊途同归。立法过程乃是形成规则和塑造制度的过程，这些规则和制度无不服务于人民这些愿望，也就使立法过程受到了根本法的规范。有人也许会说，现代法律已经是过度繁杂了，立法的数量已经过于庞大了。然而，立法是一回事，法律能够贯彻实施又是一回事，在宪法的财政约束下，执法者能够执行的法律一定有限，这又构成了对立法的一重限制。人民的宪法从总体上讲会让人民过上美好生活，而不是相反。

我们还需要注意理性的作用，虽然正当行为规则需要发现而不是创造，但是对发现的正当行为进行理性分析，可以形成规律性解释，这些规律性解

释构成了阿马蒂亚·森所谓的预期。[1] 因此，实际上对正当行为规则的发现和分析可以构成组织规则订立的基础。组织规则是什么，其实很大程度上是有关权力行使及其界限的规则，或者从另外的角度而言就是一系列的公法特别是行政法规则。这种规则如果是以正当行为规则的规律性解释为依据，则可能是一种较为符合理性的规则。实际上中国立法机关在立法时经常采用的调研，有时可以成为发现正当行为规则并合理化解释的行动，然后形成组织规则。当然事实并不一定如此，立法俘获、调研的范围、中立性问题等都可能导致调研偏离本质。

☞ 艺术与立法 2.1

《超人总动员》的法律问题

在影片《超人总动员》的开头，男主角 Bob 一次的鲁莽救援行为，造成了一些损坏，引起了大众的不满，导致了诉讼，市民纷纷指责超级英雄们做事不顾后果，要求超能力者舍弃他们的超能力行为，让百姓过上正常的生活。由此影片提出了一个疑问，法律在一般情况下是保护平常人的生活和标准，可能忽略了对异于他人或者特别优异者的保护，于是法律成为保护平庸的工具。如何避免这个问题，如何实现保护平常人和保护优异者的平衡，是宪法和法律需要解决的问题。

在美式道德观里，"见义勇为"是不提倡的，因为美国法律规定，警察的职责就是保护百姓的生命与财产安全，而百姓呢，在危急关头所要做的就

---

① 阿马蒂亚·森对哈耶克的"自发社会秩序"理论解读认为，哈耶克所说的某些后果是无意造成的含义是说因果分析可以使无意造成的后果被合理地预期到。"一个无意造成的后果并非一定是不可预期的，而许多事情依赖于这个事实。实际上，交易各方对这样的市场关系能持续下去的信心，特别依赖于做出这种预期或隐含的假定。"（参见［印度］阿马蒂亚·森：《以自由看待发展》，任赜、于真译，中国人民大学出版社 2012 年版，第 255～258 页）如果推广到规则上，则正当性规则可能是无意产生的，但无意产生的规则实际包含了某种预期，我们需要解释预期与规则之间的因果关系。例如，某项规则规定，进行基础性研究获得成功将获得社会的奖励和尊重。我们需要解释奖励和尊重的预期是如何形成的，因为基础性研究并不能带来功能性用途。如果把这种因果关系的某些变量能够分析清楚，则通过立法控制这些变量，就可以强化或削弱这种预期。当然这又牵扯到价值目标的选择问题，或者说如何评价这些无意间形成的规则造成的预期后果。价值选择同样遵循前面的规律，可能是无意产生的，于是只能是不断循环。

是——立即报警,并尽量保证自己的安全。这条法令在美国已经深入人心,很多国人在美国都有过被帮助报警或者被报警的遭遇,比如自己的东西被偷,有当地人目击后报警,也有自己违规在公共场所吸烟、酗酒或闹事,被当地人报警。在中国的道德观里,"路见不平拔刀相助"的"见义勇为"是被鼓励的,也有大量的鼓励见义勇为的法律法规。"见义勇为"固然可以保护他人,但可能给见义勇为者带来麻烦,甚至带来伤害,所以"见义勇为"也是面临着两难的问题,也需要宪法和法律妥善处理。

二、宪法的规范、原则和精神指导、审查立法

既然宪法是人民追求美好生活的根本准则,是一个国家的根本法、最高法,因此在立法过程中首先要贯彻宪法的规范、原则和精神。宪法对立法具有最高的指导功能,如果立法做不到这一点,人民有权运用宪法加以纠正。

☞ 事例分析 2.1

叫停"附条件逮捕"制度[1]

2016年9月,内蒙古律师苗永军代理某案件,依照最高人民检察院制定的《关于人民检察院审查逮捕工作中适用"附条件逮捕"的意见(试行)》当事人被"附条件逮捕"。

"附条件逮捕"是指在重大案件中,现有证据已证明嫌疑人基本构成犯罪,侦查机关认为进一步侦查能收集到定罪所必需的证据,经检察长或检委会决定可以批捕。苗永军认为,"附条件逮捕"时,侦查机关并未掌握定罪所必需的证据,实际上就是降低了逮捕的门槛。为此,他向全国人大常委会法工委提出了对该规定的审查申请。苗永军指出,附条件逮捕是对人身自由进行限制,而我国的法律规定,限制人身自由的法律,必须由全国人大来进行立法,不能由司法解释类的文件来做出规定。《刑事诉讼法》中并没有"附条件逮捕"的规定,最高人民检察院《人民检察院审查逮捕质量标准(试行)》第四条附条

---

[1] 资料来源于《推动"附条件逮捕"废止的律师:这是职业生涯最有成就感的事》,载澎湃新闻:https://m.thepaper.cn/newsDetail_forward_1732727,2024年11月9日访问。

件逮捕条款、《关于人民检察院审查逮捕工作中适用"附条件逮捕"的意见(试行)》涉嫌违反上位法,建议对其进行违宪、违法审查。

根据审查建议,全国人大常委会法工委与最高人民检察院进行了沟通。2017年4月28日,最高人民检察院下发《关于在审查逮捕工作中不再适用"附条件逮捕"》的通知,要求从即日起在审查逮捕工作中不再适用"附条件逮捕"。

在此事件中,全国人大常委会并没有指出"附条件逮捕"的规定是违法还是违宪。《刑事诉讼法》没有规定的问题,最高人民检察院能否规定呢?限制人身自由是应该由法律规定,限制人身自由的逮捕的标准可以由司法解释来规定,那么"附条件逮捕"是否就没有问题了呢?

☞ 立法审查2.1

"附条件逮捕"规定的审查

请对最高人民检察院《人民检察院审查逮捕质量标准(试行)》《关于人民检察院审查逮捕工作中适用"附条件逮捕"的意见(试行)》两个文件中"附条件逮捕"的规定进行审查,说明你的审查标准,是否违法或者违宪,并说明理由。

☞ 材料链接2.4

法国行政法院对立法的合宪性事先控制

法国第五共和国宪法规定立法由议会和政府共同承担,政府除了制定被称之为"命令"的法规外,议会通过的法律有很大一部分也是由政府提出。对这些法律、"命令"合宪性的控制除了由法国宪法委员会的事先和事后审查外,法国行政法院也起到了很大的作用。无论是法律草案还是"命令",政府在起草完成后,均必须提交给最高行政法院征询意见。最高行政法院中的行政组、普通大会和常务委员均在其中发挥作用。一般来说,行政组负责一般的法律草案的咨询工作,普通大会则负责较为复杂和重要的文本咨询,常务委员会负责紧急情况下的紧急议案的咨询。以行政组为例,一般来说行政组关注文本的三个要素：第一是它的合法性，尤其要考虑一个文本是否侵犯了宪法和宪法委员会的宪法解释。第二是它的适当性，也就是说，作为一种供部委进行政治选择的立法表述的手段，它具有普遍价值和适当性。第三是作为纯粹技术和形式问题的实际起草。具体负责审查的人员被称之为报告员，报告员在完成文本的审查后，将邀请相关部委的人员到最高行政法院一起讨论文本，与会者，包括官员和法官们，自由地参与讨论。在普遍的问题被考虑到以后，报告员会引导大家进行细节上的讨论，一条接一条的，有时候大家都同意，有时候会做修改，对于篇幅较长的文件，比如法律草案，这种讨论就会持续好几天。一个英国的观察者，在这个阶段，一定会为熟练的法律起草艺术家们手中精确的法语所打动。①

（进阶文献：［英］L. 赖维乐·布朗、［英］约翰·S. 贝尔：《法国行政法》（第五版），高秦伟、王锴译，中国人民大学出版社 2006 年版。）

三、立法发展和阐述宪法

宪法的多数规定是笼统和含糊的，如果没有法定的宪法解释机构，或者宪法解释机构不能有效运作，宪法的含义将永远处于待定状态，无法与普通人的生活联系起来，也就无法起到公民追求美好生活的根本规则的作用。立法可以使宪法条款的含义更加清晰，也可以发展宪法的规定，使宪法不经过修改也能适应时代的发展和人们思维和心理的变化，从而保持宪法的稳定和权威。

☞ 经典理论 2.2

宪法的实现

德国宪法学者黑塞指出："当宪法规范的内容被实践，且对于这一实践过程的合宪性没有疑问时，那么这就不是宪法解释，而是宪法的实现。这种实现可以体现在社团成立、议会选举、法律颁布、行政处置或者法院判决这些

---

① ［英］L. 赖维乐·布朗、［英］约翰·S. 贝尔：《法国行政法》（第五版），高秦伟、王锴译，中国人民大学出版社 2006 年版，第 58~67 页。

受到合宪限制的权力行使之中，虽然其间人们可能并没有意识到这些行为就是宪法的现实化。当宪法决定所确立的内容清楚明白时，虽然对于这些内容仍然需要一个——结构简单的——'理解'过程，也因此在广义上仍然属于'解释'，但是对这些内容进行宪法解释的必要性是不大的。"①也就是说，在宪法的指引下，无论在何种领域（主要是立法、行政和司法）中，若将宪法的内容和精神融合于权力行使过程之中，并且不发生合宪性质疑，那么，这就意味着宪法得到了实现。②

（进阶文献：［德］康德拉·黑塞：《联邦宪法纲要》，李辉译，商务印书馆 2007 年版。）

---

① ［德］康德拉·黑塞：《联邦宪法纲要》，李辉译，商务印书馆 2007 年版，第 36 页。

② 钱宁峰：《宪法与部门法关系命题的困境与求解》，载《江苏社会科学》2011 年第 1 期。

第三章　立法的基本制度

☞ 引例

司法解释是立法吗？

2018 年 2 月 7 日，最高人民法院召开新闻发布会，发布《最高人民法院关于适用〈中华人民共和国行政诉讼法〉的解释》(以下简称《行诉解释》)。这部司法解释是党的十九大后最高人民法院通过的又一部有关《行政诉讼法》的全面司法解释，将对保障人民合法权益、推进法治政府建设、推动行政审判工作健康发展产生重要而深远的影响。

《行诉解释》全文分为 13 个部分，共 163 条，是对《最高人民法院关于适用〈中华人民共和国行政诉讼法〉若干问题的解释》《最高人民法院关于适用〈中华人民共和国行政诉讼法〉的解释》的修改、补充和完善。《行诉解释》明确行政诉讼受案范围边界，既要解决"立案难"痼疾，又要防止滥诉现象，增加规定了下列 5 种不可诉的行为：不产生外部法律效力的行为、过程性行为、协助执行行为、内部层级监督行为、信访办理行为。

为了推动行政诉讼法的实施，最高人民法院发布多个总括性的行政诉讼的解释，行政诉讼的专项解释和答复、指导案例则更多。我们应该如何看待最高人民法院的解释行为呢？它可以立法吗？这需要了解立法的基本制度。

第一节　制　度　漫　谈

人类社会进步到物质丰富、科技发达的今天，关键在于生成了一系列可以帮助人类生存与发展的制度。人们在长期实践中认识到，基本价值观和制度之间存在着一种复杂的相互关系：如果制度能实现财富创造，人们就较为可能形成对这种经验的体验；而如果他们经历了增长，人们就会高度评价增进信任的制度。通过这种复杂的关系的作用，各种制度不断被创造，并通过优胜劣汰的法则淘汰掉不再有利于人类的制度。这是人类试错演进的最重要途径。

制度是由人制定的规则。它们抑制着人际交往中可能出现的任意行为和机会主义行为。制度为一个共同体所共有，并总是依靠某种惩罚得以贯彻。如果各种相关的规则是彼此协调的，它们就会促进人与人之间的可靠合作，这样人们就能很好地利用劳动分工的优越性和人类的创造性。制度从本质上说是为了增进秩序，它是一套关于行为和事件的模式，它具有系统性、非随机性。制度依据规则的起源可分为内在制度和外在制度。

一、内在制度

内在制度是通过渐进式反馈和调整演化过程而发展起来的人类经验。人类有学习能力，上一代所实验出来有效的结果，可以教给下一代。这样一代一代地积累出一套帮助人们生活的方法和制度。人们通过"学而时习之"的办法一代一代地把这些方法和制度传承下来，① 并不断地同其他地方的人们的经验进行交流，并相互融合，使这些制度逐渐改进。内在制度主要有四种类型：其一是习惯（conventions），例如，人们遵守某一词语的定义和语法规则，遵守这一习惯可以使别人理解自己。其二是内化规则（internalized rules），这种规则是人们通过习惯、教育、经验而习得，并达到在正常情况下无反应地、自发地服从。例如，伊斯兰教教徒对宗教戒律的遵守。其三是习俗和礼貌（customs and good manners）。其四是正式化内在规则（formalized internal rules），这一规则虽然是随经验而出现的，但它们在一个群体内是以正规方式发挥作用并被强制执行的。例如，欧洲近代的行会对手工业者的管理。

二、外在制度

人类以理性主动设立的规则，包括政治规则、经济规则、法律制度等内容。它是被自上而下地强加和执行的。它们往往由一批通过一个政治过程获得权威的代理人设计和确立。外在制度永远是正式的，由一个预定的权威机构以有组织的方式来执行惩罚。外在制度往往以抽象方式对社会成员的行为

---

① 费孝通：《乡土中国，生育制度》，北京大学出版社1998年版，第50页。

有着规范性影响，尤其是当它与通行的内在制度相一致时更是如此。①

对制度含义的分析，使我们注意到两点：第一，制度之一的内在制度，是人类"行动而非设计的产物"，通俗地说，也就是"摸着石头过河"的产物，这是指导人们日常生活的主要制度。另一种是外在制度，它是人类理性设计的产物，是为了达致一定的目的而被创造出来的，例如，通过制定法律来设计一套关于选举的制度。我们的目光通常聚焦于看得见的外在制度，而忽视内在制度，可是内在制度才是我们这个社会的秩序得以维持的真正基础。第二，人类设计的外在制度应尽量同内在制度相契合。这是因为内在制度的力量是巨大的，如果一项外在制度同内在制度有很大的距离，那么它有两条命运，一是它被内在制度改造，虽然它可以运行，但已经不是当初设计的样子，也背离了它的设计目的；二是它完全被忽视，仅仅是一些纸面上的文字，在现实中人们已经把它忘记。立法机关制定的很多法律大体是这两种命运。所以，亚当·斯密强调指出："在人类社会这个巨大的棋盘上，每个人都有着他自己的运动原则，而且这些原则还与立法机构可能强加给他的运动原则不同。如果这两种原则恰好吻合并趋向于同一个方向，那么人类社会中的人与人之间的竞技或生活就会顺利且和谐地进化下去，而且极有可能是幸福和成功的。如果这两种原则相反或对立，那么人类社会中的人与人之间的生活就会以悲惨的方式持续下去，而且这种社会也肯定会始终处于最为失序的状态之中。"②个人之所以有自己的运动原则，就是因为他遵循着内在制度，内在制度已经内化于他的平常行动之中。

经济学家张五常认为，制度就是合约，制度安排、制度选择就是合约安排、合约选择。人与人之间存在竞争，竞争会导致一些问题，比如武力争夺财产，所以竞争一定要受到约束，使人与人之间通过竞争达到合作。张五常说："竞争一定要受到约束，而这些约束可以看为合约的安排。私有产权、论资排辈、管制规例、风俗宗教等，皆可看为广义的合约安排，因为这些约束使社会中人与人之间需要相互遵守的规则，无论是自愿的还是被迫接受的。合约的存在不一定有市场成交。从合约的角度看约束竞争重要，因为产权的

---

① ［德］柯武刚、史漫飞：《制度经济学：社会秩序与公共政策》，韩朝华译，商务印书馆2000年版，第130页。

② ［英］哈耶克：《法律、立法与自由》，邓正来、张守东、李静冰译，中国大百科全书出版社2000年版，第35页。

理念往往来得抽象，相比起来，合约的角度直接地带到什么可以做什么不可以做那方面去。"①

新制度经济学所讲的制度是一个广义的概念，通过立法的方式而设立的制度只是众多制度中的一种，而且这种制度安排最好同其他非法律制度相契合，否则法律制度的效力将大打折扣。法律制度从制定到运行都需要成本或费用，这称之为制度费用或者交易费用。张五常称之为租值消散。

如果一项立法所带来的制度费用过大，租值消散为零，或者说正收益为零甚至为负，只能说这一制度不是一个好制度。然而制度的费用是否过大，在一个制度垄断的环境中是难以发现的，只有在制度的竞争中才可以展示。不同国家、地区之间通过立法变革制度，相互竞争，最终都是要设法降低制度成本，或者说交易成本。

☞ **即时练习 3.1**

发现和描述你身边的制度

根据本书有关制度的定义，描述你工作或者读书的机构的制度。你认为这些制度有什么特色？这些制度在致力于解决什么问题，问题是否得到了很好的解决，是否有改进的空间？

☞ **逻辑思考 3.1**

通过减税来刺激投资固然是一个可供选择的方案，但税收的减少也会带来保障公民社会权利的能力降低，生存权、教育权、社会保障权、环境权等宪法权利的落实就会打折扣。你认为应该如何平衡减税和社会权保障之间的关系？

☞ **材料链接 3.1**

交 易 费 用

由科斯在其《企业的性质》一文中提出，并在《社会成本问题》一文中深化

---

① 张五常：《制度的选择》，中信出版集团 2015 年版，第 15 页。

的"交易费用(transaction costs)"这一分析问题的方法，已经被许多学科借用，成为分析和解释问题的一种基本方法。

科斯在《社会成本问题》中指出："为了进行市场交易，有必要发现谁希望进行交易，有必要告诉人们交易的愿望和方式，以及通过讨价还价的谈判缔结契约，督促契约条款的严格履行，等等。这些工作常常是花费成本的，而任何一定比率的成本都足以使许多在无须成本的定价制度中可以进行的交易化为泡影。"①科斯的定义把交易费用局限于市场交易中的信息搜寻的费用。其他的学者则对交易费用进行了扩展。张五常认为："广义上，交易费用是鲁宾逊的一人世界不可能有的费用"，"一人世界没有交易费用，这些费用是在多人的社会才出现的。多人的社会有人与人之间的竞争，要决定竞争的胜负准则，制度就出现了。从广义的角度看，制度是因为有交易费用而产生的，所以交易费用应该被称为制度费用(institutional costs)。这一点，科斯是同意的。但'交易费用'一词是科斯在一九三七年首先提出来的，其后在一九六〇年的一篇后来变得家喻户晓的鸿文中，他旧词重提。落地生根，要改也改不了"。②所以"交易费用"其实就是"制度费用"，它是制度运行所必需的费用。这是本书所采用的"交易费用"的含义。

为何会产生交易费用呢？威廉姆森提出了三个内在根源：一是受到有限理性的限制。人的有限理性表现在：由于信息复杂性和信息的不确定性的影响，经济活动者只能有限地达到理性的目标。二是人的机会主义行为倾向。威廉姆森把"机会主义"描述为"狡诈地追求利润的利己主义"和"信息的不完整或受到歪曲的透露"。③人的机会主义倾向是建立在"经济人"和"有限理性"基础之上的。它表明，在非均衡的市场运行中，有关的经济主体是利益内化、成本和费用外化，并逃避经济责任。例如，在合约的执行过程中，只要一有机会，人就要利用合约条款的漏洞，甚至破坏合约规定，以谋己利。为了避免人的机会主义行为，市场交易的合约总是尽量做到面面俱到，这必然会加大交易费用。三是资产特殊性。它是指某些投资一旦形成某种资产(如人力资

---

① 　[美]科斯：《社会成本问题》，载《企业、市场与法律》，张乃根译，上海三联书店1990年版，第91~92页。

② 　张五常：《经济解释》，花千树出版有限公司(香港)，第101~102页。

③ 　参见陈郁：《企业制度与市场组织——交易费用经济学》，上海人民出版社1996年版，第79页。

产、实物资产等)之后,就很难再被重新配置使用,除非它们在转移过程中遭受重大的经济价值损失。资产特殊性反映了某一资产对市场的依赖程度。一般来说,资产特殊性的高水平意味着双边垄断的存在,① 资产特殊性越强,市场交易的潜在费用越大。②

交易费用的提出使人们注意到制度的运行需要费用,并且这一费用不可能为零。这是制度的设计、创新、变迁必然面临的问题。这同物理世界有着相似之处。在物理世界,物体如果运动,必然会同其他介质产生摩擦,无摩擦的物理世界不存在。方便人与人之间交往的制度,在促进人与人交往便利的同时,也会有"摩擦",这种"摩擦"的表现就是"交易费用"。如果某一制度的"交易费用"极大,这一制度就是一种无效率的制度。"交易费用"当然只是表面的表现形式,其实质是某一制度的运行、某一项交易的成功需要耗费交易者和"中介人"的劳动。比如在美国设立一个企业,只需要很少的手续和材料,在很短的时间内就可以完成。在这一制度中,就耗费了交易者和"中介人"少量的劳动,或者说交易者承担了较小的费用。但如果在阿根廷设立同样的企业,就需要更多的审批程序,需要更长的时间,这一制度的交易费用就十分高昂,甚至可能使这一交易无法进行下去,由于"摩擦力"太大,运动只能停止,企业无法设立。

☞ 百家争鸣 3.1

政府与社会发展过程

社会发展不是体现为具体的事物,例如,优化的能源分配,而是体现为变革、一个持续的过程。有些人认为,不发达是一种资源的不合理配置,太多人处于贫困状态,太多钱购买太少物品导致通货膨胀,太多污染物被排入大气、土壤、河流,太快地砍伐森林等。根据这个观点,发展是指一种优化的资源分配形式。对此政府应该做什么?有人认为政府应该直接进行扶贫、控制通货膨胀、控制污染,种植林木。也有人认为,政府只能通过创造一个良好的环境,让相关行为人以更合理的方法分配资源,从而改变目前的资源

---

① [美]迈克尔·迪屈奇:《交易成本经济学》,经济科学出版社 1999 年版,第 34 页。

② 杨悦:《交易成本理论的哲学思想与方法论基础》,载《南京社会科学》2004 年第 7 期。

使用情况。

创造环境的间接方式主要是通过建立各种制度的方式进行。比如建立更有效率的法院制度，设法降低交易成本，鼓励商人的更多投资和创新，或者改革政治制度，扩大公众参与，实现更大程度的民主。为了推动社会发展进程，政府必须有效地实施为推动社会发展而制定的政策和制度。如果一个政府决策不民主，将很难培育一个有利于发展和转型的环境。没有法治、问责、透明和公众参与，政府决策就是武断的。这种政府很快变为贪婪和腐败的政府，官员不是为多数人而是为个人私利行使国家权力。

第二节　立法主体

关于何为立法主体，学界有着不同的看法。有人认为，立法主体是根据宪法、法律规定或授权，有权制定、修改、废止、解释规范性文件的政权机关或其他社会组织、团体。① 这一定义基本描述了立法主体的全貌，但是在判例法国家，法院作为立法主体可能并没有宪法、法律的规定或授权，只是依照惯例来发现法律。另外有人认为，立法主体的界说可以分为两种：法治说和功能说。按照法治说，立法主体是依法有权进行或参与法的制定、认可或变动活动的国家机关的总称。按照功能说，立法主体就是有权参与或实际参与立法活动的机关、组织和人员的通称。② 无论按照法治说还是功能说，把立法的参与者都纳入立法主体就有些过于宽泛了，公民在立法过程中表达意见，就是参与了立法，但难以说公民就是立法主体。然而，正如周旺生教授所言，立法实践中普遍存在着这样不容否定和漠视的事实：有些机关、组织和个人没有法定立法权，也没有获得法定主体授予的立法权，但在立法活动中却起着重要的甚至是实质性的作用，如现代国家的政党。

无论如何，现实中比较重要、比较常见的立法主体包括代议机关、行政机关、法院、政党、自治团体等。本书认为，根据宪法、法律的规定，或者约定成俗的宪法惯例，能够以自己的名义发布，在公共领域内规范或影响不特定多数人的行为，具有普遍约束力的规范性文件的主体，可以称为立法

---

① 徐向华：《立法学教程》（第二版），北京大学出版社 2017 年版，第 82 页。
② 周旺生：《立法学》，法律出版社 2009 年版，第 164~165 页。

主体。

近代以来，立法主体的地位和功能是一个不断变化的过程，这反映了社会的变迁和国家深层文化的变革。在英国，在议会主权地位确立之前，法院是立法的主要承担者。法院通过判例法的形式，明确、修改、确认了在社会中已经形成的规则，这就是被哈耶克所推崇的正当行为规则。随着工业化的进行，通过法院来确认规则有些不能适应工业化的快速变革，随着议会主权的确立，议会在立法中的作用开始强化，与法院一道成为立法的主要承担者。随着人与人、国家与国家之间交往的快速化、频繁化，社会的复杂化程度加深，行政机关开始逐步加入立法主体的行列，其制定和参与制定的规范性文件的数量和规范所设计的广度和深度渐渐超越了议会。

我国的立法工作在1982年宪法以后蓬勃发展，刚开始的立法工作实际是行政机关做得比较多，往往是人大授权行政机关去立法，或者行政机关进行所谓的职权立法。随着人大的人员和制度的健全，人大的立法能力逐步增强，人大立法逐步增多。到了2015年《立法法》修改时，提出了人大主导立法的原则，可见人大在立法工作中的地位。随着地方立法权扩大到地级市，我国的立法主体逐步增加，立法能力得到了提升，立法数量更是突飞猛进。

从以上的发展趋势而言，立法主体的数量增加，立法主体的范围扩展。为何出现了如此众多种类的立法主体呢？核心原因是立法需求增加，立法的复杂程度增加。对于西方国家而言，除了要应对工业化带来的复杂人际交往之外，还要应对福利国家带来的对立法的需求；对中国而言，工业化、福利化、法治化各种需求都集中在一段时间，对立法的要求自然更高。

一、议会

议会又被称为狭义的立法机关。西方理论把全世界的政治体制分为两类，一类是所谓"自由民主政体"，一类是威权政体。在自由民主政体中，立法机关是西方民主理论和实践的结合，它们不仅被认为是国家赖以统治的法律源泉，而且体现了民众对政治的选择和情感。也就是说，通过代议制的立法机关制定法律和政策，体现了人民主权原则，立法机关在整个国家制度体系中处于十分重要的地位。然而，在威权政体中，议会扮演着一种不同于在西方民主社会中所扮演的角色。在威权政体中，议会是通过政党命令或军事政变执政的国家最脆弱的组成部分，仅仅为行政决议服务的，或者只是政治修饰，在仪式或程序上所具有一种"橡皮图章"式的可有可无、似有似无的功能。但是这两种类型国家的立法机关近年来都发生了巨大的变化。

第一种情况发生在正在进行改革的某些发展中国家和地区的立法机关，这种情况包括1986—1989年的苏联和1989年以前的东欧以及一些转型中的发展中国家。我们可以看出，在这些例子中，民主政体的产生取决于立法机构的变化以及是否扮演着一个重要的角色，尽管在这一过程中民主前景还不很明朗，但是议会权力是否得到加强是一个十分明显的可观察的风向标。也就是说，在这些国家中，议会的地位和作用明显加强。

另外一种情况是民主国家的立法机关经历了一个从弱小到强大再到衰弱的角色转换的过程。也就是说，19世纪被认为是议会最为兴盛的时期，在这一时期西方议会在制定公共政策中占据了中心地位，这一时期许多无权的议会逐渐获得了权力和影响力。然而，在过去的一个世纪里，工业化和民主的压力导致立法机构的衰弱，议会在西方政治议事日程中失去了其中心地位，它们在政策制定中的主动权也逐步流向了行政管理机关。

但是，据此推断出在现代民主政体中立法机关变得无足轻重的观点是不对的，立法机关其实提升了它们作为政策的审核者、修订者和监督者的权力。在西方国家，议会仍然保有很高的地位，并发挥着不可替代的作用。

议会的组织机构有两方面的内容，一是立法机关的外部结构，即立法机关是实行多院制、一院制，还是实行其他方式构成的结构。二是立法机关的内部结构，也就是立法机关内部由哪些组织和机构组成。

(一) 立法机关的外部结构

世界上，立法机关外部结构目前主要有一院制和两院制两种体制。三院制、四院制等体制主要在历史上存在。比如南非1984—1994年实行三院制，议会由白人议院、有色人种议院和印度人议院组成，1994年改革后则由参议院和国民议会两院组成。德国在20世纪三四十年代，实行过由上院、下院及经济会议组成的三院体制，现在则是由联邦参议院和联邦议院组成。法国执政府时期(1799—1804年)曾实行过四院制，议会由参议院、评议院、立法院和参政院组成。目前则实行两院，下院为国民议会，上院为参议院。

另外，有的国家的议会的构成还包括国家元首，如英国的议会就包括英王及上下两院，它是以英王的名义进行立法，所以有所谓"女王在议会中"的说法。荷兰、澳大利亚、马来西亚、加纳等国的议会组织，也是包括国家元首。如《加纳共和国宪法》第20条规定："议会由总统和国民议会组成。"实行这种制度的国家，多半是受英国影响较深的内阁制国家。

据统计，现在实行两院制的有英、美、俄、德、日、法、印等40多个国家，其中以西方国家、大国、联邦制国家居多。一院制的有丹麦、西班牙、葡萄牙、瑞典等100多个国家。它们一般是比较小的国家和发展中国家。

(二)立法机关的内部结构

议会的内部组织的情况因国而异，但一般包括议长、议会委员会、议会党团、议会的政党领袖与党鞭以及工作机构、辅助机构等。

在我国，其组织包括全国人大、全国人大常委会、委员长、委员长会议、专门委员会、人大常委会工作机构，包括人大常委会办公厅、研究室、法律工作委员会、预算工作委员会等，在北戴河和深圳的两个培训中心，另外在办公厅和法工委下面各有一个图书馆。在全国人大常委会还有中国共产党党组。这里特别要注意的是，工作委员会不同于专门委员会。工作委员会是全国人大常委会的工作机构，受全国人大常委会领导，每天都有专职的立法或其他人员上班。专门委员会是全国人大下设的机构，在全国人大开会时受全国人大领导，全国人大闭会期间受全国人大常委会的领导。专门委员会也有办公机构，但主要是在委员会开会期间行使职权。

在美国，国会中最多的机构是各种委员会和小组委员会。政党机构则有多数党领袖、少数党领袖、党鞭、议会党团。这些政党机构中，党的领袖起主要作用，被称为国会中的信息中枢。国会的辅助机构包括国会图书馆、国会研究服务处、国会预算局、国会会计总署等。

二、其他立法主体

(一)行政机关

行政机关是国家政权机关中以组织管理行政事务为主要职能的国家机关的总称。它的立法功能在全部立法主体中仅次于立法机关。行政机关是以行政为主要职能而兼有立法功能的立法主体，其立法兼有行政和立法的双重性。作为立法主体的行政机关并未改变其行政机关的性质，行政机关的立法是为了更好地、更有效地行使行政权。行政机关所立之法具有普遍的规范性和法的效力，也是一国整个立法的重要组成部分。

行政机关作为立法主体，具有以下特征：(1)以行政为主要职能而兼有立法功能的立法主体，其立法兼有行政和立法的双重性；(2)其立法功能在立法主体群体中仅次于立法机关。

行政机关有总统制、内阁制、委员会制和议行合一制几种类别。

1. 总统制

总统制是以总统为行政首脑的政府组织形式，其特点是总统既是国家元首又是政府首脑，掌握行政实权，自负行政责任；总统由选民定期选举产生而不由议会产生，对选民负责而不对议会负责；政府各部长由总统任命，对总统负责而不对议会负责；总统应当向议会报告国务，无权解散议会，但可以行使否决权，否决议会通过的法案；议会可以弹劾总统，但无权罢免总统。美国是总统制的典型国家和发源地。由于总统制国家特别是美国，实行三权分立相互制衡，虽然总统可以通过国情咨文的方式影响立法，但总统和行政机关无权向议会提出法案，法案一律由议员提出。行政机关只能制定规章行使立法权。

2. 内阁制

内阁制是由内阁掌握行政权并对议会负责的政权组织形式。内阁制行政机关的特点是内阁既是行政机关而实际上又是议会的组成部分；它由议会中占多数席位的一个政党或几个政党联合组成，虽经过国家元首任命，但对议会负责并受议会监督；内阁首脑和成员通常兼为议员；议会有权对内阁通过不信任案，发生此种情况时，内阁或辞职，或提请国家元首下令解散议会，重新举行大选并由新议会决定内阁的去留。而英国是内阁制的典型和发源地。在内阁制国家，政府有权提出法案让议会审议，而且议会通过的多数的法案都是由政府提出而不是议员提出。行政机关获得议会的授权可以进行委任立法，通过制定附属性规章来行使立法权。

☞ **材料链接 3.2**

英国委任立法

英国是一个强调议会主权的国家，议会自然具有全面的立法权。但是随着社会的复杂化，议会没有时间来通过立法处理所有的事情，于是议会通过条例、行政立法性文件等形式把立法权授予相关的行政部门，"这一机制代表了纯粹的立法机构立法与纯粹的行政机构立法之间的程序措施上的一种折中办法"。① 对于政府部长而言，委任立法在形式上解除了把相关法案提交到下议院并尽力使其顺利通过的负担。

英国委任立法主要有三种形式：

(1)行政立法性文件。行政立法性文件是由中央政府部门制定的，具体来说，是由枢密院、部长以及经授权的其他机关制定的命令、条例、规则、规划等次级立法文件的总称。

(2)地方性法规。地方性法规是由地方当局、公共机构以及国有化机构制定的。它必须经过中央政府的批准才能生效。

(3)枢密院令。枢密院令由相关的中央政府部门起草，经枢密院批准并由国王签署。在现代，枢密院令被作为一种授权立法的方式使用，用于实施议会制定法的授权。②

3. 委员会制

委员会制是由委员会行使立法权的国家政权组织形式，也称委员制、合议制。其特点是，由若干成员组成合议制机关行使行政权，实行集体领导、集体讨论、集体决策、集体负责，少数服从多数；在委员会制度下，决策者是立法机关即议会，执行者是委员会；委员会委员在议员中选出，当选后不再兼任议员；委员会主席既是国家元首又是政府首脑，但委员会的职权以委员会的名义行使，不以委员会主席、副主席名义行使；委员在议会中有发言权和建议权，但无表决权；委员会只能服从议会决定，执行议会的决策，无权退回或否决议会法案，更无权解散议会。瑞士是委员会制的典型。作为瑞士联邦最高执行与管理机关的联邦委员会，须向联邦议会提出法律草案并有权对两院或各州提出的议案陈述意见，它审查批准各州或各州与外国之间缔结的协定，审查各州要求它批准的法律和命令。委员会制下行政机关的立法

---

① Ian Loveland, Constitutional Law: A Critical Introduction, Second edition, Butterworths, 2000, p.123.

② 童建华：《英国违宪审查》，中国政法大学出版社2011年版，第293页。

权类似于内阁制。

4. 议行合一制

议行合一制是国家权力机关统一行使国家重大事务决定权的政权组织形式。其特点是行政机关产生于国家权力机关并向后者负责，是后者的执行机关，为巴黎公社首创，存在于社会主义国家。中国是议行合一制的典型。在议行合一的情况下，行政机关的立法权同内阁制相似，同时具有立法提案权和制定法规规章的权力。与内阁制不同的是，在议行合一的情况下，行政机关的立法权独立性较大。在中国，一般认为行政机关的立法除了有人大的授权立法外，还有职权立法，即依据宪法法律而进行的立法。我国《宪法》《立法法》都明确规定了行政机关的立法权。

(二) 法院

许多国家的司法机关除了行使司法职能之外，还有相当的立法权，对立法有非常重要的作用。司法机关作为立法主体，它对立法的作用程度，取决于各国的国情特别是司法制度、法律制度以及基本政治制度。一般来说，这种作用主要是通过司法审查对立法发挥作用；创制作为法的渊源的典型判例；解释法律、法规以申立法之意、补立法之不足、代立法之用；向立法机关直接提出法案从而正面参与立法，根据立法机关的委托直接立法等。

司法审查是法院审查立法和行政活动是否合宪、违宪的专门活动。不少国家的法院拥有司法审查权，实际上是对立法的监督权、审核权和废止权。拥有司法审查权的法院，有的可以宣布议会通过的法律违宪无效；有的既可以宣布议会的法律违宪无效，又可以宣布行政机关的行政法规、行政规章违宪无效；有的居于立法和行政机关之上；有的与立法和司法机关平行。英国的法院对议会立法无权作违宪审查，但能对内阁的行政法规和各部的规章实行司法审查。美国的最高法院虽无宪法明确规定的司法审查权，但自1803年"马伯里诉麦迪逊案"后取得了宪法解释权，对立法机关的法律、总统的行政法规和各部的行政规章都有实际上的司法审查权。在中国，法院对行政规章、行政规范性文件拥有一定的审查权。

创制判例，是司法机关作为立法主体实际上具有立法功能的又一突出的表现。司法机关以创制判例的方式成为一种立法者，判例成为主要法的渊源之一，这一现象发端于英国，后为美国接受，进而成为整个普通法法系的一个主要特征和传统。

行使法的解释权，所形成的法的解释文件具有普遍的约束力，从而使法的解释也成为一种立法活动，是司法机关作为立法主体的另一突出表现。在这种意义上，差不多所有国家的司法机关都拥有法的解释这种立法权。

司法机关向立法机关直接提出法案从而正面参与立法，以及司法机关根据立法机关授权直接立法，对立法的作用和影响也不可忽视。但其作用明显不及以上三个方面的作用。并不是所有国家而是有些国家的司法机关且主要是中央司法机关，在法律上或事实上具有法案提案权，而所提法案的数量也较少。同样，司法机关接受立法机关授权进行立法的情形也较少。

在中国，在《立法法》出台之前，根据全国人大常委会《关于加强法律解释工作的决议》，最高人民法院和最高人民检察院，可以分别就法院审判工作中和检察院检察工作中法律的具体应用进行解释。在《立法法》出台之后，规定"法律解释权属于全国人民代表大会常务委员会"，最高人民法院和最高人民检察院等国家机构"可以向全国人民代表大会常务委员会提出法律解释要求"。因此，最高人民法院和最高人民检察院不再享有独立的法律解释权，但依然可以对检察和审判工作中具体应用法律的问题进行解释。

(三) 政党

美国早期联邦党人提出："管理这各种各样、又互不相容的利益集团，是现代立法的主要任务，并且把党派精神和党争带入政府的必要的和日常的活动中去。"[1]马克思主义认为，政党是阶级和阶级斗争发展到一定历史阶段产生的，是一定阶级或阶层中的活动分子，基于共同的意志，为了共同的利益，采取共同的行为，以取得或维持政权，或影响政治权力的行使而建立的政治组织。它是该阶级或阶层的政治领导力量。政党是一种独立的社会现象，具有自己的特征和标志，有一定的组织纪律。议会党团和党的全国委员会相对独立存在，是西方国家政党组织结构的重要特点。按照各政党的地位和实力，西方议会中的政党一般分为执政党和在野党(反对党)、多数党和少数党。议会党团是政党议员或政治倾向相同的议员，按照法定的程序或条件组成一定

---

① [美]汉密尔顿:《联邦党人文集》，程逢如等译，商务印书馆1980年版，第203页。

的团体，根据政党的利益、要求、目标和国家的法律，在议会中统一协调活动，以达到把政党的政策变为法律及领导议会或参加领导议会的目的。

议会党团影响立法的方式主要是控制议会，将政党的主张上升为国家法律。最为常见的是在议会中动员、组织本党议员投票支持本党政府的各项议案。议会是西方国家的最高立法机关，任何一个政党的主张，包括执政党的主张，只有在议会中讨论通过，才能具有法律效应而得以贯彻执行。显然，控制议会是西方政党执政的一个十分重要的环节，议会中的政党组织即议会党团，也因此取代了议会外的党的全国委员会，成为选举结束后进入议会内各政党的决策机构，负责研究和决定本党重要的投票立场，负责统一本党议员的立法思想和行为。政府独立领导国家的行政工作，不受执政党的直接干预。政府的实际工作由总统、总理或内阁首相全权负责，除了重大决策需要同执政党领导集团研究、在议会表决前同多数党和少数党领袖协商之外，政府的一般方针政策和具体行政事务，都由政府首脑及各主管部门负责人处理。为了真正保证政府独立行使职权，资本主义国家还建立了完善的文官制度（公务员制度），文官制度把政府官员分为两类：一类是由执政党任命的官员，主要是指内阁成员、政府各部部长或主管人，他们随政党的上下台而沉浮；另一类是国家公务员，他们通过严格的考试而进入国家机构，不受选举影响，不受党派之争。这样就把政党的权力控制在一定范围内，从而有效地防止政党直接插手政府事务。文官制度是西方国家政党制度的重要补充，它和政党制度相互结合，既保证执政党牢牢控制行政大权，其中包括政府高级官员的选择权、任命权和大政方针的决策权，又保证了政府各部门工作的相对独立性、连续性和稳定性，不受执政党更迭、政府首脑易人的影响。

政体的不同决定着议会党团所行使的职责的不同。在实行议会制的国家，如英国，由于政党的执政地位是通过立法选举，首先成为议会中的多数党，然后再组阁获取。进入国家机构的各政党间的相互关系较为简单，可概括为执政党与反对党的关系。所谓执政党，指既掌握行政权又领导议会的立法工作的政党或其联盟；而反对党则指没有这两种权力、只能对执政党进行批评监督的各政党。因而这些国家中的执政党就是议会多数党，政府向议会负责，政策与立法的趋同性较强，执政党的权威性也相对较高。

在实行总统制的国家，如美国，这一关系要更为复杂。由于政党的执政地位是直接通过竞选总统而获取的，议会选举另期举行，一个政党不能保证在两次选举中同时获胜。因而这些国家中的执政党并不一定就是议会多数党，政府不向议会负责而向选民负责，政策与立法的趋同性较弱，执政党的权威性也相对较低，同时也没有真正意义上的在野党，往往是一党把持政府、一党把持议会。只要没有出现同一政党入主白宫和国会两院的局面，就不能用执政党与反对党这一对概念去指称进入白宫或国会的政党。如果民主党、共和党中的一方入主白宫，而另一方则掌握国会一院甚至两院的多数议席，那么，两党之间就不存在执政党或反对党之差别。因为它们一个获得了行政权，另一个则分享甚至掌握了立法权，即各执一权。甚至当一党统领了白宫和国会时，也不宜将另一党称为反对党。美国国会参议院盛行参议员们独立作主，该院少数党随时可能通过多数党的几个参议员加盟而在某个法案上挫败参议院多数党、进而挫败众议院多数党。相应地，入主白宫的政党的职能在于行使行政权，而国会一院乃至两院的多数党则领导立法工作。换言之，国会多数党绝不是单纯地批评和监督政府。

除此而外，在党际关系上我们看到，议会党团表现了共同性：执政党或多数党对于行政或立法工作行使领导权，但对反对党或少数党则无权领导，后者完全独立活动。

虽然西方议会常常是由多数党控制的，但少数党或在野党可以通过各种手段影响立法过程，牵制或阻碍多数党的主导作用，通过达成妥协，为本党争取利益。有人称西方议会中的这种现象为"博弈规则"，即在通过何种方案和政策治理国家的策略问题上明争暗斗，而在维护现行政治制度方面却携手合作。西方议会中政党活动的这一特点必然导致议会内党派斗争的激烈与复杂，相互争吵、相互倾轧、相互牵制的现象十分严重，也使许多重要的议案得不到及时的通过和执行。

鉴于此，邓小平同志曾明确地指出："社会主义国家有个最大的优越性，就是干一件事情，一下决心，一做出决议，就立即执行，不受牵扯。""这方面是我们的优势，我们要保持这个优势，保证社会主义的优越性。"①我国的根本大法——《宪法》规定了中国共产党的政治领导地位，这是由党在长期的历史发展过程中的作用所决定的，是中国人民的必然选择。中国共产党属于政治党派，因而《宪法》没有也不可能在法律的意义上授予其立法权。党行使的

---

① 《邓小平文选》(第3卷)，人民出版社1999年版，第240页。

是对立法的领导权和影响权，发挥的是对立法决策的领导力和影响力。正如郭道晖先生所讲，党"是以党的路线政策的正确性和其崇高的政治威信与政治影响力，而得到人大与政府的高度重视、拥护，从而影响人大与政府的决策"。从全国人大代表和全国人大常委会的组成人员看，中共党员通常占大多数，党可对党员发号施令，从而对全国人大及其常委会拥有较大的领导力和影响力，这种领导力和影响力为党领导和影响立法机关、直至将自己的方针、政策顺利转化为法律创造了极其有利的条件。

第三节　立 法 形 式

一、法律、地方性法规

由代议机关根据特定的程序制定的针对不特定多数人的反复适用的规范性文件主要有两种，一种为中央或者联邦议会制定，一种为地方或州议会制定。从人民主权的角度讲，这两种形式的法律是主要的立法形式，也是狭义立法的主要内容。

二、行政法规、地方政府规章

行政法规和地方政府规章均由行政机关依据一定的程序制定，具有普遍的约束力，它改变公民的权利和义务的内容，或者对公民权利义务产生影响。

☞ **材料链接 3.3**

美国的规章制定与行政裁决的区别

美国《行政程序法》规定了规章制定和行政裁决的区别，但其规定过于模糊，美国《司法部长行政程序法手册》的有关讨论可以提供一些参考：

《行政程序法》是在区分规章制定和行政裁决差异的基础上制定的。通过对规章制定和行政裁决的不同程序要求以及上述两个概念的比较，可以更真实地反映出规章制定和行政裁决的含义。规章制定是一种行政活动，它通过制定一系列规章来约束组织或个人的未来行为；其本质上也是一种立法行为，不仅因为它对将来的行为产生效力，还因为其主要涉及政策考量。规章制定的目标是在将来实施或贯彻法律或政策，而不是对监控对象过去的行为进行评价。通常来说，规章制定对证据事实并无兴趣(这种事实的发现通常依赖于证人的诚实和态度)，它所关注的是从事实中引申出来的政策结论。相反，行政裁决是对过去或是当前的权利或义务进行裁判。通常情况下，它涉及对过去行为是否违法的判断，因此行政裁决程序带有诉辩色彩，并会导致处分行为。或者，它涉及对特定人根据已有法律是否享有权益的判断，也就是说，他或她是否属于获益的那类群体。这样看来，在行政裁决程序中，事实问题通常是争论的焦点。①

三、行政规范性文件

行政规范性文件也是行政机关制定的，它是行政机关为了实施法律和执行政策，在法定的权限范围内制定的除行政立法以外的决定、命令等普遍性行为规则。行政规范性文件一般不被认为是一种立法，但却具有法律的基本特征，可以改变或影响公民的权利与义务。

☞ 案例评析 3.1

抽象行政行为与具体行政行为
点头隆胜石材厂不服福鼎市人民政府行政扶优扶强制措施案②

2001 年 3 月 13 日，被告福鼎市人民政府为了促进福鼎市的玄武岩石材企业上规模、产品上档次，由其下属的办公室作出鼎政办(2001)14 号文件，批准下发《福鼎市工业领导小组办公室关于 2001 年玄武岩石板材加工企业扶优扶强的意见》。福鼎市人民法院认为，福鼎市的玄武岩石材企业，其生产原料都由第三人福建玄武石材有限公司供应，而且供应数量有限。该文件虽未给原告点头隆胜石材厂确定权利与义务，但却通过强制干预福建玄武石材有限公司的销售办法，直接影响到点头隆胜石材厂的经营权利。

---

① Attorney General's Manual, at 14-15.

② 资料来源于《点头隆胜石材厂不服福鼎市人民政府行政扶优扶强措施案》，载《中华人民共和国最高人民法院公报》2001 年第 6 期。

此案的关键是市政府发布的规范性文件的性质如何。从表面上看，正如福鼎市人民政府所指出的，它是一个行政指导性文件，而且是为了扶持某一产业的发展，具有抽象规范性文件的一般特征。但是这个文件确实损害了特定相对人的权利，在本案中相对人较少，但是如果较多是否就构成了不特定多数人了呢？所以如果把是否针对特定的当事人作为区分抽象行政行为与具体行政行为的标志，如行政诉讼法解释指出的，"针对不特定对象发布的能反复适用"，实际上这份文件完全可以看作抽象行政行为。在行政诉讼过程中区分抽象行政行为与具体行政行为，主要是为了确定是否在行政诉讼的受案范围之内，因为《行政诉讼法》明确排除了规范性文件作为受案范围。如果从立法上讲，抽象行为或者说制定行政规范性文件的行为程序应该更为严格。行政规范性文件同行政法规、规章一样都会对不特定的多数人的权利义务产生影响，但规范性文件的制定程序一般较为简单，需要加强其程序性规范。那么，是否应该把行政规范性文件列入行政诉讼受案范围呢？

四、司法解释

司法解释有两种形式，一种是对法律条文的抽象解释，不针对任何的案件，例如，我国最高人民法院发布的经最高人民法院审判委员会审议通过的司法解释。另一种则是针对特定案件对法律条文进行的，并且能够为各法院作为裁判规则的解释，例如，我国最高人民法院对特定案件所做的答复和发布的典型指导案例所确立的规则，判例法国家判例所确认的规则等。

☞ **逻辑思考 3.2**

司法解释的制定与一般立法的区别

从 2016 年开始，最高人民法院正式启动行政诉讼法司法解释的起草工作。在起草过程中，我们广泛征求和听取了全国人大常委会法工委、国务院法制办、最高人民检察院、三十余个部委、部分法院特别是中基层人民法院、铁路运输法院的意见建议，并先后在内蒙古、陕西、北京、南京、上海、沈阳等地开展了十余次调研活动。同时，我们高度关注行政诉讼理论研究成果，注意听取行政法学界专家学者意见建议等。在充分沟通和讨论的基础上，确保司法解释兼收并蓄、切实稳妥。在归纳、总结和研究分析各种意见的基础上，经过多次修改，由最高人民法院审判委员会讨论通过。

——《最高人民法院关于适用〈中华人民共和国行政诉讼法〉的解释》新闻发布会

法制工作委员会从 2009 年开始着手《行政诉讼法》的修改调研工作，先后到山东、湖南等多地进行调研，听取基层人民法院、地方政府部门的意见和建议。采取旁听案件审理、阅卷、派人到行政审判一线蹲点等多种方式了解行政诉讼实践的情况。多次召开国务院部门、学者和律师座谈会，听取意见。今年 11 月又分两次召开 17 个省、自治区、直辖市人大法制机构、政府法制部门、人民法院和人民检察院参加的座谈会……经与最高人民法院、国务院法制办公室等方面沟通协商、反复研究，在充分论证并取得基本共识的基础上，形成了行政诉讼法修正案(草案)。

——关于《中华人民共和国行政诉讼法修正案(草案)》的说明

分析这两者材料，你认为我国司法解释的制定程序和普通立法程序有区别吗？为什么？

☞ 材料链接 3.4

判例法国家中的制定法与判例法

在英美等判例法国家，有人形容判例法和制定法的关系就像大海和海岛之间的关系一样。法律主要由判例法构成，而制定法就像由判例法构成的规则大海中的海岛一样，他们孤零零地存在难以形成。

随着议会和政府立法权力的扩张，这种面貌正有所改变。美国教授戴维斯对美国制定法和判例法之间的关系是这样描述的：

在私法领域，从历史维度来看，英美法律体系中的法律是通过法院经由普通法不断累积的司法先例而逐渐成熟的。立法机关偶尔会制定一些新规则添加到私法之中。后来这种情况不断增加，例如，立法机关制定了知识产权法、专利法、房地产登记法、破产法、公司法、统一合伙法、统一商业法、工伤赔偿法、无过失汽车保险法，以及更多的法律。

现在，由于更多的私法变成了制定法，法律的成长和改进必须通过立法机关制定各种修正条款来进行。在英美法系的国家，这是立法机关第一次作为主导者承担起提升私法品质的责任，这些私法领域包括合同、侵权、财产、商业联合等。

　　在公法领域，犯罪、税收、商业管理、土地使用、环境保护等也是制定法的主要内容。虽然公法规则受到宪法原则的约束，但制定法律的细则属于立法机关的任务。另外，现在最高法院的多数法官的意见忠于这样一个原则，即在制定公共政策方面，立法机关比法院、州比联邦应该担当更重要的角色。①

---

　　① ［美］杰克·戴维斯：《立法法与程序》，法律出版社 2005 年版，第 3~5 页。

第四章 立法的利益表达与公众参与

☞ 引例

法律制定中公民参与的作用有多大?

2009 年张海超"开胸验肺事件"引起了公众对职业病防治法律的关注。河南农民工张海超因工作患尘肺病后,企业拒绝为其提供职业病鉴定所必须提交的只有企业才有条件提交的相关资料。在他多次向上级主管部门投诉后,争取到鉴定机会,但法定鉴定机构郑州职防所却作出了"肺结核"的诊断。为证明患有职业病,2009 年 6 月,张海超主动爬上手术台"开胸验肺",最终被确诊患尘肺病(职业病)。这一事件经媒体报道后引起社会强烈关注,经过广泛的社会讨论及各界的呼吁,立法机构终于对该案涉及的《职业病防治法》和《职业病诊断与鉴定管理办法》也启动了"开胸验肺"程序,并最终促成新的《职业病防治法》于 2011 年 12 月 31 日出台。[1]

我们总是感觉作为个体的自己力量是弱小的,当各种法律征求公民意见时,往往不愿意表达自己的看法,觉得自己人微言轻,即使表达了也不会有什么作用,事情真的是这样吗?

第一节 利益冲突与利益衡量

立法是多元利益群体相互博弈和妥协后作出的制度安排,立法过程实质上是立法主体在多元的、相互冲突的利益之间进行权衡、取舍的一个过程。"法的创制机关活动的最终目的,是通过揭示各种不同的利益之间的矛盾,结

---

① 周雪:《论媒体对立法的促进作用——以若干公众关注案件为例》,载《人大研究》2012 年第 8 期。

合社会发展的趋势，作出取舍和协调，并把协调的结果规定在相应的法律文件中。"①立法机关在创制法律的过程中理应让各种可能受到立法影响的利益主体参与其中，要充分考虑各个利益主体的要求，并兼顾各方的利益。面对这些不同的利益诉求以及利益的冲突，立法者不但要对利益进行合理的取舍，而且要通过合理的利益整合机制，使不同利益群体能够和谐相处。

一、利益与利益冲突

(一)利益的含义

"追求利益是人类最一般、最基础的心理特征和行为规律，是一切创造性活动的源泉。"②人类的发展史就是人类为了利益而奋斗的历史。可见，利益成为连接人与社会的纽带，是人在社会中支配着其他一切原则的基本原则。因此，有必要弄清和把握利益的概念及其实质。古今中外人们对利益的阐述不尽相同，概括起来大体有好处说、需要说、社会关系说和内在体验说等几种观点。综合几种观点来看，社会关系说强调利益的社会性，更具有合理性。从社会关系的角度来看，有学者认为"利益就是一定的客观需要对象在满足主体需要时，在需要主体之间进行分配时所形成的一定性质的社会关系的形式"。③也有学者认为，利益是指"处于不同生产关系、不同社会地位的人由于对物的需要而形成的一种利害关系"。④而马克思主义认为，利益是社会化的需要，是人们通过一定的社会关系表现出来的需要。

(二)利益冲突的概念

利益冲突是人类社会一切冲突的最终根源，也是法律产生的社会基础和内在原因。厘清利益冲突的基本含义及其产生根源，能够为利益冲突的解决和利益衡量提供必要的理论前提。

马克思指出，"人们奋斗所争取的一切，都同他们的利益有关"。⑤可见

---

① 孙国华：《论法与利益的关系》，载《中国法学》1994年第4期。
② 张文显：《法哲学范畴研究》(修订版)，中国政法大学出版社2001版，第220页。
③ 王伟光、郭宝平：《社会利益论》，人民出版社1988年版，第68页。
④ 崔裕蒙：《论人民群众的政治利益》，载《理论前沿》2004年第10期。
⑤ 《马克思恩格斯全集》(第一卷)，人民出版社1956年版，第165页。

利益是推动人的行为选择和行动的根本力量，是人类社会存在和发展的根本动因。人类社会是利益主体多元的社会，不同利益主体对自身利益的追求势必会产生利益冲突，特别是在利益主体急剧分化的现代社会，利益冲突更是不可避免。那么什么是利益冲突？人类的欲望和需求随着经济的发展和社会的进步处于不断的扩张状态，但是社会生产能力在一定阶段内又是有限的，因此，利益需求和供给之间必然存在无法调和的矛盾。由此可见，利益冲突就是不同利益主体在获取利益的过程中，由于社会资源的有限性和分配不公，产生的利益纠纷和利益争夺等紧张关系，是不同利益主体之间利益矛盾趋于激化的一种外化形式。

(三)利益冲突产生的根源

利益冲突作为社会冲突的一种表现形式，必然有其产生和存在的根源。在历史唯物主义看来，利益冲突根源于人的利益与利益实现方式之间的矛盾，根源于制度安排的缺陷，它是人的利益实现方式的不合理性所引起的不同的利益主体在自身利益的实现过程中彼此之间存在的利益矛盾激化的结果，是人的利益实现方式本身内在缺陷造成的。[①] 利益冲突的直接原因是在一个社会中由基本经济制度、基本政治制度和基本法律制度决定的社会具体利益制度安排的不合理。由于制度设计的缺陷，不同利益主体之间的利益矛盾与利益冲突难以避免，主要表现为：一方面，强势的利益群体通过结成正式或非正式的团体，有能力利用各种资源，以各种形式诉求自身利益，影响社会公共舆论，进而影响公共政策和法律的制定，使得立法和政府政策的制定有利于自己的利益需要；另一方面，弱势群体缺少有效途径和渠道来表达自己的利益诉求，往往被边缘化，从而导致利益格局的失衡。

(四)利益冲突的法律调整

利益冲突不仅是人类向前发展的动力，也是法律的产生和发展的根本原因，化解利益冲突构成了法律的基本内容。纵观人类社会发展的历史，利益冲突始终存在。为了更长远的发展，需要一种机制来规范人们的行为，抑制冲突的发生。法律因其稳定性和制度化的特征，同时又有国家的强制力来保

---

① 柳新元：《利益冲突与制度变迁》，武汉大学出版社 2002 年版，第 14 页。

障实施，因此成为调和各种利益关系、化解利益冲突的最为有效的方法。

庞德指出，"法的功能在于调节、调和与调解各种错杂和冲突的利益，以便使各种利益中大部分或我们文化中最重要的利益得到满足，而使其他的利益最少的牺牲"。[1] 某种法律制度要达到维持法律秩序的目的，就必须通过、承认某些利益，包括个人、公共和社会的利益；规定各种界限，在这些界限之内，上述各种利益将得到法律的承认，并通过法律规范使之有效；在法律的界限内努力保障这些已得到承认的利益。[2] 由此可见，运用法律对利益冲突进行调整是使利益冲突获得良性发展的客观要求。

二、立法中的利益衡量

(一) 利益衡量的概念

1. 作为法律解释方法论的利益衡量

利益衡量作为一种法律解释的方法论，其思想源于 20 世纪初期产生于德国的自由法学运动及在反对概念主义和形式主义基础上发展起来的利益法学。20 世纪 60 年代，日本学者加藤一郎和星野英一提出"利益衡量论"，20 世纪 90 年代，梁慧星教授把利益衡量理论引入民法理论研究。

作为法律解释方法论的利益衡量，我国台湾地区学者杨仁寿认为："利益衡量乃在发现立法者对各种问题或利害冲突，表现在法律秩序内，由法律秩序可观察而得知立法者的价值判断。发现之本身，亦系一种价值判断。"[3]由此可见，利益衡量的内涵包括以下要素：首先，进入利益衡量中的利益必须是不违背法律的利益；其次，利益衡量的前提是存在两个或两个以上的利益冲突；最后，利益衡量的内容是对利益进行价值判断。

2. 作为立法方法论的利益衡量

作为立法方法论的利益衡量是一个系统的立法过程，为了平衡各利益主体的利益冲突，实现利益平衡，依据一定的标准和程序，立法者在多元利益主体充分表达利益诉求的基础上，对各种利益进行比较、评价、权衡、选择

---

[1] 张文显：《法理学》(第 3 版)，高等教育出版社、北京大学出版社 2007 年版，第 23 页。

[2] 孙文凯：《社会学法学》，法律出版社 2005 年版，第 217 页。

[3] 杨仁寿：《法学方法论》，中国政法大学出版社 1999 年版，第 175~176 页。

并进行利益整合的有机过程。作为立法方法论的利益衡量，可以从以下几个方面把握：

第一，作为立法方法论的利益衡量是以多元化的利益冲突存在为前提，以利益主体充分的利益表达为条件。

第二，作为立法方法论的利益衡量是利益表达、利益识别、利益整合的统一过程。利益衡量贯穿于整个立法的始终，以利益表达为立法的起点，以利益整合为立法的核心。

第三，作为立法方法论的利益衡量在利益整合过程中必须确定各利益之间的位阶，主张依据一定的价值标准进行利益评价，具有价值判断的性质。

第四，作为立法方法论的利益衡量的最终目的和结果是产生新的法律规范。利益衡量就是要对多元化的利益进行整合，将整合后的利益上升为法律，成为人们共同遵守的规则。

(二) 立法过程中的利益衡量

现代立法过程中的利益衡量主要包括利益表达、利益识别和利益整合三个阶段，这三个阶段相互融合相互配合，贯穿于立法的整个过程。从立法过程来说，利益衡量的三个阶段体现于立法机关接收到提案机关的法律草案，然后调查事实情况、搜集各方面意见，识别草案和各种信息，对各方利益诉求进行分析、比较、权衡，最后对不同利益主体的多元化利益需求进行选择和协调，并重新整合以实现合理的利益分配，从而制定出一部平衡了各方利益的良法。具体实践中体现利益衡量的立法程序主要包括利益表达之提案、利益识别之公众参与、利益整合之立法审议。

利益表达是指利益表达主体按照一定的方式，通过特定的途径向利益表达对象表达自己的某种自认为合理合法的利益诉求。利益表达的主体应与某一事项具有利益关联，利益表达的途径应当是畅通且多样的，能够让利益主体的利益诉求顺利传达给立法者。完善的利益表达机制应当侧重于利益表达主体一方以及其表达。利益表达让各利益主体能够有效、充分地表达自己的利益诉求，为立法者进行全面客观地分析各种利益提供根据。利益表达是利益衡量的前提和基础。

利益识别是指利益识别主体按照一定的方式、方法，全面收集各种多元化利益诉求信息，然后对所获取的多元化利益诉求进行初步的考量和取舍。

利益识别是立法者根据利益主体的诉求进行全面调查，合理分析利益结构及其性质的过程，是为了更准确、更理性地进行利益整合。

利益整合是指利益整合主体按照一定的顺序和方法，将已经确定下来的各种利益进行统筹安排，以实现不同利益主体的利益和谐共存，有利于不同利益主体利益的平衡又有利于利益总量的增加。利益整合主体应根据科学的方法和顺序进行利益选择和协调，并在整个整合过程中保持价值中立。利益整合是利益衡量的核心部分，利益主体的利益要求经过有效的整合，形成具有共识性的利益诉求才能进入立法过程，影响立法决策。

☞ **经典理论 4.1**

"帕累托改进"与"卡尔多–希克斯改进"①

"帕累托改进"是意大利经济学家帕累托基于"帕累托最优"的基础之上提出来的概念，经常在福利经济学中使用。帕累托最优是指在不减少一方福利的情况下，就不可能增加另外一方的福利；而帕累托改进是指在不减少一方的福利时，通过改变现有的资源配置而提高另一方的福利。帕累托改进可以在资源闲置或市场失效的情况下实现。在资源闲置的情况下，一些人可以生产更多并从中受益，但又不会损害另外一些人的利益。在市场失效的情况下，一项正确的措施可以消减福利损失而使整个社会受益。但在现实生活中，总是有人有所得就有人有所失，于是经济学家们又提出了"补偿准则"，即如果一个人的境况由于变革而变好，因而他能够补偿另一个人的损失而且还有剩余，那么整体的效益就改进了，这就是福利经济学的另外一个著名的准则"卡尔多–希克斯改进"。将这些概念引申到立法学中，可以说一项立法也是如此。赋予一方更多的利益，相对应的另一方的利益就会减少。利益冲突无法避免地导致立法以牺牲某些利益为代价，来换取另外一些利益，或者实现对另外一些利益的保护。但从效率上讲，如果一部立法所产生的社会总收益能大大多于它所产生的社会损失，那么这部立法就是比较合理的。

☞ **逻辑思考 4.1**

在制定大气污染物排放标准时，排污企业、行业协会基于生产成本、经

---

① 资料来源于柯华庆：《合同法原则的博弈分析》，中国法制出版社 2006 年版，第8~12页。

济效益、行业发展的考量，希望大气污染物排放标准尽量低一些；社会公众尤其是当地居民则会出于保护自身的健康和拥有舒适安全的生活环境的利益而要求制定更加严格的排污标准；政府有关部门又会从当地经济发展的长远利益、防治污染的成本等出发来考虑排污标准。那么如何对这三个制定方案进行选择、改进呢？或者说怎样在立法过程中权衡不同的利益诉求，尽可能地减少利益冲突，使得所选择的最优方案最终获得的社会效益大于其所损害的某一方的利益呢？

结合经济学原理，从"帕累托改进""卡尔多-希克斯改进"的角度，思考如何处理这个问题。

第二节　立法中的利益表达

著名法学家边沁认为："立法者应以公共利益为目标，最大范围的功利应成为他一切思考的基础。了解共同体的真正利益是什么，乃立法科学使命之所在，关键是找到实现这一利益的手段。"[①]只有良好的利益表达，才能使利益主体充分表达自己的意见，使立法者真正了解不同利益主体的需求，进行利益的协调、整合，从而实现立法的科学化。

一、立法过程中的利益表达内涵

利益表达是一种将表达人的内心的利益要求以一定方式表达于外部的行为。利益表达的实现是公民民主权利的集中体现，在不同的特定领域有其特有的内涵。有的学者认为，"利益表达是指利益主体向外界表明自己的利益要求，并试图通过一定的途径和手段来达到利益要求的行动"。[②]还有的学者认为，利益表达是不同的利益群体代表或个人，通过一定渠道、方式向政府、组织表达自身的利益要求，以使本群体的利益更好地实现。上述观点主要是从社会学的角度来定义。也有学者套用政治学的利益表达理论，认为利益表达是指"社会利益主体向外界表明自己的利益要求，并试图通过一定的途径和

---

① ［英］吉米·边沁：《立法理论》，中国人民公安大学出版社2004年版，第1页。

② 王立新：《试论我国社会分层中人民利益表达制度的建构》，载《社会科学》2003年第10期。

手段来达到利益要求的行动"。① 那对于立法过程中的利益表达，应当如何定义呢？学界中有学者将其定义为"个人或利益群体在立法过程中通过一定渠道直接或间接向立法者提出意见、主张利益并以一定方式试图实现其目的的行为"②。根据这个定义可知，立法中的利益表达主体可以是个人也可以是组织或其他利益群体，而利益表达的客体是国家立法机关，利益表达的内容是有关意见、建议和利益倾向，利益表达的渠道可以是制度性的，也可以是非制度性的，利益表达的方式可以是直接表达也可以是间接表达。

☞ **经典理论 4.2**

皇权与绅权③

费孝通在其名著《乡土中国 生育制度 乡土重建》里概括了中国政府与民间之间利益表达、意见沟通的结构方式——"两橛政治"：自上而下的皇权和自下而上的绅权。中国传统的行政机构把集权的中央悬空了起来，不使它进入人民日常有关的地方公益范围之中，中央派遣的官员到知县为止，不再下了。过去县以下不承认任何行政单位，自上而下的单轨政治只到县衙门为止，并不到每家人家的大门前或大门之内。从衙门到每家人家大门之前的这一段正是中国传统中央集权的专制体制和地方自治民主体制交涉的关键。这个关键要从两个方面说起，一方面是衙门，另一方面是民间。衙门、知县是皇权代表，衙门里的皂隶、公人、班头、差人等胥吏是知县同子民之间的联接人，但衙门并不是普通人可以随意出入的。"由于绅士的作用，自上而下的政治轨道转入自下而上的政治轨道，绅士把压力和意见透到上层，或至皇帝本人。"

☞ **逻辑思考 4.2**

利益表达的方式

在现代社会，政府官员、社会名人、人大代表在行政立法过程中实际上

---

① 李林：《全球化时代的中国立法发展》，载《法治论丛》2003 年第 1 期。

② 杨炼：《立法过程中的利益衡量研究》，法律出版社 2010 年版，第 76 页。

③ 资料来源于费孝通：《乡土中国 生育制度 乡土重建》，商务印书馆 2018 年版，第 377～387 页。

扮演了重要角色，他们可能由于血缘关系、地缘关系、团体成员关系和行业关系的原因，出于争取地方利益、部门利益、行业利益和他人利益的目的，凭借自己的官职和便利的地位，就立法问题进行活动，产生拉关系、集体性行动等体制外的利益表达方式。你如何看待这种现象？你认为我国的利益表达机制是否存在表意障碍与缺陷？

二、立法中利益表达的分类

从法律角度来看，利益是利益主体诉求得到满足和保护的权利请求或需求，法律认可、调节和保护利益。在立法过程中，法律对利益进行分类，认可其中的一些利益，并对被认可的利益设置法律界限，最后由法律制定保护措施，保护被认可和确定的利益。简而言之，立法是立法主体对相互冲突的利益进行衡量、整合的结果，而利益表达是利益衡量、利益整合的前提和基础。现代社会，多元利益主体之间关系复杂，利益冲突不可避免，如何实现多元利益的有效表达成为值得关注的问题。

(一)个人利益表达和集团利益表达

根据利益表达主体的不同。利益表达分为个人的利益表达和集团的利益表达。

1. 个人的利益表达

个人的利益表达是利益主体利益的最直接表达方式，其最大益处在于信息的直接性和真实性，一般没有经过加工，能够真实反映利益诉求。个人利益表达也存在着一定的不足：首先，个人的利益表达比较零散，带有主观的感情色彩，利益的表达和情绪的宣泄常常交织在一起；其次，个人收集、整理、加工信息的各种资源，处理信息的能力不足，获取信息成本比较高，使得利益主体对信息资源的获取不足；再次，个人的利益表达一般比较凌乱松散，缺乏有效的整合，因而对立法的影响显得较为微弱。

尽管个人利益表达对立法的影响相对较小，但它是公民意志和利益的最直接表现形式，能够直接反映民意，特别是在立法利益表达机制不够健全和完善的情况下，个人的利益表达仍不失为一种有效的利益表达方式。

2. 利益集团的利益表达

利益集团是因某种共同利益而形成的集团。利益集团作为市场经济发展过程中的产物有其产生的必然性。在人们的利益追求过程中，当个人的利益表达遇到困难时，人们便会求助于利益集团。因为作为利益的代言人，利益集团比个人拥有更多的组织、信息和财力，它们提供的信息更富有条理，也更趋于理性，有利于提高立法利益表达的效率。就立法来看，利益集团对立法活动的影响贯穿于整个立法过程之中，并最终对立法者施加影响。特别是在一个多元社会里，多元化利益冲突，导致各种利益集团应运而生，这就要求立法者对社会各方面的利益和要求进行综合的考量。这时利益集团便成为公民、政府和代议制机关之间的桥梁和纽带。

"在代议制民主政治制度下，发挥利益集团在选举代表和立法决策过程中的功能和作用，使公民的利益诉求通过利益集团这一渠道反映到立法者，最终以法律的形式得以体现是实践民主的又一途径。从人类社会现有的经验看，利益集团作为社会中不同利益之间、公民和政府之间释放矛盾压力的'安全阀'，对社会的稳定将起到应有的作用。"①但是，事物具有两面性，利益集团虽是一种非常有效的利益表达方式，但利益集团的力量过强可能会使立法过程中弱势群体的利益表达被忽视，从而影响立法者的判断，使制定出的法律法规失去合理性，不利于利益衡量。

☞ **经典理论 4.3**

博弈论与立法

法律的核心内容就是调整社会利益关系，立法活动就是将利益进行合理的衡量和分配，这要求立法过程中保证充分的利益表达和实现利益均衡，博弈论中的"理性人"和"纳什均衡"对此有着非常重要意义。博弈论中的参与主体被假定为都是为了自己的利益的"理性人"，他们完全了解自己的利益，以获得最大的收益为目的，并能够计算出何种行动可以最大化其利益。从法律角度上看，"理性人"做出决策时会考虑违法的成本和守法的收益，继而根据决策进行行动。如果"理性人"参与立法过程，自然也会尽力争取其能获得最

---

① 周旺生：《立法研究》（第4卷），法律出版社2004年版，第146页。

大利益的立法方案。"纳什均衡"指的是每个参与者的策略都是对其他人策略的最优反应。纳什均衡的确定有两个步骤：首先，确定每个博弈者相对于其他博弈者的策略选择时的最佳策略，每一个博弈者的最佳策略都是通过考虑其他博弈者的每一个策略组合得到的。其次，所有的博弈参与者同时选择了自己最佳的策略的状态就是个纳什均衡。

立法是以理性主义为主导的，是人类社会不同群体间互动博弈的结果，在一定时期内是一种平衡的状态，制度经济学理论认为，法律制度是长期博弈的结果。在博弈的过程中，有多个利益主体之间相互影响，不同利益主体选择自己的行动策略时，不仅要考虑自身的因素，也要受到其他利益主体的影响。法律是社会公众的行动规范，是不同利益群体进行利益博弈的结果。法律需要社会公众的认同、接受，否则法律会被规避，得不到良好的遵守和实行。"将博弈论方法引进到法律分析中是积极的，它不仅仅在于解释法律，更重要的是在立法上很有价值；立法是博弈规则，当它有效时也是博弈结果。只有当立法达到纳什均衡，立法才是有效的，自我实施的。"①

(二)体制内利益表达和体制外利益表达

现代政治学理论认为，在现代政治体系中，利益表达行为大致可以分为体制内表达和体制外表达两种类型。体制内表达是指官方认可的制度化和程序化的表达。体制外表达是指少数人通过非正规渠道(如拉关系、集体性行动)进行的利益表达。②

在立法过程中，体制内的利益表达主要有：通过选举投票推选利益代言人对立法机关的立法决策施加影响；公民个人直接通过与议员或立法机构接触和申诉来表达自己的利益要求；通过组成利益集团，以集体的力量游说议员或立法机构，表达自己的立法诉求；通过参与立法听证会表达自己的利益诉求；通过合法的游行、示威和罢工等抗议活动来表达自己的不满等。"体制内的利益表达和体制外的利益表达共同构成了人民群众的利益表达机制。体制内的利益表达是在合法体制框架下进行的，它意味着有一整套的体制机制

---

① 何华庆：《法律经济学的思维方式》，载《制度经济学研究》2005 年第 9 期。
② 徐道稳：《社会政策过程中的利益表达》，载《学术论坛》2006 年第 7 期。

来保护和促进公民的正当利益，这既是公民民主权利的重要组成部分，也是立法民主的警示器和社会稳定的安全阀。"①当体制内利益表达渠道运行不畅，部分利益主体的利益诉求无法得到有效的表达，利益主体便转而寻求体制外的途径进行利益表达，甚至是非法的渠道进行利益表达，从而影响到社会稳定。

☞ **材料链接 4.1**

体制外的利益表达

在中国，对行政立法等公共问题的利益和意见表达，最盛行的方式是既隐秘又公开的非正式程序。非正式程序即体制外的利益表达方式，包括私人的表达方式和公共的表达方式两种，前者如私人关系网的运用、名人的公共正义效应和上访"诉苦文化"；后者如媒体的舆论压力。这些类型多样的非正式程序的存在，反映了中国社会的反法律实践特征，与法治社会的原则相违背。随着网络信息技术的不断发展，各种新闻媒体为公众利益表达提供了广阔的平台，舆论压力逐渐成为公众集体意见的主要表达方式之一。"孙志刚事件"推动收容遣送制度的部分废除，"唐慧案"对劳动教养制度的拷问，"自焚事件"促使房屋拆迁补偿制度的修正等，这些都离不开公民的言论自由以及传统媒体和互联网新兴媒体的利益表达功能。基于宪法规定的言论自由权和公民对公共事务的民主参与和管理权，立法活动是向所有公民公开和开放的，公民可以通过各种途径表达自己的思想和意见。法律不是国家秘密，人人有发表意见而不受干预之权利。立法过程要体现真实的民意就需要充分的新闻表达和舆论监督，才可能遏制立法的负面效应，提高立法的科学性、有效性、可接受性。但是，我国新闻媒体介入立法的利益表达过程中，往往是因为体制内正当程序的利益表达不通畅，民情难以传递给立法者，人们只得寻求舆论帮助。这一方面体现了我国体制内利益表达机制的不健全的问题；另一方面，如何最大限度利用网络媒体使民众的利益表达更加便利畅通，以及对于这种利益表达方式所体现的纷繁复杂的利益诉求应该怎么识别、筛选都是我们需要思考的问题。

---

① 杨炼：《立法过程中的利益衡量研究》，法律出版社 2010 年版，第 92 页。

☞ **逻辑思考 4.3**

在公民利益表达的方式中，"闹大"成了一种解决问题的办法，当事人通过越级上访、跳楼、网络发帖、拉横幅、游行、静坐、罢工，阻塞交通、围攻政府等方式，表达自己的利益诉求。这种利益表达方式某种程度上可以帮助民众维权，但一些极端方式往往会导致公共秩序被破坏等负面后果。

你如何看待体制外的利益表达？

(三) 直接表达和间接表达

按照公民参与立法的深度和广度作为划分标准，立法的利益表达分为直接表达和间接表达。

立法的直接表达是指公民直接参与立法的过程。在现代民主国家，公民参与立法是公民普遍和经常行使的一项政治权利，它是代议制民主的重要补充。

立法的间接表达是指公民不直接参与立法，通过代议机关来进行立法，间接表达民意。在代议制民主制度下，公民的间接表达是立法形式民主的主要形式。

☞ **艺术与立法 4.1**

《熔炉》与《熔炉法》

《熔炉》的故事题材来源于 2000 年到 2004 年韩国光州仁和聋哑学校内发生的老师对残障儿童实施的一系列性侵、虐待事件。而如此泯灭人性的暴行，却由于校长与一些老师狼狈为奸和知情人士的漠视，被掩盖长达数年之久。即使该事件在 2005 年被一位老师向媒体曝光后，官方展开了相应的调查，但丧心病狂的施暴者却仍然安居原位，并没有得到应有的惩罚，不禁令人心寒。

然而，随着 2011 年 9 月《熔炉》的公映，此案件得以重见天日。影片一上映就受到广泛关注，总观影人数达到 570 多万，为韩国人口的十分之一，时任韩国总统的李明博也观看了此片。在舆论的推波助澜之下，"仁和学校事件"一下子又重回风口浪尖。韩国光州警方组成特别调查组再次着手对"仁和学校事件"调查。与此同时，受到"熔炉效应"推动，为了弥补法律对性侵量刑标准偏低的缺陷，韩国通过并修订了一系列法律以及其他制度性条款：电影上映的第 37 天，韩国国会以 207 票赞成，1 票弃权，0 票反对的投票结果压倒性地通过了《性侵害防治修正案》，又名《熔炉法》；2011 年 12 月 19 日，韩国大法院量刑委员会召开全体会议，在性犯罪类型中新设"对残障者实施性暴力犯罪"并增加量刑标准；2011 年 12 月 29 日，韩国国会通过了《社会福祉事业法修订案》；除此之外，韩国国会还通过了《对残障者实施性暴力等人权侵害预防对策特别委员会组成决议案》以及规定对实施性犯罪的老师将处以 100 万韩元以上的罚金并予以清退的《教育公务员法修订案》；韩国教育科学技术部对全国所有寄宿型特殊教育学校和普通特殊教育学校实施联合检查，并成立预防对残障学生实施性侵犯的"常设监督团"；韩国京畿道、光州、首尔等城市也相继出台《学生人权保护条例》，禁止间接体罚、禁止性别歧视等。①

《熔炉》由真实事件改编，切实反映了韩国底层民众的生活、权力压迫和司法系统的腐败，以及国家法律体系中的缺陷和漏洞，引发了社会广泛的讨论。这部电影实际上是对韩国司法系统的质问，是为韩国老百姓以及弱势群体发声。熔炉事件已经结束，但熔炉效应依然在不断地扩大和延伸，被掩盖在金钱、权势和冷漠下的"熔炉"事件通过网络、媒体等各种途径曝光，一部电影推动了一系列法律的修订、司法的改革，这听起来似乎是天方夜谭，但在韩国竟然成为现实。

☞ 材料链接 4.2

立 法 游 说

立法游说，也叫院外活动，源于英国的商人在议会的走廊里抓紧时间劝说议员。现代意义上的立法游说，主要指各种社团力量以促成或反对某项议案为直接目标的劝说、宣传活动，也包括立法之外如选举活动中的宣传、劝说等。立法游说实质上是社会组织和利益团体主要参与进而影响立法的行为，近些年来，一些组织和个人积极游说立法机关，强烈要求制定或反对制定某项法律。立法游说主要有三种：一是民间人士游说立法，二是学者和律师游说立法，三是利益团体游说立法。我国的立法游说还没有开放正常的渠道，不同于西方有组织、专业化的、建立在民意代表基础上的利益集团的游说，但这种立法游说

---

① 高波：《小电影，大能量——从〈熔炉〉看韩国电影的社会影响力》，载《学习时报》2015 年 8 月 6 日。

推动立法的现象还是不断出现。例如，乙肝携带者群体建立乙肝公益网站"肝胆相照论坛"，发起"乙肝歧视第一案"等诉讼，通过游说人大代表和政协委员，推动乙肝携带者权利保护立法。中国政法大学推动中国反就业歧视法，国际跨国公司带头民营企业游说《邮政法》的修改。随着国家对公民政治参与的重视和"两会"话事权的提升，越来越多的利益影响者通过对人大代表与政协委员的游说以追求自己利益的最大化，但立法游说也存在利益群体难以充分发挥作用，既得利益者被过度代表，弱势群体却代表不足，为少数人利益服务，使用贿赂等非法行为游说等问题，这种方式是否能在中国走得更远呢？

事实上，在大多数西方法治国家，已有成熟的规则来防范立法游说之弊，确保立法游说在法治的轨道上运行，不让金钱主宰立法。[1] 美国在 1946 年就颁布了《联邦游说监管法》，目前的法律主要有《游说信息披露法》和《外国代理人登记法案》。这些法律在承认立法游说的合法性基础上，对以下两点进行了着重规制：其一是游说立法必须信息公开。说客和议员两方面都要求及时披露信息，意在让每一桩游说的行为都暴露在阳光之下，其对错与否由公众自行审视判断。《游说信息披露法》规定，说客在首次进行游说接触后或在受雇后 45 天内，要向国会秘书处登记(说客游说活动半年总收入不超过 6000 美元，或游说活动支出不超过 2.45 万美元者除外)。凡违反《游说信息披露法》、没有及时准确披露信息者，将被处以 6 万美元罚款。信息公开的目的是既对特殊利益集团的政治行动有所约束，让民众知道政客信息和礼物的来源，同时保护社会各层面表达意见、上传民情的权利。其二是防止金钱的不当干扰。防范利益集团向议员行贿，向政治组织与政客不当捐赠政治捐款。如 2005 年美国政坛曝光说客门事件，主角阿布莫夫被判犯有共谋、欺诈、逃税三项重罪。法院认为他向议员行贿、拉政治捐款，以换取对建立印第安赌场支持的行为非法，被处以五年十个月的刑期和 2500 万美元的罚款。

第三节　立法中的利益识别

一、立法中的利益识别的含义

立法中的利益识别应当是指立法者通过调查，全面收集立法中相关的利

---

[1]　杨涛：《禁酒令、立法游说与立法的平衡》，载《人民检察》2008 年第 3 期。

益事实，揭示利益结构的过程。马克思曾经指出"法的利益只有当它是利益的法时才能说话"①。由此可见，利益识别是一项对利益事实进行全面认知的活动。对利益的全面了解是立法的前提。对利益的全面了解首先是对利益事实的知识性认知，在此基础上，立法者对客观利益事实进行收集，进而做出利益分析与评价，最终做出立法决策。

一部良法的产生必然建立在能够正确反映社会利益结构的基础之上。在市场经济条件下，法律体系的建立和完善都是在一定的社会利益结构背景下展开的。因此，在利益识别的过程中，立法者必须在全面识别各种利益的基础上，准确地揭示社会利益结构，包括利益的种类，各种利益在利益结构中的比重和地位等。立法者对利益结构的认识程度对于立法有着重要的影响。

二、利益的分类

立法的利益识别是立法的利益衡量的重要环节之一。立法要求对复杂的利益进行识别，立法者必须分析利益事实中涉及哪些利益主体以及包含哪些利益。首先，需要按照不同的标准对利益做出分类，便于厘清各种利益之间的相互关系，从而揭示出社会利益结构。按照不同的标准可以对利益进行不同的分类。在此，我们从研究利益与立法关系的角度，对利益进行类别的划分。

(一)个体利益和公共利益

按照利益主体的不同对利益进行分类，是利益分类的基础。目前学界在这一分类标准上存在着一定的争议。有"二分法"和"三分法"之说。"二分法"是主张将利益分为个人利益和公共利益两种。② "三分法"认为利益分为个人利益、公共利益和社会利益。本书认为，从研究立法的角度，将利益分为个体利益和公共利益两大类具有一定的合理性。

个体利益，也称私人利益或个人利益，是指个体在一定的社会关系中的需求目标、对象，它构成了个体行为的主要动机，反映了个体与个体、个体与社会之间的利益关系。庞德认为，个体利益是直接包含在个人生活中并以

① 《马克思恩格斯全集》(第1卷)，人民出版社1980年版，第178页。
② 付子堂：《法律功能论》，中国政法大学出版社1999年版，第95~98页。

这种生活的名义而提出的各种要求、需要或愿望。① "任何时代的历史活动都是由无数单个的具体个人的社会活动所构成，个人作为历史活动的主体是整个社会历史活动的最基础单元。因此，个体利益乃是利益动力结构的原始细胞。"②

公共利益也称社会利益、社会公共利益，主要是指为了社会自我保存和发展而由社会不特定的社会成员所享有的具有整体性的利益，它是个体利益的抽象和聚合。一般表现为出于特定范围和时期内享有共同的物质生活和精神生活的社会全体成员的共同利益。③

☞ **经典理论 4.4**

庞德的社会利益理论

庞德认为："一项法律制度要达到维持法律秩序的目的，需通过承认特定的利益，该利益可能是个人的、公共的或者社会的。"④他将利益分为个人利益、公共利益和社会利益。在庞德的利益理论中，"个人利益就是那些直接涉及个人生活和从个人生活的立场来看待的请求、需求和欲望"，"公共利益是那些由组织从政治生活——有组织的政治社会的生活——的立场提出的请求、需求和要求，它们以该组织的名义提出，因此把他们看作是作为法律实体有组织的政治社会的请求是适宜的"。社会利益是指"从社会生活的角度考虑，被归结为社会集团的需求、要求和请求"。⑤

公共利益是现代法治社会的一项重要原则，是各部门法中一直在讨论的问题，公共利益是一个模糊性概念，其内涵在不同的环境背景下有所不同，

---

① [美]庞德:《通过法律的社会控制——法律的任务》，沈宗灵、董世忠译，商务印书馆 1984 年版，第 37 页。

② 付子堂:《对利益问题的法律解释》，载《法学家》2001 年第 2 期。

③ 张斌:《现代立法中的利益衡量基本理论初论》，载《国家检察官学院学报》2004年第 6 期。

④ [美]罗斯科·庞德:《法理学》(卷三)，廖德宇译，法律出版社 2007 年版，第 13页。

⑤ [美]罗斯科·庞德:《法理学》(卷三)，廖德宇译，法律出版社 2007 年版，第 18页。

法院需要根据案件的具体情况对其内涵进行解释。在立法中也是如此，立法者进行利益衡量时，不可避免地需要考虑公共利益。那么究竟什么是公共利益？如何界定公共利益？

公共利益是指不特定的社会成员所享有的利益。各国立法基本上都没有对公共利益进行精确的定义，而只是采取了抽象概括的方式来规定。由于法律对公共利益的界定模糊不清，以至于政府官员利用"公共利益"的名义侵犯公众私人利益的现象时有发生。

☞ **即时练习 4.1**

　　根据以上观点阅读，你认为什么利益才是公共利益？公共利益和国家利益、社会利益、共同利益的界限在哪里？

(二) 直接利益和间接利益

按照获得利益的途径和利益对主体的影响来划分，可以分为直接利益和间接利益。

直接利益和间接利益均包含两方面含义。直接利益一方面是指主体在一定的社会关系中经过自身活动所获取的利益；另一方面是指主体与其需要对象有直接利害关系的利益。间接利益一方面是指主体的利益是从其他主体那里得来的，其他主体的利益能够对其产生某种利害关系；另一方面是指主体在实现直接利益的过程中产生的其他利益。

直接利益与间接利益二者有着复杂的关系，一般来说，直接利益是基础，间接利益是保证。但是直接利益与间接利益又是相对而言的，对某一主体是直接利益，而对于另一主体则可能是间接利益。即使对于同一主体来说，有时直接利益和间接利益也会在一定条件下发生变化。

(三) 物质利益和精神利益

按照利益内容划分，可以分为物质利益和精神利益。物质利益体现了利益主体物质需要的一种经济支配、物质享有关系，是以物质需求对象为实际内容的利益类别；精神利益是以精神需求对象为实际内容的利益类别。两者是人类利益不可缺少的两个方面，统一于人类的实践活动之中，分别为人类的实践活动提供物质动力和精神支持。

(四) 当前利益和长远利益

按照利益实现的期限来划分，可以分为当前利益(眼前利益)和长远利益。

一般来说，当前利益关注的是利益的现状及现实实现的可能性，长远利益关注的是利益可能的发展趋势，或是对可能产生的利益的一种预期。长远利益和眼前利益之间总是不可避免地存在着一定的差距，这种利益差距使得两者之间客观上存在利益冲突和利益矛盾的可能。某些立法在一定时期内，可能会给部分社会群体带来利益损失，但从更长的实践维度来看，可能会给整个社会带来利益，这种长远的利益会大于眼前利益所遭受的损失。

根据上述利益类别的划分，可以看出，由于现代社会的利益结构是一个多元、开放的体系，决定了利益种类的多样性和利益分类的多样化。立法中的利益识别旨在揭示立法所反映的利益结构，对利益类别的划分是分析利益结构的前提和基础。

☞ 事例分析 4.1

饮用水水源保护立法中的利益关系

Z 市作为设区的市根据社会各方呼声拟对 A 江饮用水水源保护进行立法，A 江是该市市区唯一的饮用水水源地，关系到市区 60 多万人的生产、生活用水安全。A 江库区饮用水水源保护区内有居民约 3000 人，主要以种养殖和经营农家乐为业。该市 B 区有两个较大的招商引资项目即将启动，需在 A 江饮用水水源保护区内进行建设，预计能带动一系列相关产业建设，大幅拉动当地 GDP，增加地方财政收入，新增就业岗位。如果对 A 江饮用水源保护进行立法，会直接影响招商引资项目落空。后因 B 区党委政府反对，考虑到当地经济欠发达，对招商引资依赖度大，Z 市人大常委会将《A 江饮用水水源保护条例》改为调研项目，近期不进行立法。[1]

---

[1] 谢崇科：《立法需求的利益识别与平衡——基于一个立法选项的实证思考》，载《人大研究》2016 年第 3 期。

案例中，市区居民饮用水安全利益与 B 区经济发展利益发生了冲突，库区群众的生存发展利益与市区生产生活用水利益发生了冲突，B 区政府招商引资发展地方经济的行为与 A 市人大常委会立法工作计划也发生了冲突。根据此案例中的各种利益冲突，谈谈你对从立法需求中识别利益有何考虑？

三、立法中的利益识别的途径

利益识别是一项对利益事实进行全面的认知的活动，主要表现为对利益事实证据的收集和整理的过程。立法者只有把客观利益事实全面、客观地收集起来，才能对利益进行分析与评价，最终做出立法的决策。

利益识别的途径应当是多方面的，如立法调研、立法座谈会、立法论证会、立法听证会、通过网络媒体信息征集等。只有通过多种形式立法机关才能够更好地听取各方面的意见，有效地对利益事实进行收集整理，只有公民热情地参与，立法者才能破除自我感性认识，积极地获取更全面、更真实的社会信息，才能进行合理的利益分析。进行利益识别的前提是对利益事实充分了解和剖析，这就需要立法者全面搜集利益信息，不能只站在立法者的高度上自我理解，只有用客观事实来证明，利益识别才具有真实性和说服力。从某种程度上说，利益事实收集得越充分，立法者掌握的与利益主体相关的信息越多，对于利益的分析也就越全面客观。

☞ **逻辑思考4.4**

立法机关和公众在利益识别中不平等地位

在立法过程中，利益识别一般是由立法机关掌控、进行，因此国家机关以及相关的社会组织处于优势地位，而力量分散的公众个人则处于劣势，这种国家机关以及公务人员与普通民众在公众参与上的不平等的地位，常常导致公众参与制度难以起到对利益识别的有效影响。此外，有时立法机关本身就是某些法律上的利益主体，有的时候甚至还是核心的利益主体，要求立法机关在包括自己在内的所有利益主体之间保持中立，显然是不现实的。

那么该如何使利益识别的过程具有正当性，利益识别的结果具有公正性、真实性和说服力呢？

第四节　立法中的利益整合

"在一个利益分化和利益主体多元化的社会中，判定社会和谐程度，不应停留在有没有利益差别和利益冲突，而应关注这个社会是否具有完善的利益整合机制并能将这种利益差别和冲突控制在'秩序'范围之内。"[①]利益整合是立法中利益衡量的关键环节，立法质量的优劣在很大程度上取决于能否科学合理地进行利益整合。

一、利益整合的概念和特征

(一)立法中利益整合的含义

立法者的重要职责是在利益充分有效表达的基础上将各种利益进行选择、归纳、提炼并最终形成共同意志，这种对利益进行加工的过程就是利益整合。所谓利益整合，就是在承认利益主体存在根本利益意志、不同利益群体之间利益追求各异且合理的基础之上，在立法过程中通过利益的事实选择和价值判断，以利益平衡为价值取向，对各种相互冲突的利益进行整合以形成共同意志的过程。[②]

(二)立法中利益整合的特征

立法过程中的利益整合，要求在多维视野下对各利益主体的利益诉求进行审视，从观念上制度上承认利益的多样性、价值的多元性乃至民主的多维性，承认和保护合理的公共利益、群体利益和个人利益。立法中的利益整合具备以下几个方面特征。[③]

第一，利益整合的价值目标，是从利益失衡到利益平衡。在利益表达的过程中，由于利益诉求的制度化方式渠道不畅通，精英阶层或强势利益群体比草根阶层或弱势利益群体表达能力和表达空间的差异，容易导致利益主体

[①]　王郅强：《建立健全利益整合机制》，载《吉林日报》2005 年 4 月 2 日。
[②]　杨炼：《立法过程中的利益衡量研究》，法律出版社 2010 年版，第 77 页。
[③]　杨炼：《立法过程中的利益衡量研究》，法律出版社 2010 年版，第 77 页。

的利益表达出现失衡。在利益和利益主体多元的现代社会，如何把法律作为调节和分配利益的手段，是立法者面临的重大课题，只有平衡各种利益因素，以利益平衡为价值目标，最终才能实现立法的利益整合。

第二，利益整合是从非制度化到制度化的转化。制度化是指群体和组织的社会生活从特殊的、不固定的方式向被普遍认可的固定化的模式的转化过程，它是整个社会规范化、有序化变迁的过程。利益整合的制度化要求将不同利益群体的诉求纳入法治框架内，使其表达的利益合理，表达的方式合法。利益整合的制度化能够增强立法的合理性和可接受性。

第三，利益整合的过程是客观的事实选择和主观的价值判断有机统一的过程。利益整合中的事实选择是利益整合的起点，也是价值判断的前提和基础。事实选择是指立法者通过立法调查，收集利益表达事实，揭示利益表达构成的过程。利益整合要考虑到各种相关因素，对各种利益的重要性进行评价，尊重社会道德和伦理价值，最终权衡和平衡各种社会利益。因此，利益整合也是一个价值判断的过程。

二、立法中的利益整合的方法

"在法的创制过程中，最为关键的是各种利益的协调。利益的协调比利益的了解更为复杂。因为主管机关不得不在许多合理、公正的利益之间作出选择，认可某些利益同时舍弃某些利益。"[1]利益整合的方法有：

(一) 利益位阶的方法

在利益整合中，必须确立一个衡量相互之间冲突的利益的标准，即利益的位阶。博登海默认为"人的确不可能凭哲学方法对那些应当得到法律承认和保护的利益作出一种普遍有效的权威性的位序安排。然而，这并不意味着法理学必须将所有利益都视为必定是位于同一水平上的，并不意味着任何质的评价都是行不通的……一个时代的某种特定的历史偶然性或社会偶然性，可能会确定或强行设定社会利益之间的位序安排，即使试图为法律制度确定一

---

[1]　孙国华：《论法与利益的关系》，载《中国法学》1994 年第 4 期。

种长期有效的或刚性的价值等级序列并没有什么助益"。① 从中我们可以看出，利益是可以进行位序安排的，而且这种安排会因时代和社会发展的变化而发生变化。一般认为，公共利益高于个人利益或群体利益。公共利益是无数不特定个人利益的集合，公共利益往往涉及社会秩序、资源和社会发展等重大利益内容；一般利益优于特殊利益，一般性的利益往往涉及大多数人的特定利益，而特殊利益则往往只涉及特定个体，因此多数人利益优于少数人利益。

(二) 成本效益的方法

立法活动的实质是一种利益博弈的过程，利益博弈在立法上的体现则表现在权力与权利、权利与权利的博弈。从法学的视角看，权利是主体通过法律获得的一种资格，权力是主体命令相对方服从自己意志的控制力，二者进行博弈的目标就是利益。在一定时期内，社会资源是定量的，也是有限的，权力的职能是使有限的社会资源得以相对合理的分配，实现维护全社会的利益；权利是为了使个人能够分享到更多的利益。因此，二者之间的博弈不可避免。法律的制定就是试图在二者之间形成一个博弈的平衡点。各利益主体之间的利益争夺的目的均在于力图实现自身利益的最大化。在相互竞争和争夺的过程中难免会影响到对方的利益，故而需要通过立法来调整各方利益。成本效益分析方法应用于立法领域的落脚点在于在社会资源有限的前提下，一定的立法资源和社会投入，要尽可能地获得整体社会效益的最大化。

(三) 适当倾斜保护的方法

在社会发展过程中，由于各利益主体先天禀赋的差异和后天发展的影响，在参与社会利益角逐的过程中不可避免地呈现出强弱与优劣的差异。部分利益主体由于利益表达能力的不足以及社会利益分配的不公正，导致在利益的角逐中处于弱势，逐渐成为社会中的弱势群体。立法作为公正分配社会资源的有效方法，最终的价值目标是通过利益的取舍实现利益的平衡。因而，在力量对比悬殊的情况下，立法者有必要通过一定利益的倾斜对社会弱势群体

---

① ［美］博登海默：《法理学：法律哲学与法律方法》，邓正来译，中国政法大学出版社 1999 年版，第 400 页。

给予适当的利益保护，以缩小利益差距。这有利于缓解利益弱势群体在与强势群体的利益博弈中，由于能力强弱的不同而产生的利益矛盾与利益冲突。

第五节 立法中的公众参与

在民主法治社会中，立法的目的在于实现正义而分配利益，是以正义为尺度来处理各种利益矛盾关系，评价利益的分配。从社会发展的现状来看，民主是保障利益分配公正最有利的方法。立法的过程，本质就是立法者协调利益、平衡关系、调解矛盾、减少冲突的过程，是各种价值凸显与妥协的过程。民主就是让利益主体参与对其利益分配的过程，让利益主体的主张直接影响立法的内容与过程。因此，在立法中引入公众参与，既是民主的要求也是立法本质的内在要求。

扩大公民有序的政治参与，加强科学立法、民主立法，必然要求拓宽和完善公众参与立法的途径。立法与人民群众的生产生活息息相关，公民个人和各种利益团体越来越关注立法对其自身利益的影响，因此公众参与立法的愿望也越来越强烈。同时，公众参与立法可以让公民个人或利益团体直接参与、解决与其相关的问题，使立法群策群力、体现民意，更好地调和利益的冲突，提高立法质量。

一、公众参与和公众立法参与

(一)公众参与的含义

公众参与作为一种现代新兴的民主形式，目前学界对于"公众参与"这一概念尚无统一的定义。俞可平教授是比较早就涉足公众参与研究的学者，他认为，公民参与又称公共参与、公众参与，就是公民试图影响公共政策和公民生活的一切活动。[①] 另一研究公众参与的学者贾西津教授引用美国学者和《布莱克维尔政治学百科全书》中的观点，认为经典意义上的公民参与是指公民通过政治制度内的渠道，试图影响政府的活动，特别是与投票相关的一系

[①] 贾西津主编：《中国公民参与——案例与模式》，社会科学文献出版社 2008 年版，代序第 1 页。

列行为。① 作为一种制度化的"公众参与"，蔡定剑教授认为它是"指公共权力在进行立法、制定公共政策、决定公共事务或进行公共治理时，由公共权力机构通过开放的途径从公众和利害相关的个人或组织获取信息，听取意见，并通过交流互动对公共政策和治理行为产生影响的各种行为。它是公众通过直接与政府或其他公共机构互动的方式决定公共事务和参与公共治理的过程"②。

（二）公众立法参与的概念界定

公众立法参与是实现公民权利的有效形式，是公民有序政治参与的重要方式，是民主立法的体现，也是民主法治的客观要求。基于对公众参与理解的不同，学者们对公众立法参与的定义也必然会有所差异。有学者认为，"公众的立法参与是指立法主体以外的普通民众（个人或团体），为获得立法机关的产出，以资源的方式，通过各种途径参与或影响立法机关立法获得过程投入的行为"③。也有学者认为，"立法过程中的公众参与活动就是公众试图影响立法机关立法过程的活动，是指一个国家的公民个人或团体以某种方式介入立法过程并对立法运行及其结果施加影响的活动"④。

从上述不同定义进行归纳可知，公众立法参与的目的在于"介入"立法的过程，"影响"法律结果的制定。公众参与的对象既可以是公民，也可以是公民组织，包括人民团体、社会组织或者政党。公民通过各种方式和手段去影响立法决策，是一种参与立法过程的活动。因此，公众立法参与应当是公民或公民组织，通过各种途径和手段介入立法过程，对法律规范的形成过程及立法决策产生影响的一种活动。

---

① 转引自贾西津主编：《中国公民参与——案例与模式》，社会科学文献出版社 2008 年版，第 3 页。

② 蔡定剑主编：《公众参与：风险社会的制度建设》，法律出版社 2009 年版，第 5 页。

③ 黄信瑜：《台湾地区公众参与立法之研究》，北京大学 2005 年博士学位论文，第 20 页。

④ 徐向华：《新时期中国立法反思》，学林出版社 2004 年版，第 132 页。

☞ 材料链接 4.3

我国立法公开的法律规定

2015 年《立法法》修订前：

1954 年《全国人大组织法》第十五条规定，全国人民代表大会会议公开举行；在必要的时候，可以由全国人民代表大会决议举行秘密会议。

1982 年《全国人大组织法》第二十条对举行秘密会议的条件作出了修改，它规定全国人民代表大会会议公开举行；在必要的时候，经主席团和各代表团团长会议决定，可以举行秘密会议。

1989 年《全国人大议事规则》第十八条规定，全国人民代表大会会议公开举行；大会全体会议设旁听席；会议举行新闻发布会、记者招待会。

2000 年《立法法》规定，列入常务委员会会议议程的重要的法律案，经委员长会议决定，可以将法律草案公布，征求意见。

2015 年及 2023 年《立法法》修改后：

2015 年《立法法》第五条及 2023 年修改第六条规定，立法应当体现人民的意志，发扬社会主义民主，坚持立法公开，保障人民通过多种途径参与立法活动。

第三十七条(2023 年修改第四十条)规定，列入常务委员会会议议程的法律案，应当在常务委员会会议后将法律草案及其起草、修改的说明等向社会公布，征求意见，但是经委员长会议决定不公布的除外。向社会公布征求意见的时间一般不少于三十日。征求意见的情况应当向社会通报。

第五十二条(2023 年修改第五十六条)规定，全国人民代表大会常务委员会通过立法规划和年度立法计划、专项立法计划等形式，加强对立法工作的统筹安排。编制立法规划和立法计划，应当认真研究代表议案和建议，广泛征集意见，科学论证评估，根据经济社会发展和民主法治建设的需要，按照加强重点领域、新兴领域、涉外领域立法的要求，确定立法项目。立法规划和立法计划由委员长会议通过并向社会公布。

第五十八条规定(2023 年修改第六十二条)规定，签署公布法律的主席令载明该法律的制定机关、通过和施行日期。法律签署公布后，法律文本以及法律草案的说明、审议结果报告等，应当及时在《全国人民代表大会常务委员会公报》和中国人大网站以及在全国范围内发行的报纸上刊载。

☞ **逻辑思考4.5**

从上述法律中我们可以发现，2015年《立法法》修订前立法公开的对象局限于全国人民代表大会会议，只有2000年《立法法》对全国人大常委会立法公开有所涉及。而2015年修订的《立法法》在总则中以原则的形式规定了立法公开，将全国人大常委会的全部立法活动纳入公开范围中，扩大立法公开的对象和范围，并且增加、细化了具体的实施细节，是立法公开贯穿整个立法过程。2015年《立法法》为何如此制定？其修改对我国公众参与立法有何影响？

二、公众参与立法的途径

公众立法参与的途径是公众参与立法过程中所采取的方法和手段。公众参与立法作为一项复杂的系统性工作，必须采取适当的形式来实现。多元化的参与途径是公众参与立法的保障。由于历史和国情的不同，不同国家公众参与立法的方式也不尽相同。"美国通过利益集团、职业游说、立法听证以及选民与议员之间直接或间接的交流来实现公众对立法的参与"[1]；"加拿大通过由非政府组织转达意见、向媒体或是民选代表陈述观点、二读程序后由各专业委员会举行立法听证会等方式来实现公众参与立法"[2]。

中国的立法实践中公民参与立法的形式概括起来主要有："公开征集立法项目、立法调研、立法座谈会、书面征求意见、立法论证会、公布法律草案、列席和旁听、立法听证会等八种形式。"[3]

(一)公开征集立法项目

立法项目与立法规划紧密相关，"立法规划的主要目的和关键内容，是对

---

① ［美］卡尔·克茨：《议员和选民之间的交流》，载蔡定剑主编：《国外公众参与立法》，法律出版社2005年版，第7～22页。

② 陈国荣：《公民、议会、参与——中加"立法中的公众参与国际研讨会"综述》，载《楚天主人》2004年第12期。

③ 万其刚：《关于我国公民参与立法的几种形式》，载《民主》2005年第11期。

需要完成的立法项目加以确定、列举和安排"①。提出立法项目是编制立法规划的第一步。这实际上是实行立法预告制度，即公开立法项目规划草案或面向社会公开征集立法项目建议和法律法规草案稿。通过公开征集立法项目，公众可以从立法源头就开始参与立法活动，这种方式不仅有利于提高立法工作的透明度，使立法可以更好地集中民智、体现民意，还有利于保障立法得到顺利地贯彻执行。

目前，在我国公开征集立法项目主要是地方公众参与立法的一种创新模式，《立法法》没有明确规定，也没有在全国人大及其常委会的立法实践中实行过。随着公众参与立法的程度的不断深化，公开征集立法项目将作为公众参与立法的一种有效途径，被越来越多的立法机关接受和采纳。

(二) 立法调研

立法调研，即对于列入常委会会议议程的法律案或法规案，常委会和专门委员会组成人员，以及常委会的有关工作机构，通常情况下要深入基层、深入群众，实地进行立法调研，有时还通过电话进行调查或者委托有关单位进行抽样调查，掌握与立法相关的第一手资料，以便更好地审议好法律案。②

(三) 立法座谈会

立法座谈会是由立法起草机关召集与法案有关的机关、团体、企事业单位、利害关系人或专家等对法律草案中的个别问题进行征询和交流意见的会议。在法律草案或者法规草案起草阶段，有立法提案权的国家机关，如全国人大常委会或国务院，经常召开各种类型的座谈会，征集有关单位、群众和专家学者的意见，起草小组根据这些意见起草或对法律草案进行修改。③

立法座谈会作为公众参与立法的重要方式，有其独特的优势。首先，参加立法座谈会的成员主要是相关部门代表、相关领域的专家学者等；其次，立法座谈会一般都是针对法律草案中涉及面较大，存在争议或分歧的事项进行讨论，主要目的是征询和交流意见。

---

① 周旺生：《立法学教程》，北京大学出版社 2006 年版，第 454 页。
② 张曙光、朱力宇：《立法学》，中国人民大学出版社 2009 年版，第 93 页。
③ 张曙光、朱力宇：《立法学》，中国人民大学出版社 2009 年版，第 94 页。

(四) 书面征求意见

书面征求意见, 是指立法机关将法律草案发送有关国家机关、法律院校和科研单位等组织以及相关方面的专家征求意见, 然后对意见进行汇总、整理, 由立法机关参考书面征求的意见对法律草案进行修改。

《立法法》第三十九条规定:"常务委员会工作机构应当将法律草案发送相关领域的全国人民代表大会代表、地方人民代表大会常务委员会以及有关部门、组织和专家征求意见。"由此可见, 书面征求意见的对象既可以是相关的国家机关, 也可以是相关领域的专家学者, 也可以是相关利益组织。

(五) 立法论证会

立法论证会主要是针对法律草案中专业性较强的、涉及理论和实践中深层次的问题或立法技术方面存在较大分歧的问题, 邀请有关方面的专家从专业的角度对相关规定的科学性和可行性进行研究, 提出论证意见, 以提供立法机关进行参考。立法论证会的论证意见比较具有权威性, 是立法机关对相关问题进行立法决策的重要依据。

(六) 公布法律草案

公布法律草案征求意见是指除了某些不适宜公开的法律草案外, 立法机关应当通过网络、报刊等途径将法律草案全文予以公布, 在全国或者本区域内广泛征求意见, 各机关、组织和公民均可提出意见送立法机关工作机构。在收集公众意见以后, 由立法起草机构根据公众意见对法律草案加以修改, 然后再提交立法机关进行讨论、通过。

(七) 列席和旁听

《全国人民代表大会议事规则》第十六条规定:"其他有关机关、团体的负责人, 经全国人民代表大会常务委员会决定, 可以列席全国人民代表大会会议。"第十七条规定:"全国人民代表大会公开举行","大会全体会议设旁听席。旁听办法另行规定。"公民旁听人大会议, 架起了人大与公民交流的桥梁, 促进了人大与公民的交流与沟通, 公民旁听会议的过程, 也是进行法治教育和人大教育制度的过程, 它扩大了人民群众的知情权, 拓宽了人民群众参政、议政和督政的渠道。①

(八)立法听证会

立法听证,是指立法主体在立法活动中,当有关问题存在重大意见分歧或者涉及利益关系重大调整,为给予利害关系人发表意见的机会而举行听证,由政府官员、专家学者、当事人、利害关系人以及其他人陈述意见,从而为立法主体制定法律提供依据和参考的一种程序制度。② 我国《立法法》第三十九条第三款规定:"法律案有关问题存在重大意见分歧或者涉及利益关系重大调整,需要进行听证的,应当召开听证会,听取有关基层和群体代表、部门、人民团体、专家、全国人民代表大会代表和社会有关方面的意见。听证情况应当向常务委员会报告。"

立法听证作为公众参与的一种方式,其主要特点为:第一,立法听证程序性强。立法听证需要严格遵循一定的程序。在西方,立法听证是一种准司法程序。第二,立法听证意见反映比较充分,客观性强。立法听证要求安排持不同意见的人参加,而且支持者与反对者应有同等陈述意见的权利,从而形成不同意见的交锋,使立法机关能全面而客观地了解情况。第三,立法听证公开、透明度高。立法听证过程是完全公开的、透明的,包括听证会的举行要公告,听证法案的内容要向社会公开,听证过程要向媒体开放等。③

☞ **规则起草 4.1**

假设你的班级制定了一个奖学评优细则草案,需要召开听证会,请拟定一个听证会的程序规则。

---

① 李林:《立法过程中的公众参与》,中国社会科学出版社 2009 年版,第 70~71 页。
② 张曙光、朱力宇:《立法学》,中国人民大学出版社 2009 年版,第 184~185 页。
③ 蔡定剑:《公众参与:风险社会的制度建设》,法律出版社 2009 年版,第 25~26
页。

第二编　立法过程

第五章　立法准备程序

《公司法》的修改准备过程

《公司法》修改列入了十三届全国人大常委会立法规划和年度立法工作计划。2019 年年初，法制工作委员会成立由中央有关部门、部分专家学者参加的《公司法》修改起草组，并组成工作专班，抓紧开展起草工作。在修法工作中，充分发挥全国人大代表的作用，通过多种方式听取他们的意见；成立专家组并委托专家学者对重点、难点问题开展专题研究；请最高人民法院、国务院国资委、国家市场监管总局、中国证监会总结梳理公司法实施情况，提出修法建议。在上述工作基础上，经多次征求意见、反复修改完善，形成了《公司法(修订草案征求意见稿)》，送各省(区、市)人大常委会和中央有关部门共 54 家单位征求意见。[①]

立法过程是一场探寻规则的科学之旅，立法准备程序是这场科学之旅的起点，本章也是立法过程的起点。

第一节　立法准备程序概述

一、立法程序的阶段

立法是由一系列环节构成的复杂过程，包括立法预测，立法规划，法律、

---

① 《关于〈中华人民共和国公司法(修订草案)〉的说明》，载中国人大网：http://www.npc.gov.cn/npc/c2/c30834/202312/t20231229_433993.html，2023 年 12 月 30 日最后访问。

法规和规章制度起草，法律、法规和规章案的提出，法律、法规和规章的审议，法律、法规和规章案的通过，法律、法规和规章的公布等。① 但立法程序应该包括哪些环节呢，它应该是从哪个环节开始，到哪个环节结束，学术界有不同的观点，详见表5.1。

表5.1　　　　　　　　　　　　关于立法程序的学界争论

李步云、汪永清主编：《中国立法的基本理论和制度》	立法程序从立法预测或者立法规划开始。"我国中央权力机关的立法程序，大体分为制定立法规划、起草法律草案、提出法律草案、通过法律草案、公布法律草案六个阶段。"②
朱志宏：《立法论》	立法程序是指法案从提出到最后表决的过程，主要包括提案、辩论、质询、投票表决以及协调歧见等几个阶段。③
周旺生：《关于中国立法程序的几个基本问题》	立法程序与立法活动过程是紧密相联、相通的，在立法活动过程的各个阶段上，都有要遵循的步骤和方法，这些步骤和方法中应当以法的形式加以确定的那一部分，即为立法程序。在这个观点的基础上，他将立法活动过程分为"立法准备""由法案到法""立法完善"三个阶段，罗列了"确定立法项目程序""采纳立法建议程序""接受立法创议程序""法的修改、补充和废止程序"等，认为立法程序贯穿整个立法活动过程。④

单从立法程序的法定性特点来分析，当前各国立法程序规定为提出法案、审议法案、表决法案及公布法案四个方面有其道理。例如，立法程序的起始阶段应该是提出法律议案，而非起草法律草案。原因有二：其一，立法程序的行为主体仅仅是法定有权的政权机关，而起草法律的主体并无限制。其二，一般来说，一定数量的法律草案并不一定能导致立法程序的必然启动，而一定数量的立法议案的提出却引发法律草案的必然拟就。但是从当前部分国家的立法实践中存在的问题来看，有的国家，特别是在法治不发达的国家，由

---

① 朱力宇、张曙光：《立法学》，中国人民大学出版社2006年出版，第142页。

② 李步云、汪永清：《中国立法的基本理论和制度》，中国法制出版社1998年版，第144页。

③ 朱志宏：《立法论》，台湾三民书局1995年版，第147页。

④ 周旺生：《关于中国立法程序的几个基本问题》，载《中国法学》1995年第2期。

于立法机关的实际地位不及法律地位重要，法案提交立法机关审议、表决，通常只是履行法定程序，并不能真正决定法案能否正式成为法律。许多国家众多的法案在准备阶段就决定了是否能成为法律。所以对立法准备阶段，尤其是这一阶段的步骤、方式，要特别重视。这样一来，立法程序阶段的范围便有其扩大的实际意义。

本书把立法程序分为两个阶段，分别是立法准备程序和立法基本程序。立法准备程序包括立法预测、立法规划、立法计划、法案起草等程序，立法基本程序包括提出法案、审议法案、表决法案及公布法案等程序。

二、立法准备的概念及其阶段

所谓立法准备是指在正式提出法案之前所进行的有关的立法活动。① 这里把立法准备主体正式向有权的立法主体提交议案之前的准备活动都称为立法准备活动。所谓立法准备主体是指，在立法准备阶段从事立法准备的工作的机构、组织和人员。立法准备主体可以是立法权的享有者，例如，在我国中央有全国人大及常务委员会、国务院及其各部委，地方则有地方各级人民代表大会及其常务委员会、地方各级人民政府，他们拥有一定的立法权，可以进行立法预测、立法规划、立法计划、立法起草等活动。立法准备主体同时可以是立法权享有者委托的机关、组织和人员。由于立法实务过多，为了缓解立法主体的立法负担，立法主体把一部分的立法准备工作交由合适的机构、组织和人员承担，如科研机构、专家学者等。另外不享有立法权同时没有受委托的但自己希望或建议进行某种活动的组织、机构和人员也是立法准备的主体之一。②

☞ 百家争鸣 5.1

立法准备阶段的不同观点

关于立法准备，学者罗传贤认为，立法准备是指"法案尚未提出立法机关

---

① 周旺生：《立法论》，北京大学出版社1994年版，第135页。
② 周旺生：《立法研究》，法律出版社2000年版，第324~325页。

进行立法程序前之初步立法任务，亦即草定法案之基础准备"。① 其所说的立法准备是指为起草法案而做的准备。另有观点认为立法准备是指法案正式提交立法机关之前的所有的为立法而做的准备工作。

罗传贤认为，立法准备应该包括立法预测、立法政策、立法计划与立法研究四部分。立法准备不包括法案起草，法案起草是单独的立法阶段。其有关立法准备的阶段划分，并不是按照一定的时间顺序进行的，而是偏重于立法准备的实际内容。立法政策更重要的是偏重立法政策的形成，这一阶段完全可以为立法规划、立法计划、法案起草等所包容。其有关立法研究的部分可以融入立法预测之中。

学者赵颖坤认为，立法准备应该包括：(1)立法预测、立法规划；(2)确定立法项目；(3)采纳立法建议和创议；(4)作出立法决策；(5)确定法案起草组织和程序；(6)起草法案等。② 学者王燕平认为，立法准备应该包括立法规划、立法决策、立法起草等阶段。③ 周旺生教授认为，立法准备阶段应该包括确定立法项目、采纳立法建议、接受立法创议、作出立法决策、确定法案起草机关、决定委托起草、起草法案等。④

☞ **材料链接 5.1**

房产税改革立法的历史⑤

1. 房产税暂行

在现行土地公有制之下，1986 年国务院公布了《房产税暂行条例》。1986年暂行条例规定的房产税除明确界定了五种免征的情形外，在计税依据、减免税、纳税期限等税收要素方面赋予了省级政府自由裁量权。房产税的实施细则均由省级政府来规定。一共 10 个条文的 1986 年暂行条例有 5 个条文是关于授权省级政府的税收立法权。

---

① 罗传贤：《立法程序与技术》，台湾五南图书出版股份有限公司 2005 年版，第 69 页。
② 周旺生：《立法研究》，法律出版社 2000 年版，第 295 页。
③ 周旺生：《立法研究》，法律出版社 2000 年版，第 325～327 页。
④ 周旺生：《立法学》，法律出版社 2000 年版，第 223 页。
⑤ 张学博：《中国房产税改革立法的历史考察》，载《上海财经大学学报》2018 年第 3期。

2. 房产税试点

2011年沪渝两市率先开展房产税试点改革。上海房产税试点的目的包括完善地方税制、调节收入分配、调控宏观经济。重庆房产税试点的目的则为调节收入分配、引导个人合理住房消费。比较起来，上海房产税试点的目的概括得更加全面，而重庆房产税试点的目的则比较单一，就是调节收入分配并抑制住房投资。

经历了重庆、上海等地房产税多年试点，围绕着房产税的是与非还在激烈辩论。征还是不征？这是一个问题。但毋庸置疑的是，房地产税立法准备经历了漫长的时间，至今依然还在路上。

☞ 一家之言 5.1

立法准备与立法实效

制定法律的目的是规范社会行为，保障社会的秩序，实现社会的良性运行。法律制定出来之后，还得依靠国家机关和公民的遵守才能贯彻落实，才有可能得到实效。影响法的实效的因素很多，有执法、司法方面的因素，也有公民个人的因素、社会的因素等，但是这些因素都是法律规范之外的因素。法律规范自身的因素，也是实现法的实效的一个极其重要的因素。从法的实效的角度，法律规范本身应该符合两个方面的条件，一是符合社会实际，也就是法律规范符合一国的文化传统，符合社会的发展的需要，是人们真正需要的。二是法本身应该具有可操作性。法律规范真正符合人们的利益，反映人们的利益，人们才会真心地拥护法律的实施。法律规范本身还应该有操作性，这样才方便执法者执行。如果法律脱离实际，必然为广大的民众所反对，加大执行的成本，影响执行的效率。而法律缺乏操作性，使得执法者没有办法实施，从而损害法律的权威性，法律最终成为一纸空文。

要保证法的实效，一方面应该合理配置各个权力机关的权责，提高执法者的素质，民众的法律参与；另一方面，在立法预测、立法规划等的过程中，应该真正把人们需要的法律纳入立法工作日程，另外，在法案的起草过程中，要充分调查论证和反复考虑所起草的法的草案的可操作性，从而保障法的实效，实现法的目的。① 因而立法准备有助于法的实效的发挥。

---

① 周旺生：《立法研究》，法律出版社2000年版，第317~318页。

第二节 立法预测程序

一、立法预测的含义

立法预测是为正式立法程序服务，使正式立法活动更加符合社会发展的需求。立法预测是指在立法的历史经验与教训的基础上，通过考察社会发展状况及法律需求，对本国立法的发展与未来情况所进行的分析、评价和预测。[①] 立法预测活动为其他的立法活动提供依据，有助于法与社会的协调、法的内部的协调，使立法活动更加科学化，从而提高立法质量。立法预测是立法准备阶段的重要组成部分，其基本的任务是"了解人民的真正需要，借由科学的立法，调整日益复杂化、多样化社会需求"，[②] 为正式立法程序服务，使正式立法活动更加符合社会发展的需求，实现法的实效。

第一，考察立法规律，为立法活动提供理论指导。立法活动本身是一门科学，有其内在的发展规律，在立法预测阶段，通过收集各种与立法有关的信息，在分析综合的基础上，可以科学地预测立法的发展规律，包括整个立法的发展规律，各个部门法的发展规律，各项具体法律制度的发展规定等，[③] 从而为正式立法活动提供理论指导，促进立法活动的科学化。

第二，考察当前社会的立法需求，服务当前的立法活动。社会复杂多变，各种利益冲突，有些可以通过立法之外的手段解决，有些则必须通过立法的途径解决。立法本身是一件技术性较强的活动，立法成本相对较高。为了节约立法成本，满足社会需求，立法活动应该明确哪些法该立，哪些法不该立，及时立哪些更为迫切的法律。这些需求的发现和甄别，都要经过立法准备阶段的立法预测活动。

第三，考察当前立法的预期效果，为修改、补充、废止法律提供依据。社会不断发展，现行立法难免脱离社会发展的需要，立法者应该根据社会的

---

① 黄文艺：《立法学》，高等教育出版社 2008 年版，第 145 页。

② 罗传贤：《立法程序与技术》，台湾五南图书出版股份有限公司 2005 年版，第 70 页。

③ 倪健民、沈志坤、公丕祥：《法律预测的理论与方法》，法律出版社 1988 年版，第 170 页。

发展需要，不断地修改、补充、废止现行的法律，而这些工作，正是通过立法预测等提供依据而进行的。

二、立法预测的分类

立法预测按照不同的标准可以进行不同的划分，立法者应该根据实际的需要选择合适的立法预测方式进行立法预测。

(一) 全国性立法预测与地方性立法预测

从预测的空间的角度进行划分，立法预测分为全国性立法预测和地方性立法预测。所谓全国性立法预测是指以整个国家的社会发展趋势为基础和背景而对全国性立法所做的预测。[1] 其进行立法预测的主体是中央立法主体，其预测的依据是全国性有关立法的情况，其预测的对象主要是宪法、法律、行政法规、部门规章等全国性的法律。

所谓地方性立法预测是指以本地方的实际社会发展情况出发而对地方性立法所做的预测。[2] 其进行立法预测的主体是地方立法主体，其预测的依据是地方性的有关立法的情况，其预测的对象主要是地方性法规、地方规章等。对于地方性立法预测，应该以中央立法预测为指导，同时兼顾本地的地方性，实现中央和地方利益的均衡。

(二) 宏观立法预测和微观立法预测

从预测的对象的范围大小的角度，立法预测分为宏观立法预测和微观立法预测。所谓宏观立法预测是指从总体上对立法的发展前景及趋势所作的预测。[3] 具体说来，是对一个国家、一个地方或一个法律部门的整个立法体制、立法原则、立法制度、立法技术等的趋势与规律进行预测。其不仅仅局限于国家层面的宏观的立法预测，而且还包括地方层面的宏观的立法预测，是对某一个领域内的立法的发展所进行的系统的预测，为这个领域的立法提供指导。

---

[1] 黄文艺：《立法学》，高等教育出版社 2008 年版，第 146 页。

[2] 黄文艺：《立法学》，高等教育出版社 2008 年版，第 146 页。

[3] 朱立宇、张曙光：《立法学》，中国人民大学出版社 2009 年版，第 166 页。

所谓微观立法预测是指对某个单项立法、某个法律制度或某个法律规范将产生的社会效果、发展趋势和未来状况所进行的预测。① 与宏观立法预测类似，微观立法预测不仅在于地方层面的微观立法预测，同时还包括中央层面的微观立法预测。微观立法预测侧重于从微观的角度，考察某个法律的设计。例如预测我国法定婚龄的变化，随着我国经济社会的发展，结婚的最低年龄将可能降低。

(三)短期立法预测、中期立法预测、长期立法预测

从预测时间长短的角度，立法预测分为短期立法预测、中期立法预测和长期立法预测。一般而言，短期立法预测，又称为近期立法预测，是指在5年以内的立法预测，中期立法预测是指在5~10年的立法预测，长期立法预测则是指10年以上的立法预测。短期立法预测是确定近期的立法规划、立法计划等的重要依据，其时间比较短，所以容易为现实立法实践所验证。短期立法预测一般以中期立法预测为指导，同时中期立法预测可以根据短期立法预测的变化而做出相应的修正，以便符合现实立法实践的需求。

中期立法预测介于短期立法预测和长期立法预测之间，其以长期立法预测为指导，同时对短期立法预测具有指导作用。随着立法实践的变化，其也可以作为修正长期立法预测的参考依据。长期立法预测，跨越的时间比较长，难度系数也较大。

除了上述主要的立法预测的分类之外，其实还有其他的一些分类。如从是否具有立法权的角度，可以分为立法主体的立法预测和非立法主体的立法预测。立法主体的立法预测，更具有权威性，有财力、人力保证。非立法主体的立法预测，则更具有专业性和科学性。从立法主体的权力性质的角度，可以分为立法机关的立法预测和行政机关的立法预测。另外还有定性立法预测和定量立法预测、体系性立法预测和部门性立法预测、探索性立法预测和规范性立法预测等。②

---

① 朱立宇、张曙光:《立法学》，中国人民大学出版社2009年版，第166页。
② 周旺生:《立法学》，法律出版社2009年版，第416页。

☞ 材料链接 5.2

农村义务教育财政投入立法预测

所谓农村义务教育财政投入立法预测，就是采用科学的方法和手段，探索未来一定时期内农村义务教育财政投入立法状况和农村义务教育财政投入立法发展的趋势，以揭示出农村义务教育财政投入的发展对法律、法规的宏观要求，从而为立法机关提供有关立法规模、内容、方法等方面的信息，为制定最佳农村义务教育财政投入立法方案服务。

具体地说，农村义务教育财政投入立法预测应包括：

第一，农村义务教育财政投入法规达到预测效果的程度，对社会需求满足的程度，以及在今后的可执行程度，测算出目前和今后在制订、修改、补充和废止农村义务教育财政投入法规方面的任务。

第二，测算由于社会的进步和社会关系的发展可能会促使农村义务教育财政投入立法理论、农村义务教育财政投入立法制度、立法技术发生哪些变化，如何使立法适应这些变化，适应和推动农村义务教育财政投入法规的发展。

第三，揭示今后农村义务教育财政投入立法的发展规律，使立法尽可能合乎规律。

三、立法预测的方法

在立法预测的过程中，选择合适的立法预测方法起到十分重要的作用。立法预测首先是发现立法的需求，为后面的立法规划、立法计划和法案起草等活动做好奠基性的准备。由于社会复杂多变，利益交错，为了及时高效地发现立法需求，就应该选择一定的立法预测方法。对于立法预测的方法，按照实践中的运用程度，可以大致分为两类：

第一类为基础性的立法预测方法，主要包括以下三个程序，如图 5.1 所示：

一个立法预测的过程，一般包括三个阶段，即调查阶段、分析阶段、综合阶段。基础性的立法预测方法，贯穿于每个立法预测活动。

调查

· 调查是指深入实际进行调查研究，充分掌握立法的各种第一手或者第二手资料，当然应该确保资料的全面性和准确性。

分析

· 分析是指对所收集的材料进行分析，去除那些没有用的资料，分析资料所反映的问题，明确资料所反映的立法需求。

综合

· 综合是指在分析的基础上，综合各方面的信息，最终确定哪些现实问题可以用立法解决，从而形成一个明确的立法项目。

图 5.1　基础性立法预测程序

另一类是针对具体问题的具体的立法预测方法，这些立法预测方法都是建立在基础性的立法预测方法之上，分别为：

(1)因果预测法。即根据社会现象与法的现象及法的现象之间的相互依存关系，观其因、测其果，运用一定的统计方法，对立法发展前景进行预测，进而对立法做出调整。① 例如，见危不救这种现象的发生，我们先进行调查就会发现，造成这种现象是由于对见义勇为者的保护力度不够，再加上社会的变迁而导致的。为了避免这种现象的发生，逐步完善对见义勇为者的保护就成为一个切实的立法需求，其中运用的就是因果预测法。

(2)时间序列预测法。即根据正确、系统、及时、全面的历史统计资料，运用一定的数学方法，分析统计数据变化的规律，将过去的趋势延伸到未来，预测立法发展的前景。② 适用这种方法进行立法预测，条件是资料能够为一定的数学模型所表现，并且其能够按一定的方向有规律地发展。

(3)类比预测法。又称为比拟预测法，即将本国或者本地区的立法发展情况与外国或本国其他地区的立法情况相比较，预测本国或本地方立法发展前景的方法。③ 例如，关于见危不救现象，是否应该入刑法，我们可以比较美国、德国、法国等国家的刑法与我国的刑法。美国、德国、法国等国家在刑

① 孙敢、侯淑雯：《立法学教程》，中国政法大学出版社 2000 年版，第 160 页。
② 孙敢、侯淑雯：《立法学教程》，中国政法大学出版社 2000 年版，第 160 页。
③ 黄文艺：《立法学》，高等教育出版社 2008 年版，第 147 页。

法典中对见危不救的行为皆有规定，认定见危不救为一种犯罪。因此可以初步预测，我国可以考虑将见危不救入刑法。

（4）排演预测法。又称为先驱预测法，即是利用模拟的方法，先在一个地区搞"立法试点"，为全国性立法进行模拟，根据试点情况进行侦测的方法。[1]例如我国在进行行政诉讼改革的过程中，探索铁路运输等专门法院管辖制度，克服法院地方化的问题。通过这个立法试验，为后面的立法确立了方向。

四、立法预测的程序

立法预测活动，作为立法准备阶段的重要的一环，应该遵循一定的程序。立法预测的步骤一般分为调查、分析和综合三个阶段。但是为了充分做好这几个方面的工作，还要做一些准备性的工作。有学者认为立法预测可以分为七个程序：明确立法预测目标、确定立法预测时间、搜集立法预测信息、选择立法预测方法、进行立法预测、分析立法预测误差、输入法制决策系统。[2]周旺生教授认为立法预测的程序分为：作出立法预测的决策、落实立法预测的班子、确定立法预测的目标、选定立法预测的类别、选择立法预测的方法、正式进行立法预测、将立法预测报告及时转送立法决策方面。[3]

一般而言，立法预测的程序可以分为：

第一，做出立法预测的决策。通常在立法决策做出之前，会有一个调研活动，为立法预测的决策提供充足的决策信息。进行立法预测的立法决策，当然应该遵循立法预测的原则，并根据实际情况做出。做出立法预测决策时，应该基本上确定立法预测的主要负责人、大致的目标，以及相关的人力、物力、财力。

第二，组建立法预测的组织，制定详细的立法预测的目标。组建的立法预测组织，应该注意其结构的合理，最好有立法、行政、司法、学术方面的人员，这样更容易掌握全面的信息。在建立结构合理的工作组织之后，应该制订一个详细的工作目标和工作计划。立法预测的目标应该明确地预测立法项目的范围，立法项目在什么时间和范围内其发展的趋势如何？其预测的质

---

① 黄文艺：《立法学》，高等教育出版社 2008 年版，第 147 页。

② 倪健民、沈志坤、公丕祥：《法律预测的理论与方法》，法律出版社 1988 年版，第 178 页。

③ 周旺生：《立法学》，法律出版社 2009 年版，第 421 页。

和量方面，要达成什么样的程度？是短期、中期还是长期立法预测？是微观的立法预测还是宏观的立法预测等。根据立法预测的对象特点，确定一定的预测方法。由于之前信息的不充分和社会环境的多变，立法预测的目标也应适当调整。

第三，收集并分析立法预测的信息，建立立法预测信息库。根据立法预测的目标，广泛收集与之相关的信息。信息包括实地的调查资料、文献资料等，内容应该包括国家的政策方针，法的实施情况，国内外各种政治、经济、文化、法制的理论和实践的发展变化情况。[①] 当然同时也该走群众路线，积极反映民众的诉求。在充分收集信息的基础之上，进行分析综合，归纳总结，反映现实的法的发展趋势和立法发展需求。

第四，草拟立法预测的报告并进行反复地修改订正。因为是对未来立法情况的预测，所以误差是不可避免的，为了减少误差，增强其对立法的指导性，应该反复检查立法预测的报告，形成一个最终的立法预测报告书。

第五，将立法预测报告书转交给立法决策主体，从而开启立法规划。立法预测报告书转交给立法决策主体，由其根据社会的发展情况决定，哪些项目可以纳入立法规划的范围。

第三节　立法规划与立法计划程序

一、立法规划的含义

立法规划是指立法主体根据国家法律、政策方针、国民经济和社会发展计划，在自己的职权范围内，通过调查研究、分析论证等方式，按照一定的原则和程序，在科学的立法预测基础上，对法律文件的制定、修改、废止等进行的一个全面的安排和部署。理解立法规划，应该注意以下几点：

一是立法规划的主体是享有立法权的国家机关，不同的立法主体拥有不同职权范围，立法主体只能在自己的职权范围内立法。例如，地方立法规划不能侵犯中央的立法权限，行政机关的立法规划不能侵犯立法机关的立法权限，否则无效，造成立法资源的浪费和国家法制的混乱。

---

① 周旺生：《立法学》，法律出版社 2009 年版，第 421 页。

二是立法规划的依据不仅包括国家法律、政策方针、国民经济和社会发展计划，同时还包括立法的目的和科学的立法预测等。① 前者使立法规划符合现行国家的法律制度、政治制度和经济文化制度的要求，而后者能够使立法规划符合社会发展的趋势和要求。

三是立法规划一般是对任期内的规范性法律文件的一个变动的整体规划，其形成的立法规划文件具有准法的性质。人大系统任期一般是五年，所以人大系统编订的立法规划，称为五年立法规划，行政系统与人大系统类似。立法规划工作通常是在上届立法主体任期将要结束后开始，其最终的结果是形成本届任期内的一个立法规划的文件，对于编制立法规划文件的立法主体具有约束作用。

四是立法规划变动的规范性法律文件被称为立法项目，是立法规划的重要组成部分。立法项目是指具体将要制定、修改的规范性法律文件。立法规划通常把立法项目分为两类，一是正式项目，二是预备项目。正式项目是指立法机关通过调研论证之后，认为在本届立法主体任期内，可以顺利完成立法任务的立法项目，这些立法项目，通常是现实急需，立法条件比较成熟的立法项目。预备项目是指立法主体在任期内，需要进一步调查研究论证的立法项目，其有可能被立法主体提请审议，这些立法项目通常也是现实需要的，但是由于立法主体本身工作能力的限制，为了保证立法质量，立法主体继续调研论证，可能编入下一届的立法主体的立法规划文件。

与立法规划密切联系的概念，那就是立法预测和立法计划。所谓立法预测，是指立法主体对本国本地区即将制定的规范性法律文件的一个需求的预测。这个概念与立法规划、立法计划比较类似，都是对未来立法情况的预测与部署。不过立法预测是对未来立法需求的一个预测，立法项目从无到有，而立法规划一般是指五年立法规划，是立法主体对自己任期内五年的立法项目的安排。立法计划是指立法主体对年度立法项目的安排，立法规划和立法计划是对立法预测的成果立法项目的进一步安排。立法预测发现立法需求，变成立法项目，立法规划和立法计划则是对已经发现的立法需求的安排。

---

① 黄文艺：《立法学》，高等教育出版社 2008 年版，第 148 页。

☞ 材料链接 5.3

地方人大常委会立法规划的模式

目前地方人大常委会编制立法规划主要有五年立法规划、五年立法调研项目库、立法规划项目库和交叉模式这四种类型。第一，五年立法规划模式。编制五年立法规划，是地方人大常委会学习、借鉴全国人大常委会的做法后逐步实行的。北京、上海、山东等大多数省、市人大常委会采取此模式，这也是常规模式。第二，五年立法调研项目库模式。所谓立法项目调研库，就是根据对国家立法进程和本地经济社会发展进程的把握，对当前已经预测到的可能需要进行地方立法的项目，按照一定的标准进行选择、分类后形成的地方立法调研项目的数据库。浙江、湖南等少数省人大常委会以立法调研项目库替代立法规划，对立法项目进行统筹安排。第三，立法规划项目库。立法规划项目库既是立法规划，又是项目库，立法规划代表了法定性，需要认真实行，项目库又说明了可选择性，项目库内项目并非都要立法，而是可以根据需要从项目库中选择，从而具有更多的灵活性。法定性和灵活性相统一，是立法规划项目库的特色。此种模式以江西省人大常委会、宁波市人大常委会等为代表。立法规划项目库目前的编制模式类似五年立法规划，但名称上不同于五年立法规划。第四，交叉模式。这种模式吸收了编制立法规划和立法调研项目库这两种做法，湖北是其代表。①

二、立法规划的分类

(一)中央立法规划与地方立法规划

人大常委会立法规划是典型的中央立法规划，所谓中央立法规划是指中央立法主体所进行的立法规划，在我国，中央立法主体包括全国人大及其常务委员会和国务院各部门。与中央立法规划相对的是地方立法规划。所谓地方立法规划是指地方立法主体所进行的立法规划。地方立法主体包括省级、地市级人大及其常委会和省级、地市级政府。

---

① 黄武：《关于地方人大常委会编制立法规划的分析思考》，载《人大研究》2014年第2期。

(二) 立法机关立法规划和行政机关立法规划

按照编制立法规划主体权力性质的不同，可以分为立法机关立法规划和行政机关立法规划。立法机关立法规划是指由立法机关所做的立法规划，包括全国人大及其常委会的立法规划，省、自治区、直辖市的人大及其常委会的立法规划，较大市的人大及其常委会的立法规划。

行政立法规划是指由行政机关所做的立法规划，包括国务院及其有关部门的立法规划，省、自治区、直辖市的政府和设区的市政府的立法规划。行政机关的立法规划任务是贯彻落实立法机关的法律，其包括制定行政法规等细化议会的法律，还包括议会立法授予行政机关在职权范围内进行立法的规划。行政机关也存在上下级之分，下级行政机关的立法规划也要细化落实上级行政机关的立法。政府立法规划由专门的政府机构拟定，一般由政府中的法律委员会、法制委员会、立法委员会、法律顾问委员会以及法案草拟机构这类专门的机构拟定，经政府决策机构审查、批准后公布施行。

由于立法机关是立法权行使的专门机关，在立法中处于主导地位，而行政机关主要是为了执行立法机关的法律等，所以立法机关的立法规划比行政机关的立法规划更具有全局性和主导性。

(三) 综合性立法规划和专门性立法规划

按照立法规划所含内容的不同，也就是立法项目的不同，可以把立法规划分为综合性立法规划和专门性立法规划。综合性立法规划是指涉及多方面和多领域的立法项目的立法规划，例如，涉及民事、商事、行政、刑事、环境等多方面多领域的立法规划。[①] 由于综合性立法规划涉及的面和领域比较广，所以一般只有全国人大及其常委会、国务院编制的立法规划才属于这一类。

专门性立法规划是指仅仅涉及某一方面或某一领域的立法项目的立法规划，例如，国家行政机关编制的教育行政立法的规划。[②] 这种立法规划是为了专门解决某一方面的社会问题，例如，经济、科技、教育、卫生、环保等，其制定立法规划的主体，相对来说不那么确定，各级主体都可以根据实际情

[①]　黄文艺：《立法学》，高等教育出版社 2008 年版，第 148 页。
[②]　黄文艺：《立法学》，高等教育出版社 2008 年版，第 149 页。

况制定。[①]

除了以上的分类之外，还有其他的一些分类，例如，根据规划的时间长短，可以分为短期立法规划、中期立法规划和长期立法规划。短期立法规划一般指五年的立法规划，中期立法规划指五年以上十年以下的立法规划，长期立法规划指十年以上的立法规划。[②] 在我国立法规划，一般指五年立法规划。

上述立法规划之间的关系是紧密的重合交叉关系。一种立法规划，从另外一个标准考察，就是另外一种立法规划。例如《广东省第十二届人大常委会立法规划》，其属于地方立法规划、立法机关立法规划、综合性立法规划、五年立法规划。

三、编制立法规划的程序

立法规划编制应遵循一定程序，其具体程序如表 5.2 所示。

表 5.2 立法规划的编制程序

程序	第一，做出立法规划的决策。我国的立法规划和立法计划工作，通常是由人大的法制工作委员会和政府的法制工作机构及政府部门的法制机构负责。
	第二，起草机构征集汇总建议的立法项目。立法项目是立法规划的主要内容。这项工作通常是由法制工作机构从有关单位征集建议的立法项目。
	第三，起草机构邀请有关部门、专家，对形成的规划建议草案进行分析、协调、论证。
	第四，审议、通过立法规划。立法规划草案在人大系统，通常是由委员长会议或者主任会议审议，最后经人大常委会半数表决通过。

四、立法规划项目库建设的动态程序

(一)整体程序

立法规划项目库不同于五年立法规划，也不同于年度立法计划和立法预

---

① 朱立宇、张曙光:《立法学》，中国人民大学出版社 2009 年版，第 170 页。
② 朱立宇、张曙光:《立法学》，中国人民大学出版社 2009 年版，第 170 页。

测，其建设也应该有自己的特点。规划项目库建设采用集中入库项目和每年动态调整项目相结合的方式进行。规划项目库每五年展开一次项目集中入库征集论证工作，每年对个别应急项目是否入库进行论证。每年编制的立法计划项目表必须来源于规划项目库，从规划项目库进入年度计划项目表需要履行出库程序，出库项目由有立法提案权的主体提出，然后进行出库评估，也就是立法前评估，评估合格才能进入年度计划项目表。五年结束后，没有出库的项目自动失效，如有必要，可以在下一轮立法规划库征集中提出。

（二）入库程序

1. 编制主体

具有立法权的人大常委会是立法规划项目库的编制主体。政府在规章制定过程中也可以编制相应的计划，但从严格意义上讲政府规章并不是立法，重要的事项应该订立法律法规而不是政府规章。

人大主导立法编制立法规划项目库应该避免把编制工作变成汇编工作。在有些地方，人大常委会仅仅把政府部门提出的项目汇编到一起，然后花力气平衡协调每个部门之间项目的多少，这种情况使立法项目部门化和随意化。而且有些政府部门满足于多少项目进入规划的政绩，对立法项目如何制定实施不进行严格的论证。[①] 有的部门之间互相攀比，其他部门有的法规本部门也要有；有的部门后任要与前任攀比，前任没有申报成功的项目后任一定要申报成功。[②] 因此，人大常委会在编制规划项目库时不能依赖政府部门，应发挥其超越部门利益的优势，增强主动性、前瞻性、开创性、预测性，适当控制规范管理类的法律法规，适度增加引领推动性法律法规。

人大常委会编制立法规划项目库首先应当编制几个分析报告，包括现有法规的整体状况报告、原有规划项目库的运行状况报告、立法项目制定后的实施状况报告、重点法律法规的立法后评估报告等。这些报告是了解现有法规的状况，以便查缺补漏。另外还应经过调查研究编制立法需求报告。立法需求报告包括人大代表提案、政府部门需求、社会各界需求等。

---

① 秦前红、徐志森：《论地方人大在地方立法过程中的主导作用——以法规立项和起草的过程为中心》，载《荆楚学刊》2015 年第 3 期。

② 李刚：《关于地方立法选项机制的思考》，载《人大研究》2003 年第 1 期。

2. 征集与咨询程序

立法项目征集和咨询的范围应该广泛。征集程序面向全社会和党政部门、事业单位、社会组织。对于没有立法提案权党政部门、事业单位和社会组织应该通过公文的形式正式进行征集。面向社会除了利用传统的报纸、广播、电视等媒体外，应广泛采用网络征集的方式，运用各种灵活方式，比如网站、微信、微博等方式征集。对征集的情况应该予以反馈，对项目是否列入论证范围，不列入论证范围的原因等予以说明，以调动单位和个人的积极性。

对具有立法提案权的主体、在立法方面具有深入研究的单位和个人、基层立法联系人进行咨询，让这些主体对立法建议项目进行深入的思考，提高立法建议项目的理性化。

人大常委会对于通过征集和咨询获得的立法建议项目进行整理合并，公布立法建议项目，对最后进入立法项目库的项目有贡献的、没有立法提案权的单位和个人予以表彰和奖励。

3. 筛选与论证程序

立法建议项目数量是比较大的，不可能所有项目都进入项目库。对所有的立法建议项目进一步筛选，筛选后的项目进入论证程序，成为立法论证项目。项目的筛选应该由专业人员依照一定的标准进行。可以采取由三个第三方组织分别筛选，提出报告，然后由人大常委会选择的方式。人大常委会选择的论证项目一般是第三方组织中二个以上认定的。对于超出第三方组织筛选范围的项目或者一个第三方组织认定的项目，人大常委会若认为要列入论证项目，则需要进一步听取各方意见。第三方组织的筛选应该广泛听取各方意见，特别是社区居民、乡镇村民、外来务工人员、两新组织白领、中小企业业主及小区业主委员会等的意见，把严格标准与听取意见结合起来。

对于列入论证项目的立法项目，由人大常委会组织进行论证。论证可以采用多种形式，比如座谈会、论证会、听证会，以及实地调研、统计调查、实证分析、文献研究①等，也可以采取项目筛选阶段的方式。无论采用什么方式，必须符合论证项目的标准。

经过论证认为可行的项目，即进入立法规划项目库。人大常委会对进入项目库的项目进行公示，允许公众进一步评论和提出意见，以扩大公众参与。

---

① 周伟：《立法项目论证制度研究》，载《甘肃政法学院学报》2017 年第 2 期。

(三) 出库程序

1. 提出建议

有立法提案权的主体对于立法规划库内的项目可以提出纳入年度立法计划的建议，对于没有纳入项目库的立法建议，则进入项目库动态调整程序。这样既保证了宪法和法律所赋予的立法提案主体的权力，又使立法项目库制度起到前瞻性、引导性、预测性的作用。出库建议一般应附有列入正式立法程序的理由，立法的主要内容，立法的可行性分析、立法的初步评估报告等。

2. 项目评估

项目评估程序是进入正式立法程序前的最后程序，也可以称之为立法前评估。立法前评估是最终形成规则的最重要关口，如果把握不好，"审慎立法、精致立法"就无法做到。因此，重大项目评估应当尽量严格，保证不适宜立法、规制过度的项目不能进入正式立法程序。项目评估可以分为正式评估和非正式评估。正式评估一般针对全国或本地有重大影响或关系到公民重大利益的项目。正式项目评估可以由人大常委会组织，也可以由第三方专业组织进行，还可以由政府部门组织。由政府部门组织的项目评估应当同时交第三方组织评估，两者一致认为可行的方列入正式立法程序。这样做主要是避免立法前评估流于形式。非正式评估则主要针对非重大立法项目，非正式评估可以采用更为灵活的形式，如座谈会、听证会、立法调研等方式。

3. 协调程序

如果有立法提案权的主体建议列入年度立法计划的数量过多，或者经项目评估后认为可以进入年度立法程序的项目数量超出人大常委会的立法能力，则人大常委会可以进行协调。人大常委会可以协调部分超出项目进入下一年度计划，或者对这部分项目进行进一步的调研、评估，以使评估较为充分、急需立法的项目列入年度计划。

(四) 动态调整

1. 动态调整的提出

有立法提案权的主体提出与规划项目库内项目相似或相近的提案，人大常委会征求提案主体的同意，可以与项目库项目合并处理。对于提案与规划项目库项目完全不同的，或者不同意合并处理的，人大常委会则可以考虑对该提案的立法项目进行入库动态调整。

2. 动态调整的原因

动态调整的项目一般具有应急性的特征，即当宪法、法律发生重大变化，党和国家政策发生重大调整，社会对某项立法需求极高，急需相关的法律法规予以应对时，才需要对项目库进行动态调整。

3. 动态调整的论证

动态调整的项目具有应急性特征的，不再进行筛选，直接进入论证程序。经论证认为可行的项目，进入立法项目库。其出库进入正式立法程序的方式与其他立法项目库项目相同。

五、立法规划项目库建设的实体标准

立法规划项目库建设过程中有项目筛选程序、项目论证程序和项目评估程序，这些程序均应该采用科学的标准，而且距离进入正式立法程序越近，标准越严格，也就是评估标准严于论证标准，论证标准严于筛选标准。这些标准是相关程序的法定标准，筛选、论证、评估的执行者必须遵循相关标准。

(一)筛选标准

(1)符合宪法精神。
(2)符合党的方针、政策。
(3)符合社会发展趋势。
(4)符合立法权限。

(二)论证标准

1. 不宜立法的标准

第一，不符合市场化要求。市场能够解决、社会组织自治能够解决、公民个人能够自主解决的，一般不宜立法。

第二，不适宜立法调整。法律被称之为最低限度的道德，法律调整的范围应该被限制在适当范围之内。能用党纪、政策、道德等其他方式解决的则不应立法。

2. 适宜立法的标准

第一，立法具有针对性。立法的目标应该具体、严谨，不会产生歧义，立法调整涉及的范围应当明确，不能模糊。

第二，立法具有可接受性。立法应该使调整对象及利害关系人能够接受和理解，方便公民遵守。

第三，立法具有可执行性。立法应该由相应的专业部门执行，现有的行政部门、社会组织能够承担相应的执行任务，尽量不设立新的部门，增加新的公务人员。

第四，立法具有协调性。立法应该与上位法、同位法、下位法相互协调，不与之冲突。其他法律法规已经有较为成熟的规定，没有创新性、不体现地方特色的重复立法不能进入项目，以节约立法资源。

(三) 评估标准

1. 成本效益评估标准

项目一般需要进行成本效益评估，评估一般采用量化的方法，通过量化技术界定各项指标，为决策者提供一个对问题分析的系统的、透明的框架。立法项目应当对拟立法规实施后产生的经济效益、社会效益、生态效益的预测和分析，以及对其立法成本、立法寻租成本、宣教成本、执法成本、守法成本和保障成本进行预测。[①] 成本效益评估不一定要求效益高于成本，或者说有正收益，但可以通过成本效益评估提供可参考的标准。

2. 公平性标准

立法项目需要具有公平性，应该相同情况相同对待，不同情况不同对待以及比例对待。

3. 创新性标准

立法项目一般应该鼓励创新，至少不会打击创新。

4. 不伤害中小企业、小微企业标准

中小企业、小微企业是创新的主体、吸纳就业的主要力量。立法项目一般应评估对这些企业的影响，立法不能使这些企业处于更不利的地位。

六、立法计划程序

立法计划程序是指，立法主体在职权范围内，依据立法规划和国家法律、政策方针、国民经济和社会发展计划等事实，通过调查研究、分析论证等方式，对一年之内的规范性法律文件的制定、修改、废止等进行的一个全面的程序安排。

---

① 周伟：《立法项目论证制度研究》，载《甘肃政法学院学报》2017 年第 2 期。

立法计划与立法规划的相同之处体现在：

1. 立法计划与立法规划一样主要由立法项目构成

由于立法计划是一年之内的对立法活动的安排，所以也有一些不同于立法规划的特点。立法计划一般由三类立法项目构成，分别为正式项目、预备项目、调研项目。正式项目、预备项目同立法规划中的正式项目和预备项目是一样的，只是时间不同而已。调研项目是指，立法主体在一年之内，继续组织起草单位进行调研和起草，但是在立法计划时间内几乎不会列入审议的立法项目。与预备项目比较，其列入审议的机会比较少，但是这为未来立法活动提供了条件。

2. 立法计划的分类与立法规划相同

主要类别包括中央立法计划与地方立法计划、立法机关的立法计划与行政机关的立法计划、专门类立法计划与综合类立法计划。

3. 立法计划的原则与立法规划有相同之处

两者都主要包括合法性原则、区分轻重原则、制定和修改并重的原则。二者制定原则的区分之处在于，立法计划要遵循依据立法规划原则以及定人、定时、定任务原则。

4. 立法计划与立法规划的制定步骤相同

主要包括做出立法计划的决策、起草机构征集汇总建议的立法项目、起草机构邀请有关部门、专家，对形成的立法计划建议草案进行分析、协调、论证、审议、通过和督促执行立法计划。

立法计划与立法规划的区别在于：

与立法规划相比较，立法计划以立法规划为重要的参考依据，而立法规划以立法预测为重要的参考。国家法律政策等为两者共同的参考依据。

与立法规划相比较，立法计划约束立法主体的时间跨度是一年，而立法规划是五年。由于都是对未来立法活动的一种部署安排，有些学者把立法计划认为是一种短期的立法规划。

立法计划比立法规划的内容更为详细。由于立法计划是约束立法主体的一年的立法活动，所以更为容易预见立法活动。立法规划很多只是大致列举出五年的立法项目，而立法计划则进一步规定了立法项目具体的提起审议的时间、负责机关等。

立法规划是立法计划的重要的参考依据。在编订立法计划的过程中，要参照立法规划，把立法规划中的立法项目逐步列入立法计划中，立法规划是通过立法计划实现的。

☞ **阅读研究 5.1**

非预期后果法则

非预期后果法则是影响最大的客观存在的法则之一。举个例子，政府往往出台相关立法，旨在保护容易受到伤害的被监护人，但法规的实施却又正好伤害了其保护对象。

我们来看看《美国残疾人法》(*Americans with Disabilities*)。这是一部旨在保护残疾工人免受歧视的法律。意图高尚，对吗? 绝对是。但是，有相关数据充分表明，法律的实施却导致了美国残疾人的就业岗位越来越少。为什么呢? 《美国残疾人法》正式实施后，雇主十分担心自己不能约束和管制那些表现不好的残疾工人，也不能随意解雇，所以他们就选择不再雇佣残疾人。

《濒危物种法》的实施也产生了类似的副作用。当土地所有者担心他们的地产将成为濒危物种(甚或将来的濒危物种)的理性栖身之所时，他们就会急着砍伐自己土地上的树木，使之不再适于动物栖身。最近几年来，成为土地所有者这种"怪招"受害物种的，就包括赤褐倭鹌鹑和红顶啄木鸟。有些环境经济学认为:"《濒危物种法》的实施实际上正在危及这些物种，而不是起到了保护作用。"[①]

(进阶文献:[美]斯蒂芬·列维特、史蒂芬·都伯纳:《魔鬼经济学》(1-4)，中信出版社 2016 年版。)

第四节 立法起草程序

一、法案起草主体及其分类

(一) 法案起草主体的含义

立法起草主体是将应当以书面形式提交审议的规范性法律文件的议事原

---

① [美]斯蒂芬·列维特、史蒂芬·都伯纳:《魔鬼经济学:拥有清晰思维的艺术》，曾贤明译，中信出版社 2016 年版，第 181~182 页。

型形诸文字的机关、组织、人员的总称。① 一般来说，法案起草的主体分为起草的机关、起草的班子、起草人。

法案起草人是重要的法案起草主体，因为法案起草的任务最终要落在法案起草人身上，其最终要法案起草人完成起草的具体工作。作为法案起草人，其任务是贯彻立法起草决策者的意图，根据现实社会的立法发展需求，解决法案起草中面临的各种利益冲突，完成法案的起草，提交法案草稿。

法案起草是一项十分专业的任务，一般要求具有专业能力，根据专业侧重的不同，我们把法案起草人分为三类：职业起草人、半职业起草人和非职业起草人。② 职业起草人是指专门从事法案起草工作的人员。半职业起草人是指专门从事立法研究，并经常受邀请或者委托从事法案起草的立法学专家。非职业起草人，因为某项法案起草对某些专业人员的需求而临时邀请其参加法案的起草工作，完成此项法案起草之后，不再是法案起草人。法案起草机关应该根据实际情况的变化，选择适宜的法案起草人。

(二) 法案起草主体的分类

1. 人大系统是法案起草的主体

基本的规范性法律文件的法案由人大系统起草。在全国人大中，基本的法律的法案由全国人大专门委员会或者全国人大常委会的法制工作机构起草。而在地方，涉及地方人大职权的基本的法律规则是由地方人大的专门委员会或者地方人大常委会的法制工作机构等进行起草。

2. 政府是法案起草的主体

涉及政府部门职权的法案由政府及其部门起草。比如，在全国人大，起草涉及国务院某一个或者几个部门的职权的法律案，一般是由国务院的部门和国务院法制部门等联合起草，最后由国务院常务会议通过，交全国人大常委会审议表决通过。在地方人大中，同样起草涉及地方政府某一个或者几个部门的职权的法规案，一般是由地方政府的部门和地方政府法制部门等联合起草。

3. 专家学者是法案起草的主体

专业性、技术性比较强的法案，交由专家学者进行起草。在我国，有些法案的专业性、技术性较强，政府和人大进行起草难度大，这时就可以把法

---

① 周旺生：《立法学》，法律出版社 2009 年版，第 443 页。

② 周旺生：《立法学》，法律出版社 2009 年版，第 447 页。

案交给具有这方面的专门知识的专家学者进行起草，或者与人大和政府的机构联合进行起草。

二、法案起草过程中的重要制度与程序

(一) 合作起草制度

所谓合作起草，就是指在起草法案的过程中，尽量地吸引相关领域的专家学家或者法制工作者进入起草班子。一般来说，起草法案会确定一个起草部门负责，而起草部门又会确定一个起草班子，起草班子又会确立几个人为起草的执笔人。立法的过程，实际上是各种利益博弈的过程，而法律规范其实是各种利益的相互妥协退让的结果。为了保证起草的法律法规案等法案是充分反映现实的各种社会利益关系，可以先进行起草，然后向有关部门进行协调，向社会征集意见，也可以在起草的过程就吸纳各种利益的代表进入法案起草的班子中，在起草班子工作的同时，就反映各种利益主体的利益诉求。现实中，多数法律法规案等都是由政府部门负责起草的。如果只是政府部门完全起草法案，而不吸纳一些相关领域的专家学者和法制工作者，那么政府部门起草的法案就会带有较严重的部门利益。因此，在确立法案起草班子的时候，要多吸纳一些相关领域的专家学者，或者其他部门的法制工作者，这样使法案更具有现实合理性，反映更多的社会诉求，从而赢得最大量民众对法律的信任和支持。除了反映各方面的利益外，合作起草的另外一个优点在于能充分调动立法起草人的积极性和保证法案的科学性。

(二) 委托起草制度

委托起草是指立法主体或立法起草机关，委托有关的机构、组织或者人员，担当和完成草拟提交有关主体审议的规范性法律文件的任务。[①] 委托起草不同于委托立法，委托立法是立法的一种形式，例如，全国人大常委会授权国务院制定某条例，而委托起草是法案起草的一种方式，把本该由本部门起草的法案，限于各种原因而交由专业机构或者人员完成。委托起草根据委托程度的不同可以分为完全委托、部分委托、全过程委托和阶段委托。完全委托指委托有关主体承担法案起草的全部工作，而部分委托只是委托部分的工

---

① 周旺生：《立法学》，法律出版社 2009 年版，第 445 页。

作。全过程委托是委托有关主体自始至终承担法案起草的工作，而阶段委托只是一个阶段委托起草工作。①

☞ 材料链接 5.4

《立法法》中关于法案起草的有关规定

第五十七条　全国人民代表大会有关的专门委员会、常务委员会工作机构应当提前参与有关方面的法律草案起草工作；综合性、全局性、基础性的重要法律草案，可以由有关的专门委员会或者常务委员会工作机构组织起草。

专业性较强的法律草案，可以吸收相关领域的专家参与起草工作，或者委托有关专家、教学科研单位、社会组织起草。

☞ 材料链接 5.5

《法国民法典》的起草②

拿破仑意识到，当下的一切混乱，都是由于没有法律所造成的。直到大革命爆发，法国一直没有完整的法律体系。"太阳王"路易十四有句名言"朕即法律"，他所缔造的盛世不仅是"人治"的结晶，而且也埋下了衰败的祸根。大革命的胜利者允诺并着手制定统一的法律体系，但由于种种原因草案四度拟订都没有成果。在政变成功当晚，拿破仑就任命委员会起草法典，这是他掌权后的第一项举措。

雾月政变一个月后，拿破仑又重新洗牌，德高望重的西哀士被选为元老院议长，退出了权力核心，拿破仑与康巴塞雷斯、勒布仑成为新的三位执政。拿破仑任命第二执政、大法学家康巴塞雷斯牵头，由特隆谢、波塔利斯、普雷阿梅纳和马尔维尔四位法学家组成委员会，着手起草《民法典》。特隆谢年过八旬，精神矍铄，逻辑严谨，拿破仑对他和其他三位起草人都非常尊敬。拿破仑不设置条条框框，只要求法典必须管用并且公正。几位法学家殚精竭虑，夜以继日劳作，四个月内完成了《法国民法典》草案。

---

① 周旺生：《立法学》，法律出版社 2009 年版，第 457 页。
② 资料来源于刘艺工：《法国民法的历史变迁》，载《河南省政法管理干部学院学报》2002 年第 1 期。

由上述材料可以发现，《法国民法典》是非常典型的委托专家学者制定的法律。

☞ 规则起草 5.1

垃圾分类规则起草

2017年3月，国务院办公厅转发国家发展改革委、住房城乡建设部《生活垃圾分类制度实施方案》，部署推动生活垃圾分类，完善城市管理和服务，创造优良人居环境。

根据两部委的文件要求，到2020年年底前，将在部分重点城市的城区范围先行实施生活垃圾强制分类，明确实施强制分类的范围是直辖市、省会城市和计划单列市以及第一批生活垃圾分类示范城市，一共有46个城市。

如果你是一个省会城市的法案起草者，需要起草一个有关生活垃圾分类的规则，请你草拟垃圾分类的规则。

三、法案起草的程序

法案起草应该遵循一定的程序步骤，才能保证法案起草的顺利进行。关于法案起草的步骤，理论上的探讨并没有统一的标准。

在西方国家，其法案起草的一般步骤如图5.2所示：

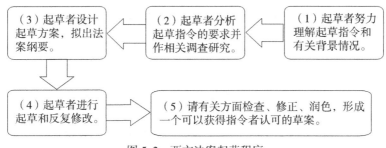

图5.2 西方法案起草程序

学者罗传贤将法案起草分为七个步骤：了解、分析、设计、拟定、校核、听证、审查。一般而言，法案起草应该遵循图5.3的步骤：

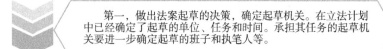

第一，做出法案起草的决策，确定起草机关。在立法计划中已经确定了起草的单位、任务和时间。承担其任务的起草机关要进一步确定起草的班子和执笔人等。

第二，开展起草调研。确定具体的起草任务和起草班子之后，起草班子应该根据实际情况制订一个起草的计划，并且开展相关的调查活动，充分收集资料和数据。

第三，通过分析研究材料和数据，提出草案的初稿。起草班子在收集到各种资料之后，应该对各种资料进行分析，在归纳总结的基础上初步提出法案的初稿。

第四，协调各方面的利益诉求。为了保障法案草稿尽量反映利益关系人的利益诉求，起草单位可以把这个稿子交由相关的部门和专家，征求各部门和专家的建议。同时，可以根据具体情况，把法案的初稿予以公布，征求公众的建议或者举行听证会等，吸引公众的参与。然后对各种意见进行汇总筛选，对法案的初稿进行一定的修改。

第五，对形成的法案草稿进行审查。法案形成，其经过多次的修改，可能与现行法律制度不相符，应该进行审查。其审查主要从以下方面进行：（1）法案草稿是否正确反映立法意图；（2）法案草稿是否同宪法、法律、法规、规章、政策等相违背；（3）法案草稿的内容是否可行；（4）法案草稿的结构和内容安排是否科学、协调，语言、语调、文字是否合乎要求；（5）法案草稿有无明显的或内在的矛盾、漏洞。

第六，形成法案的正式稿，并提交起草机关。经过反复的修改和论证，在法案稿件没有太大异议的情况下，起草班子应该把法案的正式稿交由起草机关的领导层，待通过之后，由起草机关交给提案主体。

图 5.3　我国法案起草的一般程序

☞ 案例评析 5.1

从罗伊诉韦德案看法律起草面临的困境①

1969 年 8 月，美国德州的女服务生 Norma McCorvey 意外怀孕想堕胎，她的朋友建议她谎称遭到强奸，以合法堕胎，因为德州法律规定被性侵可以合法堕胎。然而因为没有警方报告证明其遭到性侵，所以这个办法没有成功。

────────────

① 资料来源于马洪伦：《美国联邦最高法院对堕胎权的确认——罗伊诉韦德案》，载《苏州大学学报（法学版）》2017 年第 2 期。

于是，她去了一家地下堕胎诊所，但发现该诊所已经被警察查封。

1970 年，律师 Linda Coffee 和 Sarah Weddington 为 McCorvey（化名珍妮·罗，Jane Roe），起诉代表德州的达拉斯县司法长官亨利·韦德，指控德州禁止堕胎的法律侵犯了她的"隐私权"。地方法院判决，该法侵犯了原告，受美国宪法第九修正案所保障的权利，但是没有对德州的反堕胎法律提出禁制令（injunction），Roe 向美国联邦最高法院上诉。

1973 年 1 月 22 日，联邦最高法院于 1973 年以 7：2 的票数比，认定德州刑法限制妇女堕胎权的规定，违反美国宪法第十四修正案"正当法律程序"条款。

通过此案件，最高法院确立了"三阶段标准"的规则来规范堕胎行为，废除了不允许堕胎的规则。此案的最初目标是保护"隐私权"。然而一项规则的改变带来的后果有时是无法预料和评估的，这是起草规则面临的永恒难题。

自 1995 年到 2000 年，美国青少年杀人案发率下降了 50%，斗殴、汽车盗窃等几乎各类犯罪的案发率同样如此。到底是什么因素导致了这种情况呢？有研究表明，虽然原因很多，但主要原因是堕胎规则的改变导致那些穷困潦倒、未婚先孕、无法承担非法堕胎或没有门路的未成年妈妈可以选择堕胎，使更容易走上犯罪道路的孩子无法出生。罗伊诉韦德案"这一颇具影响力的事件随后产生了一个巨大而深远的影响：多年后，这些未出世的孩子本应步入壮年，在犯罪界大展拳脚的时候，犯罪率开始骤降"。[1]

一个规则的改变会带来一系列人的行为的变化，这个变化有些是非常容易预料到的，比如本案中堕胎规则的改变会使很多的美国妇女选择堕胎而不是把孩子生下来。然而一些长远的，通过人与人之间、制度与制度之间的博弈导致的更为复杂的变化却是很难预料的，这是每一个法案起草者必须面对的难题。这要求立法者必须进行更为科学化、精细化的研究，尽量减少这方面的失误。

☞ 规则起草 5.2

电子商务促进规则起草

你所在的区域是一个县城的小商品集散地，很多临近区县、乡镇都到这

---

① ［美］斯蒂芬·列维特、史蒂芬·都伯纳：《魔鬼经济学：揭示隐藏在表象之下的真实世界》，王晓鹏译，中信出版社 2016 年版，第 5 页。

里进行交易，市场比较繁荣，为本区域的经济发展做出了巨大贡献。近些年来电子商务迅猛发展，为本区域的发展带来机遇和挑战。本区域政府意图推出一些规则来促进电子商务的发展，并解决一些问题。这些问题包括：劣质产品较多、商家不诚信、物流比较混乱、交通不够发达、传统商家转型困难等。

如果由你来起草本地区促进电子商务发展的规则，你认为应该经过什么样的程序进行起草？如何起草研究报告？具体规则应该是什么样的？

在代议机关的立法过程中，法案起草往往与法案提出的程序紧密联系在一起，法案提出程序包括法案起草程序。

提出法案程序的主要程序包括：为实现立法动议（立法建议）或立法规划中所明确的立法目标，完成相应的法案、法案的审查、法案的修改完善，最后形成正式的立法议案等各项工作。

1. 法案的起草

法案的起草一般由享有提案权的主体来完成，但随着立法活动越来越复杂化，一些单一的提案主体（或某一机构）已经很难独立完成这项使命。遂出现了享有立法权的主体在提出或采纳某一立法动议（立法建议）后，组织、领导有关专家组成专门起草组，负责法案的起草工作。也有的立法主体先自行起草，然后再由专门的起草辅助机构加以完善。如今，各国普遍建立了通过直接参与或协助立法案起草工作作为发挥作用的主要场合和方式的专家立法制度。专家立法制度作为一种体现现代法治国家在民主基础上追求公正的新立法制度，在立法实践中，发挥了越来越大的积极作用。

2. 法案的审查（提案阶段审查）

提出法案程序的一项主要任务就是对法案草案的审查。由于立法提案权范围在各个国家的范围一般比较宽泛，所以会出现"一事多案"现象的发生。同时由于提案主体的水平不一，提案的内容可能达不到交付审议的基本要求，所以对提案主体提交的草案进行审查是必要的。需要说明的是，该阶段的审查与接下来要介绍的立法机关的有权审议是有区别的。该阶段审查的性质是由有关的立法专家或技术专家参与的对法案的辅助性审查，属于非有权的立法性审查，主要范围以法案的形式、结构等立法技术问题为限，是作为法案起草阶段的一个补充性、完善性阶段，通过审查对原有的法案中明显的错误和不当提出修改完善建议。

3. 法案的修改完善

法案提起的主要任务就是为法案的审议提供一个可操作性的文本，因此对提案主体拟提出的法案不断地补充、修改和完善，是贯穿整个法案提出程序的主要内容。当然，就像上面提到的审议的原则一样，在对法案进行修改完善的时候，一定要注意保持原提案主体立法意愿的完整性，要在原提案主体的有效控制下，开展修改完善工作，只有在原提案者的同意的基础上才能进行相应的修改，从而避免法案实质内容受到违背提案者本意的篡改。

4. 形成正式的立法议案

一份需提交立法机关审议的立法议案，通过反复修改和完善是有必要的。提出立法议案主体的广泛程度往往体现了启动立法程序时，民众和各种组织通过法定渠道反映民意的可能性，然而广泛的立法主体提出的议案是否能够最终真正进入正式立法议程并获得立法主体的审议，则是各国立法制度列入议程所决定的。从世界各国的有关规定看，有的国家的立法议案不经任何审查即可进入会议议程，由有权立法主体直接审议。有的国家为了协调政党、各利益集团之间的(特别是议会和政府之间的)观点和要求，兼顾立法效力，其立法议案须经过形式或实质的审查才能进入议程。法案能否正式进入审议程序，需经过一个法案审议的准备程序进行审查，从而决定是否列入议程。

☞ **阅读研究** 5.2

草拟法案中的证据

草拟法案中的规则用于改变人的行为，然而会产生什么样的改变必须加以科学的预测，这就需要大量的证据证明你的预测，或者说用证据证明你的假设。事实上草拟法案的各项规则构成了多种假设，这些假设不能是无科学根据、无数据支持的主观愿望，或者是从某些价值出发进行推导得出的结论。因此，法案草拟者必须提供如下的事实：

(1)描述法案要解决的社会问题的属性和范围，以及构成问题的行为人(调整对象)和他们的行为；

(2)解释法案要解决的问题行为的诱因，以此在事实方面为证明法案具体条款的正当性做出铺垫；

（3）表明法案措施的社会-经济方面的收益胜过成本；

（4）评估该法律的社会影响。①

如何获得证据：

法案起草者一般没有能力对法案的所有问题进行研究，也无法收集足够的证据来证明自己的假设。因此，要设计改变行为的规则，法案起草者必须利用社会科学研究的成果，这些社会科学包括心理学、法学、社会学、经济学等。

法案起草者需要一些定量的证据，获取此种证据的方法之一就是参与性研究。所谓参与性研究就是让受社会问题影响的人（或是说是受到法案规则调整的人）参与草案起草分析过程中，这可以利用他们对问题和原因认识的第一手知识，还可以让他们帮助发现有效的立法对策，以及对规则的影响提供反馈信息。

法案起草者还需要大量的定量数据，以评估规则措施相关的成本效益。这些数据包括影响人口的数目、政府的支出、社会可能付出的成本和收益等。法案起草者不仅要收集这些定量数据，还要能够学会运用各种方法来分析这些数据。

问卷调查是一种重要的数据收集方法，但问卷必须设计得合理有效，并且问卷的样本具有代表性，兼顾社会阶级、民族、性别、地区差别等。

法案起草者的精力和资源有限，通过召开听证会、论证会等是收集证据的重要场所。听证会不是相关利益团体以及政府部门争吵的场所，而是提交支持自己观点的科学证据的场所。参加听证会的人员提交的证据由法案起草者来进行判断，判断的标准是哪一种证据更为充分、科学，有定量和定性数据的支持。这里更像一个法庭，证据是判断一个规则是否成立的关键因素。

（进阶文献：[美]安·赛德曼、罗伯特·鲍勃·赛德曼、那林·阿比斯卡：《立法学理论与实践》，刘国福等译，中国经济出版社 2008 年版。）

---

① [美]安·赛德曼、罗伯特·鲍勃·赛德曼、那林·阿比斯卡：《立法学理论与实践》，刘国福等译，中国经济出版社 2008 年版，第 236 页。

第六章 立法基本程序

☞ 引例

孙中山的《民权初步》

"民权何由而发达? 则从固结人心, 纠合群力始。而欲固结人心, 纠合群力, 又非从集会不为功。是集会者, 实为民权发达之第一步。然中国受集会之厉禁, 数百年于兹, 合群之天性殆失, 是以集会之原则, 集会之条理, 集会之习惯, 集会之经验, 皆阙然无有。以一盘散沙之民众, 忽而登彼于民国主人之位, 宜乎其手足无措, 不知所从; 所谓集会, 则乌合而已。是中国之国民, 今日未能行民权之第一步也。

然则何为而可? 吾知野心家必曰: 非帝政不可。曲学者必曰: 非专制不可。不知国犹人也, 人之初生, 不能一日而举步, 而国之初造, 岂能一时而突飞? 孩提之学步也, 必有保姆教之, 今国民之学步, 亦当如是, 此《民权初步》一书之所由作, 而以教国民行民权之第一步也。"

孙中山先生认为人民可以通过训练来学会如何开会议政, 议政开会的关键是有一套良好的程序, 本章主要讨论其中之一——立法的基本程序。由于程序和技术难以区分, 议会法案审议程序将在第九章中介绍, 本章不加讨论。

第一节 议会提出法案程序

一、法案的概念界定

法案, 或称法律议案、立法议案, 是指享有立法提案权的主体按照法定的程序和方式向立法机关提出的关于制定、修改、废止或解释某项法律规范性文件的议事原案。而法案与议案、立法建议或立法动议、法律草案的区别如下:

议案：代议机关在履行其所有职能范围内所接受的各种建议和方案，包括预算案、任命案、质询案、不信任案和弹劾案等，法案只是议案的一种，是专指代议机关履行立法职能时接受的关于法的制定和变动的提议。

立法建议：社会成员向非特定政权机关、媒体等提出的有关制定和变动法的口头或者书面主张。法律对立法建议的提出主体和提出程序没有任何限制，任何机关、组织或个人都可以在适当的时候、以适当的方式提出自己感兴趣的立法建议。这些建议可能有较大的社会价值，却不能像法案一样一定可以进入立法程序，并且内容不具有规范性。立法建议只有经过深化、细化和规范化，并由有权提出立法法案的主体，依据法定程序向有权接受法案的主体提出才能成为法案。

法律草案：法案不等同于法律草案。首先法案的提出是法律草案得以审议的必要前提，法律草案的审议是法案列入议程的必然结果。其次，它们的区别在于提出的主体不同，前者的主体是法定的，而后者的主体不具有法定性，任何机关、组织或个人都可以拟就法律草案；同时，它们的区别还在于内容的实体与形式上，法案是涉及立法的一项书面方案，一般选用公文式，其内容包括案由、案据和附案(有些附加立法框架，有些直接附加法律草案文本和起草说明)，而法律草案是可能被审议、表决乃至通过公布的法律雏形，其主要内容是待定的权利和义务，一般采取条文式。

二、提出法案

提出法案是一种正式的立法动议，是立法过程中由法案到法的阶段得以展开的前提性、基础性程序，是一项重要的立法活动。我国台湾地区学者朱志宏所述："提案厥为议员之政策主张、政党之政策、理想、选取或团体之政治利益，能否实现，形成正式法律关键性的阶段。即使一项法案在立法过程中功败垂成，但法案提出以后，议员及其政党就获得了一项能向选民交代比较具体的'政绩'。"①

就议会立法而言，从提出法案开始，立法程序便正式进入了议会阶段，该阶段对法的形成有着决定性的作用。即使在法治不发达的国家，虽然在很大程度上法案的命运在此之前已经决定了，但这也仅仅是一种可能性，其缺

---

① 朱志宏：《立法论》，台湾三民书局1995年版，第147页。

少议会阶段给予其形式上、程序上的正当性和合法性。提出法案是议员及其所属政党、组织、选民等主体表达其政策主张和利益诉求的重要途径。对立法机关而言，可以通过法案了解社会关系和社会秩序的变动。

(一)提出法案的主体

在立法理论上依法享有立法提案权的机构、组织或者人员被称为提出法案的主体，又称立法提案主体或立法提案人。立法提案权是提出立法议案的核心问题，直接关乎立法议案的民意基础和质量，并且提案权的主体范围以及所享有的权力范围直接反映不同国家性质的民主制的实质。

各个国家在立法提案权的归属上，根据国情和立法制度的实际情况有所不同，但一般对立法提案权的主体都会在宪法或宪法性法律上予以规定。总体而言，各国国家立法的提案权享有的组织或主体包括：议会成员、议会委员会、议会领导机关、行政机关、国家元首、州或各邦、选民、司法机关、政党组织、社会或经济组织、其他(地方政府、注册公司等)。[1]

这里需要说明的是，立法提案权是立法权的有机组成部分但并不完全等同于立法权。提案权相对于立法主体而言是行使立法权的必要条件。而对行使提案权但没有立法权的提案主体来说，他们行使的提案权就不是立法权。可以这么理解，提案权是作为广义的立法权的一部分，它可以由立法机关或组织之外的范围广泛的主体行使，所以不能用狭义的立法权去涵盖。

根据我国《宪法》以及《立法法》等的规定，有权向全国人民代表大会提出法律案的主体包括：全国人大主席团、常委会、各专门委员会，国务院，中央军委，国家监察委员会，最高人民法院，最高人民检察院，一个代表团或30名以上代表联名。有权向全国人大常委会提出法律案的主体包括：全国人大常委会委员长会议、各专门委员会，国务院，中央军委，国家监察委员会，最高人民法院，最高人民检察院，全国人大常务委员会组成人员10人以上联名。在我国立法实践中，向全国人大提出法律案，一般都是先向全国人大常委会提出的，经过常委会审议(一般至少经常委会两次以上会议审议)后，再由常委会决定提请全国人大审议。[2]

---

① 吴大英、任允正、李林：《比较立法制度》，群众出版社1992年版，第440页。
② 黄文艺：《立法学》，高等教育出版社2008年版，第125页。

根据《地方组织法》的规定，在地方上有权向地方人民代表大会提出地方性法规的主体是：本级人大主席团、常委会、各专门委员会、本级人民政府，县级以上的地方各级人民代表大会代表十人以上联名，乡、民族乡、镇的人民代表大会代表五人以上联名。有权向地方人民代表大会常委会提出地方性法规案的主体是：本级人大主任会议、各专门委员会、本级人民政府，省、自治区、直辖市、自治州、设区的市的人民代表大会常务委员会组成人员五人以上联名，县级的人民代表大会常务委员会组成人员三人以上联名。实际中，有的地方也将地方人民法院、地方人民检察院和代表团作为提出地方性法规的主体。

由于政府承担着社会管理的工作，是整个社会系统正常运转的神经中枢，能透过纷繁复杂的社会现象感受到社会现实对立法的需求，在社会生活的各个方面发挥着主导作用。同时，政府中大量的行政管理专家能够敏锐地感知社会生活中的热点问题并通过立法加以规范，进而提出行之有效的立法动议。所以，各国均普遍地承认政府作为立法提案权的主角地位。

(二)提出法案的要求

为了保证立法活动的严肃有序，提高立法机关的工作效率和立法提案的质量，通常会对提出的法案提出要求和限制，主要表现在以下四个方面，详细如表 6.1 所示：

表 6.1　　　　　　　　　　中外就提出法案的要求之对比

提出法案的要求	国　　外	中　　国
要求提案人必须在自己的权限范围内提出立法议案(即权限上的限制)	各国对立法提案权行使权限上的限制较多的集中在财政法案的提出上(例如：澳大利亚、意大利、马来西亚、波兰、斯里兰卡等一些国家，对具有财政后果的议案规定不能由议会议员提出，而是由政府提出)。	主要表现在受案机构和提案主体方面，即向全国人大或其常务委员会提出的法律案应当是属于全国人大或其常委会职权范围内的法律案，而且一般要求与提案主体的业务或职权范围相适应(例如：对于涉及国家机关职权划分的法案和涉及对公民政治权利和人身自由的剥夺与限制的法律案，只能由全国人大主席团、常务委员会、各专门委员会、代表以及代表团提出)。

续表

提出法案的要求	国　　外	中　　国
要求法案的提出必须符合法定程序（即程序上的限制）	1. 政府法案的提出必须经过先行程序（例如：在日本，内阁提出的法案必须先经内阁会议审查决定通过）。2. 需经过特定主体批准或同意（例如：尼泊尔宪法第 55 条规定，兼任大臣、国务大臣和助理大臣以外的议员，就征课新税或增加税额等事项提出法案之前，必须事先得到国王的批准）。3. 需一定数量以上议员的连署或附议（例如：在日本 20 名众议员联名或 10 名参议员联名可以提出法律议案，由赞同者联署向议长提出；若提出与预算相关的法案，众议员须 50 人以上，参议员须 20 人以上联名）。	1. 全国人大以外的国家机关向全国人大或其常委会提出的法律案，由该机关的会议讨论通过后，以该机关作为正式法律议案向全国人大常委会提出。2. 全国人大代表和全国人大常委会组成人员提出法案是有一定的人数限制。
要求法案的提出必须符合法定的或习惯的形式（即形式上的限制）	1. 提案人必须以书面形式提出法案，有的还要求阐明案由、立法理由并附法案条文。法律议案应包括：法案的名称；提出法案的理由；法案的目的或宗旨；法案的主要原则或基本框架；法案的主要条款及其主要内容；提议案人的署名、附议者联署六个方面。2. 一事一动原则：要求一个法案只能有一个议题，并且立法机关在一段时间内只能讨论一个议案。	提出法律案应当同时提出法律草案及文本附带其说明，并提供必要的参考资料。法律草案的说明应当包括该法律的必要性和主要内容。
要求法案的提出必须遵循法定的时间（即时间上的限制）	1. 一般动议限制（例如：瑞典法律规定，政府提出议案的期限是年会开始后的 90 天内，而议员提案的期限只有 15 天）。2. 临时动议的限制（例如：芬兰法律规定，在议会会议过程中发生的情况所直接引出的提案，须在提案人认为对问题的要点已经了解之日起第 7 天中午前提出）。3. 一事不再议原则（例如：科威特宪法规定，被拒绝的议案不得在同一会期再次提出以及被拒绝的宪法修正在一年内不得再次提出）。	1. 明确需要本次会议审议的法律议案。按照《立法法》和《全国人大议事规则》的规定，全国人大常委会在全国人大会议举行的 1 个月前，应准备提请会议审议的法律草案发给代表。因此，提请本次会议审议的法律草案最迟应在举行会议的前 1 个月之前提出。2. 代表在会议期间提出的法案一般不能作为本次会议的审议对象。按照《全国人大议事规则》的规定，主席团的第一次会议就决定了代表提出议案的截至时间。

171

☞ **逻辑思考 6.1**

如何提出法案

通过对比国内外的提出法案的要求，你如何评价我国提出法案的有关要求？对我国提出法案有什么建议？

第二节　议会表决法案程序

表决法案是指有权表决者，经过一定的形式和程序对法案表示最终赞成、反对或弃权的活动。表决法案是立法过程中最重要的一个阶段，是立法机关对法案形成最终的、具有决定意义态度的阶段，也是一份法案能否最终成为正式的法律的关键性阶段。只有通过表决，立法机关的整体意向才能表达出来。科学的表决原则和方法对发扬民主、提高议事效率是至关重要的。

一、表决程序

法案的表决程序有普通表决程序与特别表决程序之分。前者通常指立法机关成员通过行使表决权决定法案通过与否的程序，各国一般采用此种做法。特定表决程序通常是指全民公决程序，即享有选举权的一切公民就国家生活中最重要的问题投票进行表决的程序。全民公决是直接民主制的体现，但由于该程序操作起来较为复杂，人口众多的大国一般在少数不正常和特别重大的状态下使用。

二、表决方式

表决方式是议会在表决过程中采用的统计议员态度的方式。各国以何种方式实无定规，它既与传统、习惯有关，又要考虑实用方便。既要强调表决的公平合理，又要尽力渲染表决的气氛、气势。主要分为以下几类：

（一）公开表决和秘密表决

这是最基本、最主要的分类，它是以表决者的态度、立场是否为外界知晓这一标准进行划分。公开表决又可以划分为无记名表决和记名表决。无记名表决就是在表决时，只记录表决结果而不记录议员姓名的表决。通常采取口头、举手、起立等表决方式，但是要注意不能因为是无记名，所以将其纳入秘密表决的范畴；秘密表决通常有无记名投票和电子仪器表决。总的来看，作为民主化、公开化的立法程序，公开表决是各国普遍的表决法案的方式。只有进行选举或决定某些重大问题的时候，或者根据议长或一定数量的议员要求时，采用秘密表决。

(二)亲自表决和委托表决

这是按照表决主体是否亲自参加表决来划分的。多数国家规定议员必须亲自参加表决，只有在国家允许的特定情况下才能进行委托表决。例如，法国法律规定在因病、因意外事故或因严重的家庭问题，由政府委派出差，服兵役，作为议会代表参加国际会议未归等情况下可以委托投票，并且委托必须遵循一定委托程序。显然，不加限制的允许委托投票可能会造成议员大量缺席，一定条件下允许委托投票，则有利于保障确实无法亲自参加表决的议员的权利。

(三)整体表决和逐步表决

整体表决就是由表决者对整个法案表示赞成、反对或弃权的态度。逐步表决是对法案的某一部分或条文为单位，逐条、逐节、逐章进行表决，最后再就法案整体进行表决。大多数国家在绝大多数情况下进行整体表决方式，只有少数国家采用逐步表决的方式。当然部分表决也常用于立法机关对法案的审议。在有的国家，例如美国，为了慎重起见，对宪法修改也采用逐条表决的方式。我国立法实践中也采用过单独表决的先例。如1980年五届全国人大三次会议表决婚姻法时，曾就结婚年龄单独进行过表决。

三、表决的原则及操作规则

代议制下的多数表决是议会立法程序的基本原则，意见取决于多数、服从多数。为了既能够实现立法表决的效率，又能够保障多数决的民主性本质，对其设置一些操作规则是必要的。

多数表决操作规则具体是指代议制立法表决中计算表决结果是否有效通过的方法，包括法定人数制度、多数决的比例规则和范围规则。

多数决法定人数是指立法机关组成人员出席会议有效议事和通过法案的

最低人数限额。在各国计算多数决的规则中，正是一定范围的立法主体的组成人员数和一定的比例之乘积构成了一国通过法律草案的法定人数要求。"通过法案的法定人数"的范围和比例，在立法学上称之为多数决的范围规则和比例规则。

多数决的范围规则，即法案表决的基数标准，是指以何种范围的人数来作为通过法案所需赞成票的计算标准。世界各国对法案表决有三种计算基准：第一，应到基数制，即以立法机关全体组成人员的人数作为计算基准。这种计算基准对民主性要求较严格，间接强调了议员到会、履行参政议政的义务。但存在"缺席效应"，即在计算多数时，会将缺席者和弃权者全部列入反对者行列，从而抹杀了出席的弃权者和未弃权者的选择，也降低了议决效率。第二，出席会议基数制，即以出席表决会议的立法机关组成人员的人数作为计算基准。这种计算基准相较于应到基数制相比，提高了法律通过的效率，它唯一的不足是将弃权者列入了反对者的行列。第三，出席表决基数制，即以出席表决会议且参加法案表决的立法机关组成人员的人数作为计算基准。这种计算基准不仅提高了通过法案的效率，显示了缺席者与出席者之间的区别，否认了出席弃权者独特的表决意向。但是这种计算标准存在着，有可能因为出席会议的法定人数规定过低而易赋予少数人积极立法的权力和出现"一人立法"的情况，最终与民主立法相背离的缺陷。当然针对这一缺陷，学者提出可以通过确认出席弃权者超过一定数额，表决结果无效来纠正。①

多数决的比例规则表明了在给定的基数范围内持某种态度的人占多大的比例才可以称之为多数，才可以通过法律。现代各国法案表决中的多数决比例规则主要有以下几种类型：（1）简单多数规则，也称普通多数规则，是指在既定的基数范围内以赞成或反对法案的人数过半的一方的意见为定论的多数决。（2）相对多数规则，亦称比较多数规则，是指在表决法案时，赞成和反对的双方均未能超过半数，但以相对多数一方的意见为准的多数决。（3）特别多数规则，也称之为限定多数规则，是指在既定的基数范围内以赞成或反对法案的人数达到或超过一定比例（或2/3或3/4或4/5）的意见为定论的多数决。分析以上三种类型的多数决，虽然前两者强调民主的广度，有利于提高民主性和防止多数的暴政，但是立法的效率降低了。特别多数规则还有可能赋予

---

① 徐向华：《新时期中国立法反思》，学林出版社2004年版，第464~465页。

少数控制多数的权利。相对多数规则虽然强调立法的效率，但又降低了民主的广度和深度。因此世界各国一般并不单纯地采用某一规则，而是基于表决内容的重要性及民主与效率的价值考量来选择使用这三种规则。例如，1994年《冰岛共和国宪法》第四十五条规定，"议会举行两院联系会议……除财政法案和补充财政法案外，其他法案如果得不到投票数的三分之二多数赞成，不得视为最后通过"。

在我国，根据《全国人大议事规则》第四条规定，全国人大会议和全国人大常委会会议始得举行的法定人数分别是"全体代表的三分之二以上"和"全体组成人员的半数"。《宪法》第六十四条、《全国人大议事规则》第五十九条、《全国人大常委会议事规则》第四十五条和《立法法》第二十七条、第四十四条规定，全国人大及其常委会都是以立法主体的全体组成人员作为计票基数，其中宪法修改以全体代表的2/3以上的多数（即特别多数）赞成通过，法律草案以全体代表或者常委会全体组成人员超半数（即绝对多数）赞成通过。

在表决当中会出现弃权的情况，在对待这一问题的处理所采取的方式取决于对其性质的认定。这是一个在立法实践中不可回避、较为复杂的问题。弃权者的这一举动表达了一种什么样的意见？虽然他既不赞成也不反对，但对于多数决通过原则的立法表决而言，在计算票数时，又不能不考虑其参加投票的事实。对此各国也采取了将弃权票计入计票基数和不计入计票基数两种截然不同的方法。

当然在计票的时候会出现赞成与反对相等的时候。虽然现在随着议会人数的增加，这种出现的概率会大大减少，但是也有可能出现。面对这种情况各国一般采取以下方法：第一，视为没有通过。这是多数国家的做法，因为无论采取何种计算方法，都无法满足"过半数"赞成票通过这一基本的表决原则，应当认为有关法案因未获得多数赞成而未通过。第二，由议会长投决定票。一般在弃权票不计入投票基数为前提的情况下采取这种方式，否则在有一票以上弃权的情况下，仍无法满足多数票决定议案命运的表决原则。在美国，参议院议长在参议院投票中也扮演这一角色，因为在美国，参议院议长由副总统出任，而非由参议员中选出，参议院议长不参加参议院的一般表决，仅在出现赞成与反对票相等的时候才投出决定性的一票。第三，留待下届会议决定。此种方式相当于本次会期对该法案的否决。

四、通过程序

只有表决程序在议会中得以进行，法律才能通过。当然对于一院制的国家，这样的通过程序是简单的，但是在两院制国家，则比较复杂。

绝大多数两院制国家规定，法案必须经过两院表决通过才能正式成为法律，所不同的是表决通过的顺序。但是无论采用何种顺序，由于两院制国家的两院所代表的是不同利益，所以对法案的态度是存在偏差的，结果自然也会不同。各国在解决这一问题上存在以下几种方式：

(一) 往返程序

往返程序也称穿梭程序，这是各国采用最多的协调冲突的机制，当两院发生分歧后，法案须在两院间往返审议，以达到一致。若数次往返都始终不能达成一致，该法案即被否决。该制度的特点是两院之间不建立任何协调机构，任何一院在不愿意继续审议时都可以否决法律草案。

(二) 两院联合委员会协调程序

这是由议会两院议员组成的联合委员会进行协商的制度。在美国，当两院发生分歧的时候，须由两院各派人数相等的议员组成协调委员会，提出建议或折衷条款后交两院继续表决通过。

(三) 上院决定制度

该制度分三种情况：第一，绝对否决。法案一经上院否决，下院不能再予以推翻。第二，相对否决。法案被上院否决后，下院在一定条件下可再次表决通过。第三，搁延否决。英国议会根据 1949 年通过的议会法规定，贵族院对众议院通过的一般议案，只能延迟 1 年生效，财政法案只拖延 1 月生效。①

(四) 下院定夺制度

即法案在形式上需要由两院表决通过，实际上由下院最终决定。例如，在奥地利，宪法规定，国民议会（下议院）通过的法案应送交政府总理，并由

---

① 　张善恭：《立法学原理》，上海社会科学院出版社 1991 年版，第 177 页。

他通知联邦议会(即上院)。联邦议会若无异议,则对该法案加以确认并予以公布;若有异议,则应该在接到草案后 8 周内提出,并通过总理通知国民议会。如果国民议会在半数以上议员出席的情况下维持原议,仍可对法案予以通过并公布,从而事实上否决了上院的异议。[①]

两院联席会议决定制度。即在两院就某一法案的表决结果不一致时,由两院全体议员组成联席会议,并由联席会议以多数表决的方式决定该法案的弃取的制度。印度等国家采取此种制度,但是,由于两院议员人数不等,一般人数较多的一院意见往往能在表决时占上风。

五、批准程序

大多数国家法律经表决并获得通过后即成为法律,但是目前世界上还有许多的国家保留了一定程度的法律批准程序。但是这种批准程序不是对法律实质内容的审查,而是一种历史传统而已。即使在真正实行批准否决制的国家,也并不是以该权力的实际行使为主要表现形式,而是以这种否决权的可能性产生的威慑力作为其发挥作用的主要形式。各国现存的批准程序主要有如下两种:

(一)国家元首批准制度

当今各国,无论是君主立宪制还是共和制,还是社会主义还是资本主义,都存在法案获得议会审议通过后须经国家元首批准始为法律的制度。但具体的实施情况又有不同:第一,实质意义上的国家元首批准制。该制度赋予国家元首具有法律批准的否决权,如总统行使该否决权,则有可能导致经过议会通过的法律不能生效。该制度主要存在于资本主义共和制国家,如美国。第二,形式意义上的国家元首批准制。主要是指英国等君主立宪国家中所实施的国王批准制度,该制度随着议会制的确立而近乎流于形式。第三,社会主义国家的元首批准制度。社会主义国家也存在国家元首审批制度,但其国家元首与立法机关存在着特殊关系决定了这种审批仅具有程序上的意义,并且这种批准实际上与法律的签署公布属于同一程序。

(二)合宪性审查制度

第二次世界大战后,许多国家的法案经过议会后要经过有关方面的"合宪

---

①　张善恭:《立法学原理》,上海社会科学院出版社 1991 年版,第 173~174 页。

性审查"，审查通过后才能成为法律。负责违宪审查的机关多为司法机关，也有专门的宪法委员会。

☞ **材料链接6.1**

法国的"首次雇佣合同"法案①

法国总理德维尔潘提出名为"首次雇佣合同"的新劳工法案，希望以此解决法国青年人的高失业率问题。该法案规定，法国20人以上规模的企业在与26岁以下青年人签订雇佣合同后，最初两年内可随意将其解雇而无须说明原因。法国大中学校学生对这项新劳工法案十分不满，他们认为，新法案可能导致他们的新工作更加不稳定，因此，3月以来举行了数次全国范围的抗议活动。2006年3月30日，法国宪法委员会就"首次雇佣合同"是否违宪进行讨论。当天法国宪法委员会通过了引起社会极大争议的"首次雇佣合同"法案。

(三)全民复决的制度

全民复决是指获得立法主体通过的法律还须获得多数公民表决赞成后才能真正成为法律。

在我国，批准是我国一些地方性法规以及自治条例和单行条例表决通过后的一种制约程序。依《宪法》和《立法法》规定，表决通过后须受批准程序制约的规范性文件主要包括：自治条例和单行条例，设区的市的地方性法规。

第三节　议会公布法律程序

一、公布法律的含义和意义

公布法律是指有权公布法律的机关或人员以法定的形式和程序，将立法机关所通过的法律内容正式向社会公开。

---

① 《法国宪法委员会就"首次雇佣合同"是否违宪进行讨论》，载搜狐新闻网：http://news.sohu.com/20060401/n242583796.shtml，2023年12月15日访问。

公布法律是立法程序中一个具有独立地位和重要价值的活动。公布是立法的最后一道程序，法律生效前的一个重要步骤，也是其获得法律效力必须履行的程序之一。法案中的法律草案如果不按照法定时间、步骤以及必要的形式予以公布，该法律仍将不具有法律效力。同时从成文法公布的意义来看，正因为任何法律文件或条文未按照法定形式公布之前都不具有约束力，公布程序才成为对掌权者随意创制法的一种限制，是一种对公民权利不受肆意侵犯的保护措施。

二、公布法律的主体

根据各国宪法的规定，公布法律的主体一般是国家元首和立法机关的领导机构。

(一)国家元首公布法律

在不同的政体形式和元首制度之下，有着不同的意义，实行责任内阁制和(或)"虚位元首"制的国家，国家元首对立法机关通过的法律或者立法有否决权，或者在理论上有立法否决权，但实际上不行使该权力已是一种宪法惯例。这类国家，国家元首公布只是一种形式，是一种传统的政治惯性，无实质意义。但在总统负责制国家和(或)"实位元首"制度的国家，国家元首公布法律则有着实质性的意义。因此在这类国家，国家元首享有的公布法律权是同对法律的审查批准的权力联系在一起的。① 从理论上说，由议会通过的法律，国家元首是不应该拥有拒绝或者延迟法律公布生效的权力。然而在大多数西方国家从分权和分权原则出发，为了行政干预或制衡立法，批准或公布法律均由议会之外的机关完成。

(二)立法主体的领导机构或常设机关公布法律

一般来说，这种公布法律实为立法过程中的一道程序，不具有牵制法案中法律草案是否能生效的实质性作用。

(三)我国公布法律的主体

我国宪法规定，凡全国人大及其常委会所表决通过的法律，一律由国家

---

① 易有禄：《各国议会立法程序比较》，知识产权出版社2010年版，第154~155页。

主席公布。国家主席是我国国家元首，其公布法律的形式则为签署主席令，这种公布方式主要是起一种国家权威的象征意义。其性质与西方国家元首行使的公布权完全不同。依据《立法法》第八十八条规定，各地能够行使公布权，公布地方性法规以及自治条例和单行条例的主体为地方人大主席团或常务委员会。具体包括：其一，省、自治区、直辖市人民代表大会制定的地方性法规，由大会主席团公布；其二，省、自治区、直辖市人民代表大会常务委员会制定的地方性法规由常务委员会公布；其三，设区的市人民代表大会及其常务委员会制定的地方性法规报经批准后，由设区的市人民代表大会常务委员会公布；其四，自治条例和单行条例报经批准后，分别由自治区、自治州、自治县的人民代表大会常务委员会公布。

三、公布法律的方式和限制

(一)公布法律的方式

公布法律的方式与渠道适当与否直接关系到公众对法律内容的知悉程度。许多国家专门规定了公布法律的刊物。如联邦德国 1950 年《关于规范性文件的公布》的法律，详细规定了一切规范性文件的公布程序，凡邦联的法律及其他规范性文件，必须在《联邦法律公报》或《联邦公报》上公布；我国国家主席公布法律的方式是以签署主席令的形式公布在特定的载体上，即在《全国人民代表大会常务委员会公报》、中国人大网和在全国范围内发行的报纸上刊载。地方性主席团或常委会公布的地方性规范性文件，皆以主席团或常委会公告的形式公布在特定的载体上，并以《全国人民代表大会常务委员会公报》上刊登的法律文本为标准文本。

(二)公布法律的限制

1. 公布法律的期限

有些国家以宪法或宪法性文件规定来公布法律的期限，但有的国家未明文规定。我国则属于后者，一般做法是，或在通过后的当日公布，或在通过后的间隔数日公布。

2. 公布法律文字

在一些多民族国家，法律规定要用多种文字同时公布。

3. 公布后法律生效的期限

法律公布的时间与法律生效的时间既有联系又有区别，这是因为法律生效的时间可能落后或等同于法律公布的时间。概括地说：法律生效的时间有三种情况：第一，法律本身明确规定了其公布后的生效日期。如芬兰、新加坡等国家采用这种方法决定法律生效的期限。第二，法律本身没有确定，而由宪法或宪法性法令统一规定了公布后生效的期限。例如，《意大利宪法》第七十三条规定："法律须于签字后立即公布并于公布后第 15 日生效，但该项法律本身规定有生效日期者除外。"第三，法律公布过后，按一国中特定地方离公布地的远近，推算不同到达期限，从而计算已经公布的法律在该地具体生效的时间。这种方法一般为领域辽阔而交通不便的国家所采纳。此外，如爱尔兰，法律生效时间与国家元首批准有密切联系。在我国，法律的生效时间虽然没有明文规定，但实践中一般是根据某法律的具体性质和实际需要决定。有的自法律公布之日起生效；有的由该法律自行规定的生效日期；有的则规定法律公布后达到一定期限才开始生效。

☞ **材料链接6.2**

香港立法会立法程序①

立法主体：香港特别行政区政府和立法会议员可根据基本法的规定并依照法定程序向立法会提交法案，建议制定新的法例，修订或废除现行法例。

立法审议程序：法案先在宪报刊登，再交由立法会进行三读程序。法案首读代表法案的立法程序正式展开。按照立法会《议事规则》的规定，一经立法会秘书长在立法会读出法案的简称，该法案即当作已首读。至于二读，则由负责法案的政府官员或议员动议"法案予以二读"的议案，并进行发言，解释法案的原则及立法目的。其后有关法案的二读辩论通常会中止待续，而该法案会交付内务委员会处理，决定是否需要成立法案委员会并进行详细发言。

如果无须成立法案委员会，或当法案委员会完成审议法案的工作后，法案委员会会在另一次立法会会议上恢复二读辩论。在辩论时，议员可以就法

---

① 资料来源于《如何制定法律》，立法会小百科第 7 号，香港立法会秘书处教育服务组，2024 年 8 月。

案的整体优劣及原则发言，并可表明他们是否支持法案。立法会之后会就"法案予以二读"的议案进行表决。

若议员否决有关议案，法案的立法程序便会终止。若议员通过二读法案的议案，该法案即交付，委予立法会全体委员会，由该委员会就法案的条文及各项修正案，逐项进行审议及表决。法案不论是否修正，经全体委员会通过后，便会向立法会做出报告，以便立法会考虑是否支持进行三读并通过法案。法案在三读通过后，则呈交行政长官签署，并刊登宪报，成为法例。根据《香港特别行政区基本法》，立法会制定的法律须报请全国人民代表大会常务委员会备案。

生效日期：除非法例订明另一生效日期，否则有关法例经行政长官签署并在宪报刊登当日开始生效。

第四节 行政机关的立法程序

行政机关的立法程序，是指有权的行政机关在制定、修改或废止行政规范性法文件的活动中所遵循的法定的步骤和方法。

行政机关的立法程序有内部和外部之分。内部程序是指行政机关从开始启动、形成至完成立法所必经的过程，一般包括规划、起草、审查、决定和公布等环节。外部程序是指为了达到权利保护和民主参与的行政立法目标，在立法程序中设置诸如听证会、公听会、立法理由说明等环节。这些环节的主体不仅是行政机关自身，还有利害关系人等其他外部成员参与。

一、国外行政机关立法程序

世界各国和地区的行政机关立法程序呈现多元化特点。就程序规定的表现形式而言，有的国家和地区(例如美国、西班牙、荷兰、我国澳门特别行政区、台湾地区等)在行政程序法典中统一规定行政机关立法程序。有的国家(如英国)在授权法中以分散立法的形式规定行政机关的立法程序；还有的国家(如德国)以效力只发生在行政系统内部的规范性文件的方式，建立较为统一的行政机关的立法程序制度。就程序规定的调整对象而言，有的国家(如法国)以行政法规和规章为核心；有的国家(如美国、德国、日本等)除了涵盖上述对象外还包括制定行政内部规则的行为。就程序规定的内容而言，世界各国和地区的行政机关立法大致分为两大类：一类采用当事人主义，如美国《联邦行政程序法》将行政机关与利害关系人确定为双方当事人，行政立法程序在上述当事人共同参与下运作。另一类采用职权主义，如德国、我国台湾地区等，行政立法程序中以行政机关为中心，由其掌握主动权。[①]

国外行政机关立法程序主要包括立法规划和立法研究、立法动议、通告、评论、公布和生效、备案等环节和内容。

(一) 立法规划和立法研究

立法规划是指行政机关根据立法的需要，对行政立法的时间、顺序、人力和物力预先做出的安排。立法研究是指行政机关就制定某一具体行政法规、规章的必要性和可行性做出论证的活动。如美国 1985 年颁布了《制定规章计划的程序》，要求制定机关每年向行政管理和预算局局长提交下一年关于制定规章的政策、目标和目的的说明书，关于正在进行中的或者已经列入计划的一切重大规章制定行政活动的情报，提交制定规章的计划草案，对政府的制定规章计划的审查、编纂和发布。又如美国国会《管制功能分析》要求规章制定机关在进行立法时，应发布制定该规章的必要性，该规章可能对企业产生的经济影响以及规章的成本效应进行认真的经济分析。

(二) 立法动议

立法动议是指有立法权的行政机关提出制定法规或规章的建议。作为行政机关立法程序的启动和开端，由谁来启动立法程序，反映了行政民主的发展程度。各国立法动议方式分为：第一，行政管理相对人向行政机关提出立法建议。如美国、韩国等。美国《联邦行政程序法》第五百五十三条规定："各机关应给予利害关系人申请发布或废除某项规章的权力。"第二，议会提出要求或建议。英美国家，由于行政立法权的取得以议会授权获得，所以动议一般由议会提出。德国法规命令的制定也需要议会的授权，动议也由其提出。第三，行政机关自行决定。美国《联邦行政程序法》第五百五十六条第四款规定："除非法律另有规定，否则应当由规章或裁决令的提议人负举证责任。"第四，法院提出建议或做出裁决。法院可以根据案件审理中的实际情况，就行

[①]　朱芒：《行政立法程序基本问题试析》，载《中国法学》2000 年第 1 期。

政管理中存在的问题，向行政机关提出立法建议。美国《联邦行政程序法》第七百零六条第一项规定：如有认为行政机关应当制定规章而没有制定，利害关系人可请求司法机关干预，复审法院应强制行政机关"履行非法拒绝履行的或不当延误的行政行为"。

(三)通告

通告是指行政机关在制定行政法律规范时，将拟定的行政法规或规章在政府公报上或报纸上公布，以供公众了解和评论。世界大多数国家，如美国、荷兰、葡萄牙等，对行政程序法对行政机关立法程序的通告内容、方式和效力都进行了相应规定。第一，在内容上，各国通告主要包括制定规章活动的时间、地点、法律依据，以及规章拟定的条款或主要内容和需要说明的问题，有的国家还对公众意见接收和提出意见的期限在通告上作了说明。第二，在方式上，各国一般登载在政府公报或全国性报纸上。第三，在时间上，各国规定必须有持续足够的时间让公众有效参与。第四，在效力上，美国《联邦行政程序法》规定，应该通告而未通告所制定的规章，将因程序上的严重缺陷不能生效。

(四)评论

评论是指公众在行政机关制定时间内，就预定的行政机关的立法项目，向行政机关提出口头或书面的意见、批评或建议。世界各国一般采用听证会、公听会、听取意见、咨询和协商等评论形式。

(五)公布和生效

公布程序涉及法规或规章的效力，各国在有关行政程序的法律规定中大多进行了详细规定。行政机关制定的法规或规章必须登载于政府公报或特定的报纸上，以法定形式公布后才能产生效力。有的国家法案在公布时候就生效，有的则要公布后经过一定的期限才能生效。

(六)备案

备案是行政机关将已经公布生效的法规或规章报议会或上级机关审查和登记，是议会或上级机关进行监督的一种方式。

二、国内行政机关立法程序

我国行政机关立法的程序主要有立项、起草、审查、决议、公布和生效、备案环节和内容。

(一) 立项

所谓立项，就是指由法定部门编制立法年度计划的活动。当前，我国行政机关内部掌握行政机关的立法动议权。行政法规由国务院有关部门根据需要向国务院报请立项；部门规章由国务院部门内设机构或其他根据需要向本部门报请立项；地方政府规章由人民政府所属工作部门或下级人民政府基于需要向隶属政府报请立项。

(二) 起草

起草是对已经列入立法计划的某一行政法规或规章的具体制定工作。在我国，行政法规由国务院组织起草，可由国务院一个或几个部门具体负责，也可由国务院法制部门起草或组织起草。规章的草拟权属于国务院部门和地方人民政府，通常也可由其内设机构或其他机构实施，也可委托组织专家起草。同时，在起草过程中，由于起草的规章涉及公民、法人或者其他组织的切身利益，起草单位一般都会举办听证会等形式广泛听取意见。有时起草过程中，涉及其他主管部门的职责或与其他部门关系密切，起草单位会征求有关部门的意见或与有关部门进行协商。如果协商不能达到一致意见的，一般都会在上报送审时说明情况和理由。行政法规或规章草案由起草单位报送审查，报送内容包括起草单位负责人签署的草案、理由说明以及有关材料三个部分。

(三) 审查

审查是行政机关内部的专门机构对行政立法草案拟定稿进行的审核和复查。首先，审查内容包括送审稿是否符合宪法、法律和上位法的规定；是否体现切实保障公民、法人和其他组织合法权益的精神；是否体现科学规范行政行为、促进政府职能转变的改革精神；是否与有关行政法规或规章协调；是否正确处理了有关机关、组织和公民对送审稿意见；是否符合立法技术要求。其次，法制机构在审查送审稿的过程中会根据实际需要进行一系列的征求意见工作，包括：就送审稿涉及的主要问题发送有关机关、组织和专家征求意见；对送审稿所涉及的重大疑难问题，召开座谈会、论证会、听取意见，研究解决，其中行政法规送审稿直接涉及公民、法人或者其他组织的切身利益的，国务院法制部门可以举行听证会，听取有关机关、组织和公民的意见；就送审稿涉及的主要问题，深入基层进行实地调研，听取基层有关机关、组织和公民的意见；对有关部门或者机构对送审稿涉及的主要制度或措施、管理体制、权限分工等有不同意见的进行协调，协调不成的，上报立法机关决定。再次，在充分听取意见并进行协商后，法制部门对送审稿进行修改形成草案，并拟定起草说明，其中包括制定行政法规或规章拟解决的问题、确立的主要措施以及有关部门协调的情况。草案和起草说明均由法制部门主要负责人签署，提出提请行政法规制定机关审议的建议。最后，对于一些制定行政法规或者规章的基本条件不成熟，有关部门或者机构对送审稿的主要制度存在较大争议，起草单位未与之协商，送审稿没有起草单位负责人签名，或者所附材料不符合要求的，有关法制部门可以缓办或者退回送审稿。

（四）决议

决议程序是行政机关立法程序中的关键程序，决定着行政法规或规章能否被通过。在我国，行政法规草案由国务院常务会议审议，或者由国务院审批。部门规章经部务会议或者委员会会议决定。地方政府规章经政府常务会议或者全体会议决定。法制机构一般会根据有关会议审议意见对行政法规或规章草案进行修改，形成草案修改稿。

（五）公布和生效

在我国，行政法规草案修改稿报请总理签署国务院公布施行。规章草案修改稿报请本部门首长或者省长、自治区主席、市长签署命令予以公布。公布行政法规或规章的命令并载明制定机关、序号、名称、通过日期、行政首长署名以及公布日期。部门联合规章由联合制定的部门首长共同署名公布，使用主办机关的命令序号。行政法规或规章签署公布后，会在国务院公报、部门公报、各级人民政府公报和相关行政区域范围内发行的报纸上刊登，并以其文本为标准文本。一般来说，行政法规或规章自公布之日起 30 日后施行，但涉及国家安全、外汇汇率、货币政策的确定以及公布后不立即施行将有碍于行政法规实施的，一般会注明自公布之日起实行。

☞ **材料链接6.3**

行政法规规章公布程序法条

《行政法规制定程序条例》第二十九条规定："行政法规应当自公布之日起30日后施行；但是，涉及国家安全、外汇汇率、货币政策的确定以及公布后不立即施行将有碍行政法规施行的，可以自公布之日起施行。"

《规章制定程序条例》第三十二条规定："规章应当自公布之日起30日后施行；但是，涉及国家安全、外汇汇率、货币政策的确定以及公布后不立即施行将有碍规章施行的，可以自公布之日起施行。"

(六) 备案

备案是我国行政机关立法的必经程序之一，同时也是一种监督手段。现行《法规规章备案条例》对我国备案程序进行了较为完整的规定，对于报送备案的主体、承担备案工作的具体机构、提交格式、处理结果以及对未报送备案的责任追究问题都予以了说明。

第七章 立法完善程序

☞ 引例

《环境保护法》修订

2014 年 4 月 24 日，第十二届全国人大常委会第八次会议表决通过修改后的《环境保护法》。这个被称为"史上最严"的《环境保护法》，开启了中国依法治污的新纪元。据统计，2021 全国共下达环境行政处罚决定书 13.28 万份，罚没款数额总计 116.87 亿元，比《环境保护法》实施以前的 2014 年增长了 266%。随着环保法治体系的不断完善，群众反映强烈的环境问题正在逐步得到解决，环境质量总体向好。

在一部法律正式颁布后，伴随社会发展的变化，立法需要不断完善，本章主要介绍立法完善程序。

第一节 立法完善程序概说

一、立法完善的必要性

成文法律由于其确定性和稳定性的特点成为当今世界大多数国家所采取的主要法律形式。但是成文法律也存在其局限性。立法者在创制法律的过程中，不可能预见一切可能发生的情况，即使竭尽全力，也难免会受到条件的制约，不可避免地存在漏洞或者盲区。这些是由于立法本身的局限性造成的缺陷，就需要借助于其他方式来弥补。因此，立法程序的结束，只是某一项立法的完成，是某一项法律文本或法律文件的产生，并不是整个立法的结束。立法的主体有必要在法律的实施过程中不断发现立法中的盲区和漏洞，发现需要法律调整的新关系、新问题，采用必要的手段和方法，使立法不断地得到完善。

经过立法程序后，法律予以公布，这代表了立法主体对相关领域规则的初步认识，这些规则被发现或创造出来用以解决现实中的问题，为个体处理自身面临的问题提供可选择的规则。这些新规则并不一定能够很好地解决问题，或者勉强可以解决问题但却会有难以预料的外部灾难性后果。因此，立法在实施后，往往需要通过各种方式来调整这些规则，以处理这些问题。即使规则在某一时间段是可以解决问题的，但随着时间的推移，规则的适用性也会出现变化，这也需要调整或者废除规则以适应变化。

☞ **经典理论 7.1**

以解决问题为导向的人的认知过程

观察一个人的行为，从经验和心理学的角度来说，我们可以把每一个行为都归结为解决问题的活动，不论这个行为涉及的是简单的动作还是复杂的心智过程。我们日常简单的行为如走路、说话，较为复杂的行为如证明一个定理、发现一种新能源等。有些问题似乎不需要思考，对我们来说不是一个问题，或者说是已经解决的旧问题，比如吃饭、走路这些婴幼儿时期学会的行为；但有些问题却是新问题，比如如何促进大学生进行创新创业立法。这些问题表明一个人的当前状态和目标之间存在的障碍，同时不清楚如何排除这个障碍。①

人是如何解决这些问题的呢？解决问题过程就是一种搜索过程，就是在问题的提出和解决方案之间进行信息搜索，从而寻找解决方法。在解决每个问题时，并非都是可以一次性予以解决，而是可以分为更小的步骤，或者说问题可以分为初始状态、中间状态、目标状态。② 于是问题可以通过能够从一

---

① ［美］E. Bruce Goldstein：《认知心理学：心智、研究与你的生活》（第三版），张明等译，中国轻工业出版社 2019 年版，第 431 页。

② 心理学的经典实验河内塔问题诠释了这三种状态。这个实验表明为了实现目标状态，从初始状态到中间状态会带来新的问题，或者称之为问题空间，这些新问题看起来对解决最终问题没有帮助或者背道而驰，但实际上是达到最终状态的必经之路。参见［美］E. Bruce Goldstein：《认知心理学：心智、研究与你的生活》（第三版），张明等译，中国轻工业出版社 2019 年版，第 438~443 页。

种状态转化为另一种状态的一套算法，以及通过解决方案必须满足的约束来进行。对这些算法或者约束，我们都可以将其进一步简化为某一种规则。因此可以说，人的问题解决过程是依赖规则的信息加工过程或者通过选择一套规则来转化问题状态的过程。[1]

人解决问题依靠大脑进行思考，也就是我们所说的心智（mind），因此心智被概念化为一个基于规则的系统。根据学者霍兰的描述，心智解决问题的活动可以概况为三个步骤的循环：第一，将事实与规则进行比较，以发现哪些规则可以适用到这个问题；第二，选择一个将要被执行的规则集合；第三，实行已选出的规则采取具体行动来解决问题。[2] 从规则的角度出发可以看出，首先，对于一个问题并非只有一个规则可以适用，而是有许多规则群相互竞争；[3] 其次，规则和规则群之间并非并列关系，否则会导致大脑负荷过重，这些规则之间通过某种方式形成层级关系，心智会首先运用一般性规则，然后运用特殊性规则；再次，由层级关系组成的大量的规则和规则群可以形成一个心智模型，这个心智模型就表现为具体的每个人在处理问题时所具有的特征。心智模型不是一个具体的规则体系，而是利用规则处理信息而不断形成灵活知识的结构。

既然人解决问题依赖规则，那么有两个问题需要分析：第一，规则从何而来；第二，规则有哪些表现形式。从心理学的学习理论看来，规则是试错学习的结果。一个人面对问题，没有任何规则时，他只有通过实验的方法来试探出解决方案。一种规则的使用产生错误时，他就会修正规则来进行一次新的实验。如果新的实验成功，则这套规则就会被记忆强化，在下次遇到同

---

[1]　哈耶克对有关行动框架和规则系统的论述中有着详细的分析，他认为，"人的社会生活，甚或社会动物的群体生活，之所以可能，乃是因为个体依照某些规则行事"。参见［英］哈耶克：《自由秩序原理》，邓正来译，生活·读书·新知三联书店1997年版，第184页。"人不仅是一种追求目的（purpose-seeking）的动物，而且还是一种遵循规则（rule-following）的动物。"参见［英］哈耶克：《建构主义的谬误》，载《知识的僭妄——哈耶克哲学、社会科学论文集》，邓正来译，首都经济贸易大学出版社2014年版，第36页。

[2]　Holland, John H, "Escaping Brittleness: The Possibilities of General Purpose Machine Learing Algorithms Applies to Parallel Rule-Based Systems", in R. S. Michalski, J. G. Carbonell, and T. M. Mitchell (eds.), *Machine Learning: An Artificial Intelligence Approach*, vol. 2, pp. 593-623. Los Altos, Calif.: Morgan Kaufmann, 1986, p. 14.

[3]　Popper, Karl R., *Objective Knowledge: An Evolutionary Approach*, Oxford: Clarendon Press, 1972, p. 243.

样问题时采取同样的规则，如果同样的规则在过去经常带来满意的解决方案，这些规则会不断强化然后成为常规而根植在心智中，人们在碰到相同问题时会无意识地适用这些规则，而不是有意识花力气再去寻找规则处理。① 当人处于一个群体之中时，他的规则来源又多了一个向他人学习的途径。他既可以通过对群体中其他人的模仿来进行学习，也可以通过学习书籍、语言等媒介中描述的他人成功规则来获得。当然这些从他人那里学习到的规则还只是等待自己实践验证的待选规则，只有经过自己实践并成功解决问题才会内化成为自己的规则群。

从规则从何而来可以看到，规则产生之后可以被存储在个体大脑之中，也可以被存储在以语言、书籍为代表的各种媒介之中。存储在大脑中的规则可以是成功的无意识的规则，这些规则如果足够成功和持久，可以遗传给下一代；也可以是还没有获得足够强化的仅一次或几次成功的规则。这类规则可以称之为默会规则或者隐性规则，我们很难直接描述和言传。而以媒介承载的规则可以称之为显性规则，这些规则大多可以描述。这些显性规则种类非常之多，包括从价值、道德、文化、社会规则到社会组织规则、法律规则等。因此，对一个人而言，法律规则只是诸多相互竞争的待选规则中的一种，除非有强有力的动力或者效用，能够解决其面临的问题，否则人们不会选择法律规则。另外，一项法律规则不能同人们已经接受的规则相冲突，② 如果相互冲突，人们更有可能去选择已经接受的规则，而不是法律规则。

人在面临一个问题时，会首先区分是旧问题还是新问题。也就是说当人们感知到现实事物时，他的心智会积极地将其进行分类。对于心智已经掌握其解决方法的问题，即"如果——则规则是"，心智把其归类为旧问题。对于旧问题，恰当的解决规则会被自动运用。如果一个问题的状况不能被归类入任何已经有的旧问题，也就没有规则可以运用，这时心智就面临一个新问题。对于新问题，人类解决的方法首先是试探法，也就是尝试用推理策略来用已

---

① 心理学家通过实验证明，动物也是这样解决问题的。如果一只动物已经解决了一个问题，比如从笼子中逃走，那么如果这个动物再次被置于相同的状态之中时，它会毫不犹豫地采用原来的问题方案。对于这个动物来说，这个问题已经不再是问题，而变成了一种智力，或者说无意识的规则。参见 Polanyi, Michael, *Personal Knowledge*, London：Routledge, 1958, p. 122.

② ［英］哈耶克：《自由社会秩序的若干原则》，载《知识的僭妄——哈耶克哲学、社会科学论文集》，邓正来译，首都经济贸易大学出版社 2014 年版，第 219 页。

有类似的规则来处理问题。如果试探法失败，人们会重新选择规则进行新的尝试。这时规则的来源可以是其所处环境中现有的解决方案。一般来说，个体面临的新问题大多可以从周围环境中的其他人(古人和今人)的方案中得到解决。对于少数还不能解决的问题，个体会运用自己的创造力来设计新的备选规则，这使每个人都具有的创造力得到运用。[①]

二、立法完善的方式

立法完善的方式，是指通过采取哪些方式和程序使立法得到进一步的完善。一般认为立法的完善包括立法解释、法的修改和补充、法的废止、法的整理等几个方面。但是根据立法后评估的研究以及国内外的实践，表明立法后评估应当是上述立法完善工作的前提和基础，因此，立法后评估应当成为立法完善的重要组成部分。

第二节　立法后评估程序

一、立法后评估的意义

立法后评估是立法行为的延续，是立法机关或立法工作机构对立法进行调查研究、综合分析的自我总结或者自我评判，体现了科学立法、民主立法的要求，其目的是改进立法工作，提高立法质量。

第一，通过立法后评估，运用动态的方式、方法了解法律法规在社会实践中的实施情况，检验出立法不适应当前经济社会发展要求及其自身缺陷，及时对法律法规进行修改完善。

第二，通过立法后评估，有利于全面分析法规中各项制度设计的合法性、合理性和可操作性，有利于更好地总结立法工作经验，发现立法工作的不足，

---

① Holland 提出了新规则产生的三种方法："第一，稳定的规则和重要信息是组成新规则的更好材料；第二，同时活化的规则和信息最有可能重组；第三，新规则是通过现存规则的特定适应性转变而生成的。参见 Holland, John H, "Escaping Brittleness: The Possibilities of General Purpose Machine Learing Algorithms Applies to Parallel Rule-Based Systems," in R. S. Michalski, J. G. Carbonell, and T. M. Mitchell (eds.), *Machine Learning: An Artificial Intelligence Approach*, vol. 2, pp. 593-623.

以便有针对性地改进，不断提高立法水平。

第三，通过立法后评估，有利于立法机关能够正确对待立法的实际效果，发现法律法规实施中存在的问题，并分析是立法本身的问题还是执法的问题以及这些问题背后的原因，掌握全社会对于法的了解和认知、接受程度，以及法的遵守和执行情况。

立法后评估使立法者对立法的实施绩效有了一个清楚的认识，可以使立法者清楚地看到立法预期和立法实效之间的差距以及立法技术等方面的欠缺，进而吸取经验教训，举一反三，不断提高立法水平，实现立法效益的最大化。

☞ 一家之言7.1

我国立法评估研究和实践方面的问题

第一，在理论上，学者们对立法评估工作的研究非常匮乏，在研究内容上，多注重对立法后评估的研究，几乎没有涉及立法前评估的研究；在评估的方式和性质上，没有把立法评估与专家论证、召开座谈会听取意见等具体的立法环节活动之间的区别论述清楚。

第二，就立法评估工作的实践而言，传统上，我们一般认为立法草案通过了，立法工作也就算结束了，并不注重评估工作。这么多年来，虽然有些地方已经多次开展了立法评估工作，但往往形式大于实质，随意性比较强。

第三，立法评估缺乏详细的程序和标准的指引。没有可操作性的指引，更缺乏专业评估人员，在实际工作中往往用其他方式，如专家论证会、座谈会、调研听取意见等方式取代了更为严格和专业的立法评估工作。

应该说，立法评估的不足是导致立法水平不高，立法的效益不好，所立之法的实效性不强，甚至给社会公众对立法工作留下不太好的印象的重要原因。[①]

（进阶文献：夏正林、王胜坤、林木明：《地方立法评估制度研究》，法律出版社2017年版。）

---

① 夏正林、王胜坤、林木明：《地方立法评估制度研究》，法律出版社2017年版，序言第4页。

二、立法评估：立法从民主走向科学的关键环节

"科学立法、民主立法、依法立法"现在已经成为我国立法的普遍要求。从五四运动开始，我们就提倡科学。在1954年宪法起草的时候，毛泽东就指出，"搞宪法就是搞科学。我们除了科学以外，什么都不要相信"。[①] 在党的十七大报告中正式提出了"科学立法、民主立法"，党的十九大报告进一步提出了"科学立法、民主立法、依法立法"。[②] 党的文件把科学立法放在了民主立法的前面，一方面说明了对科学立法的重视，另一方面也说明了我们在科学立法方面欠账较多，需极力加强。但是什么是科学立法，却存在着广泛的争议。[③]

可以认为，科学立法有三种意义：第一种就是以科学的程序进行立法，比如公众参与程序、听证论证程序、审议程序等；第二种是以科学的标准进行立法，也就是在立法过程中适用某些标准，比如合宪性、合法性、合理性、结构语言标准等；第三种则是以科学的方法进行立法，通过民主程序把社会科学和自然科学的规律性结论运用到立法之中。第三种科学立法是以第一种科学立法为基础的升华，或者前一种叫做基础性科学立法，后一种叫做进阶性科学立法。科学标准的立法处于主观性较强的中间阶段，如果没有进阶性科学立法的支持，或者对标准的细化，其科学性则会存疑。

随着我国立法的完善，基础性科学立法已经取得了较好的成绩，但在进阶性科学立法方面还有很长的路要走。如果观察立法的相关程序和具体实践，可以看到我国在科学立法程序方面乃至立法标准方面已经建立了完善的制度并获得了较好的执行。比如在全国人大常委会法制工作委员会行政法室编撰的《行政

[①]　毛泽东：《关于中华人民共和国宪法草案》，载肖蔚云、王禹、张翔编：《宪法学参考资料》，北京大学出版社2003年版，第16页。

[②]　董珍祥：《科学立法：一个划时代的重大课题（上）》，载《人大研究》2016年第12期。

[③]　观察有关科学立法的文章，有学者对科学立法的历史进行了分析梳理，例如董珍祥：《科学立法：一个划时代的重大课题（上）》，载《人大研究》2016年第12期。有学者界定了科学立法的标准，例如，汪全胜：《科学立法的判断标准和体制机制》，载《江汉学术》2015年第4期；有学者提出要用科学的方法进行立法，例如江必新、郑礼华：《互联网"大数据"人工智能与科学立法》，载《法学杂志》2018年第5期。但是什么科学立法本身是一个极有争议的模糊概念，有较多的文章进行了讨论。

诉讼法立法背景与观点全集》中，对《行政诉讼法》修改的科学程序、标准和民主过程等有非常详细的描述，是我国目前科学立法、民主立法的真实写照。[①]

尽管有法律上的要求和实践，有关立法评估、立法听证等方面的研究也逐步深入，但是在以科学方法证明法律规则的可行性实践方面依然乏善可陈，最多也就是粗略的成本效益分析。[②]

为何需要以科学方法论证是否应该立法、草拟的法律规则的可行性、根据立法实施效果完善立法呢？这又同立法的本质属性有关。如前所述，立法本身就是寻找行为规则和创造组织规则。无论制定哪一种规则，都会带来不确定的后果。科学论证就是在这些不确定性中寻找确定性。规则其实代表了一定的规律，代表了既要顺应人的普遍心理又要对人的各种需要进行满足。这种满足还要尽量地以节约成本的方式加以完成，如果成本过高，则只能满足少数人的需要。成本问题虽然重要，但是当人类的财富增长到一定程度，便可以承担较高的成本，比如刑事侦查技术的出现，政府便民措施的实行，这些都需要政府承担更高的费用。

立法目的、心理规律、成本、社会影响等都成为选择规则时的制约因素。如何将这些制约因素纳入规则选择过程中呢？主要依靠科学技术，当然科学技术的提供可以通过民主的方式，比如听证会、论证会，把科学技术作为一种证据来证明自己对规则的选择。如果没有科学技术的参与，听证和论证就成为精英博弈的场所，或者是流于形式。

自然科学、社会科学将为立法规则的选择提供基础，没有了发达的科学，特别是社会科学，例如心理学、经济学、社会学等，则无法形成良善的法律。法学在其中是起什么作用呢？要看什么样的法学，如美国的法学，由于法官造法，法学倾向于是一种立法学，即寻找规则的学科。在德国，法官的功能是诠释法律，使法律得到更好的运用，法学倾向于是一种应用科学、通过各

---

①　全国人大常委会法制工作委员会行政法室编：《行政诉讼法立法背景与观点全集》，法律出版社 2015 年版。这方面较好的描述还有李适时、信春鹰主编：《科学立法、民主立法——全国人大及其常委会十年立法实例选》，中国民主法制出版社 2013 年版。

②　在制定《食品安全法》过程中，对是否实行监管码制度产生了争议。在一次立法论证会中有位与会代表给出了娃哈哈集团的数据分析结果，得出成本巨大的结论，从而否定了这项制度。这是为数不多的用科学证据来进行立法论证的例子。参见李适时、信春鹰主编：《科学立法、民主立法——全国人大及其常委会十年立法实例选》，中国民主法制出版社 2013 年版，第 165 页。

种逻辑的推演来决定何种规则应该适用于当前的案件。对于中国而言，法学是这两者的合体，既设立规则又适用规则，从某种程度上更倾向于适用规则。然而正如某位学者所言，法学家主导立法的情况已经一去不复返了，诠释成为法学家的主要任务。为什么会这样呢？原因就是法学家没有技术，法学家主张的规则没有切实的证据可以证明规则的良善，证明规则符合人的心理规律，并且成本较低，同时社会影响符合立法目的，出现其他不良后果的可能性较小。虽然我们在研究和推行立法评估的工作，但是法学家无法承担这项工作，因为逻辑推演才是他们的强项，他们认为只要从某种既定的规则出发，结合既定的概念、价值，就可以推导出较好的规则。

单独的心理学、经济学、社会学是否可以承担这个任务呢？答案是不能。他们或者忽略规则，或者过度强调某一方面，并不能综合地对规则进行预测和分析，只有把这些社会科学技术加上某些自然科学技术结合起来的立法论证才能解决这个问题。

有人可能会说，很多立法牵扯价值判断、意识形态、社会政策等非常宏大和主观的东西，不会因为科学技术而加以改变。这个说法有一定的道理，固执于某种价值或者某种立法目的可能导致立法的扭曲，或者说减弱了规则的良善性。但是我们还要看到，价值或者立法目的本身也是规则下博弈的结果，或者说是现有规则限制下选择的结果。这就是所谓的社会影响。社会影响的结果只能是立法考虑的一个技术方面，而不是全部。规则或者立法的社会影响可能是好的，也可能是坏的，很多时候好心办坏事，也有不少时候无心插柳柳成荫。尽管我们可以竭尽所能做出科学的分析，但是难以预想的后果总有可能产生。我们可以把这种后果考虑进去并进一步进行科学分析来完善立法，人类规则的渐进性演进就是这样发生的。也就是说，人类发展的试错演进如果尽量把科学因子带入，尽量使规则符合前述的目标，试错演进的代价会更低。

在诸多规则选择的科学之中，心理学最为基础。立法为何要以人类心理为基础，而不是随意地设立规则呢？因为人是问题导向型动物，每时每刻都在解决问题，而解决问题的基础就是规则，人们通过试错的方式来发现可适用于当下情况的规则，这些规则中立法所设立的规则只是众多可用规则之中极少的部分，法律规则只有在能够解决问题的时候才被人类所采用，并且经过反复应用后认为可以解决问题并且增加了自己的效用，或者说满足了某种需要，法律规则就被强化，甚至成为无须思索自动适用的默用规则。① 同时，立法必须考虑到另外一点，就是人们在采纳解决问题的规则时，往往是采用一系列规则组成的规则束，因此，法律规则必须与其他规则相互链接、相互支持而不是相互冲突，才有可能为人们所采用。

心理学之所以是可靠的立法基础，就是因为心理学一般建立在试验的基础之上，虽然这些试验与真实的复杂社会还是有些距离，但可控性试验是科学性的基础，所有的科学都是建立在试验的基础之上来总结规律，因为如此他人才能重复性证明或证伪命题。而经济学、社会学、法学、政治学等学科往往也进行经验的总结或者逻辑的推演，甚至运用数学、统计学的复杂方法来处理问题，能够给人以直观的启迪，但因为缺少试验，其科学的严谨性还是不足。正如有些心理学家所说，其他学科可以提出自己的命题，心理学可以负责验证这个命题。就立法而言，心理学可以设计试验来验证某一规则的有效性、与其他规则的关系以及其他影响。

将科学作为立法项目的基础也是西方国家立法时的普遍做法，是我们在立法规划时需要学习的方面。一般的场景是，西方立法和立法规划充满了利益集团之间的博弈，利益集团在议会开会、政府讨论以及立法听证会讨论时由自己或者自己的代理人不停地进行辩论，立法就在这种不断地博弈中产生了。在美国，一位英国政治学者评论说，"今天美国法律全书中的许多重要法律来源于利益集团办事处"。② 然而我们所忽略的是，利益集团或者利益相关者是如何说服议会、政府和大众的。他们除了靠优秀的口才外，更为重要的是靠科学。他们让科学家们对立法项目进行科学的论证，这些论证建立在试验、调查、数据分析的基础之上。议员或者政府支持某项立法项目时所获得的支撑材料，都是通过利益相关者背后的科学家们提供的。③ 因此，科学通过

① 美国学者莫特扎维诺斯对认知学习理论又较为完整的总结，参见[美]C. 莫特扎维诺斯：《个人、制度与市场》，梁海音、陈雄华、帅中明译，长春出版社2009年版，第33页。

② 李道揆：《美国政府和美国政治》，商务印书馆1999年版，第302页。这种情况我们可以通过影视剧得到更直观的印象，例如美剧《纸牌屋》。

③ 在英国立法中，无论议会中的议员和政府官员，还是游说团体都很重要。在立法过程中，游说团体可以提供"一份真正专业的、精辟的且有针对性"的材料。参见[英]罗伯特·罗杰斯、罗德里·沃尔斯特：《议会如何工作》(第7版)，谷意译，广西师范大学出版社2017年版，第129页。

科学家之手在立法和立法规划中得到运用。在议会、政府和法院，科学家们提供了各种科学证据材料来相互辩论，以支持或反对拟议中的立法项目或者某项规则。①

☞ **材料链接 7.1**

立法后评估兴起的背景②

在自由资本主义时代，西方国家奉行严格的三权分立原则，坚持公法和私法的分界，公共权力在社会生活的调整相对来说是比较消极的，无为而治、"守夜人政府"等理念比较流行。但是在垄断资本主义时期，社会形势和思想观念都发生了急剧的变化：一是出现了大量的基于议会授权或法律授权的行政立法；二是行政权力对社会和经济活动进行广泛干预。但是，大量的行政立法和广泛干预带来了一系列的问题：一是由于缺乏代议制民主程序的支持，行政立法和广泛的行政干预社会生活的正当性何来？二是由于理性的有限性，行政活动广泛干预社会生活的实际效果究竟如何？三是有权必有责，大量的立法授权扩大了行政权力，如何在新形势下保证行政权力的问责性？正是为了解决这三个问题，西方国家自20世纪90年代后期开始兴起了名为"改善监管"的运动，这里的监管是行政监管，即行政权力对社会生活广泛而深入的干预。在这场运动中，立法后评估作为一项重要的措施被构建和运用。由此可见，西方国家立法后评估的目的在于调整和修正行政干预产生的社会效果，督促行政机构负责人利用行政措施，从而实现"改善监督"的目的。

---

① 有两个典型的例子，一个是美国废除种族隔离规则的布朗案中，几个心理学家作证，经过他们的试验研究表明，种族隔离对黑人入学儿童的心理造成了伤害，"隔离但平等"是荒谬而不能成立的，这些证词获得最高法院的认可，并对布朗案产生了极大影响。参见[美]理查德·格里格、菲利普·津巴多：《心理学与生活》（第16版），王垒、王甦等译，人民邮电出版社2003年版，第2页。另一个是美国在制定《21世纪纳米技术研究与发展法案》的过程中，从立项到通过经过了多次立法听证，很多大学从事纳米技术研究的科学家、在联邦实验室和企业中工作的科学家、科研管理者以及相关的社会科学家都参加了听证，提供了大量的科学证据。参见樊春良、肖丹：《现代国家立法过程中的科学听证制度——以美国〈21世纪纳米技术研究与发展法案〉立法为例》，载《中国软科学》2018年第12期。

② 刘作翔、冉井富：《立法后评估的理论与实践》，社会科学文献出版社2013年版，第8~9页。

而在我国，立法工作从注重数量向注重质量转变，立法后评估主要是为了配合法规清理活动，推进立法工作、提高立法质量的一项措施。

☞ **逻辑思考 7.1**

为何需要立法后评估?

结合我国当前社会形势和法治发展阶段，分析材料链接 7.1，思考我们应如何定位立法后评估的性质、目的和功能?

三、立法后评估的主体

立法后评估的主体，即在立法后决定是否对法规进行评估、如何评估及如何对评估结果进行运用的机关或组织。立法后评估主体的确定，对于评估程序和评估结果具有决定性的意义。立法后评估的主体分为内部评估主体和外部评估主体。

(一)内部评估主体

内部评估主体是指享有立法权与执法权的国家内部机构所进行的评估活动。一般来说，内部评估主体包括，立法机关及其附属机构、法律的实施机关、立法的审查机构和监督机构、独立的评估委员会。

内部评估主体的优点：第一，内部评估主体对法律的制定和执行情况消息来源比较直接，确保掌握的第一手资料的真实性和可靠性；第二，内部评估主体的评估属于行政机关内部的协调，相对比较容易，更有利于评估工作的顺利开展；第三，内部评估主体相对更具有权威性，提出的评估报告和结论更具有影响力，有利于评估成果的实现。

内部评估主体的缺点在于，容易受到利益或声誉等诸多因素影响，容易产生主观倾向，影响评价的公正性和客观性。

(二)外部评估主体

外部评估主体是指国家机关以外的评估主体作为主体参与立法后评估活动。一般包括社会团体、中介组织、第三方独立的评估机构和社会公众等几种。外部的评估主体可以是营利性的，也可以是非营利性的。根据国外立法后评估的经验，社会公众参与评估一直被很多国家采纳，在有些国家还被放在较为重要的位置。如在英国的法律绩效评估中，公众参与协商被看作是整个法律绩效评估的重点。但是在我国，由于立法后评估还处于探索阶段，因此，外部评估主体特别是独立的第三方评估机构进行的立法后评估活动还处于尝试阶段，但是对于公众参与立法后评估已经得到学界的普遍认可并开始受到重视。

外部评估主体的优点在于不受评估对象和立法机关的利益限制，评估会更加客观公正；外部评估主体的缺点在于外部评估主体的信息获取上不如内部评估主体方便，信息的来源的真实性和可靠性不及内部评估主体。

☞ **材料链接 7.2**

我国立法后评估的主体

我国立法后评估的主体总体上可以分为两大类：评估责任主体和评估实施主体。"评估责任主体"是依照法律规定和基本法理，应当承担起评估的职责，同时又具备评估职权的主体。根据这一定位，评估责任主体就是该项法律、法规、规章的制定主体。因为从理论上讲，立法后评估作为立法制度中的有机组成部分，评估实施主体则是基于评估主体的委托，实际组织和开展评估的机构或部门。

在评估对象确定的情况下，评估的责任主体也是确定的，但是对于评估的实施主体，评估责任主体可以根据评估工作的需要，有选择地委托下列机关或者组织，具体承担评估的实施工作：(1)由地方人大各专门委员会或地方人大常委会法制工作机构，对地方性法规实施评估；(2)由地方人民政府法制部门实施政府规章的评估；(3)由执法机关即实施机关实施地方性法规、政府规章的评估；(4)由专业性的社会机构实施评估；(5)由专门成立的评估机构或评估小组实施评估。

☞ **逻辑思考 7.2**

立法评估后主体的完善

有些国家立法评估是多层次的，既由制定机关进行内部评估，也可以由议会、其他行政机构、社会第三方、公众进行外部评估。而我国现阶段的立法后评估，基本采用的是国家或政府主导型，即主要是由立法部门牵头，执法部门参与的评估主体模式，通常是由立法制定机关指定本机关中相关机构负责后评估事宜，再由该机构召集政府人员和专家学者等组成评估小组进行评估。这种评估模式中单一主体开展立法后评估容易导致垄断化和形式化，难以保障评估结果的公正性、客观性与可信性。

近年来，立法工作更加重视大学研究机构、利益相关者、社会公众参与立法后评估，但在理论和实践中都还存在着许多问题需要思考。需要思考的问题包括学术研究机构的独立性如何保证？利益相关者的范围如何界定？社会公众的参与如何不流于形式？

☞ **材料链接7.3**

我国立法中第三方立法评估主体的资质

第三方评估是我国立法中的新生事物，其评估主体资质尚无明确法律规定。一般来说，第三方立法评估主体的资质是依法设立的社会组织，以独立于立法主体的第三方身份从事立法评估活动，享有立法评估权利并承担立法评估义务的资格要件。由于立法评估的严肃性和专业性，必然要保证第三方评估主体的独立性、权威性和专业性。第三方评估主体应当在整个评估过程中独立于立法主体，保持中立，以防止评估工作受到外来因素的干扰，确保评估结果的公正性。发展独立第三方不仅是评估的历史经验的总结，也是社会利益日趋多元化和政策评估专业化的逻辑要求。[①] 立法评估是一项复杂的工作，涉及多学科、多领域，专业性很强，只有专业背景很强和实践经验丰富的专家才能胜任。立法评估本身也是参与立法，参与评估的主体需具备一定的法律知识和一定的信息收集能力。从第三方评估主体的独立性、权威性和专业性入手，从组织机构、行为能力、人员构成等方面思考第三方评估主体的资格要件。

---

① 周建国：《政策评估中独立第三方的逻辑、困境与出路》，载《江海学刊》2009年第6期。

四、立法后评估的程序

立法后评估大致包括三个阶段，即准备阶段、实施阶段、评价阶段。

(一) 准备阶段

评估的前期准备是为了保证评估活动顺利进行而开展的，准备得是否充分，会直接影响到评估的过程和评估的结果。评估的前期准备阶段应包括评估的启动、评估主体的确定、评估对象的选择和评估标准的制定等几个方面。

(二) 实施阶段

在完成前期的评估准备工作之后，即进入评估的下一步具体操作阶段。在此阶段主要是评估主体收集评估所需的资料和信息，在此基础上通过科学的评估方法进行分析。

(三) 评价阶段

在充分占有资料，并对其进行科学的分析之后，进入评估的最终评价阶段，形成评估报告。根据评估对象的不同和评估标准和方法的选择不同，评估报告的内容侧重点也会有所不同。从内容上来看，评估报告应包括评估工作基本情况介绍、对法律法规的实施效果、合法性与合理性、可操作性等内容进行的评估分析、对发现的问题提出相应的解决思路或建议。

☞ **材料链接7.4**

《残疾人保障法》立法后评估的方法与程序①

根据《全国人大常委会 2012 年工作要点》关于"对残疾人保障法开展立法后评估，为修改完善法律、加强和改进有关工作提供依据"的部署，内务司法委员会会同常委会法制工作委员会、中国残疾人联合会组成评估工作领导小

---

① 资料来源于《全国人民代表大会内务司法委员会关于〈中华人民共和国残疾人保障法〉立法后评估的报告——2012 年 8 月 27 日在第十一届全国人民代表大会常务委员会第二十八次会议上》，载《中华人民共和国全国人民代表大会常务委员会公报》2012 年第 5 期。

组和工作机构，在民政部、人力资源和社会保障部、教育部、卫生部、工业和信息化部、财政部、住房和城乡建设部等有关部门的积极配合和帮助下，对《残疾人保障法》设立的一些主要法律制度进行了评估。

本次立法后评估采用定性与定量相结合的方法，包括文献研究、问卷调查、实地调研和统计分析等。

文献研究主要是通过查阅和分析现行法律、法规、规章，立法档案资料，各级人大的相关执法检查报告、专题调研报告，各级残联及教育、工信、民政、财政、人社、住建、卫生等相关政府部门提供的统计数据、工作报告和研究报告来完成。

问卷调查采用多阶段、分层抽样调查的方法进行。在抽取残疾人样本的同时，调查残疾人所居住社区的居民、所在地政府相关部门工作人员及部分相关政府部门。此次立法后评估共调查了 1217 名 14 周岁以上的残疾人，其中城镇 613 人，农村 604 人；617 名 18 周岁以上的残疾人所居住的社区的居民，其中城镇 311 人，农村 306 人；504 名政府部门工作人员；6 个省（直辖市）、9 个地区（市）、12 个县（区）的 189 个部门。

实地调研在海南、四川等地进行。调研通过召开座谈会、实地考察、随机走访等方式，深入基层、深入群众、深入残疾人，了解社会各界对法律制度及实施情况的评价、意见和建议，共召开 11 场约 150 名各界人士参加的专题座谈会，实地考察多家残疾人康复和劳动就业服务机构，形成了两份实地调研报告。

统计分析主要是根据收集到的各种信息，对评估的主要内容，从不同角度进行比较研究，客观评价法律制度及实施情况。

五、立法后评估的结果运用

评估是手段不是目的，立法后评估能否取得实效，关键在于评估成果的转化和运用。立法后评估结果的作用有两个方面。一是对立法机关的作用。立法后评估最大的作用即在于经验的总结，通过对少数立法项目的评估，发现立法中具有普遍性、规律性的问题，寻找解决问题的对策，包括及时修改、补充、废止等，以便指导以后的立法工作，避免同样的错误发生。二是用于对法律法规的实施的指导。通过对法律法规实施状况的考察分析，确认哪些问题是在执行过程中产生的，应当交由执法机关采取相应措施予以解决。三是对司法的指导作用。对于执法难点及严重违法问题，司法机关在审判时应有所考虑并积极回应。

立法后评估结果主要是通过评估报告反映出来的。一份合理的立法后评估报告至少应当包括两方面的内容：一是对被评价的法律法规的立法质量、实施效果、存在问题及其原因进行分析评价；二是提出有关修改完善法律法规、提高法律法规实施效果以及改进立法工作等方面的建议。对立法后评估报告应当充分肯定其法律效力，要印发给人大常委会组成人员和有关实施机关，作为立法决策和改进执法的重要依据。

强化立法后评估结果的运用，可以从以下几个方面入手：一是增强评估结果对完善法律法规的指引作用，及时启动立、改、废程序；二是充分发挥评估成果对法律法规实施的矫正作用，对执法中存在的问题，督促实施机关按照评估结果提出的建议，及时制定相关政策、采取有力措施，切实改进工作；三是司法机关对于立法后评估的经验应当以审判、辩证的眼光去审视、吸收，同时通过审判职能的行使来应对立法后评估中发现的问题。

☞ **材料链接7.5**

《广东省政府规章立法后评估规定》中的立法评估程序

2008年11月28日，广东省人民政府发布了《广东省政府规章立法后评估规定》，该规定较为细致地规定了立法后评估工作的范围、标准、方法和程序。

《广东省政府规章立法后评估规定》第四章规定了立法后评估的主要程序，包括准备阶段、实施阶段、结论形成阶段三个部分。准备阶段的主要工作包括成立评估小组、制订评估方案、制订调查提纲、设计调查问卷等；实施阶段的主要工作包括收集信息并归纳整理，分析信息并得出结论；结论形成阶段的主要工作包括分析初步结论，起草评估报告，论证评估报告，正式形成评估报告。

就立法后评估的完整程序而言，为防止立法后评估流于形式，评估成果成为一纸空文，该规定第五章还规定了最后的转化阶段，其主要的内容包括审核评估报告，提请省人大常委会会议审议有关提出修改、废止法规的行政立法类议案，由有关专门委员会或者工作委员会书面告知关于行政执法类建议。

☞ **逻辑思考7.3**

如何使立法评估成果与立法相衔接

立法评估成果的转化与运用是实现立法后评估制度积极功能的决定性环节。只有将立法评估成果与立法相衔接，才能真正发挥立法评估的作用，防止立法评估流于形式和立法资源的浪费。

在一些地方性规章立法评估的相关规定中，有的并未规定立法评估成果的转化与运用程序，有的即使规定了也缺乏一定的实践可操作性。以《广东省政府规章立法后评估规定》为例，其第三十条规定："立法后评估报告应当作为修改或者废止政府规章、完善配套制度和改进行政执法工作的重要依据。"第三十一条规定："立法后评估报告建议政府规章进行修改的，有关行政机关应当按照立法程序组织对政府规章进行修改。有关行政机关根据立法后评估报告修改政府规章，原则上应当采纳评估报告提出的建议，未采纳的应当在起草说明中说明理由。"

该规定对评估报告转化与运用的途径进行了规定，但仔细分析可发现其缺乏精细的具体程序设计。一般来说，立法后评估成果主要有行政执法和行政立法两大类，对于行政执法方面的建议，可以直接由有关行政执法部门或机构研究落实，并及时向政府法制部门反馈落实情况。而对于行政立法方面的评估成果则应通过相应的立法程序进行转换和利用，有学者认为此处的立法程序即是通过《立法法》第三十二条所规定的"三审"程序进行转化，从而进行法律法规的废、改、立、释活动。对此你的观点是什么？

第三节　立法修改和废止程序

一、立法修改程序

(一)立法修改的含义与原因

立法的修改，又称法律修正，是指以增加、删减、替代的方法对原有法律规范进行修改、废弃、补充，以重新确定调整范围、内容和效力的立法行为。法的修改是一国立法的重要组成部分，也是一般立法行为的延伸和继续，是对已生效法律的进一步完善。[①] 法的修改的任务在于对现行法的内容加以修缮改动，通过这种活动使法臻于立法主体预期达到的状况。[②]

法的修改作为立法系统工程的重要组成部分，属于立法活动的范畴，既具有立法活动的共同特征，又作为特定的立法活动，有其独特的特点：其目的在于使法臻于完善，并非以产生新法为目的，也并非旨在消灭或终止现行的法。

立法的目的在于调整特定的社会关系。法律存在于社会之中，必然会受到诸多客观因素的制约。由于社会变迁、经济发展、政治改革、意识形态更新，势必会影响到依存在它们之上的法律。因此，法的修改有其产生的必然性。引起法的修改的原因是多方面的，归纳起来主要有以下几种：

1. 由于社会政治经济的发展引起的法律的修改

随着社会变迁，经济和政治快速发展或出现重大变革时，原有的法律内容已不适应社会的发展，因此需要对原有的法律进行修改。

2. 由于政策的变更引起法律的修改

党和国家政策上的变化对立法活动起着重要的导向性作用。因此，政策的变更对法律的修改产生了直接的影响。

3. 有关法律的立法、修改、废止而引起法律的修改

现行的法律体系是一个有机的整体，其中任何法律的变化，都可能引起其他法律的变化，引发对原有法律的修改。

4. 由于主管机关或执行机关的变更引起的法律修改

国家制定的法律需要由特定的机关来负责实施或执行，当这些主管机关或执行机关发生变更时，那么有关的法律法规应当及时得到相应的修改。

（二）法的补充和修改的方式

1. 部分修改与整体修改

按照修改的内容的分量、比重可以将法的修改分为部分修改与法的整体

---

① 孙敢、侯淑雯：《立法学教程》，中国政法大学出版社 2000 年版，第 253 页。
② 周旺生：《立法学》，法律出版社 2004 年版，第 376 页。

修改。

法的部分修改，一般是对原法做少量的变动。通常采用的方式主要有三种：（1）作出修改法的决议、决定和规定；（2）通过专门的决定，对既有法的某些规定与该决定调整的是同一事项时，依照该决定处理；（3）对于现有法律中已有规定的某些事项做出新的规定，这些新规定实际上是对个别法律原有规定做出的修改。如全国人大常委会通过的《中华人民共和国惩治军人违反职责罪暂行条例》，是对当时《刑法》中个别条文与之有关规定的修改。

法的整体修改，是对原有法律进行的大量修改，甚至是全局性的变动。通常是以新的同名法代替原来的法。一般包括两种情形：一是在原有法的基础上产生，原有法的基本内容不变；二是同名新法和旧法只在名称上相同，内容发生了变化。

2. 明示修改与默示修改

这种分类是按照对法的修改的明晰程度来划分的。明示修改，是以明晰的方式表明对某法或法中的某些内容所作的变动。明示修改一般都是直接、专门的修改和补充。[1] 如以新的同名法取代原来的法，以做出修改法的决议、决定和规定的方式对原法做出变动，以及通过专门决定来规定对某些事项的处理按该决定办事，都属于明示修改。明示修改的方式，便于人们明确知晓哪些法或法的哪些规定发生了变动，有助于法的执行、适用和遵守。

默示修改，是指由于新法、法的规定或法的行为的出现，而引申出包含着对某法或法的规定的变动。这种法的修改一般都是间接的、附带的修改和补充。它以"后法优于前法"的原则为依据。[2] 默示修改虽然可以通过简化程序来减少成本，但是由于没有清晰明确地指明对哪些法或哪些法的规定作了修改，不利于人们分辨法律或法律的规定哪些进行了变动。由于默示修改存在的这一弊端，因此，对于采纳默示修改应持谨慎的态度，尽量避免使用。

(三) 法的修改的要求

法的修改作为立法活动的重要组成部分，应当由特定主体依法定权限、法定程序，以法定形式进行。

---

① 周旺生：《立法学》，法律出版社 2004 年版，第 378 页。
② 周旺生：《立法学》，法律出版社 2004 年版，第 379 页。

第一，法的修改，须依法定权限进行。通常情况下，法律的修改由它们的制定者来进行，但在某些特殊情况下，修改的主体也可以是非制定者。但是非制定者充当法律的修改活动的主体，在权限上必须有法律的根据。一般来说，这种根据主要有两个渠道：一是制定者依法所做的临时授权；二是由专门的法的规定所做的授权。如我国《宪法》规定全国人大常委会在全国人大闭会期间有权对全国人大制定的法律进行修改。

第二，法的修改应当遵循严格的法定程序。一般来说，法的修改的程序大体与法的制定程序相同。但是由于法的修改可以由非制定者来充当主体，那么应当遵循更加严格的要求。主要表现在：法的修改不得与法的基本原则相抵触；所作的修改应当呈报法的制定机关审查批准。

第三，法的修改既要及时，又要慎重。法的修改要做到及时，是保证法适应社会发展，保证法律体系的协调一致性的需要。对法的修改要慎重，是维护法的权威性、稳定性和连续性的要求。

二、法的废止

(一)法的废止的含义与意义

法的废止，是指有权机关依据一定职权和程序，将现行有效的法律加以废弃，使之失去法律效力的专门活动，其目的和任务是将有关法从现行法的体系中清理出去，从而使法的体系得到完善。

法的废止的主要特征在于：一是以纯化法的体系的方式促进法的体系发展和完善，进而推动法制的发展；二是因法的废止而失去原来的法的效力。

(二)法的废止的原因

法的废止的根本原因在于现有法不能够适应社会的发展，但是造成法的废止的直接原因是多方面的。归纳起来主要有以下几个方面：

(1)由于机构变更或撤销，原有法律无存在的必要。主要有两类，一类是有关这些机构的组织规定，另一类是由这一机构颁布实施的法律文件。

(2)由于法律规定的事项已经执行完毕，法律无继续存在的必要。

(3)由于情势变更而不再适用的法律，应予以废止。

(4)由于有关法律的废止或修改而使现有法失去依据或无单独实施的必

要，应予以废止。

(5)关于同一事项因新法的颁布实施，旧法应予以废止。

(三)法的废止的方式

法的废止方式主要有三类。一是整体废止与部分废止。整体废止是指一个法整个失去效力；部分废止是指一个法的某些或某个规范失去效力。二是人为废止与自行失效。人为废止是由有权主体宣告失效而废止；后者指因法自行失效而废止。三是明示废止和暗示废止。明示废止是指法以明确宣示的形式确定法失效的日期和条件；默示废止是指无明确的法律规定，也没有有关机关的宣告，法自行失去效力而废止的情况。以上三类方式在实践中表现为：(1)以法定国家机关宣布撤销的方式而废止；(2)公布新法实施的同时废止旧法；(3)公布专门立法性文件集中废止一定范围内或一定时间内颁布的法律；(4)由于法的试用期已过或因法的调整对象不复存在而使法自行失效；(5)法本身规定的有效期限，有效期限届满，法自行失效、废止。

(四)法的废止的要求

由于法的废止同样属于立法活动，因此，同样应当采取法定的形式规定有权废止法的主体，遵循一定的法律程序。法对社会关系的调整作用要求及时废止不合时宜的法，能够避免或减少不适合调整社会关系的法带来的负面影响，减少法的实施过程中带来的不必要的冲突和麻烦，有利于新法的贯彻实施和法律体系的协调发展。

法的废止应当法制化和科学化，应尽量减少自行废止，增加人为废止，有利于过时的、不合时宜的法能够得到有效及时废止，尽量避免模糊性废止，多采用明示性废止，有助于明确执法、司法和守法。

第四节　立法整理程序

一、法的清理

(一)法的清理的含义和意义

法的清理又称法律法规的清除整理，是指有权的国家机关，在职权范围内，以一定的方式对一定范围内存在的规范性法的文件进行审查，决定是否继续适用或需要加以补充、修改或废止的专门活动。由于法的清理的对象是特定的现行法律法规，而且涉及对相关法律法规的法律效力的重新认定问题，因此，法的清理是在实际操作中审慎而严格的活动，其操作对于立法的完善起着重要的作用。

首先，法的清理有助于实现法与社会需求相适应，增强法律自身的权威性。法作为调整社会关系的规范，需要随着社会关系的发展变迁而及时调整、变动。为了适应这种需要，就有必要对现有的法律系统地加以研究、分析，确定哪些可以继续适用，哪些需要补充、修改或废止。

其次，法的清理有助于实现法的科学化、系统化。法律体系是一个有机的系统整体，只有定期对法进行清理，才能及时发现现存法，在内容、形式等方面存在的不统一、不一致，相矛盾或相抵触的现象。

再次，法的清理有利于提高立法的质量。通过法的清理，可以总结立法中的经验和教训，找出规律性的情形，在今后的立法中扬长避短。

最后，法的清理有利于法的遵守、贯彻和执行。法的清理的过程也是发现立法中存在问题的过程，解决现存法中存在的漏洞、不足等问题，及时对法进行补充、修改和废止，无疑有利于严格执法、司法和守法。

(二) 法的清理方法

法的清理可以分为集中清理、定期清理和专项清理三种。

1. 集中清理

集中清理，从时间角度看，指对较长时间内的规范性法律文件进行清理；从内容角度看，指对较多或一定立法主体所立各方面的法进行清理。[①] 集中清理的好处是可以一次性解决较多、较大的问题，但是一般来说消耗的时间成本和人力成本较大。集中清理一般发生在两种情况下：一是在重要的历史转折时期，为了适应历史转折对立法的要求，或是为了加强国家治理的需要，集中较多的人力物力，耗费较长的时间对长期积累的法进行系统的清理；二是在推进法治建设的某个阶段，由于社会发展的需要，某些法已不适应新的形势发展的需要的情况下，采取集中清理的方式对某一时间段内的部分法进

---

① 周旺生：《立法学》，法律出版社 2004 年版，第 388 页。

行清理。

2. 定期清理

定期清理，是指每隔一定时期对法进行一次清理的常规性工作。定期清理有助于及时发现和解决问题，协调法与法之间、社会发展与法之间的关系。一般来说，能否实现法的定期清理与一国的法治发展有着直接的联系。因此，做好法的定期清理工作，将其列入常规立法工作日程，对于一国的法治建设将产生重要的影响。

3. 专项清理

专项清理，是指专门对某种内容或某种形式的法进行的清理，是具有针对性的清理活动，有助于集中时间和精力解决有针对性的问题。一般来说，重视法治建设的国家，法的清理走上正轨之后，应当将专项清理和定期清理相结合，既是提高立法质量的需要，也是加强法治建设的要求。

(三) 法的清理的意义和要求

法的清理是否属于立法活动，学界有不同看法。认为属于立法活动的理由是该活动只能由有权的机关来进行；认为不属于立法活动的理由是法的清理只是确定哪些法继续有效，哪些法需要补充、修改或废止，不需要在原法上增添新内容，也不改变原有法的本来面貌。但是无论是否将法的清理归为立法活动，作为决定法是否继续适用或是否需要变动的专门活动，法的清理是法的汇编和法的编纂的基础，有助于编制立法规划和制定新的法，对司法、执法和守法同样具有重要的意义。因此，法的清理工作的开展应当有严格的要求和规范的操作。

(1) 法的清理主体只能由享有一定立法职权的国家机关或这些国家机关的授权机关 (组织) 来进行。

(2) 明确法的清理权限的划分，立法主体或其授权的主体应当只在自己的职权范围内进行法的清理，既不能越权清理也不能在职权范围内不履行清理的职责。

(3) 正确划定每次法的清理的范围、划定清理的具体对象，避免把不需要清理的法列入法的清理范围。

(4) 根据社会发展变化的情况，有计划、有组织地开展法的清理工作。及时掌握党和国家的方针、政策变化，提出对法继续适用和需要补充、修改或废止的建议；根据法的实施效果，分析法继续适用，需要补充、修改或废止的理由。

☞ **材料链接 7.6**

法律、法规的清理

在立法活动中不可避免地会出现利益的冲突，国家立法与地方立法、上级立法与下级立法、部门利益与社会利益的冲突，而解决这些冲突的方式主要有：备案与审查、改变与撤销、立法解释或司法解释等。但在实践过程中，还通过法律法规制度清理来解决这种冲突。无论是全国人大及其常委会还是有关地方人大及其常委会，根据实际需要，先后多次对法律、行政法规、地方性法规进行清理，以保持法制的统一。

我国在 1954 年新宪法通过后，颁布了关于"现行法律、法令继续有效的决议"，并根据这一决议，国务院在 1955 年对原政务院及其所属各部门发布的法规进行了一次清理。党的十一届三中全会后，为消除"文化大革命"对法律秩序造成的混乱状况，国务院其后开展了一系列的法规清理工作。我国成为世贸组织成员国以后，为了履行对外承诺，保证法律、法规、规章与世贸规则相符合，全国人大及其常委会、国务院从 2000 年开始对有关法律、法规、规章进行清理。党的十五大提出的到 2010 年形成中国特色社会主义法律体系的要求，保证法律体系内部的科学、和谐、统一，从 2008 年起，全国人大常委会集中对现行法律当中存在的有关问题进行了清理，同时组织国务院各部门、中央军委法制局、最高人民法院、最高人民检察院，从其各自的工作领域对现行法律中需要清理的问题进行梳理。

2009 年全国人大常委会作出两个决定：一是关于废止部分法律的决定，废止 8 件法律和有关法律问题的决定。二是关于修改部分法律的决定，修改了 59 部法律当中的 141 个条款，使全国人大及其常委会制定的法律做到了和谐统一。2010 年全国人大常委会又集中开展行政法规和地方性法规清理工作。同时，在全国人大及其常委会通过一系列法律后，也要开展较为集中的法的清理活动。比如 1996 年 3 月，八届全国人大四次会议通过《行政处罚法》后，国务院及其各部门和各省、自治区、直辖市、较大的市人大常委会即展开了法规、规章的清理工作。

☞ **逻辑思考 7.4**

对法律清理的思考

法律法规数量庞大、法制工作机构的人员有限、立法任务较重等原因使得法律、法规的清理工作面临诸多困难，法的清理质量也难免受到影响。尤其是如今地方立法权的下放，使得地方性法律、法规越来越多，与其相对应的清理制度还未到位，你对法律、法规清理的权限、程序、方法有何看法？

二、法的汇编

(一)法的汇编的含义和意义

法的汇编，也叫法律汇编，是指在法的清理的基础上，对现行的规范性法律文件按所涉及的问题的性质或发布时间的先后顺序进行排列，加以系统地编排，汇编成册。法的汇编的主要目的在于使法更加集中化、系统化，一般不改变法的文字和内容，只是对法的一种外部加工，是立法的辅助性工作。

法的汇编以法的清理为基础，同时法的汇编是实现法的清理目的的一种重要形式。法的汇编的作用和意义在于：第一，使法更加系统化、集中化，便于人们更加全面、完整地了解各种相关法的规定，便于查阅和援引各种相关法的有关规定，更好地指导执法和司法实践，同时便于法学研究的开展；第二，法的汇编是法的清理的成果反映，便于发现现有法的优点和不足，总结立法上的经验教训，有利于立法工作更有成效地开展，同时为法的编纂打下基础和做好准备的必要条件。

(二)法的汇编形式

第一，按照汇编类别，可以把法的汇编分为单项汇编和综合性汇编。

单项法的汇编是根据一定的标准把某类、某方面、某个领域的法汇集起来。单项法的汇编一般包括：(1)把国家法律、行政法规、地方性法规、自治法规及其他规范性文件，分别进行汇编；(2)根据法的性质和内容进行分类汇编；(3)根据现实需要和编者的意图进行汇编；(4)根据法的有效性进行汇编。以上几种单项法的汇编形式有些情况下也可以交叉、综合运用。

综合性法的汇编是把各种形式的法，有效的和无效的法都汇集起来的总的、全面的法的汇编。这种汇编有助于了解法的全貌和立法发展的整个轨迹。

第二，按照汇编的主体不同，可以将法的汇编分为官方汇编和非官方汇编。

由于法的汇编不属于立法活动，因而法的汇编并非有权立法机关的专利。实践中法的汇编的主体既有行使立法权或立法性质职权的机关，也有其他机关、社会性组织或个人。但是为保证法的汇编的准确性、及时性和全面性，一般来说由官方组织进行的法的汇编具有更高的权威性，可以作为执法、司法和守法的依据；其他非官方组织的法的汇编，其主要价值在于为执法、司法和研究领域提供参考。

(三) 法的汇编的要求

1. 确定法的汇编的选材范围

不论采取何种法的汇编形式，法的汇编的选材范围都是需要处理的首要问题，应包括内容范围、时间范围，效力范围三方面内容。

2. 明确法的分类标准

按照一定的标准对法进行分类，根据现实需要或者编者的意图按照一定类别的划分对法进行汇编。

3. 遵循一定的编排顺序

法的汇编的编排顺序一般有三种：(1)汇编中所要汇集的法按内容分门别类、排列顺序；(2)按照法的公布时间顺序排列；(3)按照法的标题的第一个字母顺序排列先后。

4. 确保法的技术性处理范围

法的汇编并非立法活动，因而不能对法进行增删、改动，因此，应将技术性处理的范围仅限于改正法中的文法、语法错误，对于改动的地方需加注说明。

☞ 规则起草 7.1

未成年人保护法规汇编

少年强，则国强；少年富，则国富。青少年是国家的未来，我国也非常

重视对未成年人的保护，在我国《宪法》《民法典》《教育法》《劳动法》《刑法》等法律中，都有保护青少年权益的法律条文。如果让你将我国各部门法中与未成年人相关的法律、法规做一个汇编，你会怎么做？

三、法的编纂

(一)法的编纂的含义和意义

法的编纂又称法律编纂、法典编纂，指有权的国家机关在法的清理和汇编的基础上，对现行的同类法或同一部门法在进行研究审查的基础上，本着统一的原则，对其做出存废决定，并对其进行修改和补充，最终形成一部集中的、统一的、系统性的规范的法或法典。法的编纂主要任务在于统一同类的有关规范性法的文件、法的规范，形成一个系统的整体，其目的在于消除法和立法中的矛盾冲突。

法的编纂是对现存法加以改造的一项专门的立法活动，其作用和意义主要表现在：

第一，法的编纂使现有法更臻于科学化、系统化。法的编纂可以帮助人们发现现存法中的不足，消除现存法中存在的矛盾、冲突、重复或存在空白等问题。

第二，法的编纂有助于促进法的体系的完善，推动法制的统一。一国法的体系完善与否，一个重要的标志就在于构成这个体系的部门法中有没有重要的、骨干性的法作为基础。法的编纂正是将同类法、法的规范进行整合，实现法的体系日渐完善的一个过程。同时通过对现存同类法的整理和系统化，实现法制的统一。

第三，法的编纂有助于法的贯彻执行。通过法的编纂，可以为社会提供一个统一、完善的法，便于人们了解、掌握和运用。

(二)法的编纂的要求

1. 法的编纂的主体的确定性

法的编纂作为一项专门的立法活动，只能由有权立法的主体来进行。

2. 依立法职权划分编纂权限

法的编纂主体应当依据自身的立法职权范围进行法的编纂。

3. 严格编纂的技术操作

经过编纂产生的法是在修改、补充、综合既有的单行法的基础上形成的，因此法的编纂比单纯制定新法要求更加严格。法的编纂必须建立在对现有的一定数量的同类单行法进行分析和综合研究的基础上，根据一定时期内的社会发展需要和政策要求进行法的编纂。

☞ 阅读研究 7.1

罗马法的编纂

《查士丁尼法典》《法学阶梯》《学说汇纂》都是法的编纂的成果。其中《查士丁尼法典》是对历代罗马皇帝发布的敕令和元老院的决议的整理和编纂；《法学阶梯》是在参照著名法学家著作后，对法学原理的编纂；《学说汇纂》是将历代罗马法学家的著作和法律解答进行摘录和整理，然后分门别类地汇集和调整，剔除过时或多余之处，消除各种矛盾，并对原文进行了必要的修改。

（进阶文献：［罗马］查士丁尼：《法学总论——法学阶梯》，张企泰译，商务印书馆1989 年版。）

☞ 材料链接 7.7

《民法典》的编纂①

我国编纂《民法典》采取"两步走"的工作思路进行：第一步，制定《民法总则》；第二步，编纂《民法典》各分编，并将修改完善的各分编草案同《民法总则》合并为完整的《民法典》（草案），由全国人大常委会提请全国人民代表大会审议。

2015 年 3 月，全国人大常委会法制工作委员会以 1986 年制定的《民法通则》为基础，形成《民法总则》（草案）；2016 年 6 月，《民法总则》（草案）首次

---

① 资料来源于《新时代的人民法典——〈中华人民共和国民法典〉诞生记》，载新华网：https://baijiahao.baidu.com/s? id = 1667960273971825817&wfr = spider&for = pc，2024 年11 月 9 日访问。

提请全国人大常委会审议，标志着《民法典》编纂工作正式进入立法程序。2017 年 3 月由第十二届全国人民代表大会第五次会议审议通过《民法总则》。制定《民法总则》，完成了《民法典》编纂工作的第一步，为编纂《民法典》奠定了坚实基础。

《民法总则》通过后，十二届、十三届全国人大常委会接续努力、抓紧开展作为《民法典》编纂第二步的各分编编纂工作。系统梳理、研究历年来有关方面提出的意见，开展立法调研，广泛听取意见建议，以现行《物权法》《合同法》《担保法》《婚姻法》《收养法》《继承法》《侵权责任法》等为基础，结合我国经济社会发展对民事法律提出的新需求，形成包括物权、合同、人格权、婚姻家庭、继承、侵权责任等 6 个分编在内的《民法典》各分编草案。对各方面比较关注的人格权、婚姻家庭、侵权责任 3 个分编草案进行了审查。在此基础上，将《民法总则》与经过常委会审议和修改完善的《民法典》各分编草案合并，形成《中华人民共和国民法典(草案)》。《民法典》依次为总则编、物权编、合同编、人格权编、婚姻家庭编、继承编、侵权责任编 7 编以及附则，共 84 章，1260 个条文，总计 10 万余字。

第三编　立法技术

第八章 立法语言技术

☞ 引例

语言艺术故事

英国著名剧作家肖伯纳到莫斯科旅游，在街上遇到了一位聪慧的小女孩，十分投缘，便站在街头天南地北地和她聊了很久，临分别时，肖伯纳说："回去告诉你妈妈，今天你在街上和世界名人肖伯纳聊了很久。"小女孩看了一眼，也学着他的口气说："回去告诉你的妈妈，你今天和漂亮的苏联小姑娘安娜聊了很久。"同一件事，不同的语句顺序就表达了不同的意涵。我们不能不为小姑娘的机智所称道，并从中受到深深的感悟：一个人不管有多大的成就或多高的地位，都不能不平等地对待任何人。

语言是人类所特有的用来表达意思、交流思想的工具，是一种特殊的社会现象，由语音、词汇和语法构成一定的系统。下面我们来了解一下立法的语言艺术吧。

第一节 法律的外部形式

立法语言，是指制定和修正法律的专门的语言文字，它按照一定的规则表述立法意图、设定行为规范、形成规范性文件。从立法实践中看，立法语言十分重要，它是立法者表达其立法意图、立法目的、立法政策的文字载体。本章将从法律的外部形式、法律的内部结构以及立法的表述技术三方面对立法语言技术进行分析。

法律的外部形式，即法律的外部表现方式，是法律体例的一种。立法起草人的重要职责应该包括所草拟的法案具有适当的、科学的外部形式。法律外部形式与法律内容的关系，主要表现在法律形式依赖于法律内容、服务于法律内容，而法律内容则决定法律的外部形式。一般而言，法律体例的外部形式可分为总则、分则、罚则、附则等四个部分。

一、总则

法的总则，就是对法具有统领地位的，在法的整体中与分则、附则等对应的法的条文的总称。①

在以成文法为主要法的形式的国家，总则是大多数的法所应具有的重要组成部分。对大多数的法来说，它的内容中需要有对全法具有统领性的内容。有了这种统领性的内容，全法便有了一以贯之的东西将其统领起来。这种统领性的内容，应当用总则来反映，同时，从法的结构的完整性、科学性来说，设置总则也很有意义。

法的总则并非都以"总则"二字为标题在法中明确地表现出来，总则有明示总则与非明示总则的区分。

明示总则一般出现在有一定规模、设有"章"的法的结构中，在简单的法的结构中一般不存在明示总则。明示总则的名称，最普遍的称为"总则"，如《民法典》第一编是"总则"。此外，也有称为"总纲""基本原则""一般规定"以及其他有关名称的。例如，《中华人民共和国宪法》第一章总纲即为该法的总则。

非明示总则也即无标题总则，一般出现在简单的法的结构中，或出现在不设"章"的法的结构中。立法实践中存在这种情况，有的法既有"章"的设置，又有总则的内容，却没有对总则的内容以明示的形式表现出来，而以非明示的形式来表现。例如，《全国人民代表大会议事规则》和《全国人民代表大会常务委员会议事规则》，在第一章之前分别突出地写了一条和二条总则性内容而未设总则标题。

无论明示总则还是非明示总则，一般都应当设于法的开篇，只有在总则之前还有序言、前言的情况下可以例外。立法实践中，有些法将总则性内容，如法的效力等，置于法的尾部。

在有的法中，除了设有总则的专章或专编外，在其他有关编、章、节中还设有诸如"通则""一般规定""一般原则"等，这特别表现在民事立法的实践中。《法国民法典》《德国民法典》《中华人民共和国民法典》《中华人民共和国

---

① 孙潮：《立法技术学》，浙江人民出版社 1993 年版，第 107 页。

民事诉讼法》的有关编、章中，就有这类规定，可以视为各有关部分的总则，不能视为全法的总则。它们对法的各有关部分有着程度不等的统领作用，但对全法一般不具统领作用。①

总则作为法的结构中对全法具有统领性的组成部分，它的内容主要包括以下几个方面：立法目的，立法根据，法的原则，有关法定制度或基本法定制度，法的效力、法的适用。

(一) 立法目的

立法目的，是指立法者希望通过所立的法来获得的结果。② 目的规定多为宣示性的概括条款。其句式为"为……（立法目的）……特制定本法（或本条例）"。写作立法目的时应当注意以下几点：

1. 目的不宜缺少

任何法都有其立法目的，一般情况下应当将这种目的形成法的条文。

2. 位置要正确

目的条文一般应当作为法的正文第一条。

3. 格式要规范

一方面，立法目的应当采用"为了……制定本法"的格式来写；另一方面，立法目的应当以条文的形式来表现，不要在第一条前专门写一段来表述立法目的。

4. 顺序要合理

当立法目的具有多项内容、需要用多句来表述时，一般要采用由具体到抽象、由直接到间接、由近到远的顺序来排列。在少数情况下也可以采取由抽象到具体、由间接到直接、由远到近的顺序来排列。最忌没有正确顺序、杂乱地将多项目的内容堆积到一起凑成一个条文。

5. 内容要切实

不要讲空话、套话，不要把非目的性的内容写进目的条文中。

(二) 立法根据

立法根据，是指立法者立法时法的根据和事实根据。写作立法根据应当

---

① 罗传贤：《立法程序与技术》，台湾五南图书出版公司 1996 年版，第 231 页。
② 万其刚：《立法理念与实践》，北京大学出版社 2006 年版，第 99 页。

注意以下几点：

(1)在现代社会，制定法律、法规、规章等，除极个别的外，都必须有根据。在中国，法律的制定要以宪法为根据；行政法规的制定要以宪法、法律为根据；部门行政规章的制定要以法律、行政法规为根据；地方性法规的制定要以本行政区域的具体情况和实际需要为根据，并且不得同宪法、法律、行政法规和上级地方性法规相抵触；地方行政规章的制定要以法律和行政法规为根据；自治法规(自治条例和单行条例)的制定要以当地民族的政治、经济和文化特点为根据。[①] 除宪法外，各项立法一般都要写明自己的根据，以保证自己的合法性。

(2)一般情况下，要以法定根据作为立法根据。例如，制定行政法规，要按照宪法的规定，以宪法和法律为根据；制定自治法规，要按照宪法的规定，以当地民族的政治、经济和文化特点为根据。在有的情况下，也可以推定的根据为根据。

(3)立法根据不要写得过于笼统。不要笼统地说"根据宪法(法律、行政法规、地方性法规、行政规章)，制定本法"，而要说"根据……法关于……的规定，制定本法"。[②]《国务院组织法》的立法根据就写得较为明确、具体："根据中华人民共和国宪法有关国务院的规定，制定本组织法。"

(4)也不要过于具体，说根据……法……条的规定制定本法。否则，作为立法根据的法条一旦变动，便使根据条文产生麻烦。例如，1979 年公布施行的《逮捕拘留条例》第一条规定："根据中华人民共和国宪法第十八条和第四十七条的规定……特制定本法。"这里所说的宪法系 1978 年宪法。1982 年宪法诞生后，《逮捕拘留条例》这一根据条文就产生问题了。

(三) 法的原则

法的原则是法的纲领、关键之所在。一部法，有了原则就有了中心，全法就易于成为一个有内在联系的整体。法的原则，是法所要坚持的最基本的东西。写作法的原则应当注意：

(1)法的原则一般来说是法所必需的组成部分。我国立法实践中有些法的

---

① 郭道晖：《当代中国立法》，中国民主法制出版社 1998 年版，第 1330 页。
② 郭道晖：《当代中国立法》，中国民主法制出版社 1998 年版，第 1331 页。

总则中写有法的原则，如《民事诉讼法》《刑事诉讼法》《行政诉讼法》等；也有许多法的总则中没有写法的原则。

（2）在规模大的法的结构中，例如，在《民事诉讼法》和《刑事诉讼法》中，法的原则可以在法的章或节的标题中表现出来。在其他法或一般法中，法的原则可以在总则中以条文的形式表现出来。其格式可以为："本法坚持以下原则：（一）……（二）……"采取这种表达形式，可以使人对法的基本原则一目了然。

（3）法的原则的位置，可以确定在立法目的和依据之后。在中国立法实践中，法的原则的位置不定，有的排在立法目的和依据之后，更多的是排在其他位置之前，如《刑事诉讼法》的法的原则是排在"任务"之后，《民事诉讼法》的法的原则是排在"任务和适用范围"之后。①

（4）制定法的原则，要求起草人务必正确把握立法目的和全法的主要内容，把所要坚持的真正的重要因素形成原则，从中提炼出原则，而不能随意确定某项原则。

（四）有关法定制度或基本法定制度

在许多法的总则中，有必要确定有关法定制度或基本法定制度。如果说法的原则是全法的纲领、关键和中心，那么法定制度便是全法具有统领性的实体性内容。

（1）总则中确定的有关法定制度或基本法定制度，必须是对全法具有统领性的制度，如果是属于法中某一部分或某一方面所要确定的制度，便不要写入总则。②

（2）这种制度主要是有关体制问题的总的制度，如《文物保护法》总则第八条确定的制度即属这种制度："国务院文物行政部门主管全国文物保护工作……"而有一些将总则作为杂则来写的法，其总则确定的制度有许多不是基本制度。

（3）这种制度应当排在法的原则之后和法的效力之前来写。

---

① 曹叠云：《立法技术》，中国民主法制出版社1993年版，第220页。
② 罗传贤：《立法程序与技术》，台湾五南图书出版公司1996年版，第236页。

(五) 法的效力

法的效力在法学理论上有多层含义。法的总则组成部分的法的效力，指所立的法对主体在什么空间和时间有效。

第一，一般要按照法的空间效力、对主体的效力、时间效力的顺序来写，如中国《刑法》。有时按照空间效力、时间效力、对主体的效力的顺序或是按照对主体的效力、空间效力、时间效力的顺序来写也可以。《法国民法典》便是按照空间效力、时间效力、对人的效力的顺序来写的。它在第一至三条依次分别规定："经总统公布的法律，在法国全境有强行力。""自法律的公布为公众所知悉之时起，在共和国每一部分，法律即发生强行力。""法律仅适用于将来，无追溯效力。""凡居住在法国领土上的居民应遵守法律。"①无论采取何种顺序，都要注意依次来写，不要一种效力没有写完，就写别的效力，然后再来写前面已写过却未写完的效力。

第二，对简单的、规模较小的法，其法的效力可以集中写一条三款，或是写一条不分款。这样写可以使总则中关于法的效力的规定比较集中、清楚。对复杂的、规模较大的法，其法的效力可以写 3 条甚至更多条文，但这些有关法的效力的条文应当集中在一起，不要分散。②

第三，完整的法的效力是由法的空间效力、对主体的效力、时间效力三者构成的。关于法的效力，不能只写一方面或两方面而疏于注意其他方面。注意法的效力的完整性，也要求注意各效力因素本身具有完整性。首先，法的空间效力包括对地域和事项两方面的效力。我国《刑法》第六条规定："凡在中华人民共和国领域内犯罪的，除法律有特别规定的以外，都适用本法。"这里所说的"中华人民共和国领域内"和"犯罪"，就包括地域和事项两方面。其次，法对主体的效力包括对本国人和外国人两方面的效力。规定对主体的效力必须注意这两方面的完整性。再次，时间效力包括从何时生效，是否有追溯既往的效力，以及终止生效诸方面。我国法的总则中的时间效力，通常只规定何时生效。《法国民法典》不仅规定何时生效，还规定"法律仅适用于将来，无追溯效力"。国外许多法还根据需要规定法的终止生效时间。

---

① 罗传贤：《立法程序与技术》，台湾五南图书出版公司 1996 年版，第 239 页。
② 郭道晖：《当代中国立法》，中国民主法制出版社 1998 年版，第 1340 页。

第四，总则中法的效力内容一般应当置于法的原则或有关法定制度或基本法定制度之后。实践中有的法将法的效力置于总则较前部分，位于立法目的和依据之后，有的置于总则的中部，有的置于总则的后部或尾部，还有的将法的效力诸要素分散置于总则的不同部位。

☞ 案例评析 8.1

江 歌 案

2016 年 11 月 3 日凌晨，来自山东青岛的女留学生江歌在东京都中野车站接回同住的女室友刘某后，在公寓楼门口遇到刘某的前男友陈某峰，继而遭到陈某峰的杀害。2017 年 12 月 11 日至 15 日，该案在东京地方裁判所公开审判。这一案件虽然发生在日本，但是案内相关人均为中国公民，因此引起了关于我国刑法的空间效力问题的热议。

我国刑法的空间效力范围遵循四项原则，分别是属人、属地、保护和普遍管辖原则。实践中，根据国际刑事司法的惯例，一国公民在他国发生刑事犯罪，应按照犯罪发生地国法律优先的原则进行处理，即犯罪发生地所在国具有优先管辖权。属地原则，也因此被称为域外犯罪选择适用管辖的"黄金原则"。结合本案，犯罪发生地为日本，因此日本相对于中国具有了优先管辖权。

(六) 法的适用

法的适用，是指适用某一规范的条件、范围和情况，即在什么范围内、什么情况下适用该规范。法的适用规定一般均列在第一条目的规定之后、实体规范之前的条款中。法的适用规定的句式一般为"适用……规定""……不适用之"或"依……规定"。表示特别法者为"本法未规定者，适用其他法律的规定"；表示普通法者为"……事项，除法律另有规定外，适用本法的规定"。[1]另外撰写法的适用，应当注意以下几点：

第一，要划清法的效力与法的适用的界限。立法实践中大量的法律、法

---

[1]　郭道晖：《当代中国立法》，中国民主法制出版社 1998 年版，第 1341 页。

规、规章，对这两者的界限没有划清，往往将这两者当作一回事。《中华人民共和国刑法》和《中华人民共和国民事诉讼法》的总则中关于"适用范围"的内容，就是法的效力与法的适用两方面内容的综合，并且主要是指的法的效力范围。《法国民法典》总则的标题就是"法律的公布、效力及适用"，该法典将法的效力与法的适用区分开来的技术，值得学习。

第二，总则中法的适用内容的表述，可以采取这类格式：其一，在法律、法规中可以写"国家司法机关应当受理由于违反本法所引起的案件。国家主管机关应当执行本法"。其二，在规章中可以写"国家主管机关应当受理由于违反本规章所引起的案件或纠纷。国家司法机关处理与本规章相关的案件或纠纷，可以参照本规章的相关规定"。

第三，法的适用条文应当置于总则尾部。法的适用内容，在我国立法实践中还未引起人们的注意。我国的法律、法规、规章的总则中极少有法的适用内容的条文。在这方面，我国可以借鉴国外立法的一些做法。《法国民法典》总则的适用条文中有这类规定："法官如借口法律缺页、法律不明确或不完备而拒绝审理，得按拒绝审判罪予以追究。""法官对其审理的案件、不得以一般规则的处理方法进行判决。"这类规定的具体内容，未必都适合中国国情，但这类法的适用规定在《法国民法典》的六条总则中占有相当重要地位的情况，可以为我国立法引为借鉴。① 在法的内容中确定执法者、司法者对实施该法所应负的责任，对保障法的实施无疑有好的效果。

☞ 案例评析 8.2

摩托车是否能上高速?②

2016 年 6 月 24 日，陈某驾驶普通两轮摩托车从温州南收费站驶入 G15 沈海高速(未领取通行卡)，沿着温丽高速公路行驶。高速交警总队 W 支队指挥中心接到群众报警后随即电话通知该段高速业主协助拦截。随后，陈某驾驶的摩托车在高速公路某收费站下高速公路时被高速公路收费站工作人员拦截。

---

① 吴大英、任允正、李林：《比较立法制度》，群众出版社 1992 年版，第 628~629 页。

② 资料来源于新华网：《摩托车在高速路行驶是否合法? 不同路段有不同规定》，http://www.xinhuanet.com//politics/2017-04/09/c_1120774699.htm，2024 年 11 月 9 日访问。

交警到达现场进行调查后，对陈某作出罚款 100 元并记 3 分的处罚决定。陈某当场签收了该处罚决定书。之后，陈某不服，于同年 7 月 7 日向 Z 省公安厅申请复议，后 Z 省公安厅作出维持原处罚决定的复议决定。陈某不服，于同年 9 月 20 日向浙江省永嘉县人民法院提起行政诉讼。陈某诉称，交警处罚依据是驾驶员违反禁令标志。《道路交通安全法》规定不能上高速公路是指"行人、非机动车、拖拉机、轮式专用机械车、铰接式客车、全挂拖斗车以及其他设计最高时速低于七十公里的机动车"，《道路交通安全法实施条例》规定在高速公路行驶的"摩托车不得超过每小时 80 公里"，上述规定内容并未限制摩托车不能上高速公路。Z 省法规与国家法律规定有冲突，应该遵循上位法的规定，故交警作出处罚决定不合理。因此，请求撤销被告 Z 省公安厅高速公路交通警察总队 W 支队三大队的处罚决定，一并撤销复议机关 Z 省公安厅的复议决定。

本案争议的焦点为摩托车上高速公路的法律适用问题。永嘉法院经审理认为，交通标志属于交通信号，交通标志的设置应当符合道路交通安全、畅通的要求和国家标准。高速公路交通标志的设置由高速公路经营管理者按照国家标准，结合交通状况、路网结构、沿线设施等实际状况设置。本案中，涉案 G15 高速公路经营者设置禁止摩托车驶入标志，具有法律依据，且设立的禁止摩托车驶入的标志并未被交通主管部门认定为设置交通标志不合理。法律对摩托车在高速公路上通行的速度作出限制，不能理解为该条内容规定了摩托车可以在任何高速公路上行驶。因此，判决驳回原告陈某的诉讼请求。一审宣判后，陈某未上诉，判决已生效。

二、分则

"法的分则是法中与总则直接对应，顺序位于总则之后，使总则的内容进一步具体化和明确化的法的条文的总称。"[1]这是法案中规定具体行为规则的那部分内容，是一件法案中最主要的部分，是执法机关执法和公民、法人或者其他组织守法最直接的根据。

法的分则也有明示与非明示的区分。明示分则以在分则内容前标有"分

---

[1]　黄文艺：《立法学》，高等教育出版社 2008 年版，第 154 页。

则"标题为其最显著的标志。这种分则形式较少见，例如，我国《刑法》采取这种分则形式。非明示分则是指法中没有分则标题予以统领但其内容属于分则范畴的那一部分法的内容。非明示分则又有两种区分：一种是在它之前有明示总则或总则成独立部分。绝大多数设有章的层次的法，都采用这种分则形式。另一种非明示分则形式出现在不设章的法律、法规、规章中。这类法由于不设章，它们没有总则、分则、附则之类的标题，但有总则、分则、附则内容区分之实。这类分则在现行中国法律、法规和规章中存在很多，如《国籍法》《学位条例》等。①

分则的内容依不同的法而有不同的特色。分则的内容主要包括以下几个方面：

第一，从分则与总则的关联的角度看，分则的内容主要是立法目的、根据、法的原则、基本法定制度及其他有关总则内容的具体化。② 例如，《民法典》婚姻家庭编对婚姻规定的基本原则是：实行婚姻自由，一夫一妻，男女平等，保护妇女、儿童和老人的合法权益。该编其他部分就分别对这些原则作出具体化的规定。例如："结婚应当男女双方完全自愿，禁止任何一方对另一方加以强迫，禁止任何组织或者个人加以干涉。""婚姻登记机关查明双方确实是自愿离婚，并已经对子女抚养、财产以及债务处理等事项协商一致的，予以登记，发给离婚证。""夫妻在婚姻家庭中地位平等。""女方在怀孕期间、分娩后一年内或者终止妊娠后六个月内，男方不得提出离婚；但是，女方提出离婚或者人民法院认为确有必要受理男方离婚请求的除外。"

第二，从分则作为对社会关系实行调整的法的实体内容看，分则的内容主要是对各有关主体、客体、行为、事件、结果加以具体规定。③ 例如，《中华人民共和国海商法》在总则之后，以 13 章的篇幅对有关海商法的关系的主体、客体、行为、事件、结果作了一系列详细而具体的规定，从而使《海商法》就有了实体性的或实在的内容。

第三，从分则作为具体的行为模式和法的后果的主要载体看，它以系统地、具体地规定一定的权利或职权、义务或职责为内容。这包括行使这些权

---

①　朱力宇：《立法学》，中国人民大学出版社 2006 年版，第 291 页。

②　罗传贤：《立法程序与技术》，台湾五南图书出版公司 1996 年版，第 249 页。

③　徐向华：《立法学教程》，上海交通大学出版社 2011 年版，第 310 页。

利或职权、履行这些义务或职责的法的保障；由于行使或侵犯权利或职权、履行或不履行义务或职责所引出的法的结果。

三、罚则

罚则是法律文本中分则的组成部分，它是集中规定法律制裁、法律救济和免责条款等内容的章节。在我国，凡分为章节结构的法律文本，罚则一般称为"法律责任""奖励与处罚""罚则"等，罚则一般是法律附则前的一章或一节；凡不分章节结构的法律文本，罚则是法律中制裁的部分。[①]

罚则一般由法律制裁、实施法律制裁主体、法律救济条款、法律责任免除条款、时效规定等内容组成，其中法律制裁是罚则的核心内容。[②] 法律制裁对于违法者而言，是一种不履行法定义务或者为某种法律禁止的行为的量化了的有害的法律后果，这种法律后果具有不可规避的性质。对于有关国家机关或者法律授权的机关而言，法律制裁是国家机关不可放弃的、依照法定程序强制违法者承担特定的法律后果的职责。这种法定的法律制裁的实施权，也具有不可放弃的性质。

法律制裁是法律规范的重要组成部分，是法律成为行为规范而不是他物的关键要素。因此，法律制裁是法律规范性的重要标志，也是法律文本中总则条款、分则条款有关规定的逻辑结果。假如我们只有《民法典》第一千零四十条"禁止包办、买卖婚姻和其他干涉婚姻自由的行为。禁止借婚姻索取财物。禁止重婚。禁止有配偶者与他人同居。禁止家庭暴力。禁止家庭成员间的虐待和遗弃"的规定，而没有《刑法》第二百五十七、二百五十八、二百六十条的有关对暴力干涉他人婚姻自由的制裁规定，对重婚罪的制裁规定以及对虐待家庭成员罪的制裁规定，《民法典》的上述规定便会成为软弱无力的呼喊，毫无法律规范力可言。

罚则中的法律制裁是一个体系。它既是一国法律体系中制裁体系的组成部分，也是特定法律的内在制裁体系的集中体现。在我国，法律制裁是由宪法制裁、刑事制裁、民事制裁、行政制裁、诉讼制裁和国际法制裁等法律制裁组成的制裁体系。不同的法律制裁都有自身特定的适用领域。但是，不同

---

① 孙潮：《立法技术学》，浙江人民出版社1993年版，第129页。
② 孙潮：《立法技术学》，浙江人民出版社1993年版，第129页。

的法律制裁之间的界限是变动着的。随着社会生活的变化，人们的法律处罚观也在发生巨大的变化。大量的以生命刑为主的刑罚体系转变为以自由刑、财产刑、资格刑为主的刑罚体系。民事制裁、行政制裁适用范围扩大，法律中不同制裁方式得以综合利用。①

罚则作为一个法律文本的重要组成部分，它必须体现公正的精神。无论是处罚、处罚的量化，还是处罚的实施主体，都应体现公正的精神。一个法律的公正性可以通过多种途径得以体现，但是最为直接的是法律中的罚则规定。立法者或者法律起草者的任何疏忽都会导致法律公正性的丧失。②

罚则中的另一个重要内容，是法律责任认定和实施主体的规定。法律责任具有两重性，法律责任在公法上的意义就是特定国家机关的职责。许多法律，如《刑法》《民法典》等都没有在罚则中专门申明法律责任的认定和实施主体，因为这是不言自明的事实，即法院是上述法律中法律责任的认定和实施的主体。但是，当法律责任的认定和实施主体是多个的时候，当法律责任的认定和实施主体的权限有待确定的时候，罚则中遗漏了法律责任的认定和实施主体的规定则是不可原谅的失误。因此，凡是法律责任的认定和实施的主体为两个以上或者一个主体但职权范围不同时，当法律责任的实施权限有特殊要求时，罚则都应明确规定法律责任的认定和实施主体，明确规定特定机关的权限范围。

法律救济也是罚则的主要内容。法律救济是为保障当事人的合法权益所设置的补救和更正措施。法律救济条款，可以通过有关诉讼程序法的专门规定加以设定，也可以在每个法律的罚则或相关条款中设置专门的法律救济条款。法律救济条款就是给当事人提供法律补救的机会，因此，当事人要求行政复议和向法院起诉，都是及时更正错误处罚的法律手段。但是，涉及具有危害性的行为，有关机关的决定或措施只有得到相反裁决或判决时方能中止。同时，行政机关的错误决定和措施所造成的损害，当事人也有权得到赔偿。

罚则中还涉及免责条款和时效规定。并非所有造成伤害和损失的行为，都要承担法律责任。法律明确规定，凡因不可抗力所致的伤害和损失，凡为法律允许并在法定范围之内所为的行为而导致的伤害和损失，可以免除当事

---

① 郭道晖：《当代中国立法》，中国民主法制出版社 1998 年版，第 1350 页。
② 孙潮：《立法技术学》，浙江人民出版社 1993 年版，第 132 页。

人的法律责任。这是法律公正性的表现。

有时行为和损害涉及诉讼时效问题。诉讼时效的规定，既要求当事人尽早获得法律保护，又免除有关当事人在一定时期所犯的过错的责任。另外，超过一定期限，许多法律责任在现有条件下难以认定，因此，在罚则中对诉讼时效加以规定是必要的。

另外，目前我国法律罚则的内容还规定奖励性措施。奖励性条款是立法者为鼓励法律实施者有效地遵守法律、执行法律而制定的。从激励机制的角度看，奖励性条款有利于推动整个社会和公民实施法律。

四、附则

附则，是附在法案后面、作为总则和分则辅助性内容的规则。从立法实践看，附则中一般包括法案名词、术语解释、实施细则制定权的规定、施行时间的规定和与其他法关系的规定等内容。[①]

对一些专业名词或术语进行解释，可以使有关规定更加明确，便于理解和执行。常见格式是："本法所称……是指……"或"本条例下列用语的含义是：（一）……（二）……"当然，也有不把这种解释放在附则中，而放在出现需要解释的内容之后，紧跟着作出的。[②]

授权性条款是附则中常见的内容。如国务院《城市居民最低生活保障条例》第十六条规定："省、自治区、直辖市人民政府可以根据本条例，结合本行政区域城市居民最低生活保障工作的实际情况，规定实施的办法和步骤。"

施行时间的规定是法案的必备内容。过去立法中大量使用"自公布之日起施行"这样的规定，现在一般不再使用。尤其是对行政法规和规章，更是有明确要求。其要在公布之日起 30 日后施行，当然涉及国家安全、外汇汇率、货币政策等的除外。

在附则中明确本法案与其他法的关系，对正确适用法律是非常重要的。常见的表述有："本法自……其起施行。×年×月×日通过的……同时废止"或"本法施行前公布的有关规定与本法不一致的，以本法的规定为准"。这里要注意两个问题：一是废止只能针对以前制定的同一内容的法规性文件；二

---

① 罗传贤：《立法程序与技术》，台湾五南图书出版公司 1996 年版，第 275 页。
② 候淑雯：《立法制度与技术原理》，中国工商出版社 2003 年版，第 241 页。

是只能废止与自身效力等级相同或低于自己的法规性文件。

　　另外，有时候适用范围也会在附则中出现，如一些"参照执行""比照执行"的规定。如《中华人民共和国公务员法》第一百一十二条规定："法律、法规授权的具有公共事务管理职能的事业单位中除工勤人员以外的工作人员，经批准参照本法进行管理。"

第二节　法律的内部结构

　　法律的内部结构，是指法律规范内部各个组成部分的搭配和排列。现代成文法律的内部结构中，通常包括下列要件：一是法律标题，二是法律内容的编排，三是表现法律内容的符号。①

一、法律的标题

　　"每一项法律都应该有它的名称，以反映它的基本内容。"②法的名称作为法的内部结构中第一层次的、每个法必备的要件，其科学化、完善化，对立法、司法、守法以至法学研究的科学化、完善化，都有重要意义。一般来说，法律的名称用标题来标明。法律的标题由三个要件组成：一是法律适用范围，如全国或市；二是法律的内容或调整对象，如所得税、商标、警察等；三是法律的效力等级，如法律、法规命令。

　　依立法惯例，法律标题名称可分为概括、列举两种。概括名称如民法、所得税法、电信法、渔业法等。列举名称如专门职业及技术人员考试法、枪炮弹药刀械管制条例等。法律标题名称不论概括或列举，其命名采用以法律内容的性质和地位相结合的方法，并注意以下原则：

　　1. 简洁

　　法律的标题不宜太长。但必须注意其内容能正确表现出来，使人能马上联想其内容。

　　2. 明确

　　标题与内容要完全配合，要能够概括地反映该项法律的内容。比如，《文

---

　　①　罗传贤：《立法程序与技术》，台湾五南图书出版公司1996年版，第203页。
　　②　陈炯：《法律语言学概论》，陕西人民教育出版社1998年版，第45页。

物保护法》，人们一看就知道它是哪方面的法律内容。美国的《麦肯锡法》，英国的 1832 年《改革法》，这些命名方法绝大多数从某个角度概括了某项立法的外部性质，但并不能由此明确该规范性法律文件的基本内容。

3. 庄重

法律的标题要庄重。一是用词质朴，不追求辞藻的华丽。二是不用简称。如《中华人民共和国民事诉讼法》，严肃、庄重，如改为《中华人民共和国民诉法》，就显得不够庄重。

二、法律内容的编排

法律内容结构如果能被编排妥当，不仅能使法律表达清楚，便于理解，而且能便于查阅，使用方便。因此，法律起草人等立法关系者应该重视内容的编排，它并非将各种规定分条分节先后排列就可了事，而是要将法案内容有主次有联系地进行编排，使之浑然一体。

法律规范是法律内容中最为核心的部分，法律规范的最主要特点是具有普遍性、明确性和肯定性。立法者明确法的规范的这一特点，有助于在起草法律、法规和审议立法议案时，避免在法律中出现不具有普遍性而只针对个别人、个别事项的规定，避免出现不具有明确性、肯定性而表现出含糊不清、伸缩性很大的规定。

(一) 法律规范的逻辑结构

要运用一定的技术手段来制定具有普遍性和明确性的法的规范性内容，立法者首先要掌握法律规范的逻辑结构，对于法律规范的逻辑结构，国内外学界有三种认识。第一，三要素说。这种理论认为，任何法律规范都包括假定、处理和制裁三个有机组成部分。[①] 第二，两要素说。这是西方法学理论中颇有代表性的观点。此说认为，在逻辑结构上，法律规范由行为模式和法律后果两部分组成。所谓行为模式，是指法律规范中规定人们行为的式样或标准。它可以分为应为、可为或勿为三种模式。所谓法律后果，是指法律规范中规定的当人们作出符合或不符合一定模式的行为时所产生的法律上的结果，

---

① 孙潮：《立法技术学》，浙江人民出版社 1993 年版，第 81 页。

它包括肯定性和否定性法律后果两大类。① 第三，综合说。这是新近出现的、力图避免上述两说不妥之处的新的主张。它认为每一条完整的法律规范都是由适用条件、行为标准和法律后果所组成。它综合了三要素说中的假定、处理部分和两要素说中的法律后果部分。②

三要素说的不足之处在于片面地将"制裁"作为法律规范的必要组成部分。两要素说虽具有明显的长处，但却轻视了"假定"部分，而法律规范适用何人，在何种情况下、何种范围内适用又是非常重要的。

(二) 法律规范和法律条文的关系

就立法者而言，仅仅了解法律规范的逻辑结构是不够的，还必须清晰地把握法律规范和法律条文的关系。法律规范是法律条文的内容，法律条文则是法律规范的文字表现形式。一般来说，一个法律规范通过几个法律条文得到完整的表达，甚至一个法律规范的组成部分散见于几个法律文件之中。

法律条文根据其文字内容可划分为表达规范性内容的条文和表达非规范性内容的条文两大类。前者简称为规范性条文，后者简称为非规范性条文。③ 研究这两者的关系对立法者提高立法技术，增强起草法律文件的科学性具有十分重要的意义。

1. 规范性条文与法律规范

规范性条文是指其文字内容为行为主体设置了具体的权利和义务的条文，这种设定行为规则的规范性条文在整个法律条文中占据了很大的比例。

法律规范是规定人们如何行为的规则，因此，任何法律规范都可以规范性条文予以表现。也就是说，表达某一法律规范的相关法律条文在文字形式上也具有相应的逻辑结构，当然，法律规范的规范性条文表述有多种方式。第一种是一个法律规范由一条法律条文表述。如我国《刑法》第二百六十一条规定："对于年老、年幼、患病或者其他没有独立生活能力的人，负有扶养义务而拒绝扶养，情节恶劣的，处五年以下有期徒刑、拘役或者管制。"第二种是一个法律规范由同一个法律文件的几条法律条文表述。如《义务教育法》关

---

① 孙潮：《立法技术学》，浙江人民出版社 1993 年版，第 82 页。

② 孙潮：《立法技术学》，浙江人民出版社 1993 年版，第 82 页。

③ 郭道晖、周旺生：《立法——原则　制度　技术》，北京大学出版社 1994 年版，第 244 页。

于经费保障由第六章和第五十一条构成了一个法律规范。第六章规定了政府对义务教育予以经费保障的办法，第五十一条则规定了不履行经费保障的法律责任。第三种是一个法律规范由不同法律文件的几条法律条文表述。如关于维护人格尊严的法律规范在我国《宪法》《民法典》《刑法》的有关条文中有所体现。第四种是几个法律规范由一条法律条文表述，如《刑法》第一百一十四条规定，"放火、决水、爆炸以及投放毒害性、放射性、传染病病原体等物质或者以其他危险方法危害公共安全，尚未造成严重后果的，处三年以上十年以下有期徒刑"，这一个条文规定了放火罪、决水罪、爆炸罪、投放危险物质罪、以危险方法危害公共安全罪五个法律规范。

2. 非规范性条文与法律规范

非规范性条文是指其文字内容未给行为主体设置具体的权利和义务，而仅规定指导思想、原则、概念和生效日期等专门内容的条文。这类条文的数量虽然不多，但它们的确是规范性法律文件必不可少的重要组成部分。

非规范性条文一般分为四类。第一是阐述性条文，主要用以阐述立法的指导思想、依据、任务和基本原则等。如我国《刑事诉讼法》第一条和第二条。第二是解释性条文，主要用以说明法律概念或法律术语。如我国《刑法》第二十一条对紧急避险进行了界定："为了使国家、公共利益、本人或者他人的人身、财产和其他权利免受正在发生的危险，不得已采取的紧急避险行为，造成损害的，不负刑事责任"。第三是技术性条文，主要用以表明效力范围和废止有关法律文件。第四是授权性条文，主要用以授权有关机关制定实施细则、变通规定或补充规定等。

上述这些非规范性条文在文字内容上都没有涉及法律上的权利和义务，没有为人们的行为设定规范，但是它们对于人们完整准确地理解和适用规范性条文是必不可少的。

(三) 法律规范的表述

三要素说认为法律规范的逻辑结构是由假定、处理和法律后果三个部分组成。假定是法律规范表明适用该规范的条件和情况的那部分。如我国《刑法》第三百九十二条规定，"向国家工作人员介绍贿赂，情节严重的，处三年以下有期徒刑或者拘役，并处罚金"。其中"向国家工作人员介绍贿赂，情节严重的"这个"的"字结构所引导的条件状语，就是法律规范的"假定"部分。

处理是行为规范的核心，它涉及法律主体可以做什么、要求做什么或者禁止做什么的这一部分。法律后果是指依照鼓励性法律规定的要求，积极为某种行为的积极后果和违背有关法律规定所导致的消极后果。如我国《刑法》第三百五十二条规定："非法买卖、运输、携带、持有未经灭活的罂粟等毒品原植物种子或者幼苗，数量较大的，处三年以下有期徒刑、拘役或者管制，并处或者单处罚金。"其中，"处三年以下有期徒刑、拘役或者管制，并处或者单处罚金"为消极后果。

法律逻辑结构的内容中，"假定"一般用陈述句表述，要求明确。假定一般设定公民或者国家机关行为的条件和情况。为此，假定中主体的一般与特殊、个体与群体的特征都要有确切的表述，条件和情况既要有高度的概括和抽象，以保证法律规范的普遍适用性，又要有明确的界限，以便不同情况、不同条件的不同适用。①

"处理"部分多采用禁令句和容许句，针对国家和法律坚决反对的行为，法律的处理部分均采用"严禁""禁止""不得""不许"等词语和限定语，来表述消极性处理的内容，② 如"禁止重婚"。针对国家和法律容许、授权的行为，法律采用"可以""可""得""准予"等词作限定语以及"有……权利"来表述积极性处理的内容，如《民法典》第一千零五十六条规定："夫妻双方都有各自使用自己姓名的权利。"

"法律后果"有两种方式表述。表示积极法律后果的采用陈述句，表示消极法律后果的多采用处置句。③ 陈述句的表述，如我国《档案法》第七条规定："对在档案收集、整理、保护、利用等方面做出突出贡献的单位和个人，按照国家有关规定给予表彰、奖励。"处置句的表述，如《刑法》第二百六十二条规定："拐骗不满十四周岁的未成年人，脱离家庭或者监护人的，处五年以下有期徒刑或者拘役。"

三、法的内容的符号

法的结构中的规范性和非规范性内容，需要经过立法者的排列、组合才

---

① 郭道晖、周旺生：《立法——原则 制度 技术》，北京大学出版社 1994 年版，第 246 页。

② 刘红婴：《法律语言学》，北京大学出版社 2003 年版，第 179 页。

③ 潘庆云：《中国法律语言鉴衡》，汉语大词典出版社 2004 年版，第 94 页。

能成为法。要排列、组合，就需要使用一系列符号，如名称下方的括号、各部分标题、目录和序言，卷、编、章、节、条、款、项、目、附录。

（一）法的名称下方的括号、各部分标题、目录和序言

法律一般在法的名称下方以括号的形式标明通过机关和时间、公布机关和时间以及施行时间等内容。采用这种形式有助于鲜明地表现法的效力等级和时间效力，有助于对法进行分类、汇编和编纂，对编排和检索法的资料也有益处。在我国立法实践中，国家法律、行政法规和地方性法规的名称下方一般都有括号。括号中应统一包括通过机关和时间、公布机关和时间、施行时间等 5 个要件。

在篇幅较长、内容较多，单以条的形式不足以组合内容而需要设置章、节，甚至卷、编的法中，各章、节、各卷、编，应设标题，以便人们从宏观上了解、把握和记忆法的基本内容。

在各部分设有标题的法中，应设有目录，目录是法律文本正文之前所载的目次，一般用以篇幅较长，且各层次设有标题的立法文件。① 其意义在于方便读者和使用者，既便于人们在整体上把握文件的全部内容，同时又方便查找相关部分。我国立法实践中关于目录设置的情况大体如下：第一，国务院行政法规不论篇幅长短，设有章、节，一般没有目录。第二，全国人大及其常委会所立法律中，设有章以上级别标题的法律，其目录设置情况较复杂。发表在《全国人民代表大会常务委员会公报》上，设有章以上标题的法律，有的设有目录，如《民法典》等；有的不设目录，如《中华人民共和国全国人民代表大会组织法》和《中华人民共和国民族区域自治法》等。

序言是放在正文前的一部分叙述性或论述性文字。有的序言前有"序言"字样，有的则没有。序言有长有短。短篇序言的内容一般是交代立法的原因、目的和根据，有的还指出立法的任务、法的性质或基本内容。长篇序言除具有短篇序言的内容外，还阐述诸如立法指导思想和立法的社会的、经济的、历史的背景。从我国近年立法实践看，国家法律中设序言的有两种：一是个别基本法律有"序言"字样，如《民族区域自治法》；二是几乎所有的以决议、决定形式出现的法律，序言没有"序言"字样，只有几行字，通常也被人们视

---

① 罗传贤：《立法程序与技术》，台湾五南图书出版公司 1996 年版，第 212 页。

为前言。国务院行政法规一般都有序言，篇幅短，也没有"序言"字样。地方性法规多没有序言。

（二）卷、编、章、节、条、款、项、目、附录

法的规范性内容和非规范性内容要组成一个具有内在联系的、层次分明的有机整体，必须注意使用这些符号。否则，法就会像一盘散沙，并且在适用和援引法来进行判决时，就相当困难。

在这些符号中，条和款都是常用的符号，绝大多数法就是由条、款构成的。条在法中通常以"第×条"形式出现。有的国家有的法中的条还列有标题，如菲律宾宪法每条都列有标题。① 款在有的法中以"第×款"或序数字的形式出现，在更多的法中采用自然段的形式出现。法的条、款的长短与条、款包含的内容多少有关，立法者应尽量使条、款包含的内容适当，使条、款的长短保持适中。条、款不宜过短，过短则显琐碎；也不宜过长，过长则减弱法的特征。立法者应尽量避免在一个法中出现各个条、款的长短悬殊的情况。另外，也要避免出现在一个条文中规定几个具有不同内容的规范或非规范性内容，或把同一个内容分散到几个条文中的现象。

章这个符号的使用率仅次于条和款，具有中等篇幅的法都可以分章排列构成。每章应列有标题。在分编构成的法中，每编通常可以设若干章；在这样的法中，各章可以按照统一的序数连贯排列或是按重复序数排列（即每编都从第一章算起）。② 我国《刑法》《刑事诉讼法》采用的是重复序数排列方法，《民事诉讼法》则采用连贯排列方法。最好应按统一的序数连贯排列，如果一个设有若干编的法，它的各编的条文都按统一的序数连贯排列，那么各编的章也应该按统一的序数连贯排列。每一章应有独立的内容，各章之间应有内在的联系。每一章应包括哪些内容，各国立法没有统一的模式。我国立法实践通常在第一章集中说明或规定立法指导思想、目的、任务、根据、基本原则、适用范围等内容，一般在最后一章集中规定法的施行的时间、废止某法、授权某机关制定实施细则或变通规定的内容，对有关专门概念、术语作出解释。其他章规定具体的规范条款。

---

① 吴大英、任允正、李林：《比较立法制度》，群众出版社 1992 年版，第 423 页。
② 周旺生：《立法学》，法律出版社 2007 年版，第 257 页。

卷和编通常在法典中和篇幅长的法中出现。节通常在章的内容较多的法中出现。项和目通常在法的条文的内容较多时出现。在一个法中条、款、项、目都具备的情况是非常少见的。在各国法律中，条文下通常是款，然后才是项、目，只有少数法如美国宪法，条之下设项，项之下才设款。

附录是一段辅助性文字或者数字，是附在法律文本正文之后、与本文内容有关但却不宜放入正文的各种材料。其目的在于避免将与法的实施直接相关的细节、数据和图表杂糅在法律条文之中，既保证文本的可读性，又确保文件的可操作性。

第三节　立法的表述技术

一、立法的表述技术及其功能

在成文法国家中，立法者在确定了立法政策、立法的价值取向以及法律手段和措施后，还必须实现从观念中的立法政策向文字符号的转化，即立法思想必须外化为成文的法律条文，否则，任何立法政策和设想至多只具有潜在的、个人思辨的意义。那么，观念中的立法政策要外化为法律条文，就需要特定的中介和载体——语言符号。因此，立法的表述技术就是指以法律语言符号为工具，准确、完整表述立法政策、立法意志，进而使其有效传播的技能和方法。立法的表述技术有两个基本的功能：

1. 为立法主体的立法政策、立法意志配置最佳的文字载体

法律是人们的主观法律理念在语言符号上的体现。然而，语言符号与思想、观念之间并不存在天然的对应关系，"词不达意""言不尽意"等成语，说的就是思想、观念与语言的错位现象。为此，立法者在起草时首先要做的就是运用立法的表述技术选择最佳的语言形式和手段，明白无误地表达立法政策和立法意志。立法者应当通过精密而细致地观察，充分了解被反映事物的性质、特征及其与周围事物的关系，同时对自己所要表达的主题有深刻的理解。只有当用词遣句精确严谨，篇章布局合理准确时，起草者才算完成了立法政策的条文化，最后实现立法内容与立法语言形式的统一。

2. 为法律执行者和遵守者提供最为准确的法律规范信息

法律是一国公民必须遵守和执行的行为规范和准则，它与公民的利益有着极为密切的关系。就公民而言，他们是通过法律文本、法律条文来理解法

律的。与人们日常口语交流不同，法律是通过语言符号的空间，单方面地传递法律信息的。为此，法律条文的制作必须考虑法律的交际对象，即法律的执行者、遵守者的状况。法律不是写给有相当文化程度的人们的，它是写给一国具有一般理解力的公民的。因此，立法者必须明了法律接受者的特点、心理和认知能力，构建能够被人接受的法律。针对法律的当代适用者，列宁曾经指出：对人民不能咬文嚼字，而要讲得通俗易懂。因此，立法者和法律起草者应该从法律"用户"的利益出发，在法律起草时，必须考虑如何将法律规范的信息准确、简洁、无歧义地传递给法律的执行者和遵守者。

立法者或者法律起草者在运用立法技术的过程中，必须实现上述两种功能的平衡和统一。如果法律表述一味满足法律执行者和遵守者的要求，造成日常用语的大量堆砌甚至口语化，那么，法律规范也将无法确切地表达立法者的立法政策和立法意志，使输出的法律信息具有多元理解的性质。反之亦然。为此，立法者或者法律起草者在运用立法技术的过程中，既要满足立法政策的表达，又要满足法律接受者准确接受法律信息的要求，实现两者的高度统一和综合平衡。

☞ 一家之言 8.1

立法语言的功能

立法理论告诉我们，在社会发展或者转型的过程中，立法的根本作用是引导受众的行为，这使得法律成为政府的主要治理工具。法案的目的在于，通过教导不同的法律调整对象应该如何行事，从而改变他们原有的不正确行为。这些法律调整对象大致有四类：主要调整对象、执法人员、财政资助部门官员、争议解决部门官员。

法案撰写的关键是，法案起草者要能够让读者明白，法律允许什么、禁止什么。法案起草者的目的与撰写追求文学品位的书籍目的不同，后者会用深奥微妙、颇具迷惑性的言辞吸引读者注意。

法律编写者的目的与柯达照相机或者布鲁斯计算器说明书编写者的目的相似，读者头脑机敏又乐于学习，但是只愿意不费什么力气就可以理解之。他首先要做的是，防止读者不屑一顾地把说明书扔到一边。①

---

① ［美］阿尔伯特·C. 克罗那德：《编写法律的新途径》，载《耶鲁法律杂志》1947 年第 56 期。

二、法律文本的风格

在我国，"风格"一词最早是用来概括人的风度、品格上的特点以及作品的特色的，后扩大为从事物整体性出发所把握的人或事物的基本特色。因此，风格不是指单一的、个别的特点，而是指由全部特点综合形成并由事物体现出来的基本特点。法律文本作为人类特殊思想和观念的语言载体，必须具有不同于其他作品的独特风格。因为它所记载、表达和传递的，既不是历史事实，也不是美学意义上的享受和升华，更不是心理学意义上的分析和抚慰。它所表达、记载和传递的是这样一些信息：

(1)法律是一国公民的行为准则，它要求其接受者不因职业、经历、性别、教育程度的不同而对其产生不同的认识和理解。因此，法律语言形式中的同一词语、同一语言结构给人提供的只能是单一性的信息。

(2)法律是一种由国家制定，在其生效期内普遍适用的行为规范，只有立法者有权对其修改和废止，立法者以及立法者授权的司法者在其法定范围内有权对其作出解释，其他人无权修改、废止法律或者作出与立法者、司法者同等价值的解释。法律语言形式要传达这种不属于任何个人而只属于国家的意志性质。

(3)法律是行为规范，行为规范应当具有可遵循和可操作的性质。法律所要求的不仅是人们的心理和意志感应，更重要的是要求人们的行为趋向、行为细节与法律规定相吻合。法律语言形式要确切地表述立法者所设定的行为规则的内涵和外延，特定行为的过程及过程特点，特定行为的主观和客观状态，特定行为所导致的法律后果等。

(4)法律观念、法律意志要求其语言形式给社会中具有一般理解力的人们传递、输出他们能够理解的规范信息。以给人们提供精神、理念上的极大空间和遐想余地，使人们由此获得各种心理感受为首要目的的文学艺术语言形式，是无法有效提供法律语言形式所能提供的服务的。因此，成功有效的法律语言形式，必须是完满记载、表达、传递法律观念内容的语言形式。

正是由于法律文本这种特殊的内容，规定了它的表述风格就必须是准确、简练、严谨、庄重、朴实的。

(一) 准确

准确，是指法律语言必须清楚、确切地表达立法意图，让人们非歧义地正确理解，这是最根本的要求。法律语言不使用同义词，强调一词一义，不同词语之间不允许存在相互替代的现象。在有关词语具有多种含义时，必须采用限定词来界定其含义，从而保证同一法律语词对任何人、在任何环境下都产生同一的、非歧义地理解和认识。如在《香港特别行政区基本法》起草过程中，有的委员提出"实行不同于内地的制度和政策"，这一提法与《中英联合声明》中的"不实行社会主义制度和政策"相比，后者更为准确。

☞ **即时练习 8.1**

无论立法的语言多么准确，人们对于有些词语的含义总会有争议。正如哈特所言，任何词语（除专有名词外）都有核心义和阴影义，当语言的熟练使用者不能一致肯定这个词究竟包含还是不包含某些事实时，这些事实就处于"阴影区域"。虽然所有的法律条款都有阴影含义，但阴影大小不同。比较以下的句子：

1. 第二十二条：任何人在校园内驾驶机动车辆时都不可超过一个适当的速度。

2. 第二十二条：任何人在大学校园内驾驶任何机动车辆时都不可超过一个适当速度；"适当"的标准取决于行人的密度、天气情况、是否在假期。

3. 第二十二条：任何人在大学校园内驾驶任何机动车辆时都不可超过20公里/小时。

可以看到这三个条文中，第三个最为明确。

请你改写《行政处罚法》第五十二条规定，"当事人确有经济困难，需要延期或者分期缴纳罚款的，经当事人申请和行政机关批准，可以暂缓或者分期缴纳"，使其阴影区域更小。

（二）简练

简练，即简洁凝练。法律语言的简洁凝练是现代立法的重要特色，也是大陆法系国家立法的优良传统。它是指通过使用负载较大信息量的语言，用尽可能少的语言材料表达尽可能多的内容。具体表现在法律中无主句的广泛使用，联合词组充当各种句子成分以及介宾词组充当定语、状语的大量运用。例如，我国《刑事诉讼法》第五十四条规定："人民法院、人民检察院和公安机关有权向有关单位和个人收集、调取证据。有关单位和个人应当如实提供证据。行政机关在行政执法和查办案件过程中收集的物证、书证、视听资料、电子数据等证据材料，在刑事诉讼中可以作为证据使用。对涉及国家秘密、商业秘密、个人隐私的证据，应当保密。"这里，保密的执行主体和遵守主体都是不言而喻的。

(三) 严谨

这里说的法律语言严谨，是指立法词语要严密周详，无懈可击，不能出现矛盾和漏洞。① 首先，法律用语必须前后一致。不同的概念不能用同一个词语来表达，而同一个概念只能用同一词语来表达，这样才能避免矛盾和混乱。其次，不能使用含义不固定的、新出现的词语，只能使用已经固定下来的、大家都能接受的词语，以避免产生误解。在法律中，有时一句话或一个字就可能对人的生命财产、企业的活动及机关的职责造成很大的影响。法律用语发生错漏，也会影响到法律的权威性，甚至导致法制被破坏。

(四) 庄重

立法语言的庄重，是指立法语言在选择运用上应体现高素质和高品位，这也是立法成果严肃性的客观要求。董必武曾说："法律和法令是一种庄严慎重的东西"，② 因为它体现的是国家的权威，因此必须具有良好的语言形象。要确保立法语言的庄重格调，立法者不仅要保证在同一规范性文件中使用统一的名词术语，而且在不同的规范性文件之间也要保持协调一致。

(五) 朴实

立法语言的朴实，是指法律的词语必须质朴，通俗易懂。法律规范是为人们行为提供模式和尺度，它必须以平实素淡为宜。为保证立法语言朴实的格调，立法者要做到：第一，不用深奥孤僻的词语，要用群众易懂的普通语词；第二，不用形象性词语和艺术化句式；不宜对法律用语加上任何外表的

---

① ［美］约翰·吉本斯：《法律语言学》，程朝阳译，法律出版社 2007 年版，第 43 页。

② 董必武：《董必武政治法律论文集》，法律出版社 1986 年版，第 338 页。

装饰，不适用比喻、夸张的文学手法；第三，不用隐语、诙谐语或双关语；第四，不用地方土语。

三、立法语言的运用规则

(一) 法律术语的使用

词是语言文字中最基本的语言单位和构成要素。立法语言中使用的"词"又被称作"法律术语"。法律术语可以分为四类，即常用术语、法律中有特定含义的专门术语、专门法律术语和技术性术语。

常用术语，是对法律所调整或规范的事物、现象、特征、行为等对象的最常用的名称，如"土地""不动产""动产""商标""审判机关""权利""义务"等。

有特定含义的专门术语，是指虽然在立法中常用，但在立法中使用其含义与日常生活中的使用有一定区别的词语，如"回避""证据""第三人"等。

专门法律术语，是指只有法律中使用而其他领域很少使用或者不使用的词语，如"原告""被告""公诉""自诉"等。

技术性术语，是指从某一专业技术领域引入立法中使用的词语，如"计算机程序""生成式人工智能""爬虫"等。

(二) 立法句子的使用

句子是指由各种词语以一定的形式组成的，能够表达一个相对完整意思的语言单位。任何一项立法的条文都是由句子构成的。立法主体在使用立法句子时，需要对其结构和句型予以重视，并作出慎重的选择。

1. 句法结构

法律条文的句法结构是立法语言中最典型、最完备的一种。它的使用具有以下两个特点：

第一，多用并列结构。主要包括：（1）词语并列。如我国《刑事诉讼法》第六十六条规定："人民法院、人民检察院和公安机关根据案件情况，对犯罪嫌疑人、被告人可以拘传、取保候审或者监视居住。"这条规定采用了词语并列，即行为主体并列、行为对象并列和行为方式并列。（2）短语并列。如我国《行政复议法》第一条规定："为了防止和纠正违法的或者不当的行政行为，保护公民、法人和其他组织的合法权益，监督和保障行政机关依法行使职权，发挥行政复议化解行政争议的主渠道作用，推进法治政府建设，根据宪法，制定本法。"这里采用了六个并列的短语。（3）复句中的分句或单句并列。如我国《刑事诉讼法》第一百一十二条规定："人民法院、人民检察院或者公安机关对于报案、控告、举报和自首的材料，应当按照管辖范围，迅速进行审查，认为有犯罪事实需要追究刑事责任的时候，应当立案；认为没有犯罪事实，或者犯罪事实显著轻微，不需要追究刑事责任的时候，不予立案，并且将不立案的原因通知控告人。控告人如果不服，可以申请复议。"

第二，普遍使用复杂同位成分。通常在主句的条件状语从句中列有同位成分。这些同位成分有的本身结构就比较复杂，与主句的中心词距离较远，并且是独立罗列。这种句法结构在其他语体中很少运用。但在立法语言中使用复杂同位成分，可以确保法律条文在结构上的严谨性和内容上的完整性。例如，我国《行政处罚法》第七十六条规定："行政机关实施行政处罚，有下列情形之一，由上级行政机关或者有关机关责令改正，对直接负责的主管人员和其他直接责任人员依法给予处分：（一）没有法定的行政处罚依据的；（二）擅自改变行政处罚种类、幅度的；（三）违反法定的行政处罚程序的；（四）违反本法第二十条关于委托处罚的规定的；（五）执法人员未取得执法证件的。行政机关对符合立案标准的案件不及时立案的，依照前款规定予以处理。"

2. 句式

句式就是指句子构成的形式。立法语言中句式主要有长句、主谓句和非主谓句。

长句，是指立法文本中普遍使用的结构复杂的同位成分以及复杂的附加成分。

主谓句，是指在立法中使用的主语谓语成分都齐全的句子。这是立法中通常使用的句式。

非主谓句，是指立法中使用的缺少主语的句子。如《中华人民共和国行政强制法》第六条规定："实施行政强制，应当坚持教育与强制相结合。"第十六条第二款规定："违法行为情节显著轻微或者没有明显社会危害的，可以不采取行政强制措施。"

3. 句型

句型，是指句子的类型。汉语的句型包括陈述句、疑问句、感叹句和祈使句，但立法中只能使用陈述句和祈使句，不能使用感叹句和疑问句。

4. 超句

超句，是指简单句以上的复合句和句群。立法语言多用长句，即复合句。立法语言中，较为常用的复合句有选择句、条件句和假设句、转折句等句型。而句群是指两个或多个在意义上有密切联系、在结构上各自独立的单句或复句，按照句法结构规则组合而成的具有逻辑关系的条文。它是立法语言中语法手段高层次运用的结果。这里介绍几种复合句句型。

第一，选择句。选择句又称"或然句"，是指列出两种或两种以上的情形以供选择的句子。它表示一种选择关系。法律条文中使用选择句的主要有关于行为主体、行为方式、危害程度和行为后果选择的规定。《刑事诉讼法》第一百九十六条规定："人民法院调查核实证据，可以进行勘验、检查、查封、扣押、鉴定和查询、冻结。"该条就是行为方式的选择句。

第二，条件句和假设句。条件句和假设句都属于偏正复句。条件句是指偏句提出一种条件，正句说明在满足这种条件的情况下所产生的结果的句子。而假设句是指偏句提出一种假设，正句说明结论的句子。立法作为一种重要的行为规范，要求人们必须为或不为一定行为时，往往使用条件句或假设句作出规定。立法实践中，条件句和假设句的区别并不明显，法律假设所要求的，通常也是一种条件。条件句和假设句的常用术语有"……的""凡……的""经""如"等。如《刑事诉讼法》第一百八十六条规定："人民法院对提起公诉的案件进行审查后，对于起诉书中有明确的指控犯罪事实的，应当决定开庭审判。"

第三，转折句与"但书"。转折句在立法中主要用于例外、限制、救偏、附加等特别规定中。转折句中"但书"的结构尤为重要。① 但书是立法语言中在形式上以"但"字开头，在内容上规定例外、限制和附加条件的文字。"但书"属于特殊的行为规范。②

---

① ［加拿大］埃尔默·A. 德莱杰，《立法写作，立法形式与实例》，渥太华 1976 年版，第 93~103 页。

② 马晓燕、史灿方：《法律语言学引论》，安徽人民出版社 2007 年版，第 159 页。

表 8.1　　　　　　　　　　立法实践中"但书"的具体表现形式

类型	形式	举　例
(1)排除的形式	"但是……""但是……除外"	《刑法》第八条规定："外国人在中华人民共和国领域对中华人民共和国国家或者公民犯罪，而按本法规定的最低刑为三年以上有期徒刑的，可以适用本法，但是按照犯罪地的法律不受处罚的除外。"这是使用最广泛、最多的但书形式。
(2)授权的形式	"但是可以……""但是""可以""但是……有……"	《刑法》第三十七条规定："对于犯罪情节轻微不需要判处刑罚的，可以免予刑事处罚，但是可以根据案件的不同情况，予以训诫或者责令具结悔过、赔礼道歉、赔偿损失，或者由主管部门予以行政处罚或者行政处分。"
(3)要求的形式	"但是应当""但是……应当""但是……要……"等	如《刑事诉讼法》第一百一十一条规定："接受控告、举报的工作人员，应当向控告人、举报人说明诬告应负的法律责任。但是，只要不是捏造事实，伪造证据，即使控告、举报的事实有出入，甚至是错告的，也要和诬告严格加以区别。"
(4)命令的形式	"但是必须""但……""必须……"等	如《民事诉讼法》第五十六条规定："当事人一方人数众多的共同诉讼，可以由当事人推选代表人进行诉讼。代表人的诉讼行为对其所代表的当事人发生效力，但代表人变更、放弃诉讼请求或者承认对方当事人的诉讼请求，进行和解，必须经被代表的当事人同意。"
(5)禁止的形式	"但不能""但是不能……""但是不得""但不"等	如《行政诉讼法》第九十条规定："当事人对已经发生法律效力的判决、裁定，认为确有错误的，可以向上一级人民法院申请再审，但判决、裁定不停止执行。"
(6)否定的形式	"但是不认为……"等	如《刑法》第十三条规定："一切危害国家主权、领土完整和安全，分裂国家、颠覆人民民主专政的政权和推翻社会主义制度，破坏社会秩序和经济秩序，侵犯国有财产或者劳动群众集体所有的财产，侵犯公民私人所有的财产，侵犯公民的人身权利、民主权利和其他权利，以及其他危害社会的行为，依照法律应当受刑罚处罚的，都是犯罪。但是情节显著轻微危害不大的，不认为是犯罪。"

　　第四，因果句。立法句子为表述某种因果关系，常使用因果句。因果句

就是偏句说出原因，正句说出结果的句子。因果句通常使用"因……""因……而……"如《民法典》第八百零五条规定："因发包人变更计划，提供的资料不准确，或者未按照期限提供必需的勘察、设计工作条件而造成勘察、设计的返工、停工或者修改设计，发包人应当按照勘察人、设计人实际消耗的工作量增加费用。"

第五，目的句。目的句就是用偏句表示一种行为，用正句表示这种行为的目的的句子。在立法句子中，常用"为了……制定……""为……特制定……"来表示立法目的，① 如《合伙企业法》第一条规定："为了规范合伙企业的行为，保护合伙企业及其合伙人的合法权益，维护社会经济秩序，促进社会主义市场经济的发展，制定本法。"用"以……为目的"来强调法律规范的目的。如《刑法》第一百七十五条规定："以转贷牟利为目的，套取金融机构信贷资金高利转贷他人，违法所得数额较大的，处三年以下有期徒刑或者拘役，并处违法所得一倍以上五倍以下罚金。"还可以用"为了……""为了……而……"来说明目的和手段之间的必然联系。

(三) 立法语言中的修辞规则

立法语言在修辞方面，在词语上，要求使用规范的书面语言，不用口语词、方言词、俗语和土语；在句法上，要求连贯、周密、简洁；在句序上，采用顺叙方式，不用倒叙和插叙；在章法上，要求整个法律文本的完整流畅，明白清楚；在文体上，采用叙述式，不用议论方式有夹叙的。②

(四) 立法语言中的时态规则

立法语言中的时态有现在时、将来时和过去时三种。

现在时是立法语言中的常用时态，其表达的是一种一般性的行为规范，它要求对现时的事件和行为进行约束和调整。

将来时一般用来表述法规的生效时间。如 2011 年 6 月 30 日公布的《中华人民共和国行政强制法》第七十一条规定："本法自 2012 年 1 月 1 日起施行。"

---

① ［英］布赖恩·比克斯：《法律、语言与法律的确定性》，法律出版社 2007 年版，第 139 页。

② 张潜：《修辞语法论稿》，河北教育出版社 1998 年版，第 249 页。

《中华人民共和国企业破产法》第一百三十六条规定："本法自 2007 年 6 月 1 日起施行，《中华人民共和国企业破产法(试行)》同时废止。"

过去时主要用来表述法律实施之间应当具备的条件。如《中华人民共和国刑法》第十二条规定："中华人民共和国成立以后本法施行以前的行为，如果当时的法律不认为是犯罪的，适用当时的法律；如果当时的法律认为是犯罪的，依照本法总则第四章第八节的规定应当追诉的，按照当时的法律追究刑事责任，但是如果本法不认为是犯罪或者处刑较轻的，适用本法。本法施行以前，依照当时的法律已经作出的生效判决，继续有效。"

(五) 法律文本中的标点符号

1. 法律文本标点符号概述

在日常的书面文字之中，标点符号是用来标明字句、语气和专名的书写符号，是书面语言必不可少的组成部分。标点符号一般分为两类，一类是起停顿作用的点号，有逗号、顿号、分号、冒号、句号、省略号；另一类是起标示作用的标号，有括号、书名号和引号。法律语言有自己的特殊性，因此，其标点符号的使用也和一般书面语言有所不同，没有一般书面语言使用得丰富。

法律语言中使用的标点符号主要有逗号、句号、顿号、分号、冒号、括号和书名号，在条文当中不能使用具有疑问、不确定、感情色彩的问号、省略号和感叹号。

2. 法律文本中的逗号、顿号、分号、句号

逗号表示句子中间的停顿、在法律文本中应用最为广泛，通常用于主语和谓语、动词和宾语之间。法律条文中是否用逗号，除了需要考虑是否有停顿外，还要从结构上看是否能够断开。

顿号表示句子中一个小的停顿，用来分开句子里的并列词或词组，可以在主语、宾语和定语位置并列成分中使用。

分号表示句子中比较大的停顿，常用在并列的分句之间。

句号表示一个陈述句以后的停顿，用在一个完整的句子之后。句子的完整与否，要从句子的结构和意义两个方面进行判断。

3. 括号、书名号和引号

(1)括号。括号表示法律文本中的说明和补充部分。在法律文本中，使用

括号有几种情况：

第一种情况是在法律名称下面设置括号，目的是标明规范性文件的通过时间和通过机关、公布时间和公布机关、修改时间和修改机关、实施时间。当然，如果法律没有经过修改，括号中的内容就比较简单，如《中华人民共和国电子商务法》下面的括号内所标明的内容就比较简单，即"（2018年8月31日第十三届全国人民代表大会常务委员会第五次会议通过）"。如果有的法律经过修改，且修改次数较多，括号中的内容就会较多。

第二种情况是规范法律文本的正文中请示说明、注释和补充的意思。如《规章制定程序条例》第十二条第一款规定："国务院部门法制机构，省、自治区、直辖市和设区的市、自治州的人民政府法制机构（以下简称法制机构），应当对制定规章的立项申请和公开征集的规章制定项目建议进行评估论证，拟订本部门、本级人民政府年度规章制定工作计划，报本部门、本级人民政府批准后向社会公布。"本项中的括号中的内容就是表示说明。

第三种情况是在习惯上通常用条款之下"项"的顺序，将表示项的顺序的数词加上括号。如《法规规章备案条例》第三条规定："法规、规章公布后，应当自公布之日起30日内，依照下列规定报送备案：（一）地方性法规、自治州和自治县的自治条例和单行条例由省、自治区、直辖市的人民代表大会常务委员会报国务院备案；（二）部门规章由国务院部门报国务院备案，两个或两个以上部门联合制定的规章，由主办的部门报国务院备案；（三）省、自治区、直辖市人民政府规章由省、自治区、直辖市人民政府报国务院备案；（四）较大的市的人民政府规章由较大的市的人民政府报国务院备案，同时报省、自治区人民政府备案；（五）经济特区法规由经济特区所在地的省、市的人民代表大会常务委员会报国务院备案。"

（2）书名号。书名号在法律文本中通常用来表示某个或某些法律文本的名称。在立法实践中，如果条文中使用的名称是命名的，一般都使用书名号。如《规章制定程序条例》第三十四条规定："规章应当自公布之日起30日内，由法制机构依照立法和《法规规章备案条例》的规定向有关机关备案。"《法规规章备案条例》第二条第二款规定："本条例所称规章，包括部门规章和地方政府规章。部门规章是指国务院各部、各委员会、中国人民银行、审计署和具有行政管理职能的直属机构（以下简称国务院部门）根据法律和国务院的行政法规、决定、命令，在本部门的职权范围内依照《规章制定程序条例》制定的规章。地方政府规章，是指省、自治区、直辖市和较大的市的人民政府根据法律、行政法规和本省、自治区、直辖市的地方性法规，依照《规章制定程序条例》制定的规章。"

（3）引号。引号是表示法律条文中引用或特别强调的部分。如《行政法规制定程序条例》第五条规定："行政法规的名称一般称为'条例'，也可以称'规定'、'办法'等。国务院根据全国人民代表大会及其常务委员会的授权决定制定的行政法规，称'暂行条例'或者'暂行规定'。""国务院各部门和地方人民政府制定的规章不得称'条例'。"在实践中运用引号要注意的事项：一是如果完整地引用法律条文，而且引文中已经有标点，那么句末的标点不变，并将其放在引号内。二是引文本来有逗号或者句号，但引文末尾与非引文部分衔接得紧，中间不能停顿，这时引文末尾的逗号、句号应当去掉。三是如果引文较长，又分了段，那么只有在每段开头用前半个引号，在最后一段的末尾才加上后半个引号。

☞ **阅读研究 8.1**

法律语言的运作

《法律语言的运作：德国视角》是德国波恩大学普通语言学和应用语言学教授汉尼斯·科尼夫卡撰写的一本书。通过该书，他对自己过去 35 年时间里所从事的法律语言学工作进行详细记述，尤其是对 20 世纪 70 年代以来德国专家证据领域进行了深度探讨。正如作者汉尼斯·科尼夫卡所指，《法律语言的运作：德国视角》主要识别一些匿名文件的作者、分析语言以判定是否有诽谤发生，以及帮助解决商标侵权案件。这些年来，科尼夫卡已经处理过很多类似的案件，积累了大量可以与英语国家的语言学家们分享的知识和经验。

（进阶文献：［德］汉尼斯·科尼夫卡：《法律语言的运作：德国视角》，程乐、吕加译，中国政法大学出版社 2012 年版。）

第九章 法案审议技术

☞ 引例

《公司法》三审稿分组审议

2023年8月29日，十四届全国人大常委会第五次会议对《公司法》(修订草案三审稿)进行分组审议。全国人大常委会组成人员围绕强化公司民主管理、加大对相关违法行为处罚力度等规定，提出修改意见和建议。分组审议是全国人大常委会审议法律案的重要方式，这种方式可以使委员充分发表自己的意见。

第一节 法案审议主体及权限

一、审议法案本体机构的设置及审议权限分配

(一)审议法案本体机构的设置

1. 议会大会或代表大会的设置

两院制是一种以两个独立运作的议院组成的国会，与之相对的议会制度称为一院制，即只有单一议会作为立法机构。欧洲、美洲国家多采取两院制。两院议员通常都由选举产生并定期改选。两院都具有立法和监督行政的权力，但名称各有不同，如英国称上议院和下议院，美国、日本称参议院和众议院，法国称参议院和国民议会等。亚洲、非洲国家多采取一院制，在中国，省、自治区、直辖市和设区的市的人民代表大会及其常务委员会具有立法权，实行的是一院制。

☞ **逻辑思考 9.1**

两院制在法案的审议过程中究竟起到了什么作用呢？经过长久的历史实践证明其作用有三：

作用一：由于两院议员选举的标准和方式不同，两院制往往能够使代表不同利益的团体参与到法案的审议中，有效地均衡了不同的利益需求，使得法案能够具备制度层面的合理性和操作层面的有效性。

作用二：现代国家普遍承认的宪制原则中就包含有限政府原则，而其中的"政府"是包含议会在内的广义政府概念。将议会一分为二，使得法案需要以同一文本同时通过两院的审查，这就有效地减少了议会在审议法案时的恣意性和专断性，起到了内部制约平衡的作用。

作用三：拥有广泛的民意基础和良好的政治法律素养是议员应当具有的品质，但是如果按同一标准选拔议员以致在一院议事，则很难兼顾到以上两个方面。如果按不同的标准选拔具有不同品质倾向的议员并分开议事，相互补充相互完善，则能在反映民众意志的基础上有效地提高所审议法案的质量。例如在法国，当选的参议员往往是各省知名人士、社会贤达，而国民议会通过的法案文本往往比较粗糙，由具有较高政治法律素养的参议员审议、修改法案，无疑能使议会最后通过的文本更加科学合理。[①]

既然两院制的优点这么多，那么为什么还会有采用一院制的国家呢？

2. 议会委员会或代表大会委员会的设置

议会委员会或代表大会委员会一般可分为立法类委员会和非立法类委员会，详见图 9.1。立法类委员会一般享有审议修改法案、监督法律实行、举行立法听证等多项有关于立法的职权。非立法类委员会一般负责议会职权中与立法没有直接关系的其他事项，例如，监督政府的行为、调查某特定案件并提出报告、研究国家治理中的一些特定问题、审查议员或代表的资格等。

[①]　尹中卿等：《国外议会组织架构和运作程序》，中国民主法制出版社 2010 年版，第 137 页。

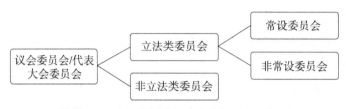

图 9.1　议会委员会或代表大会委员会分类图

　　立法类委员会还可进一步细分为常设委员会和非常设委员会，其中常设委员会承担着大量日常的立法工作，比如美国农业委员会、法国外事委员会和中国财政经济委员会；而非常设委员会也不是说就一定是临时、"短命"的委员会，只是说这一类委员会通常并不是依据日常的立法需要设立、延续的，而往往是根据特定事件的要求而设立的，比如美国情报委员会和香港基本法委员会。

　　我国第十四届全国人民代表大会共设立 10 个专门委员会，都具有立法审议职能，并没有非立法类的常设委员会(详见图 9.2)。香港特别行政区基本法委员会和代表资格审查委员会并不是具有立法审议职能的机构，而仅仅是

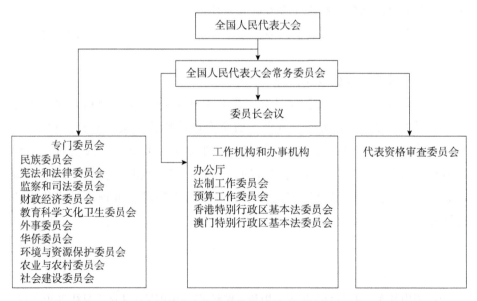

图 9.2　全国人民代表大会及其常务委员会下设的委员会、机构

常委会的工作机构或办事机构，只负责对相关领域的问题进行研究、提出建议、答复咨询或向常委会提供意见，只能算作常委会的内部参谋机构。同样的机构还有法制工作委员会、澳门特别行政区基本法委员会、预算工作委员会和代表工作委员会。

☞ **材料链接 9.1**

　　英国的常设委员会指的是平民院设立的负责审议法案的委员会，它是根据所审议法案的需要而每一年都设立的"临时"委员会，没有特定的管辖范围，也没有固定的数量，通常每年设置 11 个，法案增多时再按需要增设。各常设委员会的组成人员也随着法案的更换而更换，由人事委员会在各党团的推荐或议员自己的申请的基础上根据候选人员的业务素质、各党团的利益平衡等因素而确定委员会组成人员，无须议会大会表决。[1]

☞ **即时练习 9.1**

　　我们可以看到不同国家的常设委员会的内部设置是不同的，大致可以分成两种情况，第一种情况是大多数国家采取的模式，第二种情况以英国为代表，其常设委员会的设置方法颇具特色。那么，这两种模式的各自的优缺点是什么呢？

（二）审议法案本体机构审议权限分配

1. 两院大会间审议权限的分配

美国《网络安全信息共享法案》历经了 4 年的坎坷审议过程，众议院两次通过该法案，但是都被参议院否决，直到 2015 年才最终得到通过。它典型体现了两院大会之间的审议权限分配问题。在以美国和法国[2]为代表的国家，任何法案都必须以同一文本和相同程序通过两院的审议才能付诸签署、

---

　　[1]　尹中卿等：《国外议会组织架构和运作程序》，中国民主法制出版社 2010 年版，第 33 页。

　　[2]　法国《宪法》第四十五条规定："一切法律草案或者建议案，应相继在议会两院进行审议，以便通过同一文本。"

公布。

由于各国历史传统、两院产生途径以及两院所代表的利益等差异，议会两院在审议法案中的权限是不同的，除了美国、法国等国家之外，还有另外两种模式。

某些法案通过一审院之后，二审院只作形式审查，没有否决权；另一些法案则和第一种情况类似，须两院共同通过，英国即是此例。当贵族院为二审院时，它对平民院已经通过的有关"金钱"的法案应依法保持克制，不作修正地予以通过；而对于其他的法案，贵族院则有否决权。[1]

某些法案在通过一审院审议后必须通过另一院的审议才能生效；而对另一些法案二审院仅有相对否决权，德国采用的就是这种办法。在德国，凡是涉及各州的重大利益、重大关切的法案，必须通过代表州的利益的联邦参议院同意才能生效。这些法案或者涉及州的行政组织变更，或者涉及州的基本法律修改，或者涉及州的财政税收事项；而对其他类型的法案，联邦参议院仅能推迟法案的通过，如果联邦众议院以相应多数赞成票再次通过被参议院否决的法案，则该法案仍然可以得到通过。[2]

2. 议会大会与议会委员会或代表大会与代表大会委员会间审议权限的分配

英国下议院的委员会在法案的审议过程中，必须按照法定的时间和期限进行审议，审议需逐条审议，且可提出修正案，但修正案需与审议的条款有密切联系。委员会审议法案，无权予以搁置，更无权否决，如有修正案或需要否决的，只能向全院大会提出建议，由全院大会决定。委员会在法案的审议中，对全院大会确定的原则和斜体部分（即全院大会确定的条款）以及预算条款无权修正。[3] 所以这种类型的议会委员会仅仅享有对法案相对的审议权和修改权，无权否决或者以议会的名义通过法案。

而另一种议会委员会则不同，委员们掌握着对法案的生杀大权，能够在审议后搁置、否决法案的通过。在美国，法案提交议会大会审议前，都须先

①　尹中卿等：《国外议会组织架构和运作程序》，中国民主法制出版社2010年版，第69页。

②　尹中卿等：《国外议会组织架构和运作程序》，中国民主法制出版社2010年版，第374页。

③　周旺生：《立法研究》（第二卷），法律出版社2001年版，第198页。

提交相应的常设委员会审议，如果没有被该委员会"枪毙"才可提交到议会大会继续审议；而如果"躺倒"在各常设委员会，除非能够通过条件设置苛刻的众议院"交出议案申请"程序或者参议院"强制把法案交回"决议，该法案的生命就此终结。[1]

☞ 材料链接 9.2

《立法法》关于全国人大专门委员会的审议权限的规定

《立法法》第二十二条规定："列入全国人民代表大会会议议程的法律案，由有关的专门委员会进行审议，向主席团提出审议意见，并印发会议。"

《立法法》第二十三条规定："列入全国人民代表大会会议议程的法律案，由宪法和法律委员会根据各代表团和有关的专门委员会的审议意见，对法律案进行统一审议，向主席团提出审议结果报告和法律草案修改稿，对涉及的合宪性问题以及重要的不同意见应当在审议结果报告中予以说明，经主席团会议审议通过后，印发会议。"

《立法法》第三十五条规定："列入常务委员会会议议程的法律案，由有关的专门委员会进行审议，提出审议意见，印发常务委员会会议。有关的专门委员会审议法律案时，可以邀请其他专门委员会的成员列席会议，发表意见。"

《立法法》第三十六条规定："列入常务委员会会议议程的法律案，由宪法和法律委员会根据常务委员会组成人员、有关的专门委员会的审议意见和各方面提出的意见，对法律案进行统一审议，提出修改情况的汇报或者审议结果报告和法律草案修改稿，对涉及的合宪性问题以及重要的不同意见应当在修改情况的汇报或者审议结果报告中予以说明。对有关的专门委员会的审议意见没有采纳的，应当向有关的专门委员会反馈。宪法和法律委员会审议法律案时，应当邀请有关的专门委员会的成员列席会议，发表意见。"

---

[1] 事实上，在20世纪，美国众议院曾使用这种程序达800余次，而只有20多次获得成功；参议院则几乎不使用这种程序，可见法案被委员会搁置之后复活的可能性之低。

我国的全国人大或全国人大常务委员会与全国人大各专门委员会的审议权限分配采取的是上述第一种模式，各专门委员会对法案并无独立的审查权，在功能上类似于全国人大或全国人大常务委员会的协助机构。但是各专门委员会在审议中还是有着积极的促进作用，且规定"列入全国人民代表大会会议议程的法律案，由有关的专门委员会进行审议，向主席团提出审议意见，并印发会议"，全国人大常委会对有关专门委员会的重要审议意见没有采纳的，也应当向有关的专门委员会反馈。[①]

☞ **即时练习 9.2**

有许多学者提出要加强专门委员会在立法审议中的作用，使其不仅仅是一个"咨询机构"，[②] 你怎么看？

二、法案审议助理机构的设置及审议权限分配

面对浩如烟海的法律提案时，仅仅成立数量极其有限的委员会对世界各国来说都显然力不从心。例如，在美国立法史上，由于政府提交的财政法案极为细致专业，政府提交的其他法案审议需要的信息又远非议会所能搜集，所以在很多情况下议会被政府牵着鼻子走，政府说什么议会就听什么，不能很好地发挥立法机构对行政机构的制约作用。议员们逐渐意识到，要真正发挥议会的立法和监督作用，就必须成立自身的多种助理机构来协助自己开展各项立法工作，因此国会通过立法建立了庞大的议会助理队伍。

☞ **材料链接 9.3**

议会或代表大会助理机构同样也分为立法类助理机构和非立法类助理结构。顾名思义，前者负责协助与立法工作直接相关的事项，后者负责协助立法工作之外的事项，但对议会或代表大会行使各项职能亦起到保障作用的其

[①] 苗连营：《立法程序论》，中国检察出版社 2001 年版，第 207 页。
[②] 李祖兴：《加强专门委员会在立法审议中的作用》，载《中国法学》1993 年第 3 期。

他事项，例如，英国成立的平民院警卫局、膳食局、财务与行政局，法国议会的通讯局、记录局，美国国会的审计总署等。

立法类助理机构主要分为立法咨询机构和立法资料机构。立法咨询机构主要负责对议会或代表大会的询问提供准确、专业的咨询意见，研究立法审议中遇到的各种专业问题并向议会或代表大会提出报告等。这类机构除了英国等少数国家外，几乎都会按照专业领域的分工分别设置相应数量专门咨询机构。例如，法国议会的委员会局下设1个中央办公室和6个秘书组，这6个秘书组分别对应6个常设委员会，分别为它们提供相关领域的咨询和研究服务。又例如，美国国会研究部下设法律、经济、外交和国防、政府、教育和公共福利、科研政策、环境和自然资源等7个研究室，分别为国会提供各个领域的研究成果。立法资料机构主要为议会或代表大会的立法工作收集和提供必要的图书、文件、信息等资料服务，例如英国平民院的图书馆、法国议会资料研究局、美国国会图书馆。

法制工作委员会的成立，在陈斯喜看来应位列三十年来十大立法事件之首；孙哲在《全国人大制度研究（1979—2000）》中考察了法制工作委员会的作用后认为，"就长远而言，其很可能会影响到中国的法制建设进程"。

（进阶文献：孙哲：《全国人大制度研究1979—2000》，何俊志、赵可金译，法律出版社2004年版。）

☞ **逻辑思考 9.2**

法案审议助理机构的功能

曾任全国人大常委会委员长的李鹏曾指出："每个委员都不可能成为法律专家，即便熟悉一些法律，也难做到都精通，如果不做调查研究，也很难抓住要害。"[1]在这种背景下，法制工作委员会中立法工作者的出身、专业知识和思想倾向是在立法中就发挥着"隐性立法者"的作用。

实际上，法制工作委员会仅仅是一个审议法案的助理机构，从法律上讲是不能具有立法审议职权的，仅能从事与立法相关的辅助工作，相当于参谋

---

[1] 卢群星：《隐性立法者：中国立法工作者的作用及其正当性难题》，载《浙江大学学报（人文社会科学版）》2013年第2期。

部或者智囊团。但是由于现代立法的专业性越来越强，涉及的领域越来越广，提案数量越来越多，仅凭议会或代表大会及其委员会都无法承担这样的立法压力，因此，从某种意义上讲，这些立法助理机构实质上是幕后的立法者，对立法的质量、内容等产生着不可低估的影响。

需要思考的是，法制工作委员会与宪法和法律委员会的功能需要区别吗？如何区别呢？

第二节　法案审议的宏观技术

一、议会大会与议会委员会之间法案往返

不同国家议会委员会的审议权限是不一样的，也正因为如此，待审议的法案在议会大会与议会委员会之间的往返流程是不一样的，大致可以分为三种情况。

(一)议会委员会仅有相对审议权限的法案往返模式

当议会委员会的法律地位不高，无法对法案最后"拍板"的时候，这些国家的法案往往就先由议会大会审议，审定该法案的主要框架、条款和宗旨，然后再交由议会委员会做细节上的小修小补。在英国和原英属殖民地国家，法案在议会要通过一读、二读确定法案的基本原则和主要内容后才能交付议会委员会；德国、丹麦、冰岛等北欧国家也采用这种方式，但它们的议会大会只需通过初读，法案就交付委员会审议，初读时就对法案进行辩论。①

(二)议会委员会具有独立审议权限的法案往返模式

有些国家的委员会往往决定着法案的生死，所以待审议的法案一旦提上议事日程，便会被直接提交到这些委员会进行审议，议会大会的一读审议只是走一个过场。只有委员会通过了某法案，无论是否修改得面目全非，该法案才可继续移交到议会大会继续审议，而如果委员会没有通过某法案，那么

---

① 周旺生：《立法学》，法律出版社 1999 年版，第 264 页。

这个法案的生命基本就此终结。美国、法国、意大利、瑞典等国家采用这种方式。

☞ **逻辑思考 9.3**

委员会审议的程序位置

既然这些委员会具有独立的审议权限，那么为什么不把这些委员会放在议会大会审议完毕之后再行把关呢？你认为这样做有何优缺点，这样做合理吗？

(三) 混合模式

这种审议模式比较复杂，对不同的法案采取不同的审议模式，有的法案先需交付议会大会审议，然后再交付议会委员会进行修改，最后交回议会大会表决通过；有的法案提交后就交给委员会进行审议，待委员会通过后再交议会大会审议。其操作的难点首先在于以什么标准对法案进行分类以便其进入不同审议程序，其次在于实践中如何确定具体的法案属于何种分类——毕竟在复杂的现代社会，单纯属于某一种性质的法案是比较少的，哪种性质是法案的主要性质也许需要一种前置程序来辨别确认。苏联和东欧社会主义国家曾采取这种法案的审议模式，现在采取这种审议模式的国家已经很少见了。①

图 9.3 全国人大对法案的大会审议流程图

---

① 易有禄：《各国议会立法程序比较》，知识产权出版社 2009 年版，第 57 页。

我国的情况比较特殊，不能简单归入上述任何一种模式。从目前的制度和立法实践来看，我国采取的是"两线并行，相互配合，大会为主"的审议模式，即任何法案的审议不是按照先由谁再由谁的顺序进行，而是人民代表大会或常务委员会和相关的专门委员会同时进行，以人民代表大会或常务委员会的审议为主要方式。

图 9.4　全国人大常委会对法案的审议流程图

二、两院大会之间法案往返

在两院制国家，法案的审议就面临着法案如何在两院间穿梭以达至两院相互制约平衡的效果，如何在这样的效果下不至于使法案的审议过于拖沓的问题。大部分两院制国家都为解决这样的问题设置了相应的规则。

（一）一审院与二审院及其法案往返

法案在两院之间往返的方式之一是待一审院通过所有的审议程序之后，也就是常说的"一读、二读、三读"之后，再交给另一院以同样的程序进行审议。如果另一院不加修正地接受这一法案，那么该法案将直接交付给有权的主体进行签署。如果二审院对一审院通过的法案进行了修改，那么该修正案又将交回给一审院重新辩论和表决，如果通过，亦将交付签署。但如果一审院对送回的修正案又通过了新的修正案，那么该新的修正案又将交给二审院进行审议表决，如此往复，直至两院都通过同一文本的法案为止。倘若某一院否决了另一院送来的法案，那么该法案的生命基本就此告结。实践中英国、美国、德国采取的就是这种形式。

另一种方式是一审院一读通过后就交付给二审院，如果二审院也一读通过，则该法案即交付签署。如果二审院一读没有通过但对法案作出了修改，则修改后的法案又将交还给一审院进行二读，如此直至三读甚至四读。实践中，法国就采取这种形式。

(二) 两院大会协商阶段

如果一审院对送回的修正案又通过了新的修正案,又将该新的修正案交给二审院进行审议表决,如此往复直至两院都通过同一文本的法案为止,但这样的法案审议效率实在太低。为了提高立法效率,避免两院无休止地往返表决,同时为了避免法案胎死腹中,许多国家就必须经过两院共同通过的法案针对性地设置两院的协商机构和协商程序。

一般来说,当法案在两院的往复之中遇到瓶颈时,便可由其中的一院或者政府请求成立协商机构,协商机构由两院分别派议员或代表参加。协商机构有权对两院审议法案中的分歧提出妥协文本并分别交给两院重新考虑,但一般不得对双方无异议的条款重新拟定文本。如果两院都接受这一文本,那么该法案即告通过,如果有一院仍然不同意妥协文本,那么该法案审议就此结束。

有的国家赋予了某一院对分歧的最后决定权,如法国,其《宪法》第四十五条就明确规定了两院的协商程序并且赋予国民议会说"最后一句话"的权利。[①] 相反的,英国1949年修正的《议会法》规定贵族院否决平民院议决通过的法案文本的,平民院有权于下一次年会期间将同一法案文本送交贵族院,如贵族院否决的,应以平民院的法案文本为准,直接呈报国王签署,即贵族院对平民院审议通过的法案没有最终决定权,只有拖延权。[②] 贵族院不可延宕拨款案(下议院议长认为仅涉及国税与公共基金的法令)逾一个月。其他公共法令不可于上议院内搁置超过两个会期或一个历法年度。这些条款仅适用于由下议院始倡,以及不会将国会届期延至多于五年的公共议案。

☞ **材料链接 9.4**

法国国民议会的最后决定权[③]

法国《宪法》第四十五条规定:一切法律草案或者建议案,应相继在议会两院进行审议,以便通过同一文本。

---

① 尹中卿等:《外国议会组织架构和运作程序》,中国民主法治出版社2010年版,第178页。

② 周旺生:《立法研究》(第二卷),法律出版社2001年版,第205页。

③ 资料来源于许振洲:《法国议会》,华夏出版社2002年版,第184~187页。

如果由于议会两院之间意见不一致，法律草案或建议案在每一议院二读后未能通过时，或者如果政府已经宣告作为紧急事项，在每一议院一读后未能通过时，总理有权要求由两院相等人数组成的混合委员会举行会议，负责就讨论中的条款提出一个文本。

混合委员会拟定的文本可以由政府提交议会两院通过。任何修正案除非获得政府同意，都是不能受理的。

如果混合委员会不能通过一个共同的文本，或者该文本不能依照前款规定的条件通过时，政府可以在国民议会和参议院再读之后，要求国民议会作出最后的决议。在这种情况下，国民议会可以重新审议混合委员会拟定的文本或者自己最后通过的并且必要时由参议院所通过的一项或几项修正案加以修改的文本。

三、议会委员会间法案的分配

法案的复杂性以及法案可能涉及多方面的事务，从而必然导致不同委员会之间的法案审议出现管辖冲突，在这种情况下就有必要制定一套协调机制来处理这种常见矛盾。这种机制有两点值得注意：

一是可将法案进行拆分，法案所涉及的不同问题分别提交不同的委员会进行审议。在这个过程中有必要明确不同委员会在审议中的主次地位，一般来说审议法案主要内容或者实质内容的委员会是主要委员会，其他的委员会是次要委员会。主要委员会不仅审议本委员会管辖的法案内容，同时也要对法案的其他内容进行辩论，提出修改意见。次要委员会仅就所负责的个别问题提出审议意见，并向主要委员会阐明自己的观点。另外，当两个以上委员会同时审议某一法案时，都应当有权就自己管辖范围内的法案问题单独向议会大会提出审议报告。

二是当依据宪法和相关法律对法案进行分配，却仍然产生委员会之间的推诿或争夺时，可以请求议会大会对管辖权问题进行协调或裁决。在这个过程中，议会大会有必要听取提案者、相关委员会的意见并作为重要参考。

我国全国人大各专门委员会采取的是宪法和法律委员会统一审议与有关专门委员会分别审议相结合的方式，地方人大采取的是法制委员会统一审议与有关专门委员会分别审议相结合的方式。

☞ 逻辑思考 9.4

中国人大委员会的分工

有关的专门委员会审议只是法律委员会审议的一个前置程序而已，它们的审议意见是否被采纳很大程度上取决于法律委员会的态度，不享有独立而完整的先行审议权，且最终向全国人大及其常务委员会负责审议结果报告的还是法律委员会。如何划定法律(制)委员会与各个专门委员会审议法案的分工呢？

四、一读、二读与三读

国外议会对法案的大会审议主要是通过公开辩论来进行的，一读、二读与三读便是立法过程中对法案的第一次审议、第二次审议与第三次审议。法案仅经过一读便交付最终表决的属于"一读型"，经过一读、二读、交付最终表决的属于"二读型"，经过一读、二读、三读交付最终表决的属于"三读型"。[①]

尽管有很多国家采取了三读型的审议模式，但是由于议会委员会的法律地位不同，所以不同的国家在一读、二读、三读不同的阶段所安排的任务和所发挥的功能是不尽相同的。有的国家一读需要解决的问题，在别的国家却放在了二读中来解决，有的国家在法案提出阶段需要解决的问题，在别的国家却放在了一读中来解决，详见表 9.1。

表 9.1   **"三读型"国家审议程序表[②]**

国家	三 读 程 序
英国	在英国，法案的一读不进行任何辩论，只是宣读法案的名称和法案提出者的姓名，然后交付打印，一读的完成实际上只是发出打印的指令，不涉及任何实质性的审议。二读时将就法案的原则性问题进行一般性辩论，讨论法案的基本原则、宗旨和目的等，并就法案的可接受性进行表决。三读是对法案的最后辩论和表决，除对法案条文进行一些文字性的修改外，不允许再对法案提出修正案，有关的辩论一般也比较短。关于法案条款的详细审议和修改则放在二读和三读之间委员会审议和报告阶段。

---

① 易有禄：《各国议会立法程序比较》，知识产权出版社 2009 年版，第 82 页。

② 表格参考焦亚尼：《国外法案制度(下)》，载《新疆人大(汉文)》2005 年第 5 期。

国家	三 读 程 序
德国	在德国，法案印发三天后可进行一读，在长老委员会的提议或议会党团的要求下，可以对法案进行不触及细节的一般性辩论，由提案者阐明提出法案的原因，议会党团表明其对法案的初步意见。一读时还要表决确定拟将法案交付的委员会，但不就法案通过或否决作表决。委员会报告及修正的文本印发议员第二天后进行二读，就委员会修正的法案文本进行一般性辩论、逐条审议和表决，在没有提出修正案的情况下对法案进行总体表决。议会党团和议员个人都可在逐条审议时提出修正案。如果二读时没有提出修正案，法案将直接进入三读阶段，由议员以起立投票方式对法案进行最后表决。如果二读时有修正案，三读将在二读所通过的修正案印发议员第二天后举行，但若有出席会议的 2/3 以上议员同意，也可在二读后随即进行三读。三读时一般不进行辩论，但如有议会党团或 5% 以上议员要求，也可进行辩论，并可由议会党团再提出修正案，议员个人则不再允许提出修正案。
美国	在美国，一读即在全院大会宣读法案全文或标题，将法案标题在国会记录上刊出。二读将讨论委员会报告及经委员会修正的法案，对法案条文进行逐条的辩论，听取议员个人提出的修正案，同时委员会也可以再提出修正案。二读还将对修正案进行分别表决。三读时委员会将根据二读通过的修正案提出新的修正法案，并由全院大会辩论后交付表决。
法国	在法国，一读时要由委员会介绍法案并进行一般性辩论。一读完成后，议员可以提出一些程序性动议，由全院大会表决是否拒绝法案、中止法案、将法案退回委员会或为法案的审议设置若干先决条件。二读将对法案进行逐条讨论和表决，议员对法案提出的修正案必须在二读开始前提交相关委员会。三读将对法案进行总体表决，此时可以对逐条表决通过的法案作一些修正，以使法案在经过若干修正后仍能在总体上保持连贯性。总体表决时，不能对条款重新开始辩论和审议，但如果在前面的审议中有明显的错误或对表决结果表示怀疑，议员、政府或相关委员会也可提出动议，将法案发回相关委员会重新进行一次审议。

　　我国全国人大审议法律案通常是一次会议完成，列入会议议程的法律案，大会全体会议听取关于该法律案的说明后，由各代表团审议，并由宪法和法律委员会和有关的专门委员会审议。宪法和法律委员会根据各代表团和有关的专门委员会的审议意见，对法律案进行统一审议，向主席团提出审议结果报告和草案修改稿，对涉及的合宪性问题以及重要的不同意见在审议结果报告中予以说明，主席团审议通过后，印发会议，并将修改后的法律案提请大

会全体会议表决。

列入全国人大常委会会议议程的法律案一般应当经过三次审议后交付表决。第一次审议主要是在全体会议上听取提案人关于法律案立法理由、起草经过、主要原则、主要问题的说明，然后由分组会议进行初步审议。同时该法律案交由宪法和法律委员会以及其他相关的专门委员会进行研究、修改。在第二次审议中，全体会议需要听取宪法和法律委员会关于法律案主要问题、修改情况的汇报，然后分组会议作进一步审议。与此同时，宪法和法律委员会和专门委员会根据二次审议过程中各组会议的主要意见对法律案作进一步修改。第三次审议法律案，须在全体会议上听取宪法和法律委员会关于法律草案审议结果的报告，由分组会议对法律草案修改稿进行审议。最后，列入常务委员会会议议程的法律案，各方面意见比较一致的，可以经两次常务委员会会议审议后交付表决；部分修改的法律案，各方面的意见比较一致的，或者遇有紧急情形的，也可以经一次常务委员会会议审议即交付表决。

☞ **材料链接 9.5**

加拿大参议院法案审议①

一读：当一项法案引入参议院后，将进行以下程序：参议员引入该法案时首先会说："尊敬的参议员们，我很荣幸地提出一项被称为×××（法案名称）的法案。"一读只是宣读法案的名称和法案提出者的姓名，然后交付打印。议长将接着询问："此法案将何时进行二读？"因为法案的二读需要提前两天通知，法案动议人将说："我动议，支持尊敬的参议员×××（参议员的名字），此法案二读可以在两天后的日常程序中进行。"（注：《参议院规则》5-6.（1）(f)）。议长将重复动议和交付表决。此动议不允许辩论。

二读：法案二读辩论所遵循的程序如下：当日常事务按照流程进行到成为法案事项时，议事台上的官员将宣布："×××法案二读。"法案发起人将提出法案二读动议。当发起人在进行四十五分钟的发言之后，发起人和第一个发言的参议员将可随后进行发言，任何其他参议员的议题和评论在此阶段也被允许（注：《参议院规则》6-3.（1）(b)）。政府领袖和反对派领袖的发言无时

---

① 李店标：《当代加拿大参议院立法程序》，载《人大研究》2016年第2期。

间限制(注:《参议院规则》6-3.(1)(a)),其他所有参议员的发言时间最多为十五分钟(注:《参议院规则》6-3.(1)(c))。

委员会法案审议:如果委员会提出无修正案的法案报告,该报告将视为在参议院获得通过,法案发起人将会在下次参议院会议上提出法案三读的动议(注:《参议院规则》5-5.(b)& 12-23.(2))。如果是存在修正案的法案报告,或者委员会建议终止法案程序,那么报告将需要由参议院进行审议,议长将会询问何时审议该报告。审议通过后进入三读,不通过法案则终止审议。

三读:三读将对法案进行总体表决,一般情况下不再进行修改,当三读动议被参议院采纳后,议事干事将宣布法案已经进行了三读。议长将声明参议院的决定信息将会被传达给众议院。

第三节　法案审议的微观技术

一、议会大会的具体审议环节

(一)会期、会议的种类及开会的条件

我国全国人民代表大会为一年一期制,通常在每年3月召开,会期大约两个星期,有三分之二以上的代表出席,才可以举行。

这里的"一年一期制"是指会期,即议会在一定时期内履行职能的起止时间。为了方便议会集中时间和精力履行立法、监督等职能,提高议事效率,各国相关法律都对议会开会的时间作出了具体的规定。一般来说,现代国家议会的会期可分为"一年一会期制"和"一年两会期制"。"一年一会期制"指的是在一年的时间内仅召开一次会议,采取这种制度的国家有美国、英国、日本、韩国等国家。美国国会规定,国会会议应于每年1月3日开始开会,至当年12月初为止,全年会期大约200日;英国议会每年10月底开始开会,至次年10月结束,除去中间的节假日,每年开会大约180日。一年两会期制也就是在一年的时间内分别召开两次会议,一般来说不同阶段的会议工作的重点是不同的。以法国为例,法国议会每年分两次开会,春季的会议从4月2日开始,至6月30日结束,为期大约90日;秋季的会议从10月2日开始,至12月20日结束,为期大约80日。会议的第一会期主要进行预算的审议,

第二会期主要进行立法审议。①

　　依据会议召集的方式，全国人民代表大会属于常会，常会又称例会，是按照固定的会期召集的会议。一年一期的美国国会会议，一年两期的法国议会会议召开的也是常会。除正常的集会时间外，如果有特殊事件发生需要临时召开会议，这种会议便是临时会。临时会一般由法定人数的议员或者政府要员提议召集，会议的会期一般由议会自身根据议事的需要和多数议员的意见来决定。如《全国人大议事规则》规定，全国人民代表大会常务委员会认为必要，或者有五分之一以上的全国人民代表大会代表提议，可以召开全国人民代表大会临时会议；法国众议院依宪法规定，经总理或者半数以上议员请求，得召开临时会议；日本《国会法》规定，国会临时会之决定可由四分之一以上议员联名提出，由议长向内阁提出请求书。

　　"全国人民代表大会会议有三分之二以上的代表出席，始得举行。"这是大会举行的人数要求，这种要求是开会的最低法定人数，又称"得议事之法定人数"。一般来说，这种法定人数的计算是以全体议员的人数为基数，以出席会议议员的人数为被除数，由此核算出席人数是否达到法定标准。不同国家对"得议事之法定人数"规定的形式是不同的。有的国家规定的是出席的比例，如中国规定有三分之二以上代表出席，美国规定参众两院出席议会的人数须过半数；有的国家规定的是具体的人数，如英国规定贵族院需 30 人，平民院需 40 人才能开议；还有的国家没有规定开会的法定人数，仅规定了表决的法定人数，如法国、韩国等。②

(二) 审议法案的顺序

　　由于议会大会在一定时期内审议的法案常为多项，故有必要按照一定的顺序来安排不同法案的审议，这便涉及议事日程的安排。通常，议程分为普通议程和特别议程。大部分事项都可归入普通议程，如美国众议院的普通程序，依据众议院议事规则，有如下八项内容：祈祷、宣读并确定上次会议记录、改正公务法案交付审查的错误、处理议长桌上的议案、处理程序未完成的议案、审议委员会动议提请审议的委员会报告、改开国情全院委员会以及

---

　　① 罗传贤：《立法程序与技术》，台湾五南图书出版有限公司 2012 年版，第 481～482 页。

　　② 罗传贤：《立法程序与技术》，台湾五南图书出版有限公司 2012 年版，第 463～464 页。

审议综合议程议案。

普通议程之间的顺序按照议程订立的时间先后排序，但后一议程的开始时间并不影响前一议程继续进行，如前一议程并未结束，则后一议程的开始时间相应推迟。特别议程之间亦是按照订立时间先后进行排序，但与普通议程不同的是，后一特别议程开始时间一到，前一特别议程的进行暂时中止。

☞ **即时练习 9.3**

在英国，平民院议长决定议事日程，经秘书宣读后，不经院会表决；在法国，国民议会议事规则由议长主持的"主席会议"决定，参会人员有正副议长、各委员会主席、各党团主席以及政府代表；在美国，众议院的程序委员会决定议事日程。所以，对会议的日程编排权力分为议长、主席会议、程序委员会三种。请搜索相关资料，分析我国全国和地方人大开会时议程是如何决定的？

(三) 动议的提出

动议是与会者在（议会或议会委员会的）会议上提出的，要求会议给予处理的正式建议，不同于被审议的法案本身。在英美国家，任何议员需要提出一项讨论事项，除非其内容十分简单，否则都应当以动议的形式向会议的主席提出，待会议讨论之后付诸表决。

☞ **材料链接 9.6**

动议流程范例①

在没有其他动议正在讨论或者某些可被中断的动议正在讨论时，甲议员可起身说："主席先生！"主席可点头或者宣布他的姓名表示许可。

甲议员接着说："我动议……"甲议员言毕入座，此时一般需要另一名议员起身附议，此项动议才能够付诸讨论。

如果乙议员附议，主席便可将此动议向大家宣读并供大家讨论。在讨论的过

---

① 资料来源于[美]亨利·罗伯特：《罗伯特议事规则》（第11版），袁天鹏、孙涤译，格致出版社、上海人民出版社2015年版，第24~41页。

程中，如果有议员希望提出意见或新的动议，也应当按上述的方式取得发言权。当讨论完毕后，主席可以询问在座议员："大家已经准备好表决这个问题了吗?"

如果此时没有人再起身发言，便可将此问题付诸表决。

表决的方式不同，主席主持表决的语言便不同。如果会议采用的是按键表决，主席可说："对于动议……，请大家使用身边的表决器，按赞成、反对或者弃权键进行表决。"如果会议采用举手表决，主席可说："对于动议……，赞成此动议者请举手。"待赞成表决结束，主席可接着说："请反对此动议者举手。"待清点赞成、反对和弃权的人数后，主席应按照通过某一种动议所需人数的规则宣布该项动议是否通过。此时主席可说："此动议被通过"或者说"此动议被否决"。

表 9.2　　　　　　　　　　　　不同动议类型对比表

动议类型	动议内涵及解释	是否可以修改	是否可以辩论	备　注
停止讨论的动议	随时可打断讨论，将议题迅速交付表决；此动议一旦提出，正在讨论的议题就应当暂时停止，并就停止讨论之动议先交付表决；如果停止讨论的动议获得通过，则立即表决被打断的议题；如果停止讨论的动议被否决，那么被打断的议题仍然继续。	不可修改	一般无须辩论	只是希望在某一时间停止讨论，例如"我动议限制本问题的讨论，到下午三点钟为止"。这类动议可以辩论，可以修改。
法案修正案的动议	一般来说，议会委员会和议员个人都可以对法案提出修正案；所提出的修正案应当与正在辩论的法案的主题相关；修正案的辩论应当安排在原法案的辩论之后，但是在表决时应当先表决修正案，再表决原法案；当同一条款有多个修正案时，按照修正案登记的顺序进行辩论；还可以就法案的修正案再提出修正案，也就是"修正案之修正案"，辩论时，应当按照动议提出的顺序进行，而在表决时，应当先表决第二修正案，再表决第一修正案，最后表决原法案；不允许就修正案的修正案再提出修正案。	可以修改	可以辩论	美国参议院议事规则允许议员提出拨款案和预算案之外的其他法案的"非相关性修正案"。[1]

————————

① 尹中卿等：《国外议会组织架构和运作程序》，中国民主法制出版社 2010 年版，第 279 页。

续表

动议类型		动议内涵及解释	是否可以修改	是否可以辩论	备　注
推迟审议的动议	推迟到某一时间	这种推迟的理由可以是换一个时间更方便，也可以是经过辩论后大家觉得做决定还为时尚早；必须指出下一次讨论议题的时间；展开的辩论应严格限制在"推迟到某一时间是否合适"这类问题上，对其修正案也应是对时间的修正。	可以修改	可以辩论	我国《全国人民代表大会议事规则》规定，列入全国人大会议议程的议案，在审议中有重大问题需进一步研究的，经主席团提出，由大会全体会议决定，可以授权全国人大常务委员会审议决定，并报全国人大下次会议备案或者提请全国人大下次会议审议；《全国人民代表大会常务委员会议事规则》规定，拟提请常务委员会全体会议表决的议案，在审议中有重大问题需要进一步研究的，经委员长或者委员长会议提出，联组会议或者全体会议同意，可以暂不付表决，交有关专门委员会进一步审议，提出审议报告。
	搁置桌上	这种动议的内容一般是"我动议将某问题搁置桌上"，如果以后需要再次讨论这个问题，就需要提出一个"从桌上拾起"的动议；搁置桌上动议的目的是以便在任何时间重新讨论被搁置的问题；直接表决。	不可以修改	不可以辩论	
	无限期推迟	适用于那些交付表决后无论是通过还是否决都会造成不良后果的提案；这种动议一旦通过，相应的提案便不再处理，并且在一定的时期内不可以重新提出。			
撤回法案的动议		一般来说，法案在提交讨论之前，提案人可以随时撤回法案，但是法案一旦开始讨论，法案的撤回便须经过院会或委员会的同意。	可以修改	可以辩论	美国国会参众两院议事规则规定，提案在议决或者修正之前可由提案人不经院会同意而撤回；日本众议院议事规则规定，经委员会或者院会列入议题的议案，议员需要撤回的，应经过委员会或者院会许可。① 我国列入全国人大会议议程的议案，在交付表决前，提案人要求撤回的，经主席团同意，会议对该议案的审议即行终止。

---

① 罗传贤：《立法程序与技术》，台湾五南图书出版有限公司 2012 年版，第 511 页。

续表

动议类型		动议内涵及解释	是否可以修改	是否可以辩论	备 注
休会的动议	立即休会	立即休会之动议具有优先地位，直接交付表决；但在他人取得发言资格或者会议正在就某一事项进行表决时，立即休会的动议不得被提出。	不可以修改	不可以辩论	
	到某一时间休会	规定了休会时间或议员动议到某一时间休会。前者一旦到了规定的休会时间，主席可径直宣布"会议时间已到，本次会议散会"；后者如议员认为应当延长会期，则可单独提出延会动议并付诸讨论、表决。	看情况	看情况	
委付动议		将某一议题委托交给委员会筹备、审议的动议；这种动议一旦通过，则相应的议题即从会议现场抽出，交付给委员会审议，其他议题照常进行；如果交付委员会之时该问题具有修正案，则将修正案一并交付委员会审议。	视情况	可以辩论	如果是单纯的委付动议，例如"我动议委付"，则不能够修改；如果是具有进一步内容的委付，例如"我动议将该问题委付主席指定的五人委员会"，则该内容是可以修改的；如果委付的动议带有命令，例如"我动议将该问题委付主席指定的五人委员会，并命令其会同某行政部门提出审议报告"，这种命令是可以修改也可以辩论的，但是不能与委付动议分开表决。

在议会审议法案的过程中，不同的议员可能提出多个不同类型的动议，而议会在一定的时间内只能审查其中一个动议，因此，有必要对不同的动议进行分类并确定它们之间的先后次序。

在英美国家，引入法案实质性内容的动议为主动议，比如某议员起身发表的支持或反对某一法案的意见，在优先级别上地位最低，不能优先于任何其他类型动议而得到处理。一旦其他类型的动议提出，这种动议就将被打断，待其他动议处理完毕后再继续讨论。只要有其他类型的动议待决，这类动议就不能再被提出。另一种动议是为处理主动议而被提出的，虽然在性质上附属于主动议，但是在优先等级上优于主动议。这种动议包括无限期推迟主动议、修改主动议、将主动议委托给某个委员会研究或重新起草、将主动议推迟到指定时间审议、立刻表决主动议、搁置主动议等。还有一种动议与附属动议相似，但是它并不是为了处理主动议而提出的，而是与其他问题相关联。这种动议一般优先于其相关联的问题而得到处理，包括要求对违反规则的秩序问题进行裁定、对主席的裁定提出申诉、提议逐条讨论法案、提出对包含可单独考虑部分的法案进行拆分、建议起立重新表决、关于表决方式的动议等。最后一种类型的动议在处理次序上具有最优先的地位，它往往与比较紧急的事物相关，因而不经辩论便可打断当前的动议。这类动议包括要求遵守议程、出现影响会议或议员权益的紧急情况而提出的权益问题、决定休会或休息、指定后续会议时间等。

（四）发言和辩论

公开辩论是国内外大会审议法案的主要方式。《全国人民代表大会议事规则》规定了全国人大代表发言资格的取得方式和发言的次数和时间限制，世界上其他国家也有这种规定。这包括发言的顺序、发言的形式、发言的地点、辩论的主题和辩论的礼仪。

1. 发言权的取得

各国议员发言权的取得有两种方法：一种是议员在会前预先向主管机构或人员登记，以此取得发言权；另一种便在开会的过程中直接起立，向会议主席示意需要发言，经主席同意后取得发言权。

2. 发言的顺序

许多国家对议员的发言顺序事先做了安排，有的国家则由会议主席依据发言的情况临时决定。发言顺序的安排一般遵循以下规则：提案人或主审委员会成员首先发言，持正反意见的议员轮流发言，较少发言或未曾发言的议员比其他议员有优先发言权（数人同时欲获得发言权时）。①

3. 发言的次数和时间

不同国家对议员发言的次数的规定大致有两种类型，一种是规定每个议

---

① 吴大英、任允正、李林：《比较立法制度》，群众出版社 1992 年版，第 517~518 页。

员发言的次数限制，比如我国人大代表在大会全体会议上每人可以发言两次，英国议员在每场辩论中只允许发言一次；另一种是不对议员发言的次数作出限制，议员可以根据需要起身发言。如果允许两次以上的发言，有的国家对每次发言的时间长短可能作出规定。规定时间长短不一，但一般在 5 分钟到 20 分钟。比如我国人大代表在大会全体会议上的第一次发言不超过 10 分钟，第二次发言不超过 5 分钟。[1]

4. 发言的形式

有的国家不允许议员在发言时照本宣科地念稿子，有的国家仅允许议员在部分问题上使用稿件。这些问题一般是引文、书面声明或者是技术性材料，还有的国家对这个问题虽然没有作出规定，但是在习惯上还是不鼓励照稿宣读。[2]

5. 发言的地点

会议场所的布置往往反映了议员发言的地点。座位呈环形排列的，议员一般在中心讲台或中心走廊发言，座位按两大列分别分布在中心讲台两边的，议员一般就站在自己的座位上发言。[3]

6. 辩论的主题

议员必须针对法案的主题或涉及的主要问题展开辩论，否则会议主席有权提醒或警告偏题的议员围绕议题发言。[4]

7. 辩论的礼节

在英美国家，议员应当围绕讨论的问题展开辩论而应避免涉及其他议员的动机、行为等与议题无关的事项。当提到其他议员时，应避免直呼其姓名，而应用描述性语言进行指认，比如"最后发言的那位议员"。在辩论的过程中，当主席就某一问题临时发言时，正在辩论的议员应当先坐下来以便其他议员能够听取主席的话语。当提出发言次序问题时，在该问题得到解决之前辩论应当暂停。辩论中议员不得对先前已经作出的决定和自己提出的动议发表反对意见。辩论中议员不得使用不当失礼的言语，如果被指出犯有如此错误，有关议员应当道歉，否则要承担相应责任。在其他议员发言时，在座的议员

---

① 易有禄：《各国议会立法程序比较》，知识产权出版社 2009 年版，第 84 页。
② 易有禄：《各国议会立法程序比较》，知识产权出版社 2009 年版，第 85 页。
③ 易有禄：《各国议会立法程序比较》，知识产权出版社 2009 年版，第 85 页。
④ 周旺生：《立法学教程》，北京大学出版社 2006 年版，第 225 页。

应避免不必要的走动和交头接耳，保持会场正常秩序和严肃气氛。

☞ **材料链接 9.7**

南 塘 实 验①

2008 年，安徽阜阳南塘合作社的创办人杨云标，痛感农村开会的问题，决定采用罗伯特议事规则来解决这一问题。

杨云标说农村开会经常有三个问题。第一，跑题。就是你说李连杰，我扯到成龙，你说猪八戒，我扯到孙悟空。跑得没个边了。而且老人家特别爱摆掌故，一开头，我给你们讲个故事，这一讲，就讲到中饭了。第二，一言堂。这一个一言堂呢，是领导者爱讲话，谁是领导就"哗哗哗"说个没完，一讲就全该他讲了。其次呢，农村有一些特别爱讲话的，也有从来不讲话的。第三，野蛮争论。一讨论问题，就说你上次多报了 5 元钱，你不是好孩子，怀疑别人的品德。一百句话中抓住人家一个词不放，甚至打起来。会议就没法子开了。

于是杨云标在他人的帮助下，把罗伯特议事规则同农村的具体情况结合起来，总结出十三条简单的规则和一个顺口溜。

农村版罗伯特议事规则十三条

第一条：会议主持人，专门负责宣布开会制度，分配发言权，提请表决，维持秩序，执行程序。

但主持人在主持期间不得发表意见，也不能总结别人的发言。

第二条：会议讨论的内容应当是一个明确的动议："动议，动议，就是行动的建议！"动议必须是具体的、明确的、可操作的行动建议。

第三条：发言前要举手，谁先举手谁优先，但要得到主持人允许后才可以发言，发言要起立，别人发言的时候不能打断。

第四条：尽可能对着主持人说话，不同意见者之间避免直接面对面地发言。

第五条：每人每次发言时间不超过两分钟，对同一动议发言每人不超过

---

① 资料来源于寇延丁、袁天鹏：《可操作的民主 罗伯特议事规则下乡全纪录》，浙江大学出版社 2012 年版，第 195~197 页。

两次, 或者大家可以现场规定。

第六条: 讨论问题不能跑题, 主持人应该打断跑题发言。

第七条: 主持人打断违规发言的人, 被打断的人应当中止发言。

第八条: 主持人应尽可能让意见相反的双方轮流得到发言机会, 以保持平衡。

第九条: 发言人应该首先表明赞成或反对, 然后说明理由。

第十条: 不得进行人身攻击, 只能就事论事。

第十一条: 只有主持人可以提请表决, 只能等到发言次数都已用尽。

或者没有人再想发言了, 才能提请表决。如果主持人有表决权, 应该最后表决。防止抱粗腿。

第十二条: 主持人应该先请赞成方举手, 再请反对方举手。但不要请弃权方举手。

第十三条: 当赞成方多于反对方, 动议通过。平局等于没过。

附: 农村的顺口溜(瞿明磊作)

有口难言, 主持中立。要算本事, 得是动议。举手发言, 一事一议。面对主持, 免得生气。

定时立次, 提高效率。立马打断, 不许跑题。主持叫停, 得要服气。正反轮流, 皆大欢喜。

首先表态, 再说道理。就事论事, 不能攻击。话都说完, 才能决议。正反算数, 弃权没戏。

多数通过, 平局没过。萝卜青菜, 开会顺利。

☞ **材料链接 9.8**

《全国人民代表大会议事规则》关于发言的规定

《全国人民代表大会议事规则》规定, 全国人大代表要求在大会全体会议上发言的, 应当在会前向秘书处报名, 由大会执行主席安排发言顺序; 在大会全体会议上临时要求发言的, 经大会执行主席许可, 始得发言。全国代表在大会全体会议上发言的, 每人可以发言两次, 第一次不超过 10 分钟, 第二次不超过 5 分钟。主席团成员和代表团团长或者代表团推选的代表在主席团每次会议上发言的, 每人可以就同一议题发言两次, 第一次不超过 15 分钟,第二次不超过 10 分钟。经会议主持人许可，发言时间可以适当延长。

（五）一事不再议

这一规则是议会议事的传统和惯例，即对于议会已经议决的事项，在同一次会期中不得再次审议和作出决议；如确有必要讨论，也只能在下一次或以后的会期提出和审议。这一规则的目的是保证议会意见的一贯性，保持议会决议的权威，也有利于提高议事效率，尤其是防止议会内少数派阻挠议事过程的正常进行。[①]

☞ **规则起草 9.1**

"三好学生"评选

学期末，班主任举行了一场评选"班级三好学生"的讨论会，请模拟法案审议环节来举行这场讨论会。运用不同的动议方式，制定发言主题、地点、形式和顺序、辩论礼仪规则，推选出"班级三好学生"。

（六）特殊审议步骤

为了提高立法效率，避免浪费立法资源，各国在基本的审议程序上建立了一些特殊的审议步骤，使立法主体依据立法情况，灵活控制和合理利用立法期间。

1. 加速审议

即指立法主体的组成人员，为了提高立法效率，在法定的条件下，采用缩短辩论、不经辩论即交付表决或分隔审议阶段并限定审议时间以终结法律草案审议的方式，缩短一般审议所需要的时间的特殊步骤。大多数现代国家都依据国情确认了适合自己的加速审议制度。

加速审议的几种制度列举：

第一，缩短辩论制，也称"限制性辩论"。在法律草案被宣布"紧急"或

---

① 郭法石：《外国议会议事规则要览》，载《中国人大》2009 年第 10 期。

"需要优先处置"时，经法定人数提议，可限制参与审议的特定人员发言、减少发言次数和缩短辩论时间。例如，法国议会在限制性辩论中只允许诸如修正案的提案人、政府代表、受理委员会主席等特定的人发言，对草案有不同意见的各方可有1名代表在议院内进行简短的辩论，时间限制在5分钟内。

第二，一致议事日程制，也称"不经辩论即交付表决制"。当立法主体组成人员对进入审议阶段的法律草案已达成共识，不存在分歧意见时，不需经过辩论阶段即可直接交付表决。例如，美国议会制度规定，凡满足下列条件的，均可适用这种加速审议法律草案的特殊步骤：经委员会审议通过被列入议事日程而等待会议审议的草案；由议员提出该草案不必再由议会辩论即可一致性通过的建议；其他议员和政府不提出任何异议。

第三，分隔时间终结辩论制，也称"断头机制"。当某一项法律草案可能会陷入无休止的辩论或宣布为"紧急"时，有权立法主体组成人员便可提出审议该草案的每个阶段规定时间限制的一项动议后，然后组成一个由反对党代表参加的议会特别委员会，商定该草案总的审议时间和具体每个审议阶段的时间限制，以实现加速审议的目的。例如，在英国如遇到上述情况，即可适用该特别审议步骤。

2. 延期审议

因法定事由发生，经有权立法主体组成人员提出，无期限地推迟辩论或推迟到某些条件具备后再进行审议。绝大多数国家的立法程序步骤都规定了延期审议。例如，在芬兰，若有1/3以上的议员提出延期审议要求，法律草案在进入"三读"后便可推迟到经大选产生的新议会举行首次议会时，再进行审议和表决。

3. 终止审议

为了防止立法主体组成人员假借辩论名义拖延法案通过的目的，经立法主体最低法定人数提出或会议主持人认为必要时，及时结束辩论并使法案交付表决。在西方的一些国家，代表各政治集团的利益的议员们为了达到组织法律草案通过的目的，往往采取冗长的演说办法，组织法案通过，这种为了拖延讨论时间直到会期结束的方法被称为"海盗封锁"，为了避免这种情况发生，各国设立了立即结束辩论并交付表决的终止辩论制度。

各国终止审议的方式有两种：一种是提议终止，即由议员或代表提出终止辩论的动议，议长或会议主持人认为不违反议事规则和不侵犯少数党利益的时候，即可宣布停止发言，进行表决；二是截断辩论终止，即议长或会议主持人认为有必要时，不论发言是否完毕，即可宣布停止辩论，或在辩论开始前事先分配辩论时间，届时停止。

☞ 材料链接9.9

《立法法》有关审议特殊情况的法条

加速审议的法条：

《立法法》第三十三条规定，列入常务委员会会议议程的法律案，各方面的意见比较一致的，可以经两次常务委员会会议审议后交付表决；调整事项较为单一或者部分修改的法律案，各方面的意见比较一致，或者遇有紧急情形的，也可以经一次常务委员会会议审议即交付表决。

延期审议的法条：

《立法法》第二十六条规定，法律案在审议中有重大问题需要进一步研究的，经主席团提出，由大会全体会议决定，可以授权常务委员会根据代表的意见进一步审议，作出决定，并将决定情况向全国人民代表大会下次会议报告；也可以授权常务委员会根据代表的意见进一步审议，提出修改方案，提请全国人民代表大会下次会议审议决定。

终止审议的法条：

《立法法》第二十五条规定，列入全国人民代表大会会议议程的法律案，在交付表决前，提案人要求撤回的，应当说明理由，经主席团同意，并向大会报告，对该法律案的审议即行终止。

《立法法》第四十三条规定，列入常务委员会会议议程的法律案，在交付表决前，提案人要求撤回的，应当说明理由，经委员长会议同意，并向常务委员会报告，对该法律案的审议即行终止。

《立法法》第四十五条规定，列入常务委员会会议审议的法律案，因各方面对制定该法律的必要性、可行性等重大问题存在较大意见分歧搁置审议满两年的，或者因暂不付表决经过两年没有再次列入常务委员会会议议程审议的，委员长会议可以决定终止审议，并向常务委员会报告；必要时，委员长会议也可以决定延期审议。

二、议会委员会的具体审议环节

(一) 议会委员会立法听证

听证是委员会审议法案过程中比较有特色的环节，借鉴了诉讼中应听取他方意见之规则，体现了"任何人不能做自己的法官"和"任何人的辩护应当被公平地听取"之自然正义原则。委员会举行听证一般由委员会主席决定，有的国家也由委员会决议。希望出席听证会发表意见的人员一般自行向委员会提出申请，也可以由委员会邀请有关人士参加，这种人员一般被称为证人。委员会主席有权决定证人的人选，但应当考虑少数党派的意见，持正反意见的证人的比例应大致相当。在听证会召开之前，应当准备好相关材料，并将拟提出的问题通知证人。听证会期间，先由证人宣读证词或发表意见，然后由委员会委员逐一向证人提出问题。证人一般只负责回答，不得质疑委员或相互辩论。听证会结束后，听证记录将分送各委员供其参考，委员会应该另定时间举行秘密会议，决定是否就听证的议案向院会提出报告。

☞ 规则起草 9.2

听证会的程序规则

《立法法》对于立法听证的规定极为简略，没有对听证的参与人员、举办程序、结果反馈等细节问题作出任何规定，只留给有关机关和地方进一步细化，你认为召开听证会需要遵守哪些技术性规则，请你起草一个相关规则。

在实践中，立法听证一般包括以下程序：在听证会之前，提前发布公告 (提前的时间从十几日到几十日不等)；在听证会过程中，一般首先由主持人宣读听证纪律或注意事项，宣布立法听证的法案及主要内容，介绍参与听证的人员，然后按照事先确定的顺序发言和辩论；听证会之后，制作听证报告作为听证会的总结。[1]

---

[1]　杨炳超：《协商民主：中国宪政的可能路径》，山东大学 2010 年博士学位论文。

☞ **材料链接 9.10**

日本议会委员会的公听会和意大利的参议院委员会听证①

1. 日本议会委员会的公听会

日本议会委员会为了审议议院或议长委托的议案，或为了进行预备会议，可以召开公开意见听取会，简称公听会，以听取证人、有利害关系或有常识经验者的意见。这相当于其他国家立法程序中的听证制度。公听会的召开必须征得议长同意。希望召开公听会者或出席并陈述意见者，必须事先书面向委员会申请。委员长在议长同意召开公听会以后，要公开日期、时间和将要听取的法案。公述意见人由委员会从事先申请者或有关人员中确定。公述人的发言也要经委员长准许。公述人的发言不得超出将要听取意见的法案的范围。委员可以对公述人进行质疑，但不能反过来，即不允许公述人质疑委员。公述人也可以委托代理人陈述意见或提供书面意见。

2. 意大利的参议院委员会听证

根据意大利《参议院议事规则》关于听证会的规定，参议院委员会对其有管辖权的事项，在得到议长的批准后，委员会可以决定举行听证会以获取信息、文件和论文。为了实施听证，委员会应将其准备的相关方案提交给议长，由议长会同有管辖权的部委及其下属的公共团体和行政部门共同安排达成一致，议长可对技术上的咨询和视察予以授权。举行听证会的所有费用应归入参议院的预算。

为了举行听证会，委员会可以举行特别会议要求对本项有管辖权的部长、公务员以及公共团体、行政部门的管理人员参加，还可以要求地方政府代表、私人团体和企业、部门联合会以及相关专家与会。听证会结束后，委员会可批准一份印好的报告并予以分发。有关听证会会议的速记，如委员会作出决定，应予整理并公布。如果代表院将就同样的事项举行听证会，参议院议长应与代表院议长达成一致，以使参众两院举行联席听证会。

---

① 尹中卿：《国外议会组织构架和运作程序》，中国民主法制出版社 2010 年版，第569、465 页。

(二) 议会委员会报告

委员会报告是委员会对某一法案审查完毕后就该法案是否应当通过、存在什么优势或缺陷、哪些方面需要修改等问题向院会提出的结论性报告。报告应着重说明采取某一意见或态度的理由，但是政府官员的咨询意见、持不同意见的委员之意见也要一并列在报告之中，一般由委员会主席向院会作报告，也有的国家由推选的报告人向院会作报告。

我国根据《全国人民代表大会议事规则》和《全国人民代表大会常务委员会议事规则》的规定，法律案主要由全国人大宪法和法律委员会结合其他专门委员会的意见向全国人大或常委会统一作出审议结果报告。

☞ 材料链接 9.11

日本和意大利的议会委员会报告①

1. 日本议会委员会报告

日本的议会委员会必须向议院报告议案的审议经过和理由。委员会制作附有决议理由的报告书，由委员会向议长提出，而且在议案提交全体会议审议时，委员长还要作口头报告。在委员会审议中持少数意见者，只要有出席委员十分之一以上赞同，也可以联名向议长提出简明少数意见报告书。

委员会审议中还有一种特别的报告制度，即中间报告制度。中间报告就是委员会对尚未审结的议案，在审议中向议院报告审议情况。这有两种情况：一是委员会自动向议院作中间报告，尤其是各种特别委员会，主动作中间报告的情况很多；二是各议院要求委员会作中间报告，议院只要认为有必要，就可以直接要求委员会随时向议院报告审议情况，也可以规定委员会的审议期限，或要求直接提交议院全体会议审议。如直接提交议院全体会议审议，议院对委员会的委托即行撤销。

2. 意大利议会委员会报告

意大利议会委员会经过审议，可在原法案基础上附加修正案，并在审议的基础上，写出意见报告，连同法案文本一并提交院大会讨论。对于不需向参议院报告的事项，审议完成后，委员会可以就表达其意见和政治观点的决

---

① 尹中卿：《国外议会组织构架和运作程序》，中国民主法制出版社 2010 年版，第 570、465、466 页。

议进行投票，应邀请 1 名政府代表参加这些会议。应政府代表或委员会三分之一成员的要求，决议及书面报告应当报告议长并由议长呈交给参议院。

委员会必须指定 1 名代表向院大会报告本委员会的基本看法。如果本委员会有不同意见，则应同时选派两名持不同意见的委员向院大会陈述各方意见。这样，专门委员会实际上就拥有相当大的权力，甚至能够将某一法案"扼杀"在本委员会之内，从而阻止立法程序继续进行。

☞ **阅读研究 9.1**

罗伯特议事规则的基本原则：

平衡：保护各种人和人群的权利，包括意见占多数的人，也包括意见占少数的人，甚至是每一个人，即使那些没有出席会议的人，从而最终做到保护所有这些人组成的整体的权利。

对领袖权力的制约：集体的全体成员按照自己的意愿选出领袖，并将一部分权力交给领袖，但是同时，集体必须保留一部分权力，使自己仍旧能够直接控制自己的事务，避免领袖的权力过大，避免领袖将自己的意志强加在集体的头上。

多数原则：多数人的意志将成为总体的意志。

辩论原则：所有决定必须是在经过了充分而且自由的辩论协商之后才能作出。每个人都有权利通过辩论说服其他人接受自己的意志，甚至一直到这个意志变成总体的意志。

集体的意志自由：在最大程度上保护集体，在最大程度上保护和平衡集体成员的权利，然后，依照自己的意愿自由行事。

（进阶文献：[美]亨利·罗伯特：《罗伯特议事规则》（第 11 版），袁天鹏、孙涤译，上海人民出版社 2015 年版。）

☞ **艺术与立法 9.1**

十二怒汉（十二公民）①

《十二怒汉》（12 *Angry Men*）讲述了一个在贫民窟中长大的男孩被指控谋杀生父，案件的旁观者和凶器均以呈堂铁证如山，而担任此案陪审团的 12 个人需要于案件结案前在陪审团休息室里讨论案情，而讨论结果必须要一致通

---

① 资料来源于[美]雷金纳德·罗斯：《十二怒汉》，何帆译，译林出版社 2018 年版。

过才能正式结案的故事。法庭上，对一个被指控杀害父亲的十八岁男孩的审判正在进行，而最后的宣判还需要考虑此次由十二个人组成的陪审团的意见。

这十二个人各有自己的职业与生活，他们当中有巧舌如簧的广告商、仗义执言的工程师、毫无见地的富家子、歧视平民的新贵族、性情暴躁的老警察、精明冷静的银行家、只赶时间的推销员，等等。每个人都有自己的思考和说话的方式，但是除了工程师之外，其余的人都对这个案子不屑一顾，在还未进行讨论之前就早早认定男孩就是杀人凶手。

一切的证据都显示男孩是有罪的，大家觉得似乎毫无讨论的必要。但第一次的表决结果是 11 对 1 认为男孩有罪，按照法律程序，必须是一致的意见，也就是 12 对 0 的表决结果才会被法庭所采纳。

首先站出来认为男孩无罪的是工程师，由于工程师的坚持，也随着对三个关键证据的科学推测，认为男孩无罪的情势开始在其他十一个陪审员中扩散。对男孩是否有罪的表决也开始出现戏剧性的改变：11 对 1、9 对 3、8 对 4、6 对 6、3 对 9、1 对 11。

最后，经过各种不同人生观的冲突，各种思维方式的较量，所有的陪审团员都负责任地投出了自己神圣的一票。终于，12 个陪审员都达成了一致意见：无罪！

第十章 立法解释技术

☞ 引例

香港特别行政区政府就居港权问题向人大请求释法

　　《香港特别行政区基本法》第二十四条为中华人民共和国国籍香港永久性居民的资格下了定义：第一，在香港特别行政区成立以前或以后在香港出生的中国公民；第二，在香港特别行政区成立以前或以后在香港通常居住连续七年以上的中国公民；第三，以上两项所列居民在香港以外所生的中国籍子女。在 1999 年 1 月，香港终审法院对一宗案件的判决引发了居港权争议。在该判决中法院确认了香港人在内地所生的非婚生子女，包括私生子女在内，都享有居港权。

　　然而一石激起千层浪，因为如果根据终审法院对《香港特别行政区基本法》第二十四条的理解，则估计在 10 年内会有 167 万人可从中国内地移居到香港，这将会为香港社会带来沉重的人口压力。因此，时任保安局局长的叶刘淑仪联同当时的律政司司长梁爱诗到北京寻求人大释法。虽然当时也有法律界人士认为全国人民代表大会应修改《香港特别行政区基本法》以平息争议。然而，香港特区政府选择向人大寻求释法。全国人大常委会于 1999 年应香港特区政府请求，对《香港特别行政区基本法》第二十四条第二款第（三）项所规定的居港权问题作出全面解释，其内容表示只有香港人在内地所生的婚生子女才享有居港权，非婚生子女及出生时父或母仍未成为香港居民的则没有居港权，从而使有权来香港的人数减至 20 万。

　　对居港权问题释法是全国人大常委会第一次解释《香港特别行政区基本法》。如何解释法律是一项比较复杂的技术，本章来探讨这个问题。

第一节　立法解释概说

一、法律解释的概念、主体和对象

首先我们要了解法律解释，以便更好地理解立法解释。法律解释，英文为 Statutory Interpretation，是指法律解释主体对法律文本进行理解和说明的活动。之所以要对法律进行解释，一方面是因为成文法本身具有概括性和抽象性，其只有经过解释之后才能得到具体适用。法律必须经过解释才能与具体的案件相联结，完成法律对事实的适用。另一方面，成文法本身的不完善性和滞后性也要求进行法律解释以弥补其适用上的不足，从而使法律能够适应社会的发展，调整好社会关系。[1]

法律解释主体，是指对法律进行理解和说明的个人或组织。法律解释主体有广义和狭义之分，广义的法律解释主体是指对法律文本进行解释说明的任何个体和组织，此时的法律解释主体是最广义上的，包括立法者、司法者还包括一般的民众和单位组织。狭义的法律解释主体专指法律裁判者，此时法律解释主要是指法官在裁判案件的过程中为适用法律而对法律文本所作的解释说明。法律解释的对象是指法律解释活动所对应的客体。法律解释的客体主要是指法律文本，即作为法院裁判依据的各种制定法。

二、立法解释的概念、主体和对象

立法解释是法律解释的下位概念，它是指由制定法律规范的机关对法律规范所作的解释。

由于人们对立法机关和法律的界定不同，立法解释有狭义、中义、广义之分。狭义的立法解释是专指国家最高权力机关对其制定的法律进行的解释；中义的立法解释是指有权制定法律和地方性法规的中央和地方的国家机关的常设机关对法律、法规所作的解释；广义的立法解释是指有关国家机关对其所制定的规范性法律文件进行的解释，或者授权其他国家机关进行的解释。

---

① ［日］星野英一：《民法的另一种学习方法》，冷罗生等译，法律出版社2008年版，第75页。

本书所称的立法解释为广义的立法解释。

三、立法解释的原则

立法解释的原则是指立法解释主体在进行法律解释的过程中需要依据和遵循的原理及准则。立法解释的原则不仅可以使立法解释主体在从事法律解释的过程中更加规范，而且可以增进法律解释结论的科学性和准确性。目前获得学界普遍认可的立法解释原则包括：（1）忠实于法律的原则；（2）妥当地进行价值判断原则；（3）充分说理论证的原则。

（一）忠实于法律的原则

忠实于法律的原则首先要求法律解释忠实于法律文本。在成文法体系中，法律是通过文本来体现的，所以对法律尤其是成文法的解释必须要以法律文本为出发点和依归。这首先就要求立法解释主体在进行法律解释的过程中，对法律文本应保持基本的尊重和敬畏态度，这样才能解释好法律。如果立法解释主体在法律解释的过程中发现了法律文本的某些不合理之处，则应当利用体系解释、历史解释等法律解释方法来确定立法者的真实意图，而不应以立法者的身份来随意修改之。忠实于法律文本还要求立法解释主体在应用法律解释方法时采取适当的顺序，例如，应从文义解释出发来确定法律条文的含义，当文义解释出现复数结论时才可采取目的解释、体系解释等辅助解释方法。

忠实于法律的原则的另一个要求是忠实于立法目的和立法意图。在大多数情况下，立法目的和意图可以通过法律文本来体现，但是还有一些立法目的和意图无相应的文本来体现。这就要求立法解释主体在法律文本之外寻求立法者的目的和意图。例如，在法律漏洞填补的情况下，在探究立法目的和意图时，立法解释主体应严格遵循各种法律解释方法并尽可能使解释方法得出的解释结论相互印证和相互补充。

（二）妥当地进行价值判断原则

立法解释主体解释法律的过程往往是发现法律背后价值的过程。在通常情况下，立法者在制定法律时已经作出了价值判断，进行立法解释的任务在于揭示立法者的此种价值判断。但是也有不少情况，立法者在制定法律时未作出相应的价值判断或是虽作出了价值判断但是此种判断很难被察觉，而最终由立法解释主体在法律解释的过程中，根据法律的一般精神或原则自主地作出创造性价值判断。

立法解释主体在法律解释的过程中作出的价值判断应是合理妥当的价值判断。何为价值判断？何为合理妥当的价值判断？"价值判断是指立法解释主体对于法律条文所涉及的几种不同的同时又相互冲突的价值之间，根据特定的立法或司法政策而作出取舍或者确定优劣顺位，从而作出判断的过程。"①一个合理妥当的价值判断的作出必须着重把握以下几点："第一，从文本出发，发现立法者所作的价值判断，并将这种判断体现在法律解释之中。第二，立法解释主体要遵循法律的基本原则和精神，作出尽可能符合法律的基本原则和精神的价值判断。第三，立法解释主体要尽可能遵循社会上大多数人的价值判断，而不能随意以自己的价值判断作为标准。"②

☞ **经典理论 10.1**

凯尔森：正义是什么？

凯尔森强调区分价值判断与对实证法现实的陈述。为了建立法律科学，他借助康德的先验论证设定了"基本规范"概念，以确立位于法律效力"阶梯"理论顶端的第一部宪法的合法性，使在不超越国内法的情形下，实证法律规范的存续和作出法律价值判断（juristic value judgment）成为可能。法律价值判断可以指向法律秩序中的主体行为或者立法和司法机关的行为，主体行为合法（lawful）意指该行为与法院的决定、或者相关法律、或者是习惯法规则相称或不矛盾；司法决定的合法（lawful）表明其与法律或习惯法规则一致；某一立法行为或者习惯合法（lawful/legal）则指其与宪法一致；最后，宪法或者制宪行为的合法（legal）问题，在该宪法不是第一部宪法时，指该宪法与先前的宪法关于修正的规定一致，至于第一部宪法的合法性是所有法律价值判断的必要基础，如果不设定第一部宪法合法，就无法进行立法活动。凯尔森认为，上述的价值判断认定的是现实存在的事实（real existent fact），也就是说，法律

---

① 王利民：《法律解释学》，中国人民大学出版社 2011 年版，第 47 页。
② 王利民：《法律解释学》，中国人民大学出版社 2011 年版，第 47 页。

价值判断是可以通过事实进行客观地检验的，故此可以为法律科学把握，至于在具体案件中特定行为是合法（legal）还是非法（illegal）则是由胜任的法律机构而非法律科学来决定的；正义判断是与法律判断相左的道德或者政治判断，倾向于表达客观价值规范的正义判断是不能被事实验证的，这不过是判断者的一厢情愿罢了。

（三）充分说理论证的原则

充分说理论证的原则是指立法解释主体在进行法律解释的过程中，有义务对其解释结论的作出和选择进行充分说理和证明的原则。充分说理论证是保障解释结论妥当性的必然要求。因为立法解释主体在进行立法解释时，都是从特定的价值取向出发来进行的，而不同的立法解释主体所持有的价值取向又是不一致的，因此，即使是面对相同的法律文本不同的立法解释主体也可能得出不同的解释结论，那么为了使解释结论具有妥当性，就要求法律解释主体对其解释结论作出必要的解释说明并进行相应的论证。

说理论证是保障法律解释结论合理适当的前提和基础，立法解释主体的充分说理论证义务在以下几种情况下应得到强化。一是当存在复数解释可能的情形下，立法解释主体对于选择某一种解释结论应进行充分的说理论证。二是当立法解释主体所选择的解释结论不同于大多数人理解的解释时，也应进行充分的说理论证。三是在立法解释主体的解释结论明显与法律文本的字面含义不一致时，也要进行相应的说理和论证。四是在不确定法律概念和概括性条款的确定过程中，立法解释主体也必须进行充分的说理论证。五是在法律规定出现漏洞由立法解释主体进行漏洞填补时，立法解释主体应对相关法律漏洞进行说明，同时对如何填补漏洞进行说理和论证。

四、立法解释的技术

最广义上的立法解释由狭义的法律解释、价值补充以及漏洞填补三部分共同构成，不可混同。立法解释的技术是指在进行立法解释时，立法解释主体可加以运用的技术或方法。

狭义的法律解释，是指当法律规定本身不明确时，法律解释主体利用文义、体系、法益、比较、目的或合宪等解释方法来探究法律规范意旨的方法的统称。利用狭义的法律解释方法，其意旨在于澄清法律在适用上的疑义，使法律规范的含义明确化、正确化。

价值补充，专指对法律条文中的不确定法律概念以及概括性条款的一种法律解释方法，介乎于狭义的法律解释与漏洞填补之间。不确定法律概念，是指法律本身对其具体含义未作明确规定，而由立法解释主体根据具体情况予以确定的法律概念，例如，民法上的"重大事由""显失公平"，以及刑法上的"或其他非法之方法""或以他法"等。概括性条款，是指法律对其的规定仅是原则性、抽象性的，由立法解释主体根据具体情形来进行公平衡量、妥善运用的法律条款，例如，民法上的诚实信用原则、权利不得滥用原则等。

漏洞填补，是指法律对于某些应规定的事项，或由于立法者的疏忽、或由于其未预见到、或由于情况变更而未予规定造成法律漏洞，而由立法解释主体予以补充的情况。漏洞补充非用狭义的法律解释方法所能填补，而由立法解释主体在探究立法目的的基础上加以创造的结果。

第二节　狭义的立法解释技术

一、文义解释

(一)文义解释的概念

文义解释是指根据法律(包括精神、原则、规范等，其中最主要的是法律文本所载明的意义)来确定法律规定中有争议语词及事实的法律意义的解释方法。在各种法律解释方法中，文义解释是首先应考虑使用的方法。文义解释的优先性首先表现在当法律措辞的语义清晰明白，且这种语义不会产生谬误结果时，就应当优先按照其语义进行解释。文义解释的优先性还表现为无须解释的事项不需要解释。

(二)文义解释的使用方法

在进行文义解释时，解释主体应着重把握以下几点：

首先，判断法律文本的含义是否清晰。当法律文本的含义清晰时，无须对其解释，而只有当法律文本的含义不清晰、不明确时，才需要进行法律解释。何为清晰的法律文本呢？一般来说，清晰的法律文本须满足两个指标：一是法律的含义不存在复数解释的可能，该法律文本仅指向唯一的结果；二是法律文本的核心含义是清晰的。"任何概念、术语和用语都可能存在核心文义与边缘文义的区别。在法律文本仅存在核心文义而不存在边缘文义时，也无须进行解释。"①法律文本的核心含义是其中相对固定的、处于中心区域的含义。当然现实中，绝对清晰的文本是很少的，这与语言表达本身的局限性有关，也与立法技术的局限性有关。对法律文本进行文义解释主要在以下情况下产生：法律文本的文义内涵和外延具有不确定性、法律文本的文义相互矛盾、法律文本的文义具有多义可能、法律文本过于抽象等。

其次，确定法律文本文义的可能范围。如果已经确定了法律文本的含义不清晰，则需要利用文义解释来确定文义的可能范围。这与前文所讲的法律文本的核心含义与边缘含义有关，在确定法律文本的含义时，第一步就是要确定文本的核心含义，当确定了核心含义再利用清晰文本无须解释的规则；第二步是在确定核心含义的基础上确定法律文本的边缘含义。

再次，确定法律文本的通常含义。确定法律文本的通常含义应着重把握以下几点：第一，对法律文本的通常理解应为社会上一般人的理解。"文义解释应当是按照整个社会的一般理解进行解释，而不能按照个别人的独特理解、特定职业的独特理解或者特定地域人群的独特理解进行。"②因此，法官在对法律文本进行解释时，应当将自己置于社会上一般人的地位来理解概念、术语等含义，而不能仅凭个人的感觉和好恶进行。第二，在某些法律用语与生活用语完全一致的情况下，应当按照一般生活习惯的理解来进行解释。当然如果生活用语已经上升为法律用语，有了特定的意义之后，则应当按照法律用语的特定含义来解释。例如，"善意"一词，从一般人的理解出发，是指心肠好或者用意好，但在民法中的"善意"则需要按照法律用语中的特定含义来解释。例如，《民法典》第六十二条第二款规定："法人章程或者法人权力机构对法定代表人代表权的限制，不得对抗善意相对人。"这里的"善意"应当被解释为"不知情"。

---

① 王利民：《法律解释学》，中国人民大学出版社2011年版，第87页。

② F. Bydlinski, Juristische Methodenlehere und Rechtsbegriff, Wien/New York 1982, p. 132.

☞ **即时练习 10.1**

术语的法律特定含义

你知道法律术语中有哪些是应按照法律用语的特定含义来解释的？

从次，在运用文义解释方法得出的解释结论是复数时，法律解释主体则应该综合运用其他的法律解释方法进一步澄清法律文本的含义。

最后，在优先运用文义解释的同时，综合运用多种法律解释方法。文义解释方法和其他狭义的法律解释方法一样，都是为了阐明法律文本的含义，当运用文义解释方法得出的解释结论单一，且没有超越法律文本的含义射程之外时，则无须使用其他的辅助法律解释方法。但是若运用文义解释方法出现了以下几种情况时，则需考虑综合运用目的解释、体系解释、合宪性解释等法律解释方法：第一，当出现了复数解释的可能时。利用文义解释出现数个解释结论时，则需考虑其他法律解释方法确定具体文义。第二，当出现文义解释的结论不合宪，或文义解释的结论明显违反立法目的，或是文义解释结论导致了体系违反等，则需辅助运用合宪性解释、目的解释以及体系解释等解释方法来解决冲突和矛盾。

☞ **事例分析 10.1**

对"博物馆"解释的争议

某水族博物馆于 1996 年 2 月经工商行政管理机关核准登记成立，是主营水族生物展览、兼营零售工艺美术品等的企业。1996 年 6 月 10 日，水族博物馆以其可以按照《中华人民共和国营业税暂行条例》关于博物馆免税的规定享受免征营业税为由，向地方税务局申请减免税。同年 8 月，地方税务局通知博物馆：企业名称不能作为界定减免税的标准，对原告应按"文化体育业"征收营业税。

在这个案例中，主要争议是对"博物馆"的理解。对"博物馆"这个词语的理解是按照汉语词典中词义解释还是按照立法目的解释得出的结论是完全不同的。某水族博物馆就是按照一般人的理解来定义博物馆的，认为只要水族后面有个"博物馆"这三个字的就应该按照博物馆的标准来征税。这种理解可以说是根据文义来解释的。但是这种解释是孤立的解释，而法律的适用是有着相互联系的，并且还要联系整个语境来理解。从立法的目的进行解释，则"博物馆"是指公益性质的展览场所作为免税对象，具有营利性质的企业并不能免税。

二、体系解释

(一) 体系解释的概念

体系解释又称整体解释、结构解释，是指在一定的整体背景下，根据特定的体系尤其是法律体系，对特定部分进行的解释。① 一般而言，法律是由许多概念、原则、制度依一定的逻辑关系所构成的完整体系，各个法律条文所在的位置及前后法律条文之间，均有某种逻辑关系的存在。② 这种依一定逻辑关系而构成的完整体系，就成为法律解释的一个根据和准则。体系解释中的体系有外在体系和内在体系的区分。所谓外在体系，又称形式体系，它是指篇章节、基本制度的安排等形成的逻辑体系。所谓内在体系，又称为实质体系或价值体系，它是指各单个法律制度之间基本价值的内在联系。③

(二) 体系解释的使用方法

体系解释与文义解释不同，它不专门针对某个条文来进行，而是将解释对象扩大至该法律条文前后相关联的条文甚至是整部法律，通过探寻整个法律体系之间的逻辑联系来确定法律文本的具体含义。在运用体系解释方法时，应注意把握以下几点原则和要求：

第一，在进行体系解释时应推定法律制度已经是一个完整的、具有内在

---

① 陈金钊：《法律方法论》，中国人民政法大学出版社 2007 年版，第 155 页。
② 梁慧星：《裁判的方法》，法律出版社 2003 年版，第 89 页。
③ 王利民：《法律解释学》，中国人民大学出版社 2011 年版，第 92 页。

一致性的法律体系，这是运用体系解释方法的基础。在我国，法律制度是在宪法指导下形成的有机整体，具有完整性和一致性。

第二，立法解释主体在进行体系解释时，其前提是必须对整个法律部门和制度规范具有全面而准确的理解和掌握。这就要求首先通过考虑法律条文的具体位置来确定其含义。再次，根据法律条文的位置来确定法律规则的适用范围。一般来说，一条法规，前面的部分是一般条款，后面的部分则是特别规定，在适用对象和范围上是不一样的。最后，在体系解释的过程中立法解释主体在把握单个条文的同时也要从整体上、体系上去分析该条文的具体含义。

第三，注意把握"明示排除其他"规则。这一规则"是指法律文本中明确提及特定种类的一种或多种事项，可以视为以默示的方法排除了该类以外的其他事项"①。在运用该规则时，解释者应确认法条所进行的列举是否为封闭式列举，只有在封闭式列举而非开放式列举的情况下才可适用。同时还应把握只有该封闭式列举是立法者有意避免其他情况的适用时才可进行。否则，如为立法者的疏忽遗漏而未将其他事项列入法条规定时，则不能适用该规则来解释法律。例如，我国《民法典》规定，在继承人篡改、销毁遗嘱的情况下，导致其继承权的丧失。按照明示其一经排除其他的规则，在其他情况下如隐匿遗嘱时，则并不导致继承人继承权的丧失。

第四，在体系解释的过程中，立法解释主体还应运用基本的法理来进行解释，如新法优于旧法、特别法优于普通法、例示性规定优于概括性规定等。

☞ **案例评析 10.1**

李某诉西凤饮食店消费者保护案②

原告李某在被告陆某凤等经营的西凤饮食店就餐时，数个不明身份的第三人来此店寻衅滋事，殴打店主之子。此间，原告李某欲起身离开时，被第

---

①　王利民：《法律解释学》，中国人民大学出版社 2011 年版，第 102 页。

②　资料来源于《李某诉陆某芹、陆某凤、朱某泉人身损害赔偿纠纷案》，载《中华人民共和国最高人民法院公报》2002 年第 4 期。

三人用啤酒瓶打伤左脸，住院治疗，原告起诉被告西凤饮食店要求按照《消费者权益保护法》相关规定赔偿损失。

本案在审理时的争议是对原告李某是否适用《消费者权益保护法》的相关规定要求被告赔偿损失。如果按照《消费者权益保护法》第七条关于"安全保障权"的第一款规定"消费者在购买、使用商品和接受服务时享有人身、财产安全不受损害的权利"的文义解释，原告李某受到的损失是由于第三人所致，并非购买、使用和接受服务时，所以不符合《消费者权益保护法》的规定，被告不应赔偿其损失。但是，结合《消费者权益保护法》第七条第二款规定"消费者有权要求经营者提供的商品和服务，符合保障人身、财产安全的要求"，第十一条关于获得赔偿权的规定"消费者因购买、使用商品或者接受服务受到人身、财产损害的，依法享有获得赔偿的权利"，以及第十八条关于"提供安全产品的义务"的规定，利用体系解释方法进行解释就会发现，被告应该对原告造成的损失进行赔偿。

三、目的解释

(一) 目的解释的概念

目的解释，"系指以法律规范目的，阐释法律疑义之方法而言"。目的解释，即通过探求制定法律文本的目的以及特定法律条文等的立法目的来阐明法律含义的解释方法。目的解释中的目的主要是指立法目的和立法意旨。所谓立法目的，是指法律文本中所确定的制度、规范、概念等的目的或意旨。而立法意旨则是立法目的的具体化，是对立法目的的具体展开。目的解释方法就是从法律文本出发探求法律文本本身的目的以及制定法条的目的的解释方法。目的解释作为一种独立的法律解释方法，其重要性在不断加强，但是在实际运用目的解释方法确定法律文本具体含义的过程中，其固有缺陷也会暴露出来。立法解释主体在运用目的解释方法来确定立法者制定法律的意图时，难免会加入其主观因素进行价值判断，如其主观因素膨胀而无相应的制约则很可能造成立法解释主体的恣意判断。同时，过于强调目的性因素可能造成对法律文本的忽视。

（二）目的解释的使用方法

目的解释方法的运用以利用文义解释方法得出复数的解释结论为前提，当出现复数的解释结论而难以确定谁最为妥当合理时，则可以运用目的解释方法来确定哪个是最符合立法目的的解释结果。立法目的的考察，首先应以法律文本的直接表述来确定，这是确定立法意图的最适当的途径。一般来说，立法目的通常在法律的第一条中加以规定。当然如果无法直接从法律文本本身的表述来确定立法意图时，则应当考虑从文本以外的因素来探究立法目的和意图。例如，运用体系考察的方法、通过历史考察的方法、通过社会学方法、通过比较法的方法等来探究立法目的和意图进而确定法律文本的具体含义。例如，《民法典》第一千一百八十条规定："无民事行为能力人、限制民事行为能力人造成他人损害的，由监护人承担侵权责任。监护人尽到监护职责的，可以减轻其侵权责任。"对此，通过文义解释、体系解释的立法解释方法得出监护人对被监护人造成的他人的损害的责任不能免除的初步结论，继而运用目的解释的方法得出对监护人责任适用严格责任是立法者从保护受害人权益的角度出发作出的规定。

要注意的是，有时候通过各种方法所确定的法律的立法目的是多重的，这时就存在衡量各种立法目的的主次的问题。一般来说，确定立法目的的价值位阶应遵循以下的原则：一是宪法至上，宪法所确立的目的在法律解释中应被放置在突出的位置；二是通过目的解释方法所确定的法条的含义不能与法律条款可能的文义范围相反，不允许绝对自由裁量权的存在；三是保护弱势群体的利益原则；四是在维护公共利益的前提下实现利益最大化原则；五是在法律存在"过时"的情况时，立法解释主体应尽可能调和法律与情势的关系，以使法律与当前环境一致。①

运用目的解释方法来确定法律文本的含义时，还应注意把握如果法律对于特定事项没有规定，则从立法意图的角度应考虑推定是立法者故意不作此规定，或者说立法者对被省略的规定持否定的立场。如果法律对于某个概念术语所包含的内容没有区分其不同的类型作不同的规定，也应从立法意图的角度推定该概念、术语包含所有的类型。

---

① 陈金钊：《法律解释学》，中国政法大学出版社 2007 年版，第 202 页。

四、当然解释

(一) 当然解释的概念

当然解释，指法律条文虽未规定，惟依规范目的衡量，其事实较之法律所规定者，更有适用之理由，而径行适用该法律规定而言。[①] 也就是说，法律虽然无明文的规定，但是根据法律规定的目的来考虑，如果其事实较之于法律所规定的情况，更有适用的理由，就可以直接适用该法律规定。《唐律》规定：“诸断罪无正条，其应出罪者，则举重以明轻，其应入罪者，则举轻以明重。”因此，当然解释包括举重以明轻和举轻以明重两种情况，是运用形式逻辑推理的结果。所谓举重以明轻，也称为以大推小，即根据法律规定的目的来考虑，如果其事实较之于法律所规定的情况更轻，就可以直接适用该法律规定。所谓举轻以明重，也称为以小推大，即根据法律规定的目的来考虑，如果其事实较之于法律所规定的情况更重，那么按照立法的意思，既然较轻的行为都该适用该规则，较重的行为就更有理由适用该法律规定。[②]

(二) 当然解释的使用方法

运用当然解释的方法对法律文本的含义进行推理时，首先要明确可以进行推理的必然是性质相同的两个事物，因为两个事物在性质上一致才具有可比较性，才可进行当然解释的推理。反之，如果两个事物的性质不同，没有可比较性，则无法进行当然解释的推理。

另外，在进行当然解释时还应注意，当然解释并非仅仅是对“轻”与“重”的衡量，关键在衡量“轻”与“重”的同时更应该考虑法律规范的目的。任何法律解释都不能片面遵守形式逻辑而忽视了对法律的立法目的的考量。这就要求在进行当然解释时，解释推理的程度必须以法律所确定的立法目的和意图为限。例如，《森林法》第三十九条第三款规定：“禁止在幼林地砍柴、毁苗、放牧。”此条规定则不能忽视立法目的而随意进行推理成“禁止在已经长成的林地中砍柴”。解释主体一方面应该明确法律的立法目的是否允许此种逻辑推

---

① 杨仁寿：《法学方法论》，中国政法大学出版社 1999 年版，第 159 页。
② 杨仁寿：《法学方法论》，中国政法大学出版社 1999 年版，第 159 页。

论，另一方面在确定法律的立法目的可以进行此种推论时，进一步确认该种推论可以在多大程度和范围内进行。而且，法律解释主体应该审查法律文本是否对该问题有例外的规定。还要注意，当然解释是在法律条文文义的可能范围之内进行的解释，文义的可能范围既包括法律条文的字面含义又包括其射程范围。当然解释的此项特征使其最终归入狭义的法律解释方法，而不成为法律漏洞填补的方法。

五、反面解释

(一)反面解释的概念

反面解释又称反对解释，是指依照法律规定之文字，推论其反对之结果，藉以阐明法律之真意者而言，亦即自相异之构成要件，以推论其相异之法律效果而言。[①] 简言之，反面解释就是依照法律文本规定的正面意思推论出相反的结果，据此阐明法律条款的真实意义的法律解释方法。例如，"行为之处罚以行为时之法律有明确规定者为限"，则其反面解释应为"行为时无法律明文规定者，不处罚其行为"，即法无明文规定不处罚。要注意之所以反面解释归为狭义的法律解释方法而非法律漏洞填补的方法，是因为反面解释仍是在法律条文的文义范围之内进行的解释，反面解释尽管是从反面进行的推论，但是其推论的依据仍是文本的字面含义，并没有脱离和超越文本的直接含义。

(二)反面解释的使用方法

反面解释的适用通常有比较严格的条件，只有符合了这些条件，才可运用反面解释的方法来确定法律文本的含义。因此，在进行反面解释时应着重把握以下几点：第一，确定法条中的构成要件与法律后果之间的必要条件关系或充分必要条件关系。这里引证克鲁格公式来确定反面解释的基本形式：在一个法条中，如果构成要件为 M，法律效果为 P，当 M 是 P 的必要条件，或者是充分必要条件时，就能对这个法条进行反面解释，得出非 M 推出非 P 的结论。[②] 反过来说，如果构成要件和法律效果之间不存在必要条件关系或充

---

① 杨仁寿：《法学方法论》，中国政法大学出版社 1999 年版，第 151 页。
② 黄茂荣：《法学方法与现代民法》，法律出版社 2007 年版，第 331~332 页。

要条件关系，则不能进行反面解释。

例如，《民法典》第四百九十条规定："当事人采用合同书形式订立合同的，自当事人均签名、盖章或者按指印时合同成立。在签名、盖章或者按指印之前，当事人一方已经履行主要义务，对方接受时，该合同成立。"因此，并不能通过反面解释得出"当事人没有签字或盖章，合同即不成立的结论"。

第二，确认所要解释的法条为确定的规范。所谓确定的规范应包括三层意思，首先，法律规范本身的含义是确定的，包括法律规范的概念、术语是确定的，也包括法律规范的构成要件、法律效果是确定的。其次，法律规范的适用范围和法律后果是确定的。适用范围和法律效果的确定性为反面解释提供了可能。再次，法律概念的核心文义和边缘文义也是确定的，因为一旦无法确定法律的核心文义或边缘文义，反面解释也难以进行。

第三，确定反面解释不违反法律的规定。例如，在公法领域通常适用"法无明文规定即为禁止"，而在私法领域，则适用"法无明文禁止即可为"，因此，在私法领域进行反面解释的空间比公法领域要大。①

在进行反面解释时还应注意，也有排除反面解释适用的例外情形。首先，当法律条文关于适用范围的规定存在开放式列举或示例性列举的情形时，不适用反面解释。前文已经讲到，反面解释的前提条件之一是法律规范的适用范围具有封闭性，而开放式列举和示例性列举则表明法律规范的适用范围是开放的，此时则排除反面解释。例如，法条规定的适用范围有"等""一般包括""法律另有规定的除外"等字样时，就为开放式列举及示例性列举，不适用反面解释。其次，当法条中存在不确定性法律概念的规定时，也不能进行反面解释。因为对于不确定性法律概念的具体化问题属于价值判断的范畴，不能运用反面解释等狭义的法律解释方法进行。

六、扩张解释和限缩解释

(一) 扩张解释和限缩解释的概念

扩张解释是指与立法目的和立法意图相比，法律条文的字面含义过于狭窄，而通过解释方法使法律条文的字面含义加以扩张的法律解释方法。与扩

---

① 王利民：《法律解释学》，中国人民大学出版社 2011 年版，第 116 页。

张解释方法相反，限缩解释又称缩小解释，是指与立法目的和立法意图相比，法律条文的字面含义过于宽泛，而运用解释方法对其加以限制、缩小的法律解释方法。扩张解释和限缩解释都是在文义可能的范围内进行的解释，以此区别于漏洞填补的目的性扩张和目的性限缩。目的性扩张和目的性限缩虽然也是对法律条文字面含义的适用范围进行扩大或缩小，但是该两种法律解释方法的解释结论却可能超出了文义的范围，或者说已经超出了法条文义的可能射程范围，因此并不属于狭义的法律解释方法，而是进入了法律漏洞的填补领域，须运用价值衡量的方法。

（二）扩张解释和限缩解释的使用方法

在运用扩张解释和限缩解释对法律文本的含义进行确定时须遵循以下的规则：

首先，尊重立法目的。扩张解释和限缩解释都是从立法目的出发进行的扩张或限缩，通过对文义的立法目的考量，来确定文义所要表达的立法目的是否超出或窄于真实的立法目的范围。如果不符合立法目的，则解释结论就不具有妥当性。[1] 因此，在利用扩张解释和限缩解释时，必须充分尊重立法目的。

其次，以法律文本为基础。无论是扩张解释还是限缩解释，都应当以法律文本为前提和出发点。同时，通过扩张解释和限缩解释所得出的解释结论也应当在法律文本文义的射程范围之内。作为一种狭义的法律解释方法，扩张解释和限缩解释都应当尊重法律文本的文义，不能超越法律文义的可能范围，否则法律解释主体就可能在解释法律条文、确定法律文本具体含义的过程中滥用自由裁量权，逾越职权范围。

例如，《民法典》第一千二百五十三、一千二百五十四条规定的建筑物坠物、抛物致人损害责任中，使用了"造成他人损害"的概念，该条在对"损害"的解释上可能包含财产损害和人身损害两个方面，但是探究立法目的可知，《民法典》强化的是对人身权益的保护，因此，不宜将损害扩大至财产损害的范围。

再次，在运用扩张解释和限缩解释时还应注意，"为个人创设负担的法律

---

① 王利民：《法律解释学》，中国人民大学出版社 2007 年版，第 139 页。

规范应作严格解释，而为个人创设权利的法律规范应作扩大解释"。这是因为法律目的在于保护个人的权利，因此法律解释在涉及个人权利的事项时，立法解释主体应该从立法目的出发，必要时可以作扩张解释；而在法律解释涉及个人义务和负担的情况下，立法解释主体则不能进行扩张解释，否则会导致变相缩减个人的权利。

最后，对法律的例外规定应作严格解释。这是因为例外规定是法律考虑各种特殊情况而作出的规定，在其适用范围上有严格限制，立法解释主体在解释法律时不能将例外规定当作一般规定而扩张适用于其他情况。因此，立法解释主体在对例外规定进行解释时，必须采取严格解释的立场，并尽可能使法律解释的结论符合立法者所作出的法政策判断。①

七、历史解释

(一)历史解释的概念

历史解释，又称法意解释或沿革解释，"系指探求立法者于制定法律时所作价值判断及其所欲实践的目的，以推知立法者之意思，而为解释之方法"。② 简言之，历史解释是指通过对立法过程的考察来探究立法目的和意旨，从而阐明法律文本的含义的法律解释方法。历史解释可以通过探究制定法律时的历史情况，以探求立法者的真实意图，从而对待解释的法律文本的含义进行确定。因此，立法史及立法过程中所参考的一切资料都可以成为历史解释的依据。但要注意的是，所谓"立法者之意思，并非指立法者当时之意思而言，而系指依当时立法者处于今日所应有之意思，故历史解释，应依社会现有的观念，就立法资料的价值予以评估，而不能以立法当时社会所存的观念评估"③，即法律解释主体所探究的立法者的真实意图，不是立法者立法当时的目的和意图，而是把立法者置于现代社会、考虑现有情况所推知的立法目的和意图。

---

① 王利民：《法律解释学》，中国人民大学出版社2007年版，第140页。
② 杨仁寿：《法学方法论》，中国政法大学出版社1999年版，第162页。
③ 杨仁寿：《法学方法论》，中国政法大学出版社1999年版，第162页。

(二)历史解释的使用方法

在进行历史解释的过程中，要注意考察立法资料，具体确定立法者的意图。而历史解释中的立法资料应包括法律颁布前的法律状况和事实状况、法律颁布的原因、法律建议稿、法律起草人的法律说明等①。在选取立法资料时，应优先考虑立法者公布的资料，优先考虑成文的书面资料。解释主体在对立法资料的分析过程中应当秉持中立客观的态度，不应夹杂过多的主观因素。通过对立法资料的分析和甄别最终确定立法者的真实意图和目的，从而解释好法律。

在进行历史解释时，对于已经得出的解释结论应当采用多种方式进行论证。这是因为历史解释有较多的局限性，一方面，历史上立法资料本身可能已经残缺不全，这给法律解释带来了很大程度上的自由裁量空间；另一方面，我国长期以来不重视对立法资料的保存和整理，很难从历史资料中探究立法者的真实意图。因此，对于历史解释的结论有必要采用其他的辅助方法进行佐证。

八、合宪性解释

(一)合宪性解释的概念

合宪性解释，是指以较高位阶的法律以及宪法的立法意旨为依据，来解释较低位阶的法律的解释方法。在整个法律体系中，从法律位阶来看，宪法是居于最上层的，其次是一般性法律，再来是行政法规和地方性法规。因此，通过较高位阶的法律以及宪法的立法精神、原则和价值来确定较低位阶的法律的含义的解释方法具有科学性和可操作性。

在运用合宪性解释时，要注意区分其与目的解释、历史解释的区别。合宪性解释是通过较高位阶的法律以及宪法规范来阐释较低位阶的法律规范的含义。而目的解释是指以某一位阶的法律规范的目的来阐释各个法律规定的含义。历史解释则是以立法史及立法资料等为依据来探究法律规定的含义。

---

① F. Bydlinski, Juristische Methodenlehere und Rechtsbegriff, Wien/New York 1982, S. 449.

三者层次不同，在运用时应注意相互区分。

(二) 合宪性解释的使用方法

合宪性解释的运用应遵循以下的步骤和方法：首先，运用文义解释及体系解释、目的解释等其他解释方法对相关法律文本的含义进行阐释，如果出现了复数解释结论，则才有进行合宪性解释的可能和必要。其次，确定待解决的问题是否涉及有关的上位法以及宪法规范，如果有则可进行合宪性解释。再次，运用上位法以及宪法规范的原则、精神和价值来解释和阐述需要被适用的下位法律文本的具体含义。在合宪性解释中，解释主体所依据的上位法以及宪法规则和精神是广泛的，但是其中最重要的解释依据应当是宪法中关于基本权利的规则。因此，在进行法律解释时如果数个解释结论中包含一项可以充分实现的基本权利的结论，就应当以该结论作为最终的法律解释结论。最后，合宪性解释通过选择和排除的方法来确定最终的解释结论。因为合宪性解释本身并不具有积极的确定法律文本含义的功能，它只能在已经确定的可能的解释结论中进行选择和排除，即如果某个解释结论符合较高位阶的法律或宪法，就应当选取其作为解释结论；而如果某个解释结论违反了较高位阶的法律或是宪法，则应当予以排除。

在进行合宪性解释的过程中，当某一个解释结论既可以推定为符合宪法规范又可以推定为违反宪法规范时，则应尽可能地推定为符合宪法规范。由此，只要一种解释结论符合宪法就应优先选择其作为解释结论，从而避免该法条被宣告违宪。

九、社会学解释

(一) 社会学解释的概念

社会学解释，是指通过对社会效果的预测以及目的的考量来确定法律文本的含义的解释方法。社会学解释是社会学方法在法律解释中的应用，它以法律在当前社会的妥当性为价值判断标准，依据社会效果等因素的考量来阐释法律文本的含义。

(二) 社会学解释的使用方法

社会学解释方法的使用步骤应包括以下几个层次：

　　首先，运用文义解释的方法对法律文本的基本含义予以确定。文义解释是一切解释的起点，社会学解释方法的运用也应以文义解释为前提进行，只有在利用文义解释的方法对法律文本的含义进行阐释而出现复数结论的时候，才将社会效果等因素的考量纳入法律解释。因此，在运用社会学解释方法时，法律解释主体的基本任务就是探究法律文本的含义与立法目的，而"社会学解释的潜在危险就在于过分强调社会效果而偏离法律文本，破坏法律的安全性，破坏人们基于制定法而产生的正当的期待"。①

　　其次，确定该法律文本是否需要进行社会学解释。因为即使出现了复数解释结论，还可以通过探究立法目的和意图等目的解释、体系解释、历史解释的方法来确定法律文本的含义。一般来说，社会学解释方法主要适用于以下三种情况：第一，法律规范的滞后性。滞后性是指某些法律规则在制定的当时可能符合社会需要，但是随着社会的发展、各种因素的变化而无法满足现实需要的状况。此时，立法解释主体可以选择进行社会学解释，但是应该充分叙述理由并进行论证。第二，法律规范的不完备性。不完备性是指某些法律规范因立法者表述错误或立法者考虑不周等原因导致其不能适用于待决问题的情形。此时，立法解释主体也可以引入社会效果等考量因素进行法律解释。第三，法律规则之间相互冲突。在相互冲突的法律规则之间，立法解释主体在选择应当加以适用的规则时，通过社会学的方法，考察不同的社会效果，进而作出解释。当然社会学解释方法并不能解决所有的规则冲突，当这些规则所构成的冲突是实质性时，则应该借助法律漏洞填补的方法进行法律解释。

　　再次，社会学解释方法应该考量社会效果、民意等因素来进行。社会学解释方法考量的最主要因素是社会效果。所谓社会效果是指法律作用于社会生活所产生的社会效应。在进行社会学解释的过程中，法律效果和社会效果是统一的、不可分离的：一方面，法律本身是为了实现规范社会的目的；另一方面，只有在充分实现法律效果的情况下才能真正实现其社会效果。

　　社会学解释方法考量的另一个重要因素是社情民意。在法律解释的过程中之所以要考虑民意是因为法律本身就是人民意愿的体现，因此，法律解释也应符合民意。这里的民意应该是主流民意，即社会上大多数人的意愿。

---

　　① 王泽鉴：《债法原理》(第一册)，中国政法大学出版社2001年版，第10~11页。

最后，利用社会学解释方法更应该注重论证说理，这与社会学解释方法是借助于法律文本之外的因素进行考量有关。

第三节 价 值 补 充

一、不确定法律概念

(一)不确定法律概念定义

不确定法律概念是作为与确定性法律概念相对应的术语提出来的。它是指法律本身对其具体含义未做明确规定，而由立法解释主体根据具体情况予以确定的法律概念，其一般具有以下三个特征：第一，高度概括性。不确定法律概念对"现行的社会生活进行了高度的概括和抽象，使其具有较大的包容性，能够适用于较为广泛的对象"。① 第二，内涵和外延的不确定性。根据内涵和外延确定与否，法律概念区分为确定概念和不确定概念。不确定法律概念就是内涵和外延都具有广泛不确定性的概念，人们很难在性质上对其给出准确的定义。第三，适用上的开放性。不确定法律概念可以适应不断发展变化的社会生活情况，具有很强的包容性。关于不确定法律概念的例子，如民法中的"重大事由""显失公平""公共利益""合理期限""公序良俗""善意"等，刑法中的"过错""或其他非法之方法""或以他法"等。

(二)不确定法律概念分类

根据不同的标准可以对不确定法律概念进行不同的分类，其中最主要的分类为事实型的不确定法律概念和价值型的不确定法律概念以及量的不确定法律概念和质的不确定法律概念。

1. 事实型的不确定法律概念和价值型的不确定法律概念

事实型的不确定法律概念和价值型的不确定法律概念的主要区别在于是否需要立法解释主体在立法者的价值指引下进行补充。如果立法解释主体只是通过对生活事实的考察来确定其具体所包含的对象、不进行价值判断的，

---

① 王利民：《法律解释学》，中国人民大学出版社 2011 年版，第 182 页。

则为事实型的不确定法律概念。如果立法解释主体需要通过价值判断来确定其具体含义的，则为价值型的不确定法律概念。

2. 量的不确定法律概念和质的不确定法律概念

量的不确定法律概念既包括数量上的不确定法律概念又包括程度上的不确定法律概念，前者如"合理期限""合理价格"等，后者如"重大损害""严重程度"等。质的不确定法律概念则是从事物性质上讲具有不确定性，不包括数量和程度，如"善良风俗""显失公平"等。

(三) 不确定法律概念的具体化

不确定法律概念的具体化是指通过法律解释的过程，使不确定法律概念的内涵和外延得以明确，它是为使法律能够保持一定的弹性，克服成文法的滞后性而产生的一种独特的法律解释方法。因为在实践中，大量不确定法律概念仅仅通过文义解释的方法无法确定其具体的内涵和外延，而必须对这些不确定法律概念具体化之后才能给法律适用者以具体引导。在进行不确定法律概念具体化的过程中应该遵循以下的程序和步骤：

首先，进行文义解释，确定该法律概念是否为不确定性法律概念。如果经过文义解释之后能够确定该法律概念的具体含义，则其不是不确定性法律概念，反之无法确定其比较清晰的含义的即为不确定法律概念。在判断了某一法律概念为不确定法律概念之后才能进行下一步的解释活动。

其次，考量具体问题所涉及的各项因素。由于不确定性法律概念的含义比较模糊，无法为相关问题提供具体的指导，因此在运用该不确定性法律概念解决具体问题的过程中首先必须根据具体问题、社会情势等各种因素将该不确定性法律概念具体化。立法解释主体在具体化的过程中应当考虑如下因素：

第一，立法目的和立法意图的考量。在不确定性法律概念中，立法者已经作出了一定的价值指引，这一价值指引就是立法目的和立法意图，它使立法解释主体的具体化操作有了方向性的指导，在一定程度上可以实现对立法解释主体具体化过程的约束。因此，在进行具体化的过程中，其前提是必须找到不确定性法律概念的立法目的，由此目的出发进行相应的解释。

第二，社会生活经验的运用。不确定性法律概念的具体化不能脱离社会生活的经验，这些社会经验包括交易习惯、日常生活经验等。"虽然不确定性法律概念的内涵和外延都不确定，但是其仍然能够在法律文本中出现。这就是因为立法者预期在一定的社会阶段，人们围绕着不确定性法律概念，一般都有一定程度来源于社会生活经验的价值共识。这些价值共识也即学者所谓的社会一般观念和伦理标准。"①例如，对公共利益、公序良俗的界定问题应考虑社会生活经验。

第三，社会发展的需求。不确定性法律概念具体化中的"具体化"本身应当是开放性的。开放性表明它不是封闭的，也并非过分的具体化。"具体化"的结果应当是具有一定概括性的子类型，而不能仅仅是针对某个问题的情形。经过具体化之后的解释结论应当实现抽象性和具体性之间的平衡。开放性的最重要表现就是其能够适应社会发展的需要，在不确定性法律概念的具体化过程中应当考虑社会的发展，保持前瞻性。

再次，根据上述考量因素进行类型化。所谓类型化是指对某一事物进行抽象、归类，从而对不确定法律概念及一般条款进行具体化。不确定性法律概念和一般条款的具体化主要是指类型化。从一定意义上说，不确定概念的具体化首先要通过对其内涵和外延的列举与明确来完成，类型化是在这个基础上进行的整理和归纳。在类型化过程中，立法解释主体应该通过对既有问题的归纳整理来得出结论，当然其在这个过程中享有极大的自由裁量权。

最后，说理和论证。由于不确定性法律概念本身具有较大的模糊性，只有通过解释才能确定其比较明确的内涵。所以，在不确定性法律概念具体化过程中，应当强化立法解释主体的说理和论证义务。"在具体化过程中，立法解释主体并非为同类案件厘定一个具体的标准，而是应根据个案，依照法律的精神、立法目的，针对社会的情形和需要，予以具体化，以求实质的公平与妥当。因之，立法解释主体于具体化时，须将理由述说明确，而且切莫引用他例，以为判断之基准。"②

二、一般条款

(一) 一般条款的定义

一般条款(概括性条款)，是指法律对其的规定仅是原则性、抽象性的，

---

① 梁慧星：《民法解释学》，中国政法大学出版社1995年版，第297页。
② 杨仁寿：《法学方法论》，中国政法大学出版社1999年版，第180页。

由立法解释主体根据具体问题来进行公平衡量、妥善运用的法律条款，例如，民法上的诚实信用原则、权利不得滥用原则等。在法律上，一般条款具有如下特征：第一，统率性。一般条款既有统领现有具体规范的作用，也有在欠缺具体规范时提供指引的作用，从而使法律保持较高的适应性。第二，概括性和抽象性。一般条款是对某一类法律问题的概括性规定，具有较高的抽象性。第三，开放性。开放性是指一般条款可以应社会的不断发展而变化。第四，基础性。一般条款体现了特定法律制度的一般原则和精神，为具体规则的设立和阐释提供参照。

(二)一般条款的分类

1. 基本原则性一般条款和裁判规则性一般条款

基本原则性一般条款是指在性质上具有双重属性，既可以作为一般条款，又兼承担基本原则功能的条款，最典型的为诚实信用条款。裁判规则性一般条款是指存在于具体规则之中经过具体化方能适用的条款，它比具体规则更抽象、比基本原则更为具体。

2. 直接作为价值补充依据的一般条款和作为兜底条款的一般条款

直接作为价值补充依据的一般条款指不用具体列举而直接独立的作为一般条款加以适用的条款，如公共利益、公序良俗等。作为兜底条款的一般条款则是指以具体列举作为适用基础的条款。为了避免列举性规定的遗漏，法律往往以一般条款作为兜底条款。

(三)一般条款的具体化

一般条款的具体化，指将一般条款所涵盖的情况类型具体化，使之可适用于特定的具体问题。在对一般条款进行具体化时，应该遵循以下步骤：

首先，从文义解释入手，确定某一条款是否属于一般条款。若为一般条款，则对其进行具体化操作。否则应采取不同的法律解释方法，如若为具体的裁判条款，则应采用狭义的法律解释方法进行解释；若为法律原则，则属于法律漏洞填补的范围，应采用类推适用或目的性扩张或限缩的解释方法。当然，究竟某一条款属于哪一性质则属立法解释主体自由裁量权的范围。

其次，确定一般条款的具体适用范围。例如"诚实信用和善良风俗都涉及道德要求的法律化，但二者的适用范围存在着差异。诚实信用是最低限度的交易道德的法律化，通常适用于财产法领域；而善良风俗则确定了在伦理生活领域中，不得逾越的道德准则，通常适用于亲属法和人格权法领域。"①

再次，认定问题的具体情况。确定某个具体问题的情况是否属于一般条款的适用范围。如果属于则再进行具体化的操作过程。例如，在《民法典》中，某一相关事实是否属于信赖利益损失要具体根据法律和案情综合考虑。

最后，充分的说理和论证。以某一法律行为是否违反公序良俗为例，说理和论证的内容应包括：法律行为的内容、附随情况、当事人的动机和目的以及社会上通常理性人的共同价值确信等。

第四节　漏　洞　填　补

漏洞填补，是指法律对于某些应规定的事项，或由于立法者的疏忽、或由于其未预见到、或由于情况变更而未予规定造成法律漏洞，而由立法解释主体予以补充的情况。漏洞补充并非用狭义的法律解释方法所能填补，而是立法解释主体在探究立法目的的基础上加以创造的结果。

法律漏洞填补的方法可以分为两大类：一类为法律体系内的填补，另一类为法律体系外的填补。前者是指借助于现有法律体系内的规则来进行相关的漏洞填补，如类推适用、目的性扩张和目的性限缩等。后者是指在现有法律体系之外来寻求相关规则以填补漏洞，主要是基于习惯法和比较法来填补漏洞。在成文法国家，漏洞填补首先应当采用法律体系内的填补。在不能依据体系内因素填补漏洞时，才能选择体系外因素进行漏洞填补。

一、类推适用

(一) 类推适用的定义

所谓类推适用，是指在对特定的问题缺乏法律规定时，立法解释主体比照、援引与该问题类似的法律规定，将法律的明文规定适用于法律没有规定、但存在与明文规定相类似的情形。②

---

① 马俊驹、余延满：《民法原论》(第二版)，法律出版社 2005 年版，第 39~47 页。
② 黄茂荣：《法学方法与现代民法》(第五版)，法律出版社 2007 年版，第 492 页。

类推适用虽然是以法律的规定为基础，是从文本出发进行的法律解释，但是其已超出了法律文义的可能范围，属于漏洞填补的方法而非狭义的法律解释方法。从方法论上看，类推适用是以类比推理的逻辑方法为基础的，即根据两个或两类对象之间存在某些属性的相同或相似，而推出它们的另一属性也相同或类似的推理。

(二) 类推适用的使用方法

在进行类推适用时应遵循以下的步骤：

第一，判断法律漏洞。法律漏洞的判断可以从以下几个方向出发：首先，解释者必须认定漏洞的存在，即在法律适用中存在具体规则的缺失或是法律规定之间相互冲突。其次，不存在法律规定的准用情况。否则，如果法律对于某类具体问题的适用已有明确规定，则不存在法律漏洞。再次，穷尽了狭义的法律解释方法或价值补充的方式之后，仍无法确定法律适用的依据。

第二，判断类似性。在逻辑学上，类比推理原理的可靠程度是建立在两个事物相同属性之间相关联程度的基础之上的。这种关联程度越高，类比推理的可靠性就越大。[1] 因此，在法律解释学的类推适用中也要求"相关程度"或曰"相似性"。具体地说，相似性的判断应当从两方面入手：其一，适用情形的类似，即待决问题中的事实与法律既有规定中的构成要件具有类似性。在判断适用情形的类似性时应注意被类推的法律规定与待决问题法律关系的性质必须处于民事法律领域，且只限于同一民事法律领域内部的类推。在类推时，两种法律关系必须具有类似性且属于处于同一层次。其二，立法目的和规范意旨的考量，即既有法律规则的立法目的可以适用于待决问题的调整。"为了追求类推适用所要达到的目的，在类推的时候，立法解释主体不仅要比较两个事实之间是否具有类似性，而且要考量立法者的立法目的，判断将特定法条类推适用是否与立法目的相吻合。"[2]

第三，分析比较点。所谓比较点是指对被类推的法律关系具有决定性影响的因素，找到了这样的因素才能确定能否类推。比较点的分析应当从上述

---

[1]　李廉、张桂岳、孙志成主编：《逻辑学纲要》，湖南人民出版社1986年版，第235页。

[2]　Paul Delnoy, Element de Methodologie Juridique, Larcier, Bruxelles, 2006, p. 410.

两个方面着手，即适用情形的类似和立法目的的考量。

在进行类推适用时还要注意类推适用不能适用于刑事领域，只能适用于民事领域，且类推适用原则上不能加重当事人的责任。同时，类推适用原则上不适用于例外规定，因为例外规定一般都是基于特殊的法政策考量确立的，否则会不适当的扩大例外规定的适用范围。

二、目的性限缩和目的性扩张

(一)目的性限缩和目的性扩张的定义

目的性扩张和目的性限缩都是漏洞填补的方式。所谓目的性限缩是指"对法律文义所涵盖的某一类型，由于立法者之疏忽，未将之排除在外，为贯彻规范之意旨，乃将该一类型排除在该法律适用范围外之漏洞填补方法而言"。所谓目的性扩张是指"对法律文义所未涵盖的某一类型，由于立法者的疏忽，未将之包括在内，为贯彻规范之意旨，乃将该一类型包括在该法律适用范围内之漏洞补充方法而言"。[①] 这里要注意目的性限缩和目的性扩张与限缩解释和扩张解释是两类不同的法律解释方法。前两种属于法律漏洞填补的方法而后两种则属于狭义的法律解释方法。

(二)目的性限缩和目的性扩张的使用方法

目的性限缩和目的性扩张是立法解释主体的创造性活动，需严格遵循下面的步骤：

第一，判断是否存在法律漏洞。法律漏洞的存在是适用目的性限缩或目的性扩张的前提。在判断是否存在法律漏洞时，应从法律文本出发，运用各种法律解释方法确定法律文本的含义，进而确定具体规则是否存在缺失和矛盾现象。

第二，考量立法目的。目的性限缩和目的性扩张都以立法目的的确定为前提。因为对立法目的的考量不仅可以识别法律漏洞，而且可以确定限缩和扩张的边界，防止立法解释主体滥用自由裁量权。例如，我国《民法典》第二百三十五条规定："无权占有不动产或者动产的，权利人可以请求返还原物。"

---

① 杨仁寿：《法学方法论》，中国政法大学出版社 1999 年版，第 180 页。

该条规定并未要求返还原物所生孳息，然而从立法目的进行考量，此处的返还原物应进行目的性扩张的解释。

第三，进行限缩或扩张。限缩就是限制法律条文的文义范围，将待决问题排除于法律条文的文义范围。排除待决问题的适用是从立法目的的角度考量的结果。扩张，即扩大法律条文的文义范围，而使待决问题可以适用该法律条文。在扩张时也应该严格遵循立法目的，这是扩张获得正当性的基础之一，也能限制立法解释主体的自由裁量权。

第四，说理论证。在存在法律漏洞而采用目的性限缩或目的性扩张的法律解释方法时，立法解释主体必须进行充分的说理和论证。

第五节　立法解释方法的综合运用

一、综合运用各种法律解释方法

(一)各种狭义解释方法的综合运用

1. 文义解释与其他狭义法律解释方法的综合运用

文义解释是法律解释的起点，只有在文义解释出现复数解释结论时，才需要运用其他解释方法。而且所有的狭义法律解释方法都是在文义可能的范围内进行解释的，首先需要通过文义解释来确定文义可能的范围。例如，无论通过目的解释来确定立法者的目的还是通过社会学解释来确定法律规范是否符合社会价值，最终还是为确定法律文义的内容。

2. 论理解释中的一些法律解释方法也往往需要相互配合使用

论理解释包括除文义解释之外的某些狭义法律解释方法，主要为体系解释、目的解释、当然解释、扩张解释、限缩解释、反对解释、历史解释、合宪性解释等。有些论理解释方法需要借助于其他论理解释方法才能得出妥当的法律解释结论。例如，目的解释有时就需要借助于其他法律解释方法来探明立法目的。

3. 社会学解释方法与其他狭义法律解释方法的综合运用

在运用社会学解释方法时必须以文义解释为前提和基础。同时，社会学解释方法还可能需要与其他狭义法律解释方法的一起适用才能得出妥当的解释结论，如社会学解释方法与目的解释方法的综合运用。

(二)狭义法律解释方法与价值补充方法的综合运用

在价值补充时，首先需要进行文义解释。同时，在不确定性法律概念和一般条款的具体化过程中也需要狭义解释方法进行配合。例如，在进行具体化的过程中往往需要考虑立法目的，也需要运用社会学解释方法予以辅助。

(三)狭义法律解释方法与漏洞填补的综合运用

首先，在法律漏洞的发现过程中，需要借助狭义的法律解释方法。法律漏洞必须是在穷尽了全部的狭义法律解释方法之后仍然无法完成对法律文本的解释时，方可认为有法律漏洞的存在。其次，在法律漏洞的填补过程中运用的方法和规则也应符合立法目的。

二、法律解释方法的使用顺序

(一)狭义法律解释方法的适用顺序

狭义的法律解释方法主要可分为以下三类：一是文义解释；二是论理解释(包括体系解释、目的解释、历史解释、合宪性解释等)；三是社会学解释。因此，在运用狭义法律解释方法时，一般从确定文义的可能范围、立法目的考量以及社会效果价值评价等角度出发，大体上按照文义解释、体系解释、当然解释、反面解释、限缩解释和扩张解释、历史解释、目的解释、合宪性解释、社会学解释的顺序进行。

(二)狭义的法律解释方法与价值补充、法律漏洞填补的关系

首先，狭义的法律解释方法应当优于价值补充的方法。价值补充即不确定法律概念和一般条款的具体化。其次，狭义的法律解释方法也应当优于法律漏洞填补的方法。因为法律解释首先应当在法律文义的可能射程范围之内，超出了这个范围才需要进行漏洞填补。最后，价值补充的方法应当先于法律漏洞填补的方法。因为凡是能够通过具体化解决的问题，就应当通过具体化的方式来解决。只有在无法进行具体化时，才可能认定法律漏洞的存在，进而进行漏洞的填补。

(三) 各种法律漏洞填补的方法的适用

法律漏洞填补的方法有类推适用、目的性限缩和目的性扩张、基于习惯法的漏洞填补、基于比较法的漏洞填补以及基于法律原则的漏洞填补。其适用顺序应当是类推适用的方法优于目的性限缩和目的性扩张的方法以及其他方法。因为类推适用是直接从具体的规则出发来确定法律适用的依据。目的性限缩和目的性扩张则需要考量法律的规范目的，在确定法律规范的目的时还要考量各种复杂的因素，而这往往使立法解释主体拥有更大的自由裁量权，因此应优先适用类推的方法。

☞ **即时练习 10. 2**

我国《宪法》规定，"任何组织或者个人不得侵占、买卖或者以其他形式非法转让土地。土地的使用权可以依照法律的规定转让"。我国《土地管理法》规定，"国家允许进城落户的农村村民依法自愿有偿退出宅基地，鼓励农村集体经济组织及其成员盘活利用闲置宅基地和闲置住宅"。请解释《土地管理法》的这一规定，判断农村村民是否可以通过买卖宅基地使用权的方式来盘活利用闲置宅基地和闲置住宅。

第十一章　立法评估与审查技术

☞ 引例

美国威斯康辛州 1997 年度法律草案财政影响评估①

　　威斯康辛州是全美第一个就法律草案提供财政影响估算的州。如今，这一举措已被绝大多数州采纳。1997 年的财政影响预算估算程序规定，当一个法律草案足以影响威斯康辛州政府或者地方政府或者两者的财政时，有关机构应当提供影响财政的估算报告。起草法律草案的立法律师有权建议对该草案进行财政影响估算。未经财政影响估算的法律草案向州议会提出后被送至州行政管理部门，由它交付给所属的行政机构。这些机构将对该法律草案可能引发的资金筹措、财政拨款和开支等信息报送州行政管理部门，并由州行政管理部门根据《州议会联合规则》第四十六条第五款的规定，呈送州立法咨询局。立法咨询局的财政影响估算机构对报告进行复审，并纠正报告中的任何计算错误或者誊抄中的某些笔误，但不进行任何实质性的修改。但是，当财政影响估算机构对具有利益倾向的州行政部门所提交的法律草案财政影响估算报告持反对意见时，便有权主动提交财政影响估算为补充报告。

　　立法前应该评估法律制定的必要性等，制定后应该评估该法律是否达到了应实现的社会和经济效益等。立法评估的结果可以用于立法审查，因此评估技术与审查技术有些是重合的。这一章就来讨论一下立法评估与立法审查技术。

---

① 徐向华：《中国立法关系论》，浙江人民出版社 1999 年版，附录四。

第一节　立法评估概说

一、立法评估的概念

"法，从它产生起，便具有一定的质量问题，即是否能够不同程度地满足一定社会关系的需要和符合'法'的特性，满足的程度和符合的程度不同，便产生了法的质量的高低，从而有了立法质量问题。"①立法评估是对立法效果的评估和分析，是衡量法律法规质量的重要工具。

从广义上说，立法评估包括立法前评估和立法后评估，所谓的立法前评估指的是立法机关或者其他机构按照一定的程序、标准和方法对某项立法所要达到的目标、所要具体规范内容的必要性和可行性以及对社会和公众的影响等所进行的评估。立法后的评估指的是立法机关或者其他机构，在某项法律法规颁布实施一段时间后，对该项法律法规实施的实际效果、社会影响以及存在的不足和问题等所进行的评估。欧美国家的立法评估是随着经济社会问题的凸显应运而生的，但每个国家的立法评估的具体内容不同，有些国家没有立法前评估，有些国家则有立法前评估。例如，英国在早期比较重视立法前的评估，后期时至今日它则比较重视立法后的评估。

对立法评估的概念，有的使用"立法评价"，指的是法律实施一定时间后对法律的功能作用、实施效果的评论估价和在此基础上对整个立法质量、价值的评论估价。② 有的使用"法律评估"，指对合法生效的法律进行的实效性利益影响的分析和评价。③ 尽管立法评估的名称呈现多样化的态势，但是用立法评估这一词无疑是最准确的。立法评估制度起源于工业革命进程中，是市场经济与政府干预双重博弈的结果。

---

① 佘绪新、李小娟：《地方立法质量的对策和体系研究》，载《立法研究》（第2卷），法律出版社2001年版，第489~526页。

② 周旺生、张建华：《立法技术手册》，中国法制出版社1999年版，第499页。

③ 崔卓兰、于立深、孙波、刘福元：《地方立法实证研究》，知识产权出版社2007年版，第421页。

☞ **材料链接 11.1**

法国的立法前评估

法国是一个施行立法前评估的国家，政府提交议会审议的每个法律草案都必须有一个影响评估报告，要对立法所要达到的目标、法律适用的成本、对社会和公众的影响以及用什么方式来实施法律等进行评估。在立法前进行立法评估可以防止不必要的立法项目被提上立法日程，提高立法的质量和效率，节约立法的成本。为了更好地实施立法前的评估，法国还专门设立了立法评估监控委员会，对需要立法的项目进行严格的把关，专门研究政府的评估报告。

20 世纪 70 年代以来，欧美国家进行了较多的行政规制，导致政府失灵的现象，政府出台的法律政策面临失去公信力的危机。为了扭转这一局面，欧美国家对本国的立法进行评价，开始了立法评估历程，对国家和地方立法都进行了实效性评估。

二、立法评估制度

立法评估制度主要包括以下几个方面的内容：立法评估的主体、立法评估的对象、立法评估的程序、立法评估的方法、立法评估的指标。英国、美国和中国的立法评估制度的主要内容见表 11.1。

表 11.1　　　　　　英美中三国立法评估制度对比分析表

立法评估制度	英　国	美　国	中　国
立法评估的主体	制定规章的主体本身、政府的特别结构、部长、大臣、议会以及公众	美国国会、总统联邦政府、内设机构及地方机关、社会第三方的主体、公众	大部分法律法规的制定者便是立法评估的主体
立法评估的对象	法律和政府法规	以政府各部门制定的各类规章为主，联邦立法也会评估	法律法规规章

续表

立法评估制度	英 国	美 国	中 国
立法评估的程序	第一是进行磋商；第二是进行监督审查；第三是由部长宣布该法案是否可行	业绩评估的七步骤：(1)鉴别要评估的项目；(2)陈述目的并确定所需结果；(3)选择衡量标准或者指标；(4)设立绩效和后果的目标；(5)监督结果；(6)绩效报告；(7)使用后果和绩效信息	无明确规定
立法评估的方法	主要是成本收益分析法	直接观察、案例研究、实验研究	文献研究、问卷调查、实地调研、情况报告、实例分析等方法
立法评估的指标	"3ES"标准，即经济性、效率性、效果性	投入指标、能量指标、产出指标、结果指标、效率与成本效益指标、生产力指标；服务质量指标、综合测量和公民满意度测量	各地不尽相同：有的采用法理性、技术性、实践性和实效性标准；有的采用合法性、合理性、技术性和实践性标准；还有的采用合法性、针对性和可操作性标准

☞ **材料链接 11.2**

各国立法后评估制度的主要依据①

美国：美国国会制定的《管制功能分析》《小企业管制实施公平法》《国会审议法》，1993 年克林顿颁布的第 12866 号行政命令《管制计划与监督》，美国国会通过的《政府绩效与结果法案》《政策规定绩效分析》等一系列法律规范构建了美国的立法后评估制度体系。

英国：1998 年英国政府颁布的《放松负担白皮书》开启了英国立法后评估的探索。而 1998 年英国政府制定的《良好规制原则》(2000 年修改)以及 2001 年生效的《规制改革法案》标志着英国立法后评估制度开始趋向稳定与成熟。1994 年通过的《减少国家干预经济和执行法案》使修改或者废止立法质量较差的法律更为容易实现。

---

① 俞荣根：《地方立法质量评价指标体系研究》，法律出版社 2013 年版，第 168～177 页。

日本：日本立法后评估制度主要建立在《行政机构实施评估政策的有关法律》之上。

德国：德国立法后评估的主要依据如同立法前评估一样，都是 2001 年生效的《各部共同工作协定》、2001 年联邦政府内政部发布的《立法效果评估手册》以及《联邦部委总章程》。

三、中国的立法评估制度

我国立法评估的主体大部分是法律法规的制定者，即立法机关本身就通常是立法评估的主体，这是立法评估主体中占的比重最大的一块，比如享有立法权的各级人大常委会和各级人民政府，它们对自己制定的法律法规进行立法的评估。当然，同级人大也可监督并评估其常委会制定的法规和同级人民政府制定的规章，上级国家机关对下级国家机关的立法活动也进行监督。

☞ **材料链接 11.3**

从地方立法实践探索到中央立法践行

2011 年 5 月 18 日，青岛市人大常委会启动立法前评估试点，从 2011 年的立法计划中选择了两件调研项目作为评估对象：《青岛市建筑废弃物资源化综合利用管理条例》和《青岛市实施〈中华人民共和国标准化法〉办法》。这是地方立法前评估的实践。

重庆市人大常委会分别于 1997 年、1998 年、2001 年三次组织对本市地方性法规进行集中清理，涉及的法规近 120 件，取消或调整行政审批、行政事业性收费及行政处罚项目 170 多项。2004 年 6 月，市二届人大常委会第十次会议又依行政许可法清理了涉及行政许可的法规 146 件，通过决定，取消了 37 个地方性法规中设定的 64 项行政许可项目。① 这是针对立法后的评估实践。

2011 年 6 月 27 日，第十一届全国人大常委会第二十一次会议开始审议《关于科学技术进步法有关制度立法后评估主要情况的报告》和《关于农业机械化促进法有关制度立法后评估主要情况的报告》。这是全国人大常委会首次审议立法后评估工作报告。

---

① 数据来源于《重庆日报》2004 年 6 月 30 日，第 6 版。

我国立法评估的对象既有法律又有法规和规章。我国的立法评估实践遵循了从地方立法实践探索到中央机关充分肯定，再到中央立法践行评估的过程。目前来说，地方立法评估的实践比中央立法评估的实践更多。这些中央与地方对法律法规规章的立法评估，其内容主要包括法律法规的立法成本、法律法规规章存在的问题及缺陷、责任主体的责任落实情况，立法时争议的焦点问题及其解决方案的公正性与可行性、法规的实施效果、重要制度落实情况、实施绩效等。①

我国采用的立法评估的方法是多种多样的，针对不同的法律法规规章，就会因地制宜地采用不同的立法评估方法。例如，材料 11.3 中所提到的《科学进步法》，对它的评估就是通过文献研究、问卷调查、实地调研、情况报告、实例分析等方法对法律实施绩效进行分析。

由于各地实际情况不一，加之立法评估起步晚，我国立法评估尚未形成统一的标准。各专家学者们对立法评估的指标也各自有所侧重，有的注重实效性，有的注重合法性、合理性，还有的注重价值性、社会认同性、文化及学术性等。从我国的立法实践中来看，各地采用的标准也不尽相同。有的采用法理性、技术性、实践性和实效性标准；有的采用合法性、合理性、技术性和实践性标准；还有的采用合法性、针对性和可操作性标准。②

☞ 事例分析：11.1

浙江省对《浙江省殡葬管理条例》进行评估③

2006 年 4—10 月，浙江省省人大法制委员会、省人大常委会法制工作委员会牵头组织了《浙江省殡葬管理条例》立法质量评估工作。这是浙江省人大常委会自 1979 年行使地方立法权以来，第一次开展地方性法规的立法质量评估工作。为做好这次评估，浙江省人大常委会研究制定了评估工作方案，明确了评估目的和主要内容，确定了合法性、合理性、立法技术和实施效果四项评估主要指标。评估采取"四个结合"的方式进行，即立法总体效果评估与具体内容评估相结合、定性评估与定量评估相结合、立法机关评估与执法部门

---

① 俞荣根、刘艺：《地方立法质量评估的实践意义与时间难题》，载《华中科技大学学报》2010 年第 3 期。

② 刘平：《地方立法后评估制度研究》，载《政府法制研究》2008 年第 4 期。

③ 浙江省人大法制委员会、浙江省人大常委会法制工作委员会：《〈浙江省殡葬管理条例〉立法质量评估报告》，载《浙江人大（公报版）》2007 年第 1 期。

评估相结合、人大自行评估与委托评估相结合。为获取准确客观的定量分析数据，委托国家统计局浙江调查总队在全省组织开展条例立法质量评估问卷调查，发放和收回有效问卷 2000 份。通过浙江人大网和地方立法网向社会公众开辟网上问卷调查和评估专栏，了解条例的实施情况和公众对条例的认知状况。除省民政厅对条例实施的总体情况和立法质量进行评估外，还商省国土资源、林业、工商、公安、卫生等 10 个执法部门，对条例中的相关内容进行了评估，并委托海宁、乐清、普陀、浦江四个县(市、区)人大常委会进行区域评估。评估小组到海宁、乐清、普陀、浦江、开化、松阳等地进行了实地考察和调研。11 月 15 日，法制委员会、法制工作委员会召开会议，对条例的立法质量和实施效果及存在问题进行综合分析评估。

第二节 立法评估的指标

立法评估的指标是衡量立法质量好坏的标准。立法评估的指标对立法质量及其实施状况进行衡量，依据一定的指标进行立法评估，可以防止立法前法律的不合理，可以对立法后法律实施状况进行一个较为准确的判断。

☞ **材料链接 11.4**

表 11.2 　　　　　云南省地方性法规立法后评估指标体系①

地方性法规名称：　　　实施日期：　　　评估日期：　　　评估人：

一级指标	二级指标	具 体 描 述
一、合法性 (10分)	1. 不抵触(3分)	与宪法及上位法的精神、基本原则和具体规定不抵触
	2. 不越权(3分)	属于地方立法权限范围，没有超越地方立法权限
	3. 不矛盾(3分)	与同位法(包括国务院部门规章和其他云南省地方性法规)相协调
	4. 合程序(1分)	法规的制定遵循相应的立法程序

---

① 郑维川、杨润新主编：《地方性法规立法后评估实证研究》，中国政法大学出版社 2017 年版，第 630~631 页。

续表

一级指标	二级指标	具 体 描 述
二、合理性 （30分）	5. 必要性（5分）	调整事项具备立法的必要性，通过规章、规范性文件或其他手段已难以调整
	6. 适应性（5分）	适应当前云南发展的需要，且具备一定的前瞻性
	7. 针对性（5分）	具有云南地方特色或者针对性
	8. 职权职责、权利义务配置合理（5分）	职权职责、权利义务配置科学、平衡，公权与私权、权力与权利关系处理得当，权力与责任相适应，权利与义务对等
	9. 内部协调（5分）	法规条文内部不冲突；法规内部各项制度相互衔接配套
	10. 公平公正（5分）	不存在部门利益法制化或者地方保护倾向
三、操作性 （20分）	11. 部门职责明确（5分）	法规实施部门明确，与其他部门的职责权限划分明晰
	12. 条文规定明确（5分）	法规的内容明确、程序清楚、操作方法具体
	13. 权利救济明确（5分）	应当设立权利救济机制的，权利救济机制明确、具体
	14. 追责机制明确（5分）	行为模式与法律责任相配套，违法行为有相对应的处罚规定
四、规范性 （10分）	15. 名称规范（3分）	法规名称准确、简明
	16. 结构规范（3分）	法规体例结构合理、逻辑关系清楚
	17. 语言规范（3分）	法规语言表述准确、严谨、简明、统一，没有歧义，没有非法律性语言表述，没有过时语言表述
	18. 其他规范（1分）	标点符号、数字表述符合国家语言文字规范和立法技术规范
五、实效性 （30分）	19. 公众知晓度（5分）	社会公众或者相关群体对法规普遍知晓
	20. 利益群体认可度（5分）	行政管理相对人或者相关利益群体对法规认可度较高，并自觉遵守
	21. 实施部门认可度（5分）	法规实施部门对法规的认可度较高，并严格实施
	22. 立法部门认可度（5分）	人大相关部门对法规认可度较高
	23. 社会影响（5分）	法规的实施未加剧原有社会问题、未造成新的社会问题
	24. 实现程度（5分）	立法预期目标得到较高程度的实现

☞ **百家争鸣 11.1**

立法评估标准的不同观点

对立法评估的标准，存在以下几种观点：三标准说、四标准说和五标准说。

三标准说认为，立法评估的标准应当包括：合目的性标准、合法性标准、技术性标准。其中合目的性标准用以考察立法目的是否科学、合理，是否能在法规的实施过程中达到立法目的；合法性标准用以考察立法的实体与程序是否符合法律的规定；技术性的标准则主要从狭义的立法技术方面出发考察法律法规的完备性、协调性与可操作性。[①]

四标准说认为，立法评估的标准包括：价值标准、法理标准、技术标准和实践标准。价值标准主要考察立法的目的、立法的理念、立法的价值取向。其主要包含激励标准、制衡标准、合目的性标准与正义性标准等；法理标准是指用法理学的原理来分析立法，其中包括立法的合理性与合法性，这也是立法质量评价的首要标准；技术性标准也是我们常说的规范性标准，从立法技术的角度入手考察立法内部的完备性、协调性与可操作性，同时考察立法的逻辑结构合理与否，条文设计是否严谨、科学，在文字的表述方面是否简洁、准确、易懂等。[②]

五标准说认为，立法评估的标准包括效益标准、效能标准、效率标准、回应性标准、公平标准。

还有学者把评估标准分为法律文本质量评估指标标准和实施效果评估指标标准。法律文本质量评估指标标准包括：合法性标准、合理性标准、可操作性标准以及技术性标准。合法性标准主要是审查被评估的法律是否与上位法相抵触，是否与同位法相衔接和协调，同时，还要审查立法部门是否超越立法权限立法。合理性标准指的是合规律性、合逻辑性、行为的可预测性等标准，是立法评估后的核心标准。合理性标准还包括是否体现地方特色，只

[①] 卿泳：《立法评价对于提高地方立法质量的意义》，载《民主与法制》2005年第5期。

[②] 王亚平：《论地方性法规的质量评价标准及其指标体系》，载《人大研究》2007年第2期。

有符合实际情况的法律法规才有其合理性可言。可操作性标准即法律是否切实可行的，对可行性标准的分析，主要从其内容上来看它的可行性。技术性标准也称规范性标准，即从狭义的立法技术的角度考察法律内部的协调性、完备性和可操作性，考察法律的逻辑结构是否合理，条文设计是否科学、严谨，文字表达是否准确、简练、易懂，标点符号运用是否规范等。① 法律实施效果评估指标标准主要包括公平性标准、效益性标准、执行性标准。这三个标准从字面上看直接体现了法律法规的内容和实施效果。所谓公平性标准，指的是法律法规实施后所导致的与该法律法规有关的社会资源、利益以及成本公平分配的程度；效益性标准，主要从社会效益和经济效益两方面进行衡量；执行性标准指的是法律法规的实施过程是否体现了较高的执行水平。

☞ **材料链接 11.5**

日本的立法评估标准

日本的立法评估标准主要包括必要性、有效性、效率性、公平性、协动性、合法性等几个方面。

必要性指的是要以地域的实际情况为准，立法是否达到必要的程度；有效性指的是该立法是否有效，能否产生实际的效果；效率性指的是执行该立法所需的成本，是否选择较低的成本实现了效益的最大化；公平性指的是法律条例是否具备公平正义；协动性指的是住民的参加和执行机关与住民团体、NPO 等的协动应如何纳入法的执行过程中的相关问题；② 合法性指的是该立法是否违反宪法、法律的规定，在司法程序中是否有被否定立法效果的可能性。③

☞ **一家之言 11.1**

真评估与假评估

美国著名的政策分析家邓恩认为，"如果评估者将自以为是的价值标准运

---

① 俞荣根：《地方立法质量评价指标体系》，法律出版社 2013 年版，第 311～313 页。
② ［日］铃木庸夫：《自治体法务改革的理论》，日本劲草书房 2007 年版，第 118 页。
③ 俞荣根：《地方立法质量评价指标体系》，法律出版社 2013 年版，第 151 页。

用于政策评估，那么评估即使用了大量的诸如实验设计、数学统计、问卷调查、随机抽样、社会审计等量化的评估方法，它依然是一种'假评估'，其引导政策实践的作用是十分有限的"①。

☞ **逻辑思考 11.1**

"良法原则"视野下的立法评估标准

　　2015年修改后的《立法法》进一步将地方立法权予以下放，现阶段我国拥有地方立法权的主体包括省、自治区、直辖市较大的市及设区的市的人大常委会及政府。地方立法的立法目的是争取实现地方效益的最大化，不仅法规、规章得到良好的认可、好评，更重要的是得到普遍的遵守和执行。随着地方性法规规章越来越多，如何保证地方立法的质量也就成为我们关注的重点问题。我们需要一套有效的使地方性法规、规章规范化、系统化的考核体系，及时了解、解决这些法规、规章在实施过程中的问题。通过立法后评估，对地方立法进行全面"体检"，及时发现立法中存在的问题，对法规、规章存在的问题提出建议，或修改或废止，通过这种途径予以完善。

　　亚里士多德给出的良法定义是：已经制定出的法律，发挥了其应有的作用，得到了普遍的服从，而且，所服从的法律，本身就是制定的良好的法律。地方立法要想达到"良法"的标准，地方立法后评估的开展是必不可少的重要环节，而其中重中之重的地方立法后评估标准符合"良法"原则，结合"良法原则"，谈谈你对立法后评估标准的看法？

　　我国的立法评估的标准一般包含七个方面：合法性标准、合理性标准、公平性标准、实效性标准、可操作性标准、技术性标准和执行性标准。

一、合法性标准

　　"合法性意味着，人们之所以遵守和服从统治和法律，是因为他们所确认

---

　　①　张国庆：《现代公共政策论》，北京大学出版社1997年版，第212页。

的统治和法律是正确的并值得尊敬。"①合法性标准应当成为立法评估指标体系中的首要标准。所谓的合法，就是指法律法规的制定应当不违反宪法，下位法不违反上位法，形成良好的法律秩序。合法性应当是立法评估机关拿来反复审视法律法规的标杆，应当贯穿于立法过程和法律法规实施过程的始终。

具体来说，合法性标准包括两个方面的含义，一是形式上的合法，一是实质上的合法。形式上的合法指的是地方性法规、规章的制定不违反宪法、法律等上位法，法律的制定不违反宪法，制定的程序合法，制定的主体合法，立法主体必须有立法权；实质意义上的合法指的是接受对象的内心服从，是指法律法规的内容必须是合法的，要设定合法的权利、义务和法律责任，使得接收对象即公众服从，从根本上说就是要符合最广大人民的根本利益，要促进社会的全面进步。

☞ **材料链接 11.6**

地方立法对合法性标准的规定

《哈尔滨市政府规章立法后评估规定》第九条第二款中规定政府规章合法性及其与上位法、相关法律、法规、规章的关系，体现了立法需要注意法律位阶，避免逾越位阶导致法律法规无效的情况出现。

《广东省政府规章立法后评估规定》第十八条第一款更是直接明确了合法性标准，并且直接明确了合法性标准的内容，它规定：立法后评估主要依据以下标准进行：（一）合法性标准即各项规定是否与法律、法规以及国家有关政策的规定相一致……

二、合理性标准

"立法内容的合理性主要表现为合规律性和合利益性。"②立法后评估的合理性标准应该体现在：正义是否得到实现；是否合乎人性、人权保障方面；

---

① ［英］戴维·赫尔德：《民主的模式》，燕继荣等译，中央编译出版社1998年版，第316页。

② 周世中：《法的合理性研究》，山东人民出版社2004年版，第318页。

是否符合比例原则。合理性标准建立在合法性标准的基础上，是对合法性标准的补充。

合理性标准还应当是符合当地实际的、适当的、合理的，协调好权利与义务的关系、权力与责任的关系，体现适当性的原则，法律责任应当与违法行为的实施、性质、情节以及社会危害程度相当，并且法律法规的的立法目的应当与手段相一致。

☞ **材料链接 11.7**

地方立法对合理性标准的规定

《广东省政府规章立法后评估规定》第十八条第二款规定，合理性标准：即公平、公正原则是否得到体现；各项管理措施是否必要、适当；是否采用行政相对人权益损害最小的方式实现立法目的；法律责任是否与违法行为的事实、性质、情节以及社会危害程度相当。

《重庆市政府规章立法后评估办法》第十条第二款规定，合理性：即所规定的各项制度、措施和手段是否适当、必要，是否符合公平、公正原则和权利与义务、权力与责任相统一的原则，法律责任是否与违法行为的事实、性质、情节以及危害程度相当等。

三、公平性标准

罗尔斯说过："一个社会体系的正义，本质上依赖于如何分配基本的权利义务，依赖于在不同阶层中存在着的经济机会和社会条件。"[①]法必须兼顾公平与效率，因此公平性标准是立法评估指标中必不可少的一部分。立法评估后的公平性标准是法律法规实施后所导致的与该法律法规有关的社会资源、利益及成本公平分配的程度。公平正义问题就是一个关乎分配的问题，立法评估过程中要充分考虑法律法规是否在分配资源、利益、成本以及权利义务时达到一个社会满意的程度，最大限度地实现了平衡。

---

① ［美］罗尔斯：《正义论》，何怀宏、何包钢、廖申白译，中国社会科学出版社1988年版，第5页。

例如，《江苏省道路运输市场管理条例》的立法后评估中，将评估中研究问题的第六项确定为：进一步维护道路运输经营者和从业人员的合法利益。对《江苏省道路运输市场管理条例》确立的主要行政管理措施进行深入细致的评价，分析其实施的效果，具体确定哪些需要修改完善，哪些需要保留，要通过制度调整，降低制度成本，提高行政效率，切实减轻经营者和从业人员负担，维护经营者和从业人员权益，为道路运输业健康发展创造良好的环境。① 注重保护运输市场中经营者和从业人员的负担，就是兼顾社会公平的表现。

四、实效性标准

立法评估中的实效性标准是立法评估的核心标准，它是对立法后能否取得良好的效果进行评价，也是法律法规能否得到普遍遵守和执行，能否实现预期立法目的的标准。世界各国的立法中，无一例外将实效性标准作为其法律评估的标准之一，它是世界各国普遍认可通用的一项标准。实效也可以称之为效益，就是一部法律能否取得一定的效益，法本身包括它的规范、程序和制度，都在于促进效益的实现。②

2004 年 3 月 22 日，国务院颁布的《全面推进依法行政实施纲要》中明确规定："积极探索对政府立法项目尤其是经济立法项目的成本效益分析制度。政府立法不仅要考虑立法过程成本，还要研究其实施后的执法成本和社会成本。"

☞ **逻辑思考 11.2**

立法评估中的实效性标准

实效性标准中的效益，不仅指经济效益，还包括社会效益，我们在对效益进行分析的时候，要注意区分社会效益和经济效益，不应有失偏颇。那么我国的立法评估实践中是如何处理经济效益与社会效益的平衡的呢？

在我国进行的立法评估中，一般都将立法评估的社会效益和经济效益兼

---

① 俞荣根：《地方立法质量评价指标体系》，法律出版社 2013 年版，第 108 页。

② ［美］理查德·波斯纳：《法律的经济分析》（英文版），小布朗出版公司 1977 年版，第 517 页。

顾起来。如《吉林省规范性文件清理办法》第七条中规定了评估的指标体系：是否有利于保障公民、法人或者其他组织的合法权利；是否有利于经济发展与社会进步；是否符合成本效益要求等。再如《重庆市政府规章立法后评估办法》第十条第五项规定："实效性标准，即各项规定能否解决实际问题，是否能够实现预期的立法目的，实施后对政治、经济、社会、文化、环境等方面的影响，公众的反映，实施成本与产生的经济、社会效益情况等。"

通过思考，你认为应该如何构建我国的实效性评估标准？

五、可操作性标准

法的可操作性，指的是立法所规定的权利、义务和责任能否在社会实现。只有具有可操作性，公民才能按照法律行使自己的权利，履行自己的义务，公权力机关才能有序地指导社会生活中的各种活动，合法地履行自己的职责。

可操作性标准的考虑因素：

(一)立法适用的社会背景

法律是在一定的社会背景下制定的，社会的情况在不断地发生着变化。为了适应不断变化的社会背景，法律也应当适当作出变化。但是法律的制定程序较为严格，具有一定的权威性，不能朝令夕改，所以有时法不能及时作出相应的变化。因此，法律难免具有滞后性，这种滞后性会使其落后于社会现实，因此，必须要在立法评估的时候，充分考虑到法律的滞后性问题，并且看到其对社会的影响，能否克服现有的社会现实继续适用。对法实施过程中出现的新问题又能否适用，这是立法评估者必须充分考虑的。

(二)立法对其行政管理职责的规定是否明确、得当

立法有许多行政管理方面的规定。对行政管理职责的规定主要包含两方面的内容：一是纵向的，明确管理层级，也就是要明确省、市(县)两级，有些法律法规将权力下放到乡镇、街道办事处时，也一定要明确管理的层级，这样使各层级的机关依法行使自己手中的权力，保证法的正常执行。二是同级部门之间的职责分工是否明确。这种横向的权力分配也需要注意是否越权，是否会对自己管辖范围内的事情进行互相推诿。

(三) 立法所规定的法律责任是否合理

法律是为了维护社会秩序而制定的，违反社会秩序的行为必然会承担相应的法律责任，但是法律责任并不是立法者恣意妄为地加以制定，法律行为的得当与否是影响法律质量的重要标杆。因此，必须要在立法评估时充分考虑到不同的主体、不同的情节、不同的损害后果、不同的过错程度等，以承担不同的法律责任，使得法律责任规定的适度合理。

(四) 立法中的实体规定是否有程序上的保障

边沁认为："程序法的唯一正当目的，是最大限度地实现实体法。"[①]程序保障是实体法规定得以落实的保障，没有明确而具体的程序性规定，立法的实体规定可能没有办法操作。

六、技术性标准

立法技术是影响立法质量的重要指标。它既规定法律法规的外部形式，又规定法律法规的内在结构。考察内部的协调性、完备性和可操作性，考察法律的逻辑结构是否科学合理，条文涉及是否科学严谨，文字表达是否准确、简练、易懂，概念术语是否正确，标点符号运用是否规范等。

七、执行性标准

执行性标准是指法律法规的实施过程中是否体现了较高的执行力。执行性的标准主要涉及以下三个方面的内容：第一，从执法过程来说，评估的内容包括执法机关及其人员保证法律实施的状况和对法律法规的认可程度，执法机关的权限、责任是否恰当，程序是否规范以及执法人员的工作态度是否积极和案件执行成功率等；第二，从公众守法状况方面来讲，是指公众按照法律法规规范行为的程度，考察公民对法律法规的接受能力和态度；第三，在法律法规实施的监督价值的约束方法方面，包括对违反法律法规行为的查处以及法律法规本身的修订完善等内容。

---

① 陈瑞华：《刑事审判原理论》，北京大学出版社 1997 年版，第 27 页。

☞ **材料链接 11.8**

重庆的执行性标准

《重庆市政府规章立法后评估办法》第十条第四项规定了执行性标准：执行性标准，即规定的执法主体是否明确，各项措施、手段和法律责任是否明确、具体、可行，程序设计是否正当、明确、简便、易操作，便于公民、法人和其他组织遵守，实施机制是否完备，相关配套制度是否落实等。

☞ **即时练习 11.1**

班规评估标准起草

学期刚开始，某大学某班级的学习工作没有条理，平时分统计、操行分统计都没有一个准确的规章制度和标准，班委会刚刚成立，任重而道远。上一届的班委会在加分问题上都是随意而为，徇私舞弊现象很严重，同学们对这种现象十分不满。于是，新班委会制作了一部加分规定，班主任决定对这个规定进行评估，你认为该怎么起草评估标准？

第三节 立法评估的方法

评估的方法是指评估主体在对选取的法律法规以及规章进行立法评估时所采用的方式和方法。近年来，我国的立法评估实践对评估方法做了一些有益的探索，见表 11.3。

表 11.3 　　　　　　　　　我国立法评估方法比较分析表

法律名称	评估方法
《关于开展市政府规章立法后评估工作若干意见》杭州法发〔2007〕12 号	评估工作可以通过召开座谈会、实地考察、问卷调查、通过媒体征求意见等方式进行。在坚持评估原则的基础上综合运用法律、经济、管理、统计和社会分析等方法，如理论联系实践、定性定量分析、成本效益分析等具体方法。

续表

法律名称	评估方法
《哈尔滨市政府规章立法后评估规定》	第十条：政府规章立法后评估可以采取下列方式进行：（一）利用政务公开平台等渠道公开收集公众意见；（二）发放调查问卷；（三）组织实地调查、访谈、座谈或者专家论证；（四）委托专门机构进行调查、分析；（五）其他方式。
《合肥市政府规章评估暂行规定》	第六条：政府规章评估可以采用以下方式进行：（一）走访有关执法单位和人员；（二）召开座谈会、专家论证会；（三）对公众发放问卷调查；（四）利用网络平台等收集公众意见；(五)综合运用经济学、管理学、统计学等分析方法作定性定量分析。
《广东省政府规章立法后评估规定》	第二十条：立法后评估可以采用文献研究、抽样调查、问卷调查、实地调研、召开座谈会或者论证会、专家咨询、案卷评查、相关立法比较分析等多种方法进行。

☞ **逻辑思考 11.3**

　　我国各地采取的评估方法各不相同，但是大致可以分为以下几类：问卷调查、开展专题调研、座谈会调查法、实地考察和现场调研相结合等。这些格式各异的调查方法可以满足我国立法评估的需要，但是存在一些不足。如问卷调查法是直接向选定的样本开展调查，真实程度比较高，基本上能够客观反映法规的实施效果，但是问卷设计的科学性是一个难题。实地考察、专题调研等虽然针对性较强，但是由评估主体选择不同的执法部门、社会团体、典型社区召开座谈会，也难以避免评估主体对信息收集的主观片面性。[①]

　　通过以上分析和自己的思考，你认为立法评估应该采用哪些方法更合适，为什么？

　　国外最主要的评估方法就是成本收益分析法。英国主要是通过"财政支出与经济效益、政策公平评估、乡村检验、健康影响评价和气候影响评价"等主要经济方法进行的。美国的评估方法因其行政部门的职能分工不同而不同，有分类交叉评估的方法，也有联合评估的方法。

　　我国的立法评估的方法可以分为系统分析法、对比分析法、成本效益分

[①]　俞荣根：《地方立法质量评价指标体系》，法律出版社 2013 年版，第 128~129 页。

析法、实证调查方法等。

表11.4　　　　　　　　　立法评估方法分类表

评估方法	内　容	利　弊
系统分析法	系统分析法是指把立法后评估对象看成一个统一的整体，并把这个整体分解为许多个小的系统。根据评估对象所具有的总特征，从评估对象的整体出发，着眼于整体与部分、整体与层次、整体与功能、整体与环境等的互相关联和作用，求得优化的评估对象的一种方法。这种评估方法是从整体的层面进行评估。	系统分析法的优点是可以评估立法是否实现其本身的价值，立法内部的各项制度设计是否合法和合理，立法之间是否协调等；缺点则是过于笼统，无法得到精确的结论。
对比分析法	对比分析法是将搜集到的评估对象实施前后的有关情况进行对比，通过将一定参数的对比分析和对群众、专家、学者的意见和建议的分析相结合的方式，对立法作出评估结论，从而评估出该立法效果的一种定量分析的方法。①	对比分析法的优点在于简单、易于操作，所得到的分析结果是直观的；缺点是可能忽视对法律体系内部统一性与协调性的关注，缺乏纵向的比较。
成本效益分析法	成本效益分析法属于一种定量分析的方法，具有广泛的普适性，是法律的经济分析方法之一。它通过对立法成本预期所取得的社会效益和经济效益的权衡进行比较，以决定立法的取舍过程。如果说实施该法的成本大于预期的收益的时候，一般来说就应该考虑放弃该法；如果两者比较接近，则应该考虑是否有其他更好的措施或者如何进行修改。	成本效益法的优点在于能够为放松管制提供依据；缺点则是"由于社会成本与社会利益难以确定，因而对其量化难度非常大，也更为复杂"②。
实证调查方法	实证调查方法通过实地的调查研究，对某些问题进行分析，进而得出结论。具体包括调查问卷、定向调查、专题访谈、座谈会调查、典型个案调查等方式。	实证调查法的优点是比较成熟，也是评估机构经常使用的方法；缺点是有时候难免流于形式。

---

①　陈瑶瑶：《论行政立法后评估制度之取舍》，载《兰州学刊》2006年第11期。
②　汪全胜：《立法效益及其评价》，载《立法研究》(第4卷)，法律出版社2003年版，第155页。

☞ **即时练习 11.2**

《城市房屋拆迁管理条例》的评估

2011 年 1 月 21 日国务院发布了《国有土地上房屋征收与补偿条例》，取代原有的《城市房屋拆迁管理条例》。新条例是根据暴力拆迁、极端对抗、因拆暴富等"拆迁"过程中的种种问题，经过两年多的调查研究、征求意见，国务院法制办会同住房城乡建设部制定的。为什么《城市房屋拆迁管理条例》会被废止呢？请选择合适的立法评估方法对该条例进行一个立法评估，分析该条例被废止的原因。

第四节　成本效益分析法

立法的成本效益分析法是目前西方国家运用最广的一种立法评估的方法，它属于一种经济学的分析方法，其内容涉及社会中的各种问题。

☞ **百家争鸣 11.2**

成本收益分析法的定义

Mishan EJ(1994)指出成本收益分析法的显著特征是收益和成本均可以用货币单位表示，这使得机构可以采用共同的措施，对具有各种各样属性的不同管制选择进行评估，通过依次测量较为严格的管制选择方案的增量利益和成本，将识别出会产生最大净效益的管制选择方案，净收益的大小(收益和成本的绝对差值)会表明一项政策是否会比其他政策更有效率。

OECD(2008)则对成本收益分析法给出了明确的定义，既可以将成本收益分析理解为一种指导监管决策的方法，也可以将其理解为进行监管影响分析的特殊方法论。

Posner, EricA1(2001)指出成本收益分析法可以弥补《行政程序法》对监管目的与预期效果口头表述的模糊性，在考虑监管收益的同时考虑监管成本，并将成本与收益在统一口径下进行比较；通过对比成本收益分析与其他选择程序，认为虽然成本收益分析和其他选择程序，如风险对风险的分析等，都提供了可采纳的数值定量标准，但是成本收益分析的适用范围更大；通过对比成本收益分析与福利经济学中效率标准指出，成本收益分析可以通过量化成本与收益弥补福利经济学帕累托最优和卡尔多-希克斯标准的不足，促使监管对福利增进或损失的衡量获得现实基础。

Cannon，Jonathan Z1(2010)对成本收益分析法进行了进一步的界定。主流的观点，即从福利经济学的角度对成本收益分析法的界定，认为成本收益分析法是实现社会总福利最大化的工具；非主流的观点，不是从福利经济学和整个社会财富最大化的角度，而是从利益偏好上来考虑，认为成本收益分析法仅仅是对想要实现的效果与不想要发生的效果之间的权衡。

欧盟在运用成本效益分析方法上具有典型性。注重数据分析、影响因素解析、实证检验是欧盟立法评估的重要特点。在2009年1月15日欧盟委员会公布的最新版本的"影响评估指引"(Impact Assessment Guidelines，SEC(2009)92)中明确了评估的这几项内容，在进行成本效益分析的时候，主要有以下几种方法：

1. 成本收益分析

实质是对政策实施后产生的社会总成本和总收益进行预测。衡量的标准是，政府监管所预期的净收益是适当的。简言之，政府通过法律的、经济的和行政的手段干预经济，是否增加了社会总福利。[1]

2. 成本有效性分析

成本有效性分析是在预期政策方案结果的基础上，对不同政策选择所产生的成本进行比较。社会性监管中的安全、健康和环境保护，它们本身不是商品，不能用价格表示货币数量，也不存在交易市场。在这种情况下，成本有效性分析可以作为成本-收益分析的替代工具，根据不同政策产生的成本而产生的收益进行比较，可以对不同政策选择作出评价和比较。[2]

3. 敏感性分析

敏感性分析是投资项目的经济评价中常用的一种研究不确定性的方法。它在确定性分析的基础上，进一步分析不确定性因素对立法的最终经济效果

---

[1]　席涛、曲喆：《欧盟监管：体制、方法、影响分析》，载《国际经济评论》2006年第7期。

[2]　席涛、曲喆：《欧盟监管：体制、方法、影响分析》，载《国际经济评论》2006年第7期。

指标的影响及影响程度。当基准情形随外部因素的变化而发生变化时，应当考虑进行敏感性分析，以此来评估关键变量在不同的值时对政策方案的影响是否显著。①

4. 风险评估

不确定性充斥着政策制定与实施的每一个环节，因此，在影响评估分析中风险评估是必不可少的一部分。决策者往往面临减少或者消除对环境或者健康不利影响的风险的需要，因此需要采取相应的措施来管理风险。②

欧盟通过法律法规对经济影响、社会影响和环境影响的问题表（详见表11.5）来进行具体运用以上四个方法。

表11.5　欧盟法律法规对经济影响、社会影响和环境影响的问题表③

1. 经济影响	公司或中小企业的经营成本和行为	是否加重对公司的调整成本、守法成本、交易成本？ 方案如何影响到费用或生产要素投入(原材料、机械、劳工、能源等)？ 是否影响融资行为？ 是否对投资周期产生影响？ 是否需要从市场上撤回某些产品？产品市场是否被限制或被禁止？ 是否需要对特定企业进行更严格的监管？ 是否导致新企业产生或企业的倒闭？ 是否有一些产品或企业在类似情况下受到与一般厂商不同的待遇？
	消费者和家庭	是否会影响消费者的购买价格？ 是否对消费者得益于国内市场的能力产生影响？ 对消费者购买商品的质量和商品供应、消费者的选择和信任是否有影响？ 是否影响消费者的信息保护？ 是否对个人或家庭的财务状况产生当下和长远的重大影响？ 是否影响对家庭和儿童的经济保障？

---

①　张芳雪：《中国的立法评估路在何方——欧盟方法的评析与借鉴》，载《牡丹江大学学报》2011年第1期。

②　张芳雪：《中国的立法评估路在何方——欧盟方法的评析与借鉴》，载《牡丹江大学学报》2011年第1期。

③　资料来源：European Commission，SEC(2009)92，Impact Assessment Guidelines，15 January 2009，pp. 32-37.

续表

2. 社会影响	就业和劳动力市场	是否有利于创造新的就业机会？ 是否直接或间接导致就业机会损失？ 对特定行业是否有具体的消极后果？ 是否影响特殊的年龄团体？ 是否影响对劳动力的需求？ 是否影响劳动力市场运行？ 是否影响家庭和职业生活间的协调？
3. 环境影响	可再生和不可再生资源	是否影响可再生资源的使用，并导致其使用速度超过它们的再生速度？ 是否增加或减少使用不可再生资源(地下水，矿产等)？

☞ **材料链接 11.9**

海南的成本效益分析规定

2005 年 12 月 15 日修订发布的《海南省人民政府法规起草和省政府规章制定程序规定》指出，起草法规和省政府规章，应当进行立法的成本效益分析。不仅如此，这部规定首次在现行有效的法规层面上对立法成本效益分析的内容作出了规定，指出分析应包括立法的实施成本，即法律制度的实施所需的执法人力、财力和物力情况；立法的社会成本，即社会为遵守法律规定而付出的成本；立法的效益，即执行法规可能产生的效益、谁受益以及法规产生的净效益预测等。

成本效益分析方法中的成本也称为法律成本，是制定和实施该法律所造成的资源消耗。这种法律成本主要包括立法成本、执法成本、司法成本和守法成本等。执法、司法成本主要是相关部门执法司法时所消耗的费用，守法成本指的是公民守法所支付的费用。立法成本是指立法过程中的全部费用支出，一般包括：(1)支付立法机关运转及其工作人员的全部费用；(2)搜集立法信息、立法资料以及形成立法草案的费用；(3)审议立法草案与修订立法文本的费用；(4)制作法律文本的费用；(5)公布与传播法律法规的费用。[1]

---

[1] 财政部财政科学研究所《绩效预算》课题组：《美国政府绩效评价体系》，经济管理出版社 2004 年版，第 367 页。

成本效益分析中的效益也是指法律效益，它包含两个层次，是法律配置效益与法律实施的效益的统一。第一层次为法律配置的效益，即稀缺的法律配置满足了社会财富极大化的制度需要。第二层次为法律实施的效益，即已投入的法律资源确实能够促进社会财富的最大化。[①] 法律的实施效益是我们通常指的效益。法律效益可以分为以下几种：法律的可计量效益与不可计量效益；法律的短期效益与长期效益；法律的直接效益与间接效益。法律的可计量效益与不可计量效益的区别标准在于可否以数量计量，主要是以可否以货币衡量为标准；法律的短期效益与长期效益的区分标准在于是在短期还是在长期内取得积极的效果；法律的直接效益指的是法律在社会生活中实施与实现后直接获得的明显法律效益，尤其是法律的经济效益。法律的间接效益指的是法律在社会生活实施与实现后除立法者意图取得的明显的效益外对社会其他领域又产生了间接的效益，如社会观念变革、思维方式的更新等。

成本效益分析分为以下几个步骤：

一、确定立法评估的项目，明晰拟评估项目的立法目的与作用

立法首先要确认制定它的目的、明确它会给社会带来的影响、产生的作用，考察拟立新法所涉及的因素和影响范围。立法项目作用和影响的地域、行业和人群都是应当考虑的因素。分析的时间范围应该覆盖足以长的时间段，以考虑到立法项目有可能产生的所有重要收益和成本。对于立法项目的作用和影响需要评估：(1)是否会取得较好的经济效益；(2)对环境造成的影响和变化；(3)立法是否有较高的技术要求；(4)立法活动是否会在大范围内引起公众震动；(5)是否与现有法律存在矛盾或冲突；(6)是否引起法律体系的变化。

二、必要性论证

必要性论证，就是要说明立法所确立的制定目的和管理目标是否只有颁布新法才能实现，有无替代方案可选。另外还要说明新法的有效期有多长，到期后，是否需要继续执行等。必要性论证主要解决三个方面的问题：(1)现行法规定是否对此有限制和冲突；(2)如果不立新法会存在什么问题；(3)若

[①]　曹翔：《法律的效益分析》，载《南京大学学报(哲学、人文、社会科学版)》1996年第4期。

制定并实施新法，会给社会生活带来什么新变化。

三、确立标准进行评估

由于各个立法项目的具体情况不同，应当选择的指标标准也不尽相同。在成本效益分析时要注意法规内容的侧重点，要达到内容和形式需要符合的标准。当然，在选择标准的过程中，必须充分考虑到法律法规现在以及今后将产生的影响和变化，例如，对市场的影响、对公众利益的影响、选择此种标准可能引起的外部因素的变化。

四、选择可替代方案，进而进行评估

如果认为立法项目并不是必不可少的，那么就直接进入可替代方案程序；如果认为立法项目是必需的，就是说必须要立新的法，那么就应当多提交几个可替代方案作为备选。对可替代方案进行评估，是确立可替代方案的必经阶段。比如，与直接的命令和控制管制相比，使用收费和信息传播是更好的选择。再比如，在一项命令和控制的管制计划里，以绩效为基础的标准，通常要比具体遵守规定、行为或方式的标准，更有优势。在替代方案的选择中，也要考虑到各方面的因素，主要是可量化和不可量化两方面的因素。在不同的方案中，应当加入多方面的参与机制进行讨论，综合各方的意见，充分考虑到方案所产生的影响和社会效益。若在立法过程中无法得到量化的结果，则可以在立法之后寻找利益最大化的途径和方法。

五、进行成本效益的比较衡量，估计成本和效益

首先，关注成本效益的比例关系。当制定法律法规的时候，就应当选择这样的方案，并且仔细衡量是否具有降低成本的方法。当成本大于收益或者效益的时候，应当果断摒弃这样的法案。

其次，关注不同的法律成本和收益。不是所有损益都能以货币计量，最有效的方案不一定是最大量化净收益的方案，而需要利用职业判断来决定不能量化的成本与收益在总体分析中的重要性。[1]

---

① 财政部财政科学研究所《绩效预算》课题组：《美国政府绩效评价体系》，经济管理出版社 2004 年版，第 368 页。

最后，关注法律效益的决策依据或者标准。这个标准就是要在对比分析中选出最佳的方案。若法律法规产生同样的效益，那么选择成本最低的，如果成本相同，那么选择效益最好的。

六、作出评估的结论

在进行成本效益的具体分析之后，要以一定的形式制作一份评估报告。评估的结果必须要透明，为公众所知。在作出评估结论后要充分征集各方的意见，按照规范统一的标准公布评估结论。

☞ 规则起草 11.1

混合式教学改革规则制定及成本收益分析

张老师是一所大学的法学老师，他决定要进行混合式教学的改革，为此他想制定混合式教学改革的有关规则。假如你是一名班级学习委员，他请你制定这一规则，并且对这一规则的成本效益情况提出分析报告。这对你是一项挑战，你能否接受这项挑战呢？

第五节　立法审查技术

一、立法审查与立法评估技术的关系

立法审查技术是在对立法的审查过程中采用的技术方法。立法审查存在于立法过程的多个阶段。在立法的起草阶段，起草者需要内部机构或者第三者审查；在立法的审议阶段，议会委员会或宪法委员会要对立法进行审查；在立法的完善阶段，备案审查机构需要对已经完成的立法进行审查。立法前评估的核心是评估立法的可行性和合理性，评估的结果部分可以作为立法起草阶段的审查的参考；立法后评估则范围更为广泛，包括合法性评估，可以成为立法完善阶段审查的重要依据。

在立法过程中，立法评估和立法审查都是用来保障立法的质量。两者在技术上有时是重合的，比如立法评估和立法审查都需要对立法的合法性、合理性进行判断，这时所需要的技术有相似性。但是，两者的侧重点不同。立法评估的侧重点是合理性和效益性，也就是说主要从法律之外的科学角度来进行评估。例如作为立法评估的核心技术的成本效益分析，科学分析是其主要方式。立法审查的侧重点则是合宪性与合法性。这种技术方法主要从法律的内部视角出发，从规范的角度进行审查，其采用的方法主要是法学方法。

☞ **材料链接 11.10**

备案审查的发展

虽然从 1982 年开始，全国人大常委会就开始了规范性文件的审查工作，但 2017 年以前审查的具体情况，除了一些新闻媒体报导的典型案例外，公众一直知之甚少。即使新闻报道的典型案例，公众也难以知道人大到底起了什么作用。自 2017 年全国人大常委会法工委首次向常委会报告备案审查工作以后，审查的状况才逐步露出水面。除了全国人大外，各省市、设区的市等也开始公开备案审查工作报告。特别是 2020 年全国人大常委会法工委备案审查室收集整理了全国 169 个典型案例并公开出版，为备案审查情况的分析提供了较多的素材。

规范性文件审查的案件来源主要有两个方面，一是人大常委会在规范性文件备案后主动进行审查，这种审查的力度越来越大，目前人大常委会提出了"有件必备、有备必审、有错必纠"的原则。截至 2018 年 11 月底，制定机关共向全国人大常委会报送备案现行有效行政法规、地方性法规、司法解释 12397 件。仅 2019 年，向全国人大常委会备案的规范性文件数量就有 1485 件，2020 年则有 1310 件，2021 年有 1921 件，2022 年有 1172 件，2023 年有 1319 件。地方人大常务委员会备案数量则更为庞大。二是公民和组织向人大常委会提出审查建议。2004 年到 2013 年年底，全国人大常委会共收到各类审查建议 1137 件，其中属于备案审查范围的有 475 件，2012 年至 2019 年年底共收到公民、组织的审查建议 3000 多件，2020 年、2021 年出现了爆发式增长，2020 年收到审查建议 5146 件，2021 年收到 6339 件，2022 年收到 4829 件，2023 年收到 2827 件。所以全国人大常委会 2004—2023 年共收到建议 2 万余件，其中属于审查范围的 1.5 万余件（包括近千件针对《婚姻法司法解释（二）》第二十四条关于夫妻共同债务承担的规定的审查建议）。地方人大常委会审查建议的情况难以统计，2019 年年底全国省、市、县三级备案审查工作人员共计 3442 人。虽然总体上备案审查工作人员较为缺乏，但这些人员可以承担不少的审查工作，为审查建议的提出提供支持。

二、立法审查的方法类型

与立法评估相似，立法审查的方法类型主要有三种，分别是合宪性、合法性与合理性。世界各国通过实践对三者进行了发展，三种方法类型有时很难区分开来。例如，比例原则，本身可以衡量合理性问题，同时也可以应用到合宪性与合法性审查之中。全国人大常委会在备案审查中还发展出政治性审查类型，即"与党中央的重大决策部署不相符或者与国家的重大改革方向不一致问题的"。根据这个标准的意涵，也可以归入合宪性或者合理性的类型。

根据立法主体不同，立法可以分为由代表机关制定的法律法规和由行政机关根据授权制定法规规章。对于两者的审查的侧重点也不同，对于法律法规，重点审查其合宪性问题，兼顾审查合法性、合理性，对于法规规章，则重点审查其合法性问题呢，兼顾审查合宪性、合理性问题。由于合法性和合理性问题在立法评估中已经介绍，这里主要介绍合宪性审查基准。

☞ **材料链接 11.11**

备案审查中重点审查的内容

《全国人民代表大会常务委员会关于完善和加强备案审查制度的决定》第十一条规定：明确审查重点内容。在审查工作中，应当重点审查以下内容：

(一)是否符合宪法规定、宪法原则和宪法精神；

(二)是否符合党中央的重大决策部署和国家重大改革方向；

(三)是否超越权限，减损公民、法人和其他组织权利或者增加其义务；

(四)是否违反上位法规定；

(五)是否违反法定程序；

(六)采取的措施与其目的是否符合比例原则。

三、立法审查的合宪性基准

在德国，合宪性审查采用了比例原则作为单一的标准，同时根据立法领域的性质或公民权利类型采用不同的审查密度。德国的审查密度分为三层，分别是明显性审查、可支持性审查和强力审查。明显性审查一般推定立法合宪，只有在"毫无疑义地""明显地""一望可知地"违法宪法规定时，才会判断为违宪。可支持性审查的审查强度位于明显性审查和强力审查之间，是指立法者制定的规范应该合乎事理并且可以获得支持。这强调立法者对于立法事实的考量不能随意，需要有科学的依据。强力审查是审查强度最大的审查标准，它需要对立法者制定规则所要达到的效果进行深入审查，如果无法确认立法者对效果的预测是可信的，则可能被认定违宪。

在美国，对于不同的权利类型发展出三重基准，分别是严格审查基准、中度审查基准和合理审查基准。三重审查基准是在传统的双重基准的基础上发展起来的。双重基准是指根据精神自由和经济自由的分类，以及平等权领域的"嫌疑分类"和"一般分类"审查基准分为严格基准和宽松基准。双重基准由于过于笼统，故而发展出三重基准，并根据不同的权利领域形成了更为细致的基准。三重基准的不同如表 11.6 所示。

表 11.6　　　　　　　　　　美国三重基准的内容构成①

	严格审查基准	中度审查基准	合理审查基准
目的强度	"优势"或"重大迫切利益"的政府利益	"重要"的政府利益	"正当"的政府利益
手段与目的间之关联性	"必要"之关联性；最小限制手段	"实质关联"或"紧密契合"之关联性	"合理关联"
举证责任	由政府证明合宪	由政府证明合宪	指控方证明违宪
适用范围	"嫌疑的分类"与涉及"基础性权利"的平等权案件；基础性权利的限制案等	"准嫌疑分类"（如"性别"或"婚生子女"）；（种族、性别）优惠性差别待遇案件等	"一般分类"（财产地位、犯罪前科等）；社会与经济性权利自由、财产性之限制或征收
适用结果	推定违宪	不确定	推定合宪

---

① 表格来源：林来梵：《宪法审查的原理与技术》，法律出版社 2009 年版，第 279 页。

☞ **案例评析 11.1**

德国堕胎案①

　　联邦德国刑法第五次修正案对旧刑法第二百一十八条有关堕胎行为不加区别地科以刑罚的规定进行修改，新法规定只要怀孕不超过 12 个星期，则在孕妇同意下，由医生实施堕胎行为的话，就不科以刑罚。不过其前提条件是，孕妇在堕胎前必须向医生或者咨询处询问有关对孕妇、母亲和小孩的公共及私人性的社会救助以及医疗建议。立法者认为，通过"咨询制度"提供建议和救助要以比科刑更有效地达到保护胎儿的目的。

　　联邦宪法法院对立法未能有效保护胎儿的生命权是否合乎宪法要求进行了详细审查。法院认为："由于生命乃是基本法价值秩序中最高的价值、最重要的法益……如果其他的手段都不能充分地达成有效保护生命之宪法要求时，立法者即有义务采取侵害最强烈的最后手段即刑罚规范来保护成长中的生命。"在对事实进行仔细详尽的调查分析后，法院判决："并无充分可靠的依据可以推论立法者废止刑罚而实行咨询制度的手段，将比原有的刑罚规定更能有效地防止堕胎。立法者对手段效果的预测缺乏可靠的事实基础……由于在此所保护的法益(生命)所具有的高度价值，所以立法者的实验不能得到许可。"

　　强力审查要求审查者对立法者手段效果的预测进行评估，你认为应该如何进行评估？

　　对立法的合宪性审查，如果涉及公民的基本权利，一般而言需要三个步骤进行判断。其一，判断立法条款的限制性规定是否落入了基本权利保护的范围；其二，是否构成了对基本权利的限制；其三，是否存在违宪阻却事由。关于是否存在违宪阻却事由的判断，主要通过法律保留、平等原则、比例原则三个标准加以分析。

　　第一，法律保留标准。

　　法律保留起源于德国，经历了从法律保留到议会保留的发展过程。法律

---

　　①　资料来源于张翔：《德国宪法案例选释 第 1 辑 基本权利总论》，法律出版社 2012 年版，第 144~147 页。

保留虽然要求对某些领域的规范制定法律，但议会可以把这个权力授权给政府行使。议会保留则要求需要制定法律的事项不能授权政府行使，是更严格的法律保留。我国宪法没有规定一般性的法律保留条款，只是在个别事项中通过"依照法律""禁止非法""受法律保护"等方式进行了特别保留。除此之外，宪法还规定了"人大保留"，即"议会保留"或"立法保留"，即刑事、民事、国家机构和其他的基本法律由全国人大制定和修改。《中华人民共和国立法法》通过第八条和第九条对宪法这一条款进行了解释，确立"立法保留"和"法律保留"的范围。

由于《宪法》和《中华人民共和国立法法》对立法保留采用了事项列举的方式，对事项之外的包括受教育在内的其他基本权利是否适用法律保留并没有明确。虽然2019年全国人大常委会法工委在审查"公安机关交通管理部门调查交通事故时可以查阅、复制当事人通讯记录"时，提出对公民通信自由和通信秘密保护的例外只能是在特定情形下由法律作出规定，超越了《中华人民共和国立法法》规定的立法保留的范围，但是依然属于宪法规定的特别保留。然而，基于宪法"尊重和保障人权"的理念和基本权利的地位，所有的基本权利均应该在法律保留的范围之内。对此，全国人大常委会法工委也进行了探索。在审查"调查计划生育违法事实，可以要求当事人进行亲子鉴定"的地方性法规时，法工委指出，"亲子关系涉及公民人格尊严、身份、隐私和家庭关系和谐稳定，属于公民基本权益，受宪法法律保护，地方性法规不宜规定强制性亲子鉴定的内容"，这是宪法对人格尊严、隐私、家庭等没有特别保留的情况下，对基本权利进行的法律保留。

第二，比例原则标准。

比例原则来源于德国行政法，是德国行政法中判断行政行为是否适当的标准。在德国合宪性审查的发展过程中，宪法法院把比例原则运用到宪法裁判中，成为其合宪性审查的主要基准。从其起源看，可以认为比例原则也是在判断立法的合理性问题。这也是为何当合法性审查中如果存在严重的合理性问题，极有可能也存在合宪性问题。比例原则和合理性标准虽然存在渊源上的联系，但是运用到宪法判断中后，两者差别极大。比例原则是合宪性审查中的独立标准，是一种一般的法治国原则，是从宪法精神、原则和条款中抽象出来的判断标准。合理性标准则是在合法性判断无法作出时的考量，其标准较为模糊，难以形成较为一致的判断。

我国《宪法》中没有明确的比例原则，但可以从一些条款中推导出比例原则。比如《宪法》第五十一条规定，公民在行使自由和权利时不得损害国家、社会、集体和他人的利益和权利。这表明对公民权利限制的限度，体现了利益衡量的比例原则。《宪法》第十条第三款、第十三条第三款规定国家可以为了公共利益需要征收、征用土地和财产，体现了合目的性的比例原则。

比例原则一般而言可以分为三个子原则，分别是妥当性原则、必要性原则和均衡原则。不同于法律保留原则，比例原则的适用场合主要在于对基本权利进行限制的情形，不涉及基本权利的给付。依据德国的理论，妥当性原则又可以分为手段适当性和目的正当性两种子原则。手段适当性是指手段与达成的目的之间有实质的关联；目的正当性要求立法目的是否符合实质正义。必要性原则是指在限制基本权利的方式中，规则制定者必须选择对基本权利侵害最小的方式。在实现教育分流的方式中，设置大体相当的比例显然不是侵害最小的方式。均衡性原则是指通过限制公民基本权利所实现的公共利益与公民损失的基本权利必须均衡，不能因较小的公共利益而对公民基本权利进行过度限制。正如许多人指出的，公共利益和基本权利限制所涉利益进行比较衡量是极为困难的，除非明显的如"杀鸡取卵"式的情况，否则很难得出令人信服的结论，容易"流于主观的判断或事先的偏见"。

第三，平等原则标准。

平等原则是各国合宪性审查时都必须的标准。一般而言，平等分为机会均等和结果平等。机会均等要求每一位公民都得到平等的对待，在起跑线上大家处于同一位置；结果平等要求对于处于不利地位的公民予以特别的保护，以纠正基于历史等原因形成的事实不平等。我国《宪法》中有 7 处提到了平等，主要包括在法律面前平等、对外交往平等、民族平等、男女平等几个方面的内容。平等是贯穿我国《宪法》基本权利的重要原则，国家在尊重、保护和兑现基本权利时均应该考虑平等要求。

☞ **材料链接 11. 12**

《法规、司法解释备案审查工作办法》中的审查标准

第三十六条 对法规、司法解释进行审查研究，发现法规、司法解释存在违背宪法规定、宪法原则或宪法精神问题的，应当提出意见。

第三十七条　对法规、司法解释进行审查研究，发现法规、司法解释存在与党中央的重大决策部署不相符或者与国家的重大改革方向不一致问题的，应当提出意见。

第三十八条　对法规、司法解释进行审查研究，发现法规、司法解释违背法律规定，有下列情形之一的，应当提出意见：

（一）违反立法法第八条，对只能制定法律的事项作出规定；

（二）超越权限，违法设定公民、法人和其他组织的权利与义务，或者违法设定国家机关的权力与责任；

（三）违法设定行政许可、行政处罚、行政强制，或者对法律设定的行政许可、行政处罚、行政强制违法作出调整和改变；

（四）与法律规定明显不一致，或者与法律的立法目的、原则明显相违背，旨在抵消、改变或者规避法律规定；

（五）违反授权决定，超出授权范围；

（六）对依法不能变通的事项作出变通，或者变通规定违背法律的基本原则；

（七）违背法定程序；

（八）其他违背法律规定的情形。

第三十九条　对法规、司法解释进行审查研究，发现法规、司法解释存在明显不适当问题，有下列情形之一的，应当提出意见：

（一）明显违背社会主义核心价值观和公序良俗；

（二）对公民、法人或者其他组织的权利和义务的规定明显不合理，或者为实现立法目的所规定的手段与立法目的明显不匹配；

（三）因现实情况发生重大变化而不宜继续施行；

（四）变通明显无必要或者不可行，或者不适当地行使制定经济特区法规、自治条例、单行条例的权力；

（五）其他明显不适当的情形。

后　记

本书的写作始于 2013 年，2015 年基本完成。完成后历经多次修改，到 2019 年形成了一个定稿。也许是我对立法学的学习和思考不足，一直以来还是不断思考如何进一步完善。然而学术界的浮躁作风和学校的考核压力，使自己难以独善其身，于是考虑先出版，然后通过新版本逐步改进。

2003 年进入武汉大学读硕士研究生时，在导师桂宇石先生的引导下，我开始了立法学的学习和研究旅程。桂老师的一段话一直影响着我，他说，"立法学目前还处于起步阶段，这是一个年轻的学科。年轻代表了活力，代表了成长空间。做任何事情，不要总想着重复他人的老路，而是要有新的东西。成功的人总是少数，不要总是站在多数人一边"。在学术研究过程中，我总想着能够作出一点新东西，做一些新尝试，妄图能够为学术的发展贡献少许的规律性认识。新的尝试总是很多，但学术贡献可以说基本没有。

二十年过去了，我国立法学有了长足的发展，从对立法体制、机制的关注转向立法程序、技术的深入研究，大量立法学的教材不断出版。我们不禁要问，当未来的立法者们阅读这些教材的时候，他们能够获得什么样的指导？他们会起草法律草案吗？他们知道如何探寻规则并加以论证吗？恐怕很难。虽然本书力图从实践的角度尝试回应这些疑问，但由于本人的能力有限，在这方面还有很长的路要走。本书的特色之一是很多内容的介绍并不局限于中国，而是从国际比较的视野出发探寻立法的科学规律。汕头大学是一所国际化程度较高的高校，本书非常符合汕大的气质。

本书在写作和出版过程中得到了我的研究生和同仁的大力支持。研究生王逸风、赵瑞、王洁、孙凯强、刘昱君、邹梦颖、肖莹、江丽萍、岳姣、唐琳等同学收集了资料和校对了文字。江西师范大学的沈桥林、姜晓川等老师给予了大力支持，汕头大学的邓剑光院长、刘明强书记、文靖、虞新胜、吴鹏等老师给予了无私的关怀，这里表示深深的感谢。同时感谢武汉大学出版社的编辑们。